教材出版专项基金资助项目

华东师范大学精品教材建设

新编中文工具书

刘晓军 ◎ 编著

华东师范大学出版社

·上海·

图书在版编目(CIP)数据

新编中文工具书/刘晓军编著. —上海:华东师范大学
出版社,2017
ISBN 978 - 7 - 5675 - 6422 - 0

Ⅰ.①新…　Ⅱ.①刘…　Ⅲ.①中文－工具书－高等学
校－教材　Ⅳ.①G252.7

中国版本图书馆 CIP 数据核字(2017)第 222001 号

华东师范大学精品教材建设、教材出版专项基金资助项目

新编中文工具书

编　　著　刘晓军
项目编辑　范耀华
特约审读　张予澍
责任校对　张多多
装帧设计　俞　越

出版发行　华东师范大学出版社
社　　址　上海市中山北路 3663 号　邮编 200062
网　　址　www.ecnupress.com.cn
电　　话　021 - 60821666　行政传真 021 - 62572105
客服电话　021 - 62865537　门市(邮购)电话 021 - 62869887
地　　址　上海市中山北路 3663 号华东师范大学校内先锋路口
网　　店　http://hdsdcbs.tmall.com

印 刷 者　常熟市文化印刷有限公司
开　　本　787×1092　16 开
印　　张　25
字　　数　470 千字
版　　次　2017 年 10 月第 1 版
印　　次　2021 年 12 月第 3 次
书　　号　ISBN 978 - 7 - 5675 - 6422 - 0/I·1678
定　　价　48.00 元

出 版 人　王　焰

(如发现本版图书有印订质量问题,请寄回本社客服中心调换或电话 021 - 62865537 联系)

前　言

　　本书的编著,缘于一门叫作"中文工具书"的课程。自 20 世纪 90 年代起,我们中文系便为本科生开设专业基础课"中文工具书",迄今已有二十几个年头。课程旨在引领学生走向治学的门径,同时与学生分享老师治学过程中得失成败的经验。其间一直没有指定教材,老师们都是自编讲义。因专业背景不同,兴趣爱好各异,故讲授内容不尽相同。当然这也不成问题。因材施教,本来就以施教者自主选择教材与教法为前提。只是本课程一直以来都由古代文学专业的教师承担,他们的学术兴趣大多偏向于文、史、哲方面,而一般对"工具书"的理解,又以字典、辞书、目录、索引、表谱等工具性的书籍为主,因此尽管讲授内容不尽相同,但讲授范围基本一致,且侧重于古代文学、史学与哲学。自 2009 年起,编者讲授"中文工具书"课程也已有八个轮次。每一轮课程结束时,编者都会做一个问卷调查,根据学生的意见与建议对下一轮课程作出相应的调整。有学生认为课程到大三才开设,而事实上他们在大一、大二时更需要此类课程的指导;有学生认为内容偏重于古代文学,这对有志于研究其他专业方向的同学来说,未免有些遗憾;有学生认为仅开具书目还不够,还需教会他们如何使用这些书籍,包括指导他们撰写学术论文;还有学生认为,课程涉及数百种书籍的版本、内容、体例、适用范围等,仅靠课件与笔记难以消化,希望老师能编撰一本教材。因应学生的主要诉求,我们调整了培养方案,将本课程提前至大二开设;修订了讲义内容,涵盖了中文专业的所有学科;设计了论文指导,包括教师点评与学生互评两个环节;现在又再次修订讲义,打算出版这本书。

　　本书的编著,出于这样一个目的:为大一、大二学生学习中文专业提供一份基本的阅读指南;为大三、大四学生撰写学术论文开具基本的参考书目。当学生只知《论语心得》而不知

《论语注疏》、只读《盗墓笔记》而无视《聊斋志异》时,我们觉得很有必要告诉学生什么是经典。在本书的语境中,"中文"具有这样的双重含义:一指汉语言文学这个一级学科,包括语言学、文字学、古代文学、现当代文学、文艺学、比较文学与世界文学等学科方向。凡是中文系学生亟需的书籍,我们都尽量推荐;而其他方面,比如史学、哲学、教育学、心理学等学科,尽管中文系学生需要广泛涉猎,但限于篇幅,本书不作特别安排。二指汉语这一语种。本书所涉及的书目,基本上都用汉语写就,即便是西方文论与外国文学方面的工具书,也尽量介绍中译本。本书不介绍外文工具书,但考虑到文艺学、比较文学与世界文学的学科特点,我们强烈建议有志于此的学生至少要掌握一门外语,能够阅读原著,能够熟练地使用外文文献。

我们对"工具书"的理解,包括狭义与广义两个层面。狭义的工具书,即供读者查阅资料而编撰的书籍,比如字典、词典、目录、索引等。此类书籍有着独特的编纂体例,比如有便捷的检索方式、条目言简意赅等。广义的工具书,即读者不是为了通读,而是为了查阅、搜检某类专门材料而使用的书籍,比如丛书、类书、诗集、文集等。此类书籍中很多都是中文专业的必读书目,同时也是撰写学术论文的参考资料。本书二者兼具,但相对而言,广义层面的工具书占了更多的比例。

本书的编著,是在前人的基础上完成的。20世纪八九十年代产生了大量的文史类工具书教材,为我们讲授"中文工具书"这门课程提供了许多宝贵的资料。在享受前人带来的便利时,我们也发现以往的工具书教材多少存在一些问题。首先是资料的更新比较滞后。21世纪以来,学界产生了大批新的研究成果,尤其是一些大型的资料丛书相继问世,比如《历代词话》、《历代文话》、《历代曲话汇编》、《晚清小说目录》、《民国小说目录》、《近代小说编年史》等,以往的工具书教材都没有收录。其次是资料的收录范围偏向于文学、史学与哲学等传统学科领域,且大多偏重古代。这些书籍固然都是中文专业学生的基本阅读篇目,但坦率地说,不少学生在本科期间能够阅读的文学书籍已相当有限,遑论史学与哲学。而对那些兴趣点在语言学、文字学、现当代文学、文艺学、比较文学与世界文学等方向的同学来说,以往的工具书教材又明显有所缺失。第三,资料的版本选择存在不少困难。以往的工具书教材所收录的资料,大多在解放前后那段时间出版,现在很难在图书馆觅得踪影;而其中不少书籍后来又出版了新的修订本或替代本,教材却无法及时更新,加以著录。基于上述情况,本书在选录资料时力求做到以下几个方面:一、密切关注学界动态,尽量收录最新的研究成果。本书收录了相当多出版于21世纪的书籍,其中不少是2015年与2016年的版本。二、加强针对性,强化中文专业。本书基本不涉及史学、哲学等相关学科,但就中文专业而言,覆盖了语言学、文字学、古代文学、现当代文学、文艺学、比较文学与世界文学等学科。三、提供多种选择,方便学生查阅。本书所介绍的工具书,绝大多数都提供了两种以上的版本——既要保证版本的可靠性,又要保证借阅的可行性。为了加深学生对相关书籍的直观印象,本书力求为每本参考资料都配以书影,希望以图文结合的方式,让学生更加深刻地了解、识记各类书籍,以便在需要时能够作出快速反应,并且迅速找到所需资料。

最后需要说明的是,本书是在多年讲义的基础上不断修改而成的。在备课的过程中,编者参阅了大量的前贤成果,当时并没有一一注明所有参考资料的来源。如今要将讲义付梓,这方面的缺憾很有可能会导致"掠人之美"的问题。尽管本书也列出了主要的参考书目,但仍然存在挂一漏万的可能。如有冒犯,恳请作者予以谅解。

目 录

(第一讲　　综合类工具书

一、 书目提要

三、方志地图

四、传记谱录

第二讲　　语言类工具书

第四讲　　古代诗文类工具书

一、诗

二、词

☾ 第五讲　　古代小说类工具书

一、小说书目

二、小说作品

三、 小说史料

四、 小说辞典

第六讲　古代戏曲类工具书

一、戏曲书目

二、戏曲作品

〖第七讲 现当代文学类工具书

一、 文学书目

二、 文学作品

三、文学史料

❨第八讲　　文艺理论类工具书

一、中国文艺理论

❨ 第九讲　　外国文学类工具书

一、书目类

第一讲　综合类工具书

本讲介绍研习中文专业可能会涉及的诸多综合性工具书,包括书目提要、丛书类书、方志地图、传记谱录等诸多方面。

●•• 一、书目提要

1.《汉书·艺文志》〔东汉〕班固撰。

商务印书馆 1955 年版,中华书局 1985 年版。

《汉书·艺文志》是我国现存最早的文献目录,一卷。原为《汉书》中的一篇,后世从中裁篇另行刊印,初刊本有日本文政八年(1825)《八史经籍志》本,清光绪九年(1883)镇海张寿荣据此重刊。《汉书·艺文志》(简称《汉志》)乃《汉书》十志之一,专记西汉藏书情况。所著录书目分为六略三十八种,共596 家,13269 卷。一、六艺略:下设易、书、诗、礼、乐、春秋、论语、孝经、小学;二、诸子略:下设儒、道、阴阳、法、名、墨、纵横、杂、农、小说;三、诗赋略:下设屈原、陆贾、孙卿等,及杂赋、歌诗;四、兵书略:下设兵权谋、兵形势、阴阳、兵技巧;五、数术略:下设天文、历谱、五行、蓍龟、杂占、形法;六、方技略:下设医经、经方、房中、神仙。

《汉志》在我国目录学史上的重大贡献,在于其首次根据官修目录编制了正史艺文志,开创了史志目录这一新体例,以记一代藏书之盛,从而使古典目录学更加成熟。在这一体例的影响下,后世编纂的史书如《隋书》、《旧唐书》、《新唐书》、《宋史》、《明史》以至《清史稿》都撰有"艺文志"或"经籍志",专记一代藏书或一代著述情况,使一些早已亡佚的藏书目录得以大致完整地保存下来。

《汉志》问世以后,唐代颜师古曾为之作注,后代学者为之考证、校注者甚多,有宋王应麟

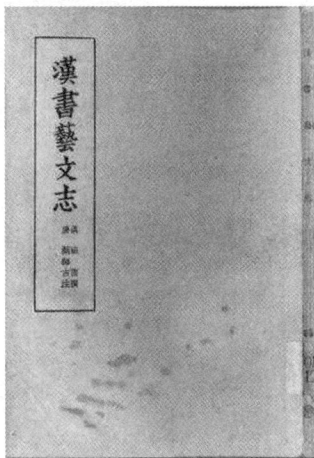

《汉书艺文志考证》(上海开明书店 1963 年版)、清钱大昭《补续汉书艺文志》(中华书局 1985 年版)、顾实《汉书艺文志讲疏》(商务印书馆 1929 年版)、张舜徽《汉书艺文志通释》(湖北教育出版社 1990 年版)、姚振宗《汉书艺文志条理》(清华大学出版社 2011 年版)、陈国庆《汉书艺文志注释汇编》(中华书局 1983 年版)等可资参考。

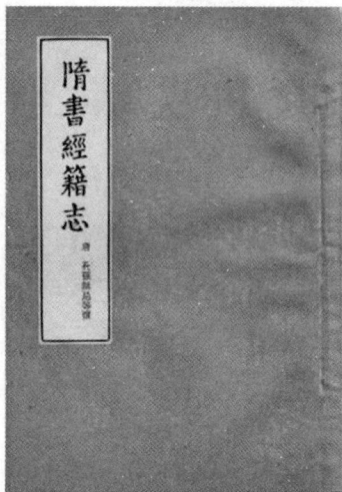

2. 《隋书·经籍志》 〔唐〕魏徵等撰。

商务印书馆 1936 年版,中华书局 1985 年版。

本书共著录隋代现存图书 3127 部计 36708 卷,并在注文内附载隋代已佚(或政府未入藏)之书 1064 部计 12759 卷,成为总结我国中古时期包括梁、陈、齐、周、隋五代官私书籍的一部划时代的全国综合性图书目录。所著录之书分经、史、子、集四部四十篇(类),另附佛、道二经十五篇(类)。

一、经部,凡十篇:易、书、诗、礼、乐、春秋、孝经、论语、谶纬、小学。二、史部,凡十三篇:正史、古史、杂史、霸史、起居注、旧事、职官、仪注、刑法、杂传、地理、谱系、簿录。三、子部,凡十四类:儒家、道家、法家、名家、墨家、纵横家、杂家、农家、小说家、兵法、天文、历数、五行、医方。四、集部,凡三类:楚辞、别集、总集。附道经,凡四类:经戒、饵服、房中、符录。附佛经,凡十一类:大乘经、小乘经、杂经、杂疑经、大乘律、小乘律、杂律、大乘论、小乘论、杂论、记。

《隋书·经籍志》(简称《隋志》)在中国目录学史上占有重要地位。第一,本书真正完全奠定了图书四部分类法,以经、史、子、集四部统摄图书。第二,《隋志》把梁代所藏而隋已散佚或残缺的图书附注在本书条目之下,不仅反映了隋代藏书情况,也反映了梁朝及其以前图书离散存亡情况,起到"存今书,考亡佚"的双重作用。第三,《隋志》仿《汉志》例,在各部篇之末分别写有总序和小序。总序简述诸家学术源流及其演变情况,小序分别说明各家学术对《汉志》的继承情况,实为研究东汉至隋学术文化史的重要参考文献。第四,本书首开"以人类书"之先河。《七略》《汉志》以来的著录格式,皆为"以书类人",即先著录作者姓名,次著录书名、卷数,《隋志》改为先著录书名及卷数,而以作者为注,对作者不加评介,只注其时代官衔,间注书之真伪及存亡残缺,显示了著录体例上的特点。《隋志》主要缺点为:一是著录重复。不同类目之间,同类前后之间,正文注文之间,时有重复。二是著录芜杂。杂传、地理、五行、医家四类尤为全书之疵累。

清章宗源《隋书经籍志考证》(清华大学出版社 2012 年版)、清姚振宗《隋书经籍志考证》(上海古籍出版社 1995 年版)等对《隋志》有勘误补缺,可备参考。

●

3.《崇文总目》〔宋〕王尧臣等撰。

商务印书馆 1939 年版,中华书局 1985 年版。

本书六十六卷,叙录一卷。共著录图书 3445 部,30669 卷,分四十五类。经部八卷九类:易、书、诗、礼、乐、春秋、孝经、论语、小学。史部十五卷十三类:正史、编年、实录、杂史、伪史、职官、仪注、刑法、地理、氏族、岁时、传记、目录。子部三十三卷二十类:儒家、道家、法家、名家、墨家、纵横家、杂家、农家、小说家、兵家、类书、算术、艺术、医书、卜筮、天文占书、历数、五行、道书、释书。集部十卷三类:总集、别集、文史。

本书是国家藏书总目录,旨在登记著录当时存有的藏书,故不著录亡书。为切合适用,本书对各子目著录的图书部数、卷数都有详细、明确的统计,读者既可按目查书,也可了解各子目收书之多寡。本书每类有叙,每书有释,但在叙释体例上比前代书目更有发展:综合介绍了每书情况,既考述学术源流,又提要各书内容,从而创立提要目录体例,对读者起到了"览录而知旨,观目而悉词"的指导作用。其后的《郡斋读书志》、《直斋书录解题》皆取法于此。此外,本书在类目设置上较此前书目也有所并省增益,从而更为合理。某些类别如"文史"、"医书"、"释书"等,以后长期成为官私目录著作的定型;史部特设的"目录"类,则反映了当时目录事业的发展,为读者了解宋代图书概况、查验存佚等,提供了重要的参考资料。

4.《郡斋读书志校证》〔宋〕晁公武撰，孙猛校证。

上海古籍出版社 2011 年版。

《郡斋读书志》是现存最早的私家藏书目录。初刊四卷，后加《附志》《后志》并为七卷。该书于南宋淳熙年间初刊于蜀地，今已不存；淳祐九年（1249）重刻于袁州（今江西宜春），后称袁本；同年又重刻于衢州（今浙江衢州），后称衢本。袁本远不及衢本完善：著录之书数量不及衢本多；序文，尤其是小序不及衢本整齐、合理；著录图书的版本不及衢本优良；图书编撰者的著录不及衢本明确、正确；书籍解题也不如衢本完善、丰富。

衢本《郡斋读书志》在袁本的基础上进行了增删，所收之书，除去重复的四部，实收 1468部，分经、史、子、集四部四十五类。经部十类：易、书、诗、礼、乐、春秋、孝经、论语、经解、小学。史部十三类：正史、编年、实录、杂史、伪史、史评、职官、仪注、刑法、地理、传记、谱牒、书目。子部十八类：儒、道、法、名、墨、纵横、杂、农、小说、天文、星历、五行、兵家、类书、艺术、医书、神仙、释书。集部四类：楚辞、别集、总集、文说。体例大致仿《崇文总目》，书首有晁公武自序，次之总序。经、史、子、集四部之前有大序（晁氏谓之"总论"），类有小序（缀于该类收录的第一部书解题之后），书有解题（提要）。

5.《遂初堂书目》〔宋〕尤袤撰。

商务印书馆 1935 年版，中华书局 1985 年版。

本书共著录图书近 3000 种，分经、史、子、集四部四十四类。经部九类：经总、周易、尚书、诗、礼、乐、春秋、论语（孝经、孟子附）、小学。收书 357 种。史部十八类：正史、编年、杂史、故事、杂传、伪史、国史、本朝杂史、本朝故事、本朝杂传、实录、职官、仪注、刑法、姓氏、史学、目录、地理。收书 793 种。子部十二类：儒家、杂家、道家、释家、农家、兵家、数术家、小说家、杂艺、谱录、类书、医书。收书 926 种。集部五类：别集、章奏、总集、文史，乐典。收书 779 种。

本书最大的特点是其对图书版本的著录。宋代由于印刷业的飞速发展，除国子监刻书之外，各地官刻、私刻、坊刻十分普遍，质量也有优劣高下之分，因此人们愈益重视同一书籍各种版本的校勘比照。本书著录图书时兼载各种版本，其时刻本书数量尚未超过写本书，所记版书只限九经和正史两类。本书收录史部图书极多，甚至超过《崇文总目》和《郡斋读书志》，尤其重视收录当代史籍，其中所录北宋《国史》，九朝具备；北宋《实录》，不仅全有，有的还有多种版本。宋代的官私藏书目录完整保存至今的很少，本书是宋代流传至今的较古老的书目之一，对研究我国学术和古籍有较高参考价值。

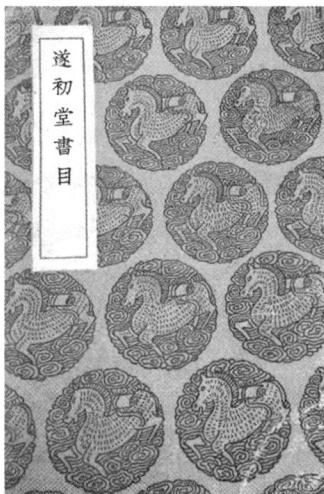

●

6.《直斋书录解题》 〔宋〕陈振孙撰。

商务印书馆 1937 年版，中华书局 1985 年版，上海古籍出版社 2015 年版。

本书原本五十六卷，共收录家藏图书 3096 种，51180 卷，分经、史、子、集四录（此即"书录"二字的由来），共五十三类。经录十类：易、书、诗、礼、春秋、孝经、语孟、经解、谶纬、小学。史录十六类：正史、别史、编年、起居注、诏令、伪史、杂史、典故、职官、礼注、时令、传记、法令、谱牒、目录、地理。子录二十类：儒家、道家、法家、名家、墨家、纵横家、农家、杂家、小说家、神仙、释氏、兵书、历象、阴阳家、卜筮、刑法、医书、音乐、杂艺、类书。集录七类：楚辞、总集、别集、诗集、歌词、章奏、文史。本书原有经、史、子、集四录大序，明初亡佚。五十三类中，九个类目有小序，乃因首创，故加以小序说明。每书有解题。

本书对此前图书分类体系进行了改进和创新：十分强调史籍和诸子百家的著述，史录和子录的类目设置较经录、集录更多、更详细；根据实际情况创设了新类目，宋代以后公私目录多仿此而立类；把礼乐中的一些民间音乐图书从经录中提出，列入子录中，乃是图书分类史

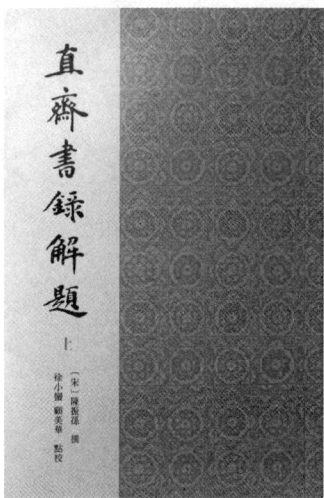

上的一次突破。本书解题方式也有新发展：不仅著录书名，而且对卷帙多寡、撰者官职名氏、版本类别及学术源流均详加评介、论述。有的以寥寥数语，记述古书款式，版刻，得书经过，印本、抄本或拓本，使书目真正起到"考镜源流，辨章学术"的作用。此种解题目录的编制在目录学史上乃一大进步，虽非陈氏首创，但正式以"解题"命名，则始于此书。本书著录南宋以前的书籍最为全面，加之解题详明，今已亡佚的古书，尤其是当时罕见的稀传善本，赖此书目使后人得以了解其基本内容及流传情况；对流传至今的古书，也可借此书目考订今本与古本之异同。本书收录的图书数量远远超过南宋官藏目录《中兴馆阁书目》及《续书目》；其藏书质量也胜过官藏，所著录许多珍本善本图书乃国家藏书目录所无。私人藏书目录在质量和数量两方面第一次压倒官修目录，的确是目录学史上的一大转折。

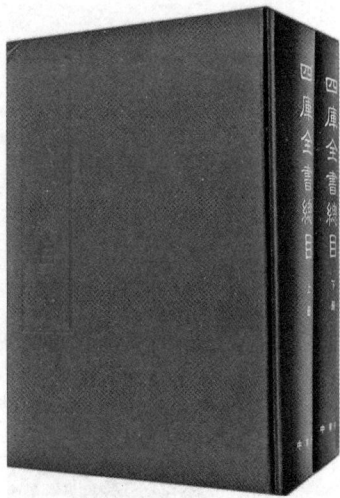

7.《四库全书总目》〔清〕永瑢等撰。

乾隆五十四年(1789)武英殿聚珍版，商务印书馆 1933 年版，中华书局 1965 年版。

乾隆三十八年（1773）开"四库全书馆"，纂修《四库全书》。每书校订完后，由馆臣拟写一篇提要，置于书前，最后由总纂官纪昀和陆锡熊统筹、润饰，分类编排，汇成一书，此即《四库全书总目》。乾隆四十七年（1782）完成初稿，乾隆五十四年（1789）写定。

本书著录图书凡 3503 种，79337 卷；《存目》著录 6793 种，93551 卷。全部目录分经、史、子、集四部。部有大序，撮述其源流之变；部下分四十四类，类有小序，详述其分并改隶。其中一些比较复杂的类更细分子目，共有子目六十七个。凡类目、子目内所著录的图书，在斟酌古今和图书内容归类时，如"义有未尽，例有未该"之处，则或于子目之末，或于本条之下，附注按语，以明通变之由。每类后面，还附有"存目"，"存目"中的书籍经纂修官们校阅，认为其或价值不高，或思想内容对于封建统治不利，因而不予收入《四库全书》。

总目分类如下：

经部十类：易、书、诗、礼（周礼、仪礼、礼记、三礼总义、通礼、杂礼）、春秋、孝经、五经总义、四书、乐、小学(训诂、字书、韵书)。

史部十五类:正史、编年、纪事本末、别史、杂史、诏令奏议(诏令、奏议)、传记(圣贤、名人、总录、杂录)、史钞、载记、时令、地理(总志、都会、郡县、河渠、边防、山川、古迹、杂记、游记、外记)、职官(官制、官箴)、政书(通制、典礼、邦计、军政、法令、考工)、目录(经籍、金石)、史评。

子部十四类:儒家、兵家、法家、农家、医家、天文算法(推步、算书)、术数(数学、占候、相宅相墓、占卜、命书相书、阴阳五行、杂技术)、艺术(书画、琴谱、篆刻、杂技)、谱录(器物、食谱、草木鸟兽虫鱼)、杂家(杂学、杂考、杂说、杂品、杂纂、杂编)、类书、小说家(杂事、异闻、琐语)、释家、道家。

集部五类:楚辞、别集(汉至五代、北宋建隆至靖康、南宋建炎至德祐、金至元、明洪武至崇祯、国朝)、总集、诗文评、词曲(词集、词选、词话、词谱词韵、南北曲)。

另外,可参读余嘉锡《四库提要辨证》(科学出版社 1958 年版、云南人民出版社 2004 年版)、李裕民《四库提要订误》(书目文献出版社 1990 年版)等书。

8.《增订书目答问补正》 〔清〕张之洞著,范希曾补正,孙文泱增订。

中华书局 2011 年版。

《书目答问》是指导学子踏上治学门径的一本重要著作。作者于《书目答问略例》中说:"诸生好学者来问应读何书,书以何本为善。偏举既嫌挂漏,志趣学业亦各不同,因录此以告初学。读书不知要领,劳而无功;知某书宜读而不得精校精注本,事倍功半。……凡无用者、空疏者、偏僻者、淆杂者不录,古书为今书所包括者不录,注释浅陋者、妄人删改者、编刻讹谬者不录,古人书已无传本、今人书尚未刊行者不录,旧椠旧钞偶一有之、无从购求者不录。"对于今天的大学生来说,本书仍然有着重要的参考价值。

该书采用了以"丛书"和经、史、子、集四部并列的"五分法",将所著录的 2200 余种书籍分为经、史、子、集、丛书五部,每部又分若干类。经部三类:正经正注、列朝经注经说经本考证、

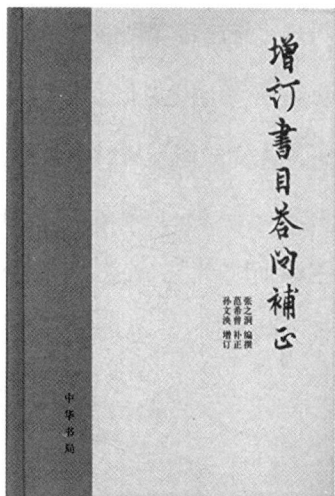

小学(文字、音韵、训诂)。史部十四类:正史、编年史、纪事本末、古史、别史、杂史、载记、传记、诏令奏议、地理、政书、谱录、金石、史评。子部十三类:周秦诸子、儒家、兵家、法家、农家、医家、天文算法、术数、艺术、杂家、小说家、释道家、类书。集部四类:楚辞、别集、总集、诗文评。丛书部二类:古今人著述合刻丛书、清代一人著述合刻丛书。每类中的书籍又以时代先后为序,类中又分小类,但不另设目,只在本类书的末一书下加一"乚"号,以资识别,门径秩然而不琐碎。本书在收录图书时,第一,能够驭繁就简,慎择约取,选录了历史上流传至今的重要古籍,而且很重视清代学术成就,对乾嘉以来直至当世人的著作也多有收录,其中未为《四库全书》所收者占十之三四。第二,在书名下列举了若干比较重要的和常见通行的版本、注本,其中《四库全书》虽有其书而校本、注本晚出者占十之七八,因此对读者查找乾隆以后的书籍颇有参考价值。第三,凡作者认为重要的书籍,均在书下略加按语,虽只三言两语,却为初学者指出了读书的门径;书后附有"别录",专载初学读本,由浅入深,使读者渐识门径;还附有《清代著述诸家姓名略》,以类相从,列举了有清一代著名学者的姓名、字号、籍贯,使读者从中可以窥见清代学术源流及其代表人物。因此,本书在扩大读者知识面、指导治学门径等方面是具有一定参考价值的。

1931 年,范希曾撰成《书目答问补正》,由南京国学图书馆排印出版。该书补录图书 1200 种左右,其中一部分为《答问》所未收。此类所补书籍,其性质与原书相近,补充后可使读者得到一个比较完整的认识。大部分为《答问》成书后清人及近人超越前人的研究成果,此类书籍在一定程度上反映了《答问》出版后五十年间学术研究的主要成就。范氏还增补了大量鲜为人知的稿本材料,并详加著录,提供有关线索,具有重要的参考价值。此外,《补正》补足或纠正了《答问》漏略或讹误的书名、卷数、作者姓氏、刻书年代等近百处;并间加按语,或对书籍加以评论,或提示书籍内容,或分别版本异同,或指出《答问》讹误。2011 年,孙文泱又在前人的基础上完成《增订书目答问补正》(中华书局 2011 年版),为《书目答问》最善者。

9.《清代禁毁书目(补遗)》 〔清〕姚觐元编。

商务印书馆 1957 年版。

有清一代文网森严,对不合统治阶级意识形态的书籍实行禁毁,几乎与四库开馆相始终。列入禁毁名录者多达三千余种,六七万部,几乎与《四库全书》所收数量等同。姚觐元经过多年努力,广泛搜求,共得禁毁书目数种:《销毁抽毁书目》《军机处奏准全毁书目》《军机处奏准抽毁书目》《违碍书籍书目》以及《应禁书目》等,此后在此基础上校勘成《清代禁毁书目》,包括《全毁书目》、《抽毁书目》、《禁书总目》(含《军机处奏准全毁书目》、《军机处奏准抽毁书目》、《浙江省查办奏缴应毁书目》、《外省移咨应毁各种书目》)、《违碍书目》(含《应缴违碍书籍各种名目》、《续奉应禁书目》)四种,共计收录全毁书146种(987本)、抽毁书181种(1167本)、禁毁书1413种、违碍书757种,凡2497种。每种书均列有书名、作者。

姚氏书目只列书名、作者,至于各书卷数、刊本、年代均付阙如。后来各刊本虽搜录甚勤,名目加多,而内容补正无几。后来孙殿起在贩书过程中,颇留心补缺,收书时每遇有禁书,辄详记其卷数、著者、籍贯及刊刻年代,以补姚书之缺。岁月既久,积有成编,乃以海宁陈氏《索引式的禁书总录》为底本,一一加以补充,成《清代禁书知见录》。全书按书名笔画排列。孙氏还将一些内容性质似应在禁毁之外,但不见于禁书书目著录的书籍汇附于后,作为补编,以供参考。此书于1957年由商务印书馆连同《清代禁毁书目(补遗)》合刊出版,两者可互相参看。书末还总附有两书四角号码索引及书名、人名索引,方便读者检阅。

10.《读书敏求记》〔清〕钱曾撰。

商务印书馆1936年版,上海古籍出版社2007年版。

本书四卷,共著录图书634种,分为四十五类。经部六类:礼乐、字学、韵书、书、数书、小学。史部十类:时令、器用、食经、种艺、蒙养、传记、谱牒、科第、地理舆图、别志。子部二十类:杂家、农家、兵家、天文、五行、六壬、奇门、历法、卜筮、星命、相法、宅经、葬书、医家、针灸、

本草方书、伤寒、摄生、艺术、类家。集部四类：诗集、总集、诗文评、词。

本书专门著录了其家藏世所罕见的宋元精刻本，版本价值较高。每种书下除注卷名、作者外，还撰有解题，尤其注重版本考订，详述该书版本之源流及缮刻之异同，并引用大量资料对该书版本进行评介、考证。后人评价本书"自经史子集以及稗官野史，世人秘记，靡不备，而考据极精，辨论极当"。后世学者亦多赖此考证宋元版本。本书在解题中还提出了根据图书版刻、字迹、纸张、墨色等特征来确定图书雕版印刷年代的方法，以及从初印、重印、原版、翻刻等方面评定版本优劣的标准，为版本鉴定找到了一定的规律，从而开拓了目录学的研究领域，为古籍版本学的发展奠定了基础。本书也开启了编纂善本书目之端。康熙以后，藏书界收藏善本蔚成风气，并出现了许多善本书目和题跋记等著作，这在很大程度上是受到了本书的影响。《读书敏求记》稿成后，钱曾一直将其藏于箧中，随身携带，秘不示人。江南典试官朱彝尊为求得此稿，专门宴请钱曾，席间以黄金、美裘重贿钱曾书僮，借出书稿，连夜赶录副本，这部名著才得以与世人见面。

傅增湘批注，管庭芳、章钰校注《藏园批注读书敏求记校证》（中华书局 2012 年版）为本书较好的校注本。

———————————————— ● ————————————————

11.《贩书偶记》（附《贩书偶记续编》）　孙殿起撰。

中华书局 1959 年版，上海古籍出版社 1990 年版。

本书是清以来著述的总目，二十卷，共著录图书一万余种，大体仿《四库全书总目》体例，分为经、史、子、集四部五十九类。每类之中，有的内容多、流派杂，又各析为若干子目。

经部二十二类：易、书、诗、周礼、仪礼、礼记、三礼总义、乐、春秋左传、春秋公羊传、春秋穀梁传、春秋总义、论语、大学、中庸、孟子、四书、孝经、纬书、诸经总义（诸经目录、诸经授受源流、诸经文字音义）、石经、小学（说文、篆隶字书各体、音韵、训诂）。

史部十八类：正史（附表谱）、编年、纪事本末、古史、别史、杂史、载记、史钞、传记（名贤、名人、杂录、总录）、姓名、诏令奏议、时令、地理（总志、都会郡县、河渠水利、边防、山川、古迹、杂记、游记、外纪）、职官（官制、官箴）、政书（通制、典礼、邦计、军政、法令、考工、掌故）、书目、金石、史评。

子部十四类：儒家（议论经济、理学）、兵家、法家、农家、医家、天文算学、术数（数学、相宅相墓、占卜命书相书、选择、杂技）、艺术（书画、琴谱、篆刻、杂技）、谱录（器物、饮馔、草木虫鱼）、杂家（杂学、杂考、杂说、杂品、杂纂）、类书、小说家（杂事、异闻、琐语、演义）、释家、道家。

集部五类：楚辞、别集（汉魏六朝至明、顺治至康熙、雍正至乾隆、嘉庆、道光、咸丰至民国、杂咏、时文、闺秀、方外）、总集（文选、各朝文、各朝诗、地方文、地方诗、家集、唱和题咏、课集、闺秀）、诗文评（诗评、文评）、词曲（词集、词选、词话、词谱、词韵、南北曲、曲选、曲谱、曲话）。

本书凡见于《四库全书总目》者一概不录，如录者必卷数、版本有不同者。本书所录绝大部分是有清一代的著述，兼及辛亥革命以后迄抗战以前（约止于1935年）有关古代文化的著作，大多为《四库全书总目》所失收者，因此本书堪称补充《四库全书总目》的一部版本目录学专著，起到《总目》续编的作用。本书只收单行本，不收丛书本，即使间有收入丛书，所收录的必定是丛书未成之前的初刻单行本，或是丛书已成之后的抽刻本，因而弥补了《丛书子目索引》所欠缺的功能。本书例不涉及旧刻名钞，但对作者目睹的某些善本而在其他书目中又少见者也稍有著录。由于作者十分重视鉴别版本的异同，故凡同一著述既见于前又见于后者，并非重复，实乃有不同之处，这也为研究者提供了比较全面的资料。

《贩书偶记》成书后，孙殿起续加撰写，又积稿数千条，但未及整理出版即逝世。遗稿由

雷梦水整理成书,1980 年由上海古籍出版社出版,定名为《贩书偶记续编》,体例一仍正编,基本著录正编未收的清代著述,共著录图书六千余部。各类子目中的书目编次,较正编均有所改进。

12.《中国丛书综录》(附《中国丛书综录补正》、《中国丛书综录续编》) 上海图书馆编。

中华书局 1959—1962 年版,上海古籍出版社 1982 年版。

全书共分三册。第一册为《总目分类目录》,以丛书的名称为主,将每部丛书中所收的书名(子目)、作者一一开列。知道丛书名称,要想查找其中包括哪些著作,即查本册。全书分为"汇编"、"类编"两部分。"汇编"分为杂纂、辑佚、郡邑、氏族、独撰五类。"类编"分为经、史、子、集四类,各类之下再分细目。此册书后还附有"丛书书名索引"和"索引字头笔画检字",可以检索所有丛书名称以及各丛书书中所包括的子目书名。第二册为《子目分类目录》,以子目为单位,按经、史、子、集四部分类,每书著录其名称、卷数、著者及所属丛书名称。要想查某种书收于何种丛书,即查本册。本册共收子目七万余条,若其中一书为两种以上丛书所收,则加以比勘同异,或合并为一种,或分为数种著录。第三册为《子目书名索引》和《子目著者索引》,是为第二册服务的工具书。因为子目太多,故另编索引,以便检索。索引按四角号码检字法顺序排列,书前附有"四角号码检字法"、"索引字头笔画"、"索引字头汉语拼音检字"。

本书是我国目录学史上的重大成就,具有以下特点:一、搜罗完备。它收录了全国各大城市,包括北京、上海、南京、杭州、武汉、广州等地的 41 个主要图书馆当时实际收藏的历代丛书 2797 种,古籍 38891 种。规模之宏大、体例之严谨,都超过以往所有的丛书目录,基本上反映了我国历代出版的丛书全貌,也可作为考订丛书时的参考。二、便于检阅。读者无论从总目、分类、书名、作者等哪一角度去检寻,都可一索即得。三、反映了丛书收藏情况。本书所有子目书籍全部为现存图书,不同于其他目录有目无书。本书附有"全国主要图书馆收藏情况表",以便研究者以目求书,就近取阅。四、分类上的继承和创新。本书既集过去四分法之大成,也为四分法开创了新途径。本书第一册和第三册均采用四分法,但都予以创造性地修正。总目分类分为两编,可入四部者为类编,更具有综合性者入汇编。汇编中采用其他标准,分为杂纂(内容特别复杂)、辑佚(专辑各种古籍)、郡邑(某一区域的各种著作)、氏族(某一家族的各种著作)、独撰(个别学者的各种著作)等类,来统属不能归入四部的各丛书。在四分法中,有的类目又将过去最多的三级制,扩充到五级制,从而更能反映书籍的性质,更方便读者因类求书。

《综录》所收丛书,均系古典文献,19世纪中晚期兴起的"新学"之类的丛书,以及"佛学"方面的丛书,均未收入,实是缺憾。因编辑时间仓促,兼受馆藏联合目录性质的局限,《综录》尚有若干美中不足之处:如版本著录不全,异名反映欠详,子目时有遗漏;此外,引用之人名、书名、时代出现错字、漏字以及著录不够规范之处也间有所见。阳海清《中国丛书综录补正》(江苏广陵古籍刻印社1981年版)与施廷镛《中国丛书综录续编》(北京图书馆出版社2003年版)可补本书之不足。

13.《中国善本书提要》(附《中国善本书提要补编》) 王重民撰。

上海古籍出版社1983年版。

本书共著录善本书4400余种。主要著录北京图书馆(简称"北图")、北京大学图书馆(简称"北大")及美国国会图书馆(简称"国会")所藏之善本。每一种书、每一种版本均著录收藏图书馆之简称。全书按经、史、子、集四部分类,子目略有变通,如子部增加了丛编、宗教、丛书三类。著录之书,均列有书名、卷数、册数、藏书处、版本、行款及板框。共著录六朝、唐写本和宋刻本60余种,金元刻本100余种,明朱墨印本100余种,其中大部分为清康熙以前校刊或钞写本。行款指每半页行数,每行字数;板框指每书第一卷第一页板框之高低大小。二者均为鉴定版本之主要特征。同一类书,大

致按时代先后为序;同一种书,又按刊刻、钞写年代为序,借此可以考见版本源流。

书中提要——著录了题名、印记、牌记、序跋、题识等。题名包括每卷第一页所题著者、编者、校者以至子孙、好友、出版家等的姓名、籍贯、字号、堂室名以及书口上所记刻工的姓名。此类亦为鉴定版本之特征。而序跋则更可考见刊刻年代。如叶德辉《郋园读书志》卷二著录的《春秋繁露》,云:"明初黑口本,犹有宋、元遗风,非万历、天启以下妄改臆补者之比也。"提要曰:"此本有嘉靖甲寅赵维垣序,知为嘉靖间四川布政使司所校刻,叶氏谓为明初,误也。"又《四库全书总目》卷一百六十二著录的宋程珌《程端明公洺水集》,云:"集本六十卷,载于《书录解题》。此本乃崇祯乙巳其裔孙至远所刻,仅三十卷。原序称'岁久散佚,旧阙其半'云。"提要云:"考至远原序,无'旧阙其半'之言,当是馆臣想象之词。"此书为"善本书"提要,故于版本鉴定各款,著录最为详尽。对于作者生平,本书考证亦不遗余力。如《读春秋左氏赘言》的作者王升,《明史》无传,故全录《宜兴县志》卷八本传;《丘隅集》的作者乔世宁,又全录过氏《分省人物考》为其传;《石阳山人建州集》的作者陈德文,事迹无考,则引其集中《感遇诗》自注:"戊戌下第,南牧政和。"并谓:"是集均牧政和时所作诗,故以'建州'名集,石阳山人又其所自号也。《存目》卷一百二十七载德文《孤竹宾谈》四卷,则为官顺天府尹时所作矣。"本书后附的《中国善本书题跋》、《书名索引》、《撰校人名索引》、《刻工人名索引》、《刻书铺号索引》,为读者充分利用此书,提供了极大方便。

另外,王重民先生编有《中国古籍善本书提要补编》(国家图书馆出版社 1997 年版),共收有史部提要 770 余篇,包括纪传、编年、纪事本末、传记、政书、地理、金石、目录等九个类别;子部提要 10 篇。编辑体例与"正篇"基本一致。

14.《续修四库全书总目提要》 续修四库全书总目提要编纂委员会编。

齐鲁书社 1996 年版,上海古籍出版社 2015 年版。

本书是继《四库全书总目》之后的又一部大型书目提要工具书。20 世纪 20 年代初,日本政府利用退还给中国的"庚子赔款"部分款项,相继成立"中华文化事业总委员会"、"人文科学研究所"以及"东方文化事业图书筹备处"等机构,组织我国经学、史学、文学、文字学、目录学、方志学、敦煌学等多个领域的 70 余位专家学者编撰本书。本书基本上反映了清乾隆以后至 20 世纪 30 年代存世典籍的基本情况。全书 1800 余万字，共收 3.3 万余篇提要，涉及古籍3.3万余种。编撰体例仿照《四库全书总目提要》，分经、史、子、集四部。收录内容来源包括以下几个方面：（1）《四库全书总目提要》虽已收录，但篡改、删削过甚或版本不佳者；（2）《四库全书总目提要》遗漏者；（3）乾隆以后的著作和辑佚书籍；（4）禁毁书籍和佛道两教中的重要书籍；（5）词曲、小说及方志；（6）敦煌遗书；（7）外国人用汉文写的书籍；（8）阮元撰《四库未收书目提要》。20 世纪 30 年代末，《提要》基本完稿。1972 年，台湾商务印书馆出版《续修四库全书总目提要》，分打印本和精装本两种。打印本 16 开，共 20 册，附索引 1 册，书前有王云五序。全书共有 10080 多个条目；精装本 13 册，共 8000 余页。全书收录古籍约10070种，分经、史、子、集四大类，在大类下设有五十三个小类。全书提要记书名、作者、卷数，并在书名下标注书籍的来源、版本及藏所，对于书籍的流传和内容亦有所考证。1996 年，齐鲁书社出版了大陆版《续修四库全书总目提要（稿本）》。全书正文共 37 册，另有索引 1 册。索引分为三部分：分类索引、书名索引、作者索引。2015 年，上海古籍出版社出版了标点整理本《续修四库全书总目提要》。

15.《敦煌遗书总目索引》（附《敦煌遗书总目索引新编》） 商务印书馆编。

商务印书馆 1962 年版。

全书分为四卷。第一卷为《北京图书馆藏敦煌遗书简目》。北京图书馆旧藏敦煌遗书 8000 卷，陈垣曾编《敦煌劫余录》，著录甚详。此书依原藏号码另编《简目》，陈垣原书页号注于后面，以备参考。第二卷为《斯坦因劫经录》，由刘铭

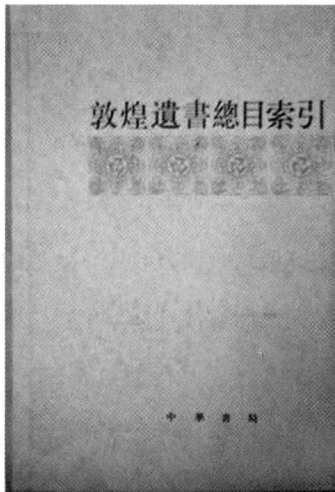

恕根据斯坦因劫去的 7000 余卷敦煌遗书编成。第三卷为《伯希和劫经录》,由王重民据伯希和劫去的2500卷敦煌遗书编成。第四卷为《敦煌遗书散录》,由 19 种散录组成,大体上反映出流散在国内和日本的 3000 余卷敦煌遗书的情况。总目索引按全部遗书书名的首字笔画排列,后注号码。书后有三种附录:翟理斯"博物馆藏敦煌卷子分类总目"、"博物馆藏敦煌卷子笔画检查目录"、"斯坦因编号和博物馆新编号对照表"。

2000 年,中华书局出版由敦煌研究院编写的《敦煌遗书总目索引新编》,可与本书互补。

●

16.《同书异名通检》(增订本)(附《同名异书通检》) 杜信孚编。

香港太平书局 1963 年版,江苏人民出版社 1982 年版。

我国古籍浩繁宏富,一般认为在八万种以上。由于各种复杂的原因,一部书往往有几种异称,如《庄子》又称《南华经》,《吕氏春秋》又名《吕览》,而《战国策》则有《国策》、《国事》、《事语》、《短书》、《长书》、《修书》等几个名称。各种书目著录的书名互不相同,不同版本名称也不一致,易发生混淆,不利于了解古代文献的实际情况。本书收录了 1949 年以前比较重要或常见的书名共 3900 余条,范围包括经、史、诸子百家、总集、别集、丛书、类书以及说部、传奇、弹词、鼓词、剧曲、宝卷、变文、佛经、道藏等,同一内容而有异名的皆予以收录。一书有几个异名即分列几条,每条后注出著者(包括时代和籍贯)、版本、异名,如《清嘉录》后注:"清吴县顾禄撰,清道光十年(1830)吴县顾氏刊本,又名:《吴门风土记》。"柳宗元《柳河东集》后注异名"《柳先生文集》、《柳柳州集》、《河东先生集》"。依书名首字的笔画顺序排列,检索便利,从任何一个名称皆可查出其他异名。为了检索同名异书的情况,编者又与人合编了《同名异书通检》(江苏人民出版社 1982 年版),收录同名异书共 3500 余条,每条下列出同名各书的卷数、著者(包括时代和籍贯)、版本等,如"《西厢记》"条下列同名书三种:金董解元所撰《西厢记》二卷,有暖红室汇刻传剧本;元王实甫撰《西厢记》五卷,版本同上;明嘉兴李日华撰《西厢记》二卷,有汲古阁六十种曲本。此二书结合起来,成为检索古籍同书异名和同名异书情况的必备工具。

此外,张雪庵编有《古书同名异称举要》(山东人民出版社 1980 年版),其中"异称部分"内容与此书相类,书名后注出了作者和异称,但不注版本,收录也不如此书广泛。

●●·· 二、 丛书类书

1.《十三经注疏》 〔南宋〕黄唐编、〔清〕阮元校刻。

世界书局 1935 年版,中华书局 1980 年版,北京大学出版社 2000 年版。

本书是儒家十三部重要经典的注疏合集。先秦时期,孔子编定六部儒家经典,即《易》、《书》、《诗》、《礼》、《乐》和《春秋》。秦并六国之后,《乐》已亡佚,只剩下五部。西汉时,武帝罢黜百家,独尊儒术,世人尊崇《诗》、《书》、《易》、《礼》、《春秋》为《五经》。汉代提倡"以孝治天下",东汉后于五经之外,又增加《孝经》及《论语》,合为《七经》。唐时,以《易》、《诗》、《书》、《仪礼》、《周礼》、《礼记》、《左传》、《公羊传》、《穀梁传》合称为《九经》。唐文宗太和年间,于《九经》之外,又加《论语》、《孝经》、《尔雅》成《十二经》,并将其勒石,立于国学。北宋中叶,《孟子》升为一经,加以唐代《十二经》,遂成成十三经之数。因儒家思想自汉代起即居于正统地位,其典籍被定为一尊,故为其作注撰疏者可谓汗牛充栋。南宋绍熙年间,黄唐在前人的众多注疏中选择比较有代表性的,将经注合为一帙,十三经合为一编,是为《十三经注疏》,又叫《群经注疏》。

《十三经注疏》凡 416 卷,收书 13 种,分别是:《周易正义》十卷,魏王弼、韩康伯注,唐孔颖达等正义;《尚书正义》二十卷,汉孔安国传,唐孔颖达等正义;《毛诗正义》七十卷,汉毛公传,郑玄笺,唐孔颖达等正义;《周礼注疏》四十二卷,汉郑玄注,唐贾公彦疏;《仪礼注疏》五十卷,汉郑玄注,唐贾公彦疏;《礼记正义》六十三卷,汉郑玄注,唐孔颖达等正义;《春秋左传正义》六十卷,晋杜预注,唐孔颖达等正义;《春秋公羊传注疏》二十八卷,汉何休注,唐徐彦疏;《春秋穀梁传注疏》二十卷,晋范宁注,唐杨士勋疏;《论语注疏》二十卷,魏何晏等注,宋邢昺疏;

《尔雅注疏》十卷,晋郭璞注,宋邢昺疏;《孝经注疏》九卷,唐玄宗明皇帝御注,宋邢昺疏;《孟子注疏》十四卷,汉赵岐注,宋孙奭疏。

《十三经注疏》自南宋以后开始合刻,明嘉靖、万历年间曾刊行,清乾隆初有武英殿本,其后阮元据宋本重刊,并撰《十三经注疏校勘记》。在"十三经"各注释版本中,阮元校刻本《十三经注疏》最为完善,是研究中国古代文化的重要参考资料。

2.《四库全书》 〔清〕永瑢、纪昀等编。

台湾商务印书馆 1986 年版,上海古籍出版社 1987 年版。

本书是清代官修大型丛书,共收录文籍 3461 种,79309 卷,3600 余册。乾隆三十七年(1772)正月,高宗诏各省采集天下遗书及本朝著作。同年底,安徽学政朱筠上疏,建议搜集宋元抄本,缮抄副本,并从《永乐大典》中辑录佚书,予以校勘、著录、考证,撰写提要。次年二月,高宗任命军机大臣刘统勋、于敏中等为总裁,纪昀、陆锡熊、孙士毅为总纂官,陆费墀为总校官,开《四库全书》馆,发凡起例。至乾隆四十六年至四十九年,共抄录全书四部。自乾隆三十九年起,高宗敕建贮藏全书之阁,在承德避暑山庄建文津阁,在圆明园建文源阁,在紫禁城内建文渊阁,在盛京(今辽宁沈阳)故宫建文溯阁,分贮四部全书,称为内廷四阁全书。在第一部全书告成之后,高宗谕旨称"江浙为人文渊薮,朕翠华临范,士子涵濡教泽,乐育渐摩,已非一日。其间力学好古之士愿读中秘书者,自不乏人。兹《四库全书》,允宜广布流传,以光文治",遂于乾隆四十七年七月敕四库馆再缮写三部。历经五十二年四个月后,三部全书同时告竣,分别藏于扬州文汇阁、镇江文宗阁、杭州文澜阁,称为江浙三阁全书。与内廷四阁合称南北七阁。

全书分经、史、子、集四部,部下分类。其中经部分易、书、诗、礼、春秋、孝经、五经总义、四书、乐、小学十类。史部分正史、编年、纪事本末、别史、杂史、诏令奏议、传记、史钞、载记、时令、地理、职官、政书、目录、史评十五类。子部分儒家、兵家、法家、农家、医家、天文算法、术数、艺术、谱录、杂家、类书、小说家、释家、道家十四类;集部分楚辞、别集、总集、诗文评、词曲五类。共计四十四类。部分类下分属，如礼类分周礼、仪礼、礼记、三礼总义、通礼、杂礼书六属，小学类分训诂、字书、韵书三属等，凡六十五属。全书所用底本，有敕撰本、内府本、永乐大典本、采进本、进献本、通行本等，版本较为复杂。馆臣经过鉴别后，择其善本、足本著录。又历代多伪书，馆臣逐一加以考证，辨别真伪。每部书前，均附有提要，介绍作者生平事迹，记述著述缘起，考镜学术源流，罗列版本情况，钩玄提要，撮其大旨，品评得失。其分类较为科学，如史部原有谱牒类，后世此学衰微，有关文籍亦少，故予以删除；宋袁枢撰《通鉴纪事本末》，其后纪事本末体史籍兴起，即据客观存在增立纪事本末类。又如不少书目将诏令奏议归入集部，馆臣以为此类之文多涉政事，故按照"论事之文当归史部"之例，归入史部。同类之书编排次序，均以年代先后为序，亦较为科学。编撰此书之时，现《永乐大典》所缺的2422卷，大都尚存，故得从中辑录佚书，达385种，4946卷。今《永乐大典》仅存不足800卷，辑佚所据之本亦多散佚，而此近400种之书赖以流传。其他如宋元抄本等，亦因此得以保存。

由于本书成于众手，在辑佚、校勘、抄录等方面均有不少疏误之处。在选用版本方面，问题亦多。如宋黄公度《知稼翁集》，馆内有十二卷抄本、刻本各一种，而著录时竟采用二卷本，并谓"岂尚有佚遗欤"。又如所录《元和郡县图志》、《太平寰宇记》二书均有阙卷，而《永乐大典》即载有二书足本。更有甚者，竟大量窜改原文。清统治者为外族，故当时特加规定："凡宋人之于辽金元，明人之于元，其书内记载事迹有用敌国之词，语句乖戾者，俱应酌量改正；如有议论偏谬尤甚者，仍行拟销。"乾隆四十一年十一月，高宗谕馆臣："明人所刻类书，其边塞、兵防等门所有触碍字样固不可存，然只须删去数卷，或删去数篇，或改定字句"，"他若南宋人书之斥金，明初人书之斥元，其悖于义理者自当从删，涉于诋詈者自当从改"。故凡书中有"胡"、"虏"、"夷狄"等字样者，多被改为原所指国名。如《永乐大典》卷6851引《旧五代史》："其实权以耻拜虏庭"后改作"其实权不欲臣事契丹"。宋晁说之《嵩山文集》卷三《负薪对》，与《四库》本《景迁生集》相勘，改窜达数十字；又如卷六《单于行》"胡儿临江饮胡马"，改为"健儿临江饮朔马"；卷十二《中原》诗"腥臊千秋万岁殿"，因"腥臊"指胡人，改为"箫瑟千秋万岁殿"。清代盛行文字狱，也影响到了《四库全书》的编订。凡语涉"违碍"，重则撤毁、销毁，轻则抽毁、删削。"违碍"之书多为"明季国初之书"，此类书以史书为多。此外如钱谦益、屈大均、金堡、吕留良等人著作一概销毁。他书有引用或涉及其人者，一律删削。如朱鹤龄《李义山诗注》序内"红豆庄主人"即钱谦益，被删削。黄虞卿《千顷堂书目》多列已毁之书，亦被删削。朱彝尊《明诗综》、顾炎武《日知录》被部分抽毁。从乾隆三十九年八月起至五十八年结束，据统计，各省及四库馆在此期间全毁文籍达3100余种，151700余部，毁板八万块以上。

至于民间,则"唯恐招祸,无问禁与不禁,往往拉杂摧烧之"。

《四库全书》对清代考据学、校勘学、目录学及辑佚、丛书辑刻等各方面有巨大影响,特别是对考据学,影响最大。自宋代以后,儒者崇尚理学,空疏而学无根柢。至顾炎武、阎若璩首创朴学,《四库全书》开馆,朴学之士萃于一堂,专以考博为能事,乾嘉朴学之风自此兴起。

南北七阁之书,南三阁之书全佚。其中文汇阁、文宗阁,同毁于咸丰三年(1853)太平军战火。咸丰十一年,太平军攻克杭州,文澜阁毁于战乱,全书散佚,经丁甲、丁丙兄弟抢救搜辑,尚存8389册。北四阁之书,圆明园文源阁之书,咸丰十年,为英法联军在焚毁圆明园的同时遭受劫难。文津阁之书今藏北京图书馆,保存最为完整。文溯阁之书亦存,1966年由沈阳迁移兰州,由甘肃省图书馆收藏。文渊阁之书,于建国前夕被运往台湾,现藏于台湾故宫博物院。1986年,台湾商务印书馆影印文渊阁本1500册,为16开精装本;1987年起,上海古籍出版社影印文渊阁本,改成32开精装本,1500册,分类出版。

3.《玉函山房辑佚书》〔清〕马国翰辑。

上海古籍出版社1990年版,广陵书社2004年版。

"玉函山房"系马国翰书斋名。马国翰,字竹吾,生卒年未详,历城(今山东济南)人,道光十二年(1832)进士。马国翰任县令时,将其所得俸禄均用于购书,因此藏书达57000余卷。匡源《玉函山房辑佚书序》说他"广引博证,自群经注疏音义,旁及史传类书,片词只字,罔弗搜辑"。马氏有慨于今世学者不见古籍,于是决定辑印周秦至隋唐的佚书。

本书是一部规模巨大的辑佚丛书,分经、史、子三编,共收书632种。其中"经编"最多,有400余种,包括易类65种、尚书类12种、诗类32种、周官礼类14种、仪礼类27种、礼记类19种、通礼类23种、乐类13种、春秋类46种、国语类6种、孝经类16种、论语类42种、孟子类9种、尔雅类13种、五经总类10种、纬书类40种、小学类47种;"史编"包括杂史类8种(其中杂史类5种、杂传类2种、目录类1种);"子编"包括儒家类68种、农家类16种、道家类7种、

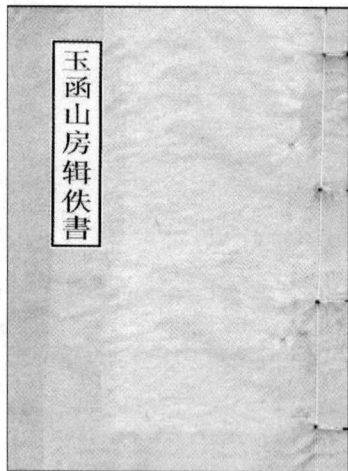

法家类 7 种、名家类 2 种、墨家类 5 种、纵横家类 7 种、杂家类 19 种、小学家类 8 种、天文类 8 种、阴阳类 3 种、五行类 8 种、杂占类 3 种、艺术类 2 种。书末附录 1 种，为马氏所著《目耕帖》31 卷。其分类基本沿袭《四库全书总目》而有所增删。这部丛书收书相当丰富，对保存古籍有很大的贡献。

4.《百子全书》 崇文书局编。

光绪元年（1875）崇文书局版，浙江人民出版社 1984 年版。

本书是一部诸子书集成，又名《子书百家》，共 8 册 100 种。书前有所录诸子书总目。本书所收诸子著作，包括：

儒家类 23 种：魏王肃注《孔子家语》10 卷，宋薛据辑《孔子集语》2 卷，战国荀况撰《荀子》3 卷，汉孔鲋撰《孔丛子》2 卷，汉陆贾撰《新语》2 卷，汉马融撰、汉郑玄注《忠经》1 卷，汉贾谊撰《新书》10 卷，汉桓宽撰《盐铁论》2 卷，汉刘向撰《新序》10 卷、《说苑》20 卷，汉扬雄撰《扬子法言》1 卷，汉扬雄撰、晋郭璞注《方言》13 卷，汉王符撰《潜夫论》10 卷，汉荀悦撰《申鉴》5 卷，汉徐幹撰《中论》2 卷，晋傅玄撰《傅子》1 卷，隋王通撰《文中子中说》1 卷，唐林慎思撰《续孟子》2 卷、《伸蒙子》3 卷，唐张弧撰《素履子》3 卷，宋胡宏撰《胡子知言》6 卷附录 1 卷疑义 1 卷，明薛瑄撰《薛子道论》3 卷，明王崇庆撰《海樵子》1 卷。

兵家类 10 种：汉公孙宏解《风后握奇经》1 卷附无名氏撰《握奇经续图》1 卷、晋马隆述《八阵总述》1 卷、周吕望撰《六韬》3 卷，周孙武撰《孙子》3 卷，周吴起撰《吴子》3 卷，周司马穰苴撰《司马法》1 卷，周尉缭撰《尉缭子》2 卷，汉黄石公撰、宋张商英注《素书》1 卷，汉诸葛亮撰《心书》1 卷，宋何去非撰《何博士备论》2 卷，宋李纲撰《宋丞相李忠定公辅政本末》1 卷。

法家类 6 种：周管仲撰《管子》24 卷，周晏婴撰《晏子春秋》8 卷，周商鞅撰《商子》5 卷，周邓析撰《邓子》1 卷。周尸佼撰《尸子》2 卷，周韩非撰、无名氏注《韩非子》20 卷。

农家类 1 种:后魏贾思勰撰《齐民要术》10 卷,杂说 1 卷。

术数类 2 种:汉扬雄撰《太玄经》10 卷,汉焦赣撰《焦氏易林》4 卷。

杂家类 28 种:周鹖熊撰、唐逢行圭注《鹖子》1 卷补 1 卷,周计然撰《计倪子》1 卷,周田仲撰《於陵子》1 卷,晋程本撰《子华子》2 卷,周墨翟撰《墨子》16 卷,周尹文撰《尹文子》1 卷,周慎到撰《慎子》1 卷,周公孙龙撰《公孙龙子》1 卷,《鬼谷子》1 卷,宋陆佃解《鹖冠子》3 卷,秦吕不韦撰《吕氏春秋》26 卷,汉刘安撰、汉高诱注《淮南鸿烈解》21 卷,梁元帝撰《金楼子》6 卷,北齐刘昼撰《刘子》2 卷,北齐颜之推撰《颜氏家训》2 卷,汉蔡邕撰《独断》1 卷,汉王充撰《论衡》30 卷,汉班固撰《白虎通德论》4 卷,汉应劭撰《风俗通义》10 卷,汉牟融撰《牟子》1 卷,晋崔豹撰《古今注》3 卷,宋黄晞撰《聱隅子》2 卷,宋马永卿撰《懒真子》5 卷,宋苏轼撰《广成子解》1 卷,明庄元臣撰《叔苴子》内篇 6 篇外篇 2 卷,明刘基撰《郁离子》1 卷,明李梦阳撰《空洞子》1 卷,明王文禄撰《海沂子》5 卷。

小说家杂事类 3 种:燕太子丹撰《燕丹子》3 卷,唐无名氏撰《玉泉子》1 卷,南唐刘崇远撰《金华子杂编》2 卷。

小说家异闻类 13 种:晋郭璞撰《山海经》18 卷,晋郭璞撰《山海经图赞》1 卷,明杨慎撰《山海经补注》1 卷,汉东方朔撰《神异经》1 卷,汉东方朔撰《海内十洲记》1 卷,汉郭宪撰《别国洞冥记》4 卷,晋郭璞撰《穆天子传》6 卷,前秦王嘉撰、梁萧绮录《拾遗记》10 卷,晋陶潜撰《搜神记》20 卷,晋张华撰、宋周日用注《博物志》10 卷,宋李石撰《续博物志》10 卷,梁任昉撰《述异记》2 卷。

道家类 14 种:汉张良注《隐符经》1 卷,周尹喜撰《关尹子》1 卷,周李耳撰、魏王弼注《老子道德经》2 卷,元吴澄撰《道德真经注》4 卷,周庄周撰《庄子》3 卷,明杨慎撰《庄子阙误》1 卷,周列御寇撰《列子》2 卷,晋葛洪撰《抱朴子》内篇 4 卷外篇 4 卷,周庚桑楚撰《元仓子》1 卷,唐张志和撰《玄真子》1 卷,唐司马承祯撰《无隐子》1 卷,唐无名氏撰《无能子》3 卷,明王文禄撰《胎息经疏》1 卷及口幻真先生注《胎息经》1 卷,明无名氏撰《至游子》2 卷。

《百子全书》所收诸子之书范围较广,门类较全,汇集了清代以前学者对子书的研究成果,但未能包括清代及以后学者整理子书的新成果,且所录子书有些真伪未辩,版本也不太讲究,又无校勘、注释,因此在编排上缺乏谨严的系统性。

5.《古逸丛书》〔清〕黎庶昌辑。

江苏广陵古籍刻印社 1994 年版,广陵书社 2002 年版。

本书专收古本逸书,共 26 种,200 卷。光绪七年
(1881),黎庶昌出使日本,在日本搜访国内亡佚的中国古
书残本,由杨守敬校辑,陆续影印。所印古书有宋本《尔
雅》、《穀梁传》、《荀子》、《庄子》,至正本《易程氏传》,唐集
字《老子》,元本《楚辞集注》、《文馆词林》、《玉烛宝典》,魏
何晏集解《论语》、宋程颐传《周易》,唐玄宗注《孝经》,周
李耳《老子道德经》,战国荀况撰、唐杨倞注《荀子》,晋郭象注、唐成玄英疏《南华真经注疏》,
唐陆德明撰《尚书释音》,宋陈彭年《广韵》等 26 种。其来源主要来自三个方面:一是我国宋、
元刻本;二是日本旧刻本,如《尚书释音》、《韵镜》等;三是日本旧钞本,如《玉烛宝典》、《文馆
词林》等。编者为所辑逸书撰写了提要,详述版本源流。书末附有杨守敬跋文。

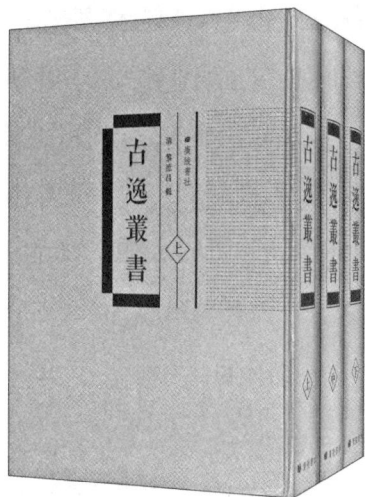

民国年间,张元济等仿该书体例,辑有《续古逸丛书》(商务印书馆 1919 年版),收书达 47
种。上世纪 80 年代,赵守俨等辑印《古逸丛书三编》(中华书局 2004 年版),收书 51 种。子目
可参见《中国丛书综录补正》。

6.《四部丛刊》〔初编、续编、三编〕 张元济主编。

**商务印书馆 1919 年至 1936 年版,中央编译出
版社 2015 年版。**

本丛书分三编,共收书 477 种。辑印《四
部丛刊》的目的在于收集沦亡的旧籍。《印行
〈四部丛刊〉启》说:"自咸、同以来,神州几经多故,旧籍日就沦亡,盖求书之难,国学之微末,
未有甚于此时者也。上海涵芬楼留意收藏,多蓄善本,同人怂恿景印,以资津逮后学;有未

备,复各出公私所储,恣其搜鉴,得于风流阒寂之会,成此《四部丛刊》之刻。"此丛书自 1919 年筹划时,收书底本即为涵芬楼和国内其他藏书家所有宋、元、明刻善本,其中宋本 45 种,金本 2 种,元本 19 种,影写宋本 13 种,影写元本 4 种,元写本 1 种,明写本 6 种,明活字本 8 种,校本 25 种,高丽本 7 种,释道藏本 4 种及其他一些明清佳刻,缩印成为体式整齐的本子,并载原书尺寸大小于每书首页,以存旧书面目。《四部丛刊》为我国古典文献中的珍宝,"初编"收集经、史、子、集典籍凡 323 种(不包括二十四史),8573 卷,分装 2112 册。"续编"收书 77 种,1438 卷,分装 500 册。"三编"收书 71 种,1910 卷。

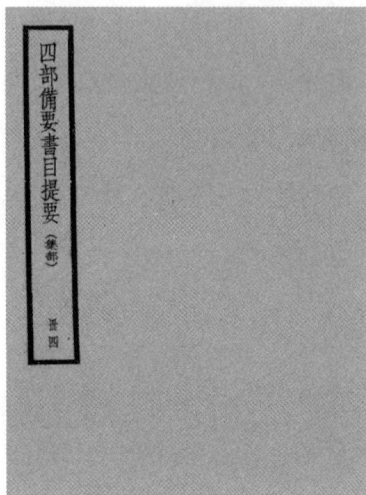

7.《四部备要》 高野侯等编。

中华书局 1920 年至 1933 年版,中华书局 1989 年版。

本丛书共收书 351 种,11000 余卷,按经、史、子、集四部编排。经部除收入通行的《十三经注疏》外,又增收《十三经古注》及清代学者的《十三经注疏》;还收入《四书集注》(朱熹注)以及《说文解字真本》等小学类重要著作十种,《春秋繁露》等经义类著作 3 种。史部收入二十四史和《资治通鉴》,另收入古史《逸周书》等 12 种,别史《东观汉记》等 2 种,杂史《贞观政要》等 7 种,载记 2 种,传记 3 种,奏议 1 种,地理 3 种,政书 4 种,史评 5 种,表谱考证 7 种。子部收周秦诸子 25 种,儒家著作 31 种,农家 2 种,医家 6 种,算法术数 5 种,杂家 3 种,小说家 3 种,释道家 3 种,诸子大意 1 种。集部收楚辞 1 种,汉魏六朝别集 13 种,唐别集 25 种,宋别集 29 种,金元别集 6 种,明别集 4 种,清别集 31 种,还收入总集 24 种,诗文评 10 种。

本丛书性质与稍早出版的《四部丛刊》相仿,两书的不同在于《四部丛刊》着眼于版本,而本书注重实用,所收大多为注本、校本。这套丛书收入的历代重要著作,切合实用,不仅能够满足一般读者阅读和收藏的需要,而且也可供文史工作者研究参考之用。但本书校勘欠精细,脱字、误字不少。书局曾刊登广告,要求读者帮助指误,每纠正一字,酬谢银洋十元,许多错、漏现象便在重印中得到了改正。然而由于卷帙浩繁,此类问题较多,错、漏现象未能完全解决。

⸺⸺⸺⸺⸺⸺⸺●⸺⸺⸺⸺⸺⸺⸺

8.《丛书集成初编》 王云五、张元济主编。

商务印书馆 1935 年至 1940 年版,中华书局 1985 年版。

因《四部丛刊》和《四部备要》所收古籍都偏重于四部之内常见书籍,如《十三经古注》、《二十四史》、《周秦诸子》等,而忽视了唐宋以后的笔记、丛钞、杂说等书,本丛书编者有鉴于此便综合了《四部丛刊》的罕见版本及《四部备要》的实用特色,编辑成一部以"罕见"和"实用"为标准的丛书,选录丛书计 100 部,包括自我国第一部综合性丛书南宋的《儒学警悟》起,至清末为止的各类丛书。所收普通丛书(即综合性丛书)中,宋代 2 部,明代 21 部,清代 57 部;专科性丛书中,经学、小学、史地、目录、医学、艺术、军事等,计 12 部;地方性丛书中,省区、郡邑各 4 部。本丛书共收书约 60000 种,27000 多卷,去其重复者,实存 4107 种,约 20000 卷。由于抗日战争爆发,实际印行 3467 册。凡不易找到的零散之书,大多见于此书,实为集丛书之大成。

从编排体例看,《丛书集成》不同于《四部丛刊》和《四部备要》的传统古籍分类法(即分为经、史、子、集四部),而是采用近代科学分类法(即王云五中外图书统一分类法),计分为总类、哲学类、宗教类、社会科学类、语文学类、自然科学类、应用科学类、艺术类、文学类、史地类等十类,每一类下各析出子目若干,载明作者和卷数。虽然类目的设置及其隶属关系有不当之处,但便于人们按学科分类检索,且本丛书还收编了四部以外的笔记、丛抄、杂说等单本、孤本书籍,可补四部书之不足,流通范围很广,社会影响很大。本丛书与《四部丛刊》、《四部备要》合称为我国近代三大古籍丛书。

9.《诸子集成》(附《新编诸子集成》) 国学整理社辑。

世界书局 1935 年版,中华书局 1954 年版。

本书分上、下两编,共收书 30 种。

上编所录书目有:清刘宝楠撰《论语正义》,清焦循撰《孟子正义》,清王先谦撰《荀子集解》,李耳撰、魏源注《老子本义》,魏王弼撰《老子注》,清王先谦撰《庄子集解》,清郭庆藩撰《庄子集释》,张湛撰《列子注》,清孙诒让撰《墨子闲诂》,张纯一撰《晏子春秋校注》,钱熙祚校、尹文撰《尹文子》,梁启超撰《管子评传》,戴望撰《管子校正》,麦梦华撰《商君评传》,严可均辑《商君书》,慎到撰《慎子》,王先慎撰《韩非子集解》,孙武撰、曹操等注《孙子十家注》,吴起撰《吴子》,吕不韦撰、高诱注《吕氏春秋》。

下编所录书目有:汉陆贾撰《新语》,汉刘安撰《淮南子》,汉桓宽撰《盐铁论》,汉扬雄撰《法言》,汉王充撰《论衡》,汉荀悦撰《申鉴》,汉王符撰《潜夫论》,晋葛洪撰《抱朴子》,南朝宋刘义庆撰《世说新语》,北齐颜之推撰《颜氏家训》。

《诸子集成》汇集了清代学者校勘、注释子书的成果,选编内容基本得当,校勘、注释比以前出的同类书要好,有较高的文献价值。然《诸子集成》也存在不少问题,较为突出的有三点:一是校勘不精,错讹脱漏之处不少;二是注释不全,不少子书缺少注释;三是范围不广,现有子书也有不少缺乏点校。有鉴于此,中华书局从 1982 年开始编辑出版《新编诸子集成》,至 2010 年共出版 40 种。分别是,儒家类:《论语集释》、《孟子正义》、《四书章句集注》、《荀子集解》、《晏子春秋集释》、《新语校注》、《新书校注》、《春秋繁露义证》、《盐铁论校注》、《法言义疏》、《太玄集注》、《白虎通疏证》、《潜夫论笺校正》、《颜氏家训集解》(修订本)、《刘子校释》。墨家类:《墨子闲诂》、《墨子校注》、《墨辩发微》、《墨子城守各篇简注》。道家类:《老子道德经注校释》、《老子校释》、《帛书老子校注》、《庄子集释》、《庄子集解·庄子集解内篇补正》、《列子集释》、《抱朴子内篇校释》、《文子疏义》。法家类:《管子校注》、《管子轻重篇新诠》、《商君书锥指》、《韩非子集解》。名家类:《公孙龙子悬解》、《公孙龙子形名发微》。兵家类:《十一家注孙子校理》、《孙膑兵法校理》。杂家类:《吕氏春秋集释》、《淮南鸿烈集解》、《淮南子集释》、《论衡校释(附论衡集解)》、《抱朴子外篇校笺》。

新编中文工具书

10.《敦煌掇琐》 刘复辑。

(台北)新文丰出版公司 1985 年版。

本书是唐代敦煌遗书辑集。作者从法国国家图书馆藏敦煌写本中抄录了 104 种辑成，按写本性质分类排比，编为上中下三集：上集为文学史方面的材料，包括小说、杂文、小唱、诗、经典演绎、艺术等；中集为社会史方面的材料，包括有关家宅田地、社会契约、讼诉、官事、婚姻、教育、宗教、历书、迷信、杂事等；下集为语言文学方面的材料，收有《刊谬补缺切韵》《字宝碎金》《俗务要名录》等。作者特别重视引用原始材料，对所辑录的材料（包括俗字）都保存写本原貌。蔡元培很是赞赏本书在辑录史料方面的价值，他在为本书所作的序中说："就中如家宅图，可以见居室的布置；舞谱，可见舞蹈的形式；各种借券，可以见借贷实物与罚去利息的习惯；通婚书、答婚书等，可以见结婚的仪节；劝善经、劝戒杀生文、与历书、解梦书、吉凶避忌条例等，可以见信仰佛教与保守古代迷信的程度。其他杂文，以此类推，都是很有益于考察当时社会状况的。"本书确为辑录敦煌遗书的重要专书，是研究唐代通俗文艺、通俗文艺史和通俗文化的重要资料，对唐代社会的政治经济研究也有参考价值。

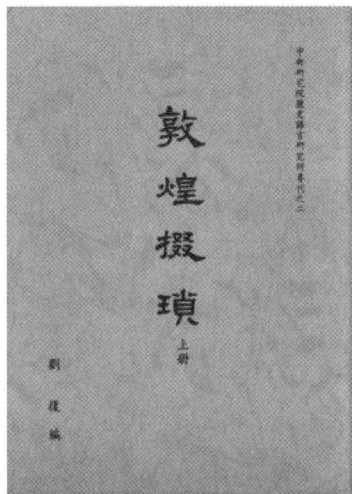

11.《续修四库全书》 《续修四库全书》编委会编。

上海古籍出版社 2002 年版。

清朝在编纂《四库全书》的过程中，实行了严厉的禁毁政策，这导致大量古籍被毁。据陈乃乾《索引式禁书总录》统计，其中全毁者 2453 种，抽毁者 402 种。且四库馆臣对通俗文学采取歧视政策，不收小说与戏曲，这导致自宋元以来数以千计的书籍被排斥在外。另外，尽管清朝采取极为苛严的手段保证《四库全书》书籍的来源，仍然有大量书籍庋

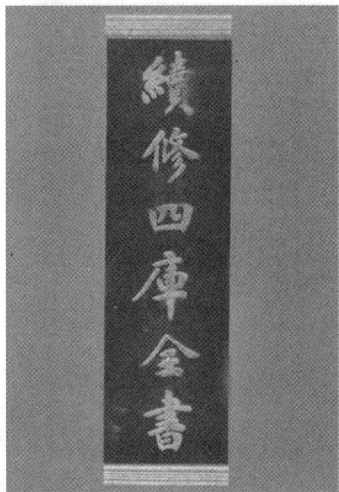

藏于民间,不被《四库全书》著录。基于上述种种原因,从清末以迄民国,陆续有人提出续修《四库全书》的设想与计划。例如光绪十五年(1889),翰林院编修王懿荣上书提议"重新开馆,续纂前书"。此后喻长霖、孙同康等也都有续修之议。1919年,叶恭绰等赴欧洲考察回国,动议影印《四库全书》,金梁复以为"书不易续,目则易修",建议将"二百年来新出书籍","始存其目,以待后来"。然皆因时局动荡,未曾实行。1994年,国家有关部门启动《续修四库全书》的编纂计划,到2002年4月完成了全部1800册的编纂工作,由上海古籍出版社出版。全书沿袭了《四库全书》的体例,按经、史、子、集四部分类,用绿、红、蓝、赭四色装饰封面,精装1800册,分经部260册,史部670册,子部370册,集部500册。共收书5213种,比《四库全书》增加51%,1911年以前的重要典籍大致荟萃于此。本书收录范围包括对《四库全书》成书前传世图书的补选与《四库全书》成书后著述的续选,其中补选之书主要包括被《四库全书》遗漏、摒弃、禁毁,或列入"存目"而确有学术价值的图书;《四库全书》已收而版本残劣、有善本足可替代的书籍;四库馆臣对戏曲、小说持鄙视态度而未予收入的书籍。

12.《初学记》〔唐〕徐坚等撰。

中华书局1962年版,线装书局2001年版。

本书为便于唐玄宗诸子赋诗作文时寻检事类而编,因其为初学者所用,故名《初学记》。唐玄宗曾谓张说曰:"儿子等欲学缀文,须检事及看文体。《御览》之辈,部帙既大,寻讨稍难。卿与诸学士撰集要事并要文,以类相从,务取省便。令儿子等易见成就也。"时张说为集贤院学士、知院事,徐坚为副。遂以张说总领其事,徐坚、韦述、余钦、施敬本、张烜、李锐、孙季良等分撰。于开元十六年(728)正月撰成奏上,诏赐名《初学记》。全书三十卷。分二十四部,名目基本沿袭《艺文类聚》,而有所归并、增删,有天、岁时、地、州郡、帝王、中宫、储宫、帝戚、职官、礼、乐、人、政理、文武、道释、居处、器物、宝器、果木、兽、鸟、鳞介、虫等部,其中宝器部之下又附有花草。删除山、水、符命、灵异、祥瑞、灾异等部，处理较为合理。各部又分子目，凡313目。凡重要或较大部类，仿《北堂书钞》例，有"总载"或"总叙"。如地部有总载地、总载山、总载水；州郡部有总叙州郡；帝王部有总叙帝王；礼部有总载礼等。每类之下，分三个部分，先为"叙事"，即类事，内容为叙述源流。《艺文类聚》有此项内容，而无标目，则此书体例，又较《艺文类聚》为善。次为"事对"，即排列有关对偶词句，二至四字不等，其下各引出处，涉及经史、诸子及诗文；隋杜公瞻《编珠》有"事对"，然《编珠》真伪未定，如出后人之手，则"事对"之例，创自此书。最后仿《艺文类聚》之例，摘引艺文，无标目，而直接以文体分列，标赋、诗、文、颂、赞、述、诏、制、章、陈、奏、表、记、笺、书、箴、启、序、诫、教、铭、诔、祭文、碑、墓志等，大凡三十余种。集类事、事对、艺文为一体，是此书最大特色、于体例亦最善。其中"事对"内容，颇资当时实用。宋人誉此书"非止初学，可为终身记"，其为世所重如此。故是书虽卷帙较少，而论者每与《北堂书钞》、《艺文类聚》相提并论。所引文籍，今多失传，为辑佚之渊薮，并可作为校勘重要依据。如州郡部总叙州郡所引魏王李泰《括地志·序略》，列有贞观间十道三百六十州之名，清孙星衍即据此所引州名，辑成《括地志》八卷。又如中宫部皇后引魏收《魏书》："古先哲王，莫不明后妃之制，顺天地之德。故二妃嫔妫，虞道克昌；任姒配周，周室用光。"此为《皇后传序》开头语，而《皇后传》早佚，后人取《北史》及《高氏小史》等补之。今本此传首句为"汉因秦制"，知佚者尚不止此数句。

13.《艺文类聚》〔唐〕欧阳询等撰。

中华书局1965年版，上海古籍出版社2013年版。

本书一百卷，分四十八部，名目为：天、岁时、地、州、郡、山、水、符命、帝王、后妃、储宫、人、礼、乐、职官、封爵、治政、刑法、杂文、武、军器、居处、产业、衣冠、仪饰、服饰、舟车、食物、杂器物、巧艺、方术、内典、灵异、火、药、香、草、宝玉、百谷、布帛、果、木、鸟、兽、鳞介、虫豸、祥瑞、灾异等。《北堂书钞》所分的十九部名目基本已囊括在内。各部又分子目，如

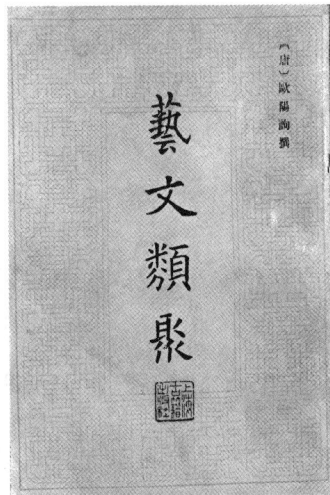

仪饰部又分节、黄钺、鼓吹、相风、漏刻等五目。凡较大或较重要部类,亦如《北堂书钞》,有总载。如水部、帝王部、职官部、封爵部、居处部等,均有总载。三国魏文帝敕撰之《皇览》、南朝梁武帝敕撰之《华林遍略》,专以类事为主,所引文籍多为经、史、诸子。晋挚虞编《文章流别论》、南朝梁萧统编《文选》,专以类文为主,所收多为文集。此书则统二者为一体,兼而有之。卷首欧阳询在序中曰:"《流别》、《文选》,专取其文;《皇览》、《遍略》,直书其事。文义既殊,寻检难一。爰诏撰其事且文,弃其浮杂,删其冗长,金箱玉印,比类相从……俾夫览者易为功,作者资其用。可以折衷古今,宪章坟典云尔。"由此可见,《皇览》、《华林遍略》二书虽佚,而其类事部分,当有不少存于此书之中。类文部分,虽《文章流别论》已佚,而《文选》犹为完帙,可借以比较、识别。所不同者,此书对梁以后至唐初文籍,多有增补。编排原则为"事居其前,文列于后",即先列经、史、诸子有关文籍,后列有关诗文,按诗、赋、吟、颂、赞、序、箴、书、启、论等不同文体标明类别,循序排列。《隋书·经籍志四》谓:"晋代挚虞,苦览者之劳倦,于是采摘孔翠,芟剪繁芜,自诗赋以下,各为条贯,合而编之,谓之《流别》。"可知此书所采诗、赋等文体及其编排顺序,均仿《文章流别论》。此书所据之蓝本多为六朝类书、总集,引用书目达一千三四百种,今所存,不过十分之一,故大量文籍赖以保存、流传。而其中隋以前文学作品数量,为历代类书之最,甚至超过《文选》、《文苑英华》等总集所载同一时期文学作品数量。清严可均辑《全上古三代秦汉三国六朝文》,丁福保辑《全汉三国晋南北朝诗》,多取资于此。本书引梁简文帝诗文多达 314 篇,明人辑《梁简文帝集》,绝大部分亦取资于此。为辑佚之渊薮,校勘之依据。又因本书兼类书、总集双重功用,开类书编撰新例。宋代类书如《古今合璧事类备要》、《古今事文类聚》、《锦绣万花谷》等兼采诗文,皆仿本书之例。《四库全书总目》称其"于诸类书中,体例最善"。

14.《新编古今事文类聚》 〔宋〕祝穆、〔元〕富大用、〔元〕祝渊撰。

中文出版社 1989 年版,书目文献出版社 1991 年版,上海古籍出版社 1992 年版。

本书为祝穆所撰,后经富大用、祝渊增补。其中祝穆撰前集六十卷、后集五十卷、续集二十八卷、别集三十二卷;富大用撰新集三十六卷、外集十五卷;祝渊撰遗集十五卷。前集分天道、天时、地理、帝系、人道、仕进、退隐、仙佛、民业、技艺、艺术、乐生、婴疾、神鬼、丧事等十五部；后集分人伦、娼妓、奴仆、肖貌、谷菜、林木、竹笋、果实、花卉、鳞虫、介虫、毛虫、羽虫、虫豸等十四部；续集分居处、香茶、燕饮、食物、灯火、朝服、冠屦、衣食、乐器、歌舞、玺印、珍宝、器用等十三部；别集分儒学、文章、书法、文房四友、礼乐、性行、仕进、人事等八部。凡七十部，885类。新集分三师、三公、省官、省属、六曹、枢密院、御史台、诸院、国史院、诸寺、诸监、殿司、诸库局等十三部，凡169类；外集分东宫官、睦亲府、王府官、节使、统军司、诸使司、诸提举、路官、县官等九部，凡55类。遗集分三师、枢密院、省官、诸院、东宫官、国史院、寺监、省属、封爵、节使、殿司、总军司、府司、监司、诸提举、路官等部，凡118类。

祝穆所撰四集，成于淳祐年间。每类之下，首引"群书要语"，间有"诗句"，即自序所谓"纪事而必提其要"之意；其次为"古今事实"，如前集卷二十六仕进部士子科目所列有周取士制、汉取士制、汉之射策、北齐取士、唐取士制等；其次为"古今文集"，按体裁分杂著、古诗、律诗、诗话等；"诗话"所载大多不标出处。杂著、古诗、律诗三部分所引皆为全篇，不断章摘句。如前集卷三七民业部猎者引汉司马相如《上林赋》、扬雄《羽猎赋》、《长杨赋》全文；兼引及词，如续集卷二四歌舞部即有征引，皆为一般类书所少见。晋束皙《饼赋》、《北堂书钞》、《艺文类聚》、《初学记》、《太平御览》等所引皆非全篇，而此书卷十六食物部所引即为全篇，所引之事有不少可补史缺。如前集卷二五仕进部校文主司"怀金请嘱"条引《实录》载唐吏部侍郎韦夏卿拒贿之事，"陆氏一庄"条引《唐余录》载唐崔群负座主陆贽之恩之事，均为新旧《唐书》所未载。富大用所撰二集，内容均为职官。若单行传世，则可视为《职官分纪》之续书。其体例除遵祝穆之书有"群书要语"等三项外，开头又加"历代沿革"一项，此为论职官之必需。祝渊遗集为补富大用二集之遗，故所涉及亦为职官。有补其未备者，亦有补其漏缺者。所引之书，以宋人著作为多，间及元代。卷一三诸提举部"提举市泊"条，述历代沿革，自唐及元，与《海录碎事》所引《市舶录》，均为研究市舶之珍贵资料。

15.《记纂渊海》 〔宋〕潘自牧撰。

中华书局 1988 年版,上海古籍出版社 1992 年版,北京图书馆出版社 2003 年版。

本书前集一百九十五卷,后集一百二十五卷,补集四十七卷。前集分论议、性行、识见、人伦、人道、人情、人事、人己、物理、叙述、接物、问学、言语、政事、名誉、著述、生理、丧纪、兵戎、释、仙道、阃仪等二十二部,1195 门。后集分三才、天文、混元、君道、皇亲、职官、时令、祥瑞、灾异、地理、郡县、礼仪、乐、民业、伎术、文房、字学、果实、花卉、木、竹、禽、兽、水族、介、虫等二十六部。唐宋类书,或以载文,如《艺文类聚》;或以记事,如《太平御览》;或以载史,如《册府元龟》;或兼记事、载文,如《初学记》。本书则以记言为主。作者自序云:"盖一定不易者事也,而千变万化者言也。前辈类书其于记事提要者详矣,而纂言钩玄大有未满人意。遂使观者如循一路之迹,若守一隅之指,拘系牵连,往往凝滞于事实之内,而不能推移变化于言意之表。此《记纂》之作,非得已而不已者欤?"记言之类书,创自本书,为最早名言警句分类汇编。门类名目中,论议部多以四字成语标目,如"以貌取人"、"噬脐何及"等;其他各部多以二字标目,前后不相一致。引书分栏,以经、子、史、传记、集为序标目,经包括《易》、《论语》等儒家经典及其注疏;子包括《孟子》等诸子;史包括正史及《左传》、《东观汉记》、《资治通鉴》、《会要》等;传记包括正史、诸子以外之书;集包括历代总集、别集。此外,特立"本朝"一栏,凡本朝所撰著作如杂史、说部、文集等,均归于此下,使宋人著作,一目了然。辑录宋人诗文及其他文籍,可于此栏寻检。所引多有散佚之书。如《宋史·艺文志八》著录有李淑《诗苑类格》,论诗之八病、四不、四深、三偷、八对等,《诗话总龟》等未引,书早佚,而本书著述部评诗门引有数条。清康熙间编《全唐诗》,有不少佚句即出于此书,然犹有未尽者。如论议部忧福相仍门引李商隐诗:"清赢还对月,迟暮更逢秋。"《全唐诗》及今人所辑《外编》均未辑录。宝祐时有《续记纂渊海》八十卷,编者不详。

16.《太平御览》〔宋〕李昉等撰。

上海书店出版社 1936 年版,中华书局 1960 年版,上海古籍出版社 1994 年版。

本书是宋代四大书(《太平御览》、《太平广记》、《文苑英华》、《册府元龟》)之一,因编撰并成书于太平兴国年间,故初名《太平总类》。太平兴国二年(977)三月,太宗诏李昉、扈蒙、李穆等十四人,类集群书,编撰《太平总类》。太宗命日进三卷,以供"乙夜之览"。

八年十二月,书成,诏曰:"史馆新纂《太平总类》,包罗万象,总括群书,纪历代之兴亡。自我朝之编纂,用垂永世,可改名为《太平御览》。"全书 1000 卷,分 55 部,4558 类。55 部,取《易·系辞》"凡天地之数五十有五"之义。本书以《修文殿御览》为蓝本,参以《艺文类聚》、《文思博要》等类书。直接从文籍钞录者,亦有不少。所引书目,据卷首《经史图书纲目》记载有 1689 种,尚不包括诗、赋、铭、箴等零散集部文籍。所引文籍,在宋代已十有七八不存,至今所存者,不足十分之一,而借此可以考见宋之前文籍概貌。如所引别传,有《东方朔别传》、《陆绩别传》、《陆机别传》、《孟嘉别传》、《孟宗别传》、《颜含别传》、《何祯别传》等,共 107 种。虽所引尚不全,然有不少出于南朝宋裴松之《三国志注》、南朝梁刘峻《世说新语注》、北魏郦道元《水经注》、唐李善《文选注》及《艺文类聚》、《初学记》诸书所引别传。此外,各种《耆旧传》、《孝子传》、《高士传》、《名士传》、《列士传》、《隐士传》、《处士传》、《先贤传》、《先德传》、《文士传》、《良吏传》、《幼童传》、《风俗传》、《阴德传》、《列女传》、《英贤录》等人物传记,亦达 60 余种。凡此之类,皆可补正史之不足。辑录宋前之佚书,本书亦不可或缺。

17.《册府元龟》〔宋〕王钦若、杨亿等撰。

中华书局 1960 年版,凤凰出版社 2006 年版。

本书是宋代三大类书之一。正文 1000 卷,目录 10 卷,分 31 部,1104 门。景德二年

(1005)九月，宋真宗下诏，编纂《历代君臣事迹》，要求"粤自正统，至于闰位，君臣善迹，邦家美政，礼乐沿革，法令宽猛，官师议论，多士名行，靡不具载"。参与编纂者，除王钦若、杨亿外，先后有钱惟演、刁衎、杜镐、戚纶、李维、王希哲、陈彭年、姜屿、陈越、宋贻序、刘承规、刘崇超、陈从易、刘筠、查道、王曙、夏竦等。真宗对全书凡例、门类、篇目、内容、引书范围、编次、取舍等重要方面，亦无不亲预其事，提出具体方案、意见。书成之后，真宗亲为作序，并赐名《册府元龟》。

全书分三十一部，部下分门。部名分别为：帝王、闰位、僭伪、列国君、储宫、宗室、外戚、宰辅、将帅、台省、邦计、宪官、谏诤、词臣、国史、掌礼、学校、刑法、卿监、环卫、铨选、贡举、奉使、内臣、牧守、令长、宫臣、幕府、陪臣、总录、外臣等。其中帝王、总录二部卷帙最多，分别为一百八十一卷、二百零五卷。门类名目多与人物品行有关，如知礼、奸佞、畏慎、害贤等，故不少门类通用于各部。如专恣门见宗室、外戚、宰辅、将帅、奉使、牧守、陪臣等七部；选任门见台省、邦计、宪官、词臣、国史、学校、卿监、环卫、牧守、令长、宫臣、幕府等十二部。每部前有总序，每门前有小序。本书所载皆为"历代事实"，目的是要"垂为典法"，故所引之书范围较小，主要以五代以前正史为主，兼及经、子，如《春秋左传》、《国语》、《战国策》等；其他野史、小说，如《西京杂记》、《殷芸小说》、《明皇杂录》等一概摒除不采。宋袁褧《枫窗小牍》谓此书"开卷皆目所常见，无罕觏异闻，不为艺林所重"。故历来未被充分利用。如清乾隆间《四库全书》，辑佚《旧五代史》，即以《永乐大典》为底本，本书仅作参考。宋初去唐五代未远，诏令、奏议、各朝实录等书多存，故本书引录尤详，有不少为正史所无，价值最大。如国史部所载诏令、奏议，多为新旧《唐书》、《唐会要》所无或所略。如温彦博武德末为蘷州都督，新旧《唐书》漏书。又新旧《唐书》无张丹其人，而本书卷四四九及卷六一六载其大和初为爱州刺史犯赃之事。清岑建功《旧唐书校勘记》，即以此书为主要参校书。已故史学家陈垣，曾拟以此书为依据，重新辑补校勘《旧五代史》。本书所录史料，多未作删节，全篇整节照录，如卷二八八引南齐竟陵王子良传，几乎全部收入，此亦较他书所引为胜。

18.《玉海》〔宋〕王应麟撰。

江苏古籍出版社、上海书店1987年版，广陵书社2016年版。

本书共两百卷。全书分二十一门，名目有：天文、律历、地理、帝学、圣文、艺文、诏令、礼仪、车服、器用、郊祀、音乐、学校、选举、官制、兵制、朝贡、宫室、食货、兵捷、祥瑞等。门下分为类，凡241类。每类又按年代先后为次，分若干细目，以事物或图书等名称作为标题，下引有关资料。本书为当时应博学宏词考试之用而编，故所录资料重点在于典章制度及吉祥善事，与其他类书兼收广蓄亦有不同。故本书体例为类书，而内容实兼政书，是一部专论历代文物典章制度沿袭、变革之书。与唐杜佑《通典》相比较，《通典》分八典，即食货、选举、职官、礼、乐、兵刑、州郡、边防，仅边防一典为此书所无。与宋郑樵《通志》相较，《通志》凡二十略，其中天文、地理、礼、器服、乐、职官、选举、食货、艺文、灾祥十略亦见于此书。与《通典》《通志》所不同者，仅在于体例不同，即引书与不引书之别，而从反映文籍情况、辑佚、校勘等方面说，引书之价值要远胜不引书者。又本书天文、律历、地理、艺文、礼仪、车服、郊祀、音乐、选举、官制、兵制、食货、祥瑞等类，亦可与历代史志相参看，互补有无。本书论述典章制度，略前代而详当代，故研究宋代典章制度，本书不可或缺。其史料价值，远在《宋史志》之上。此书间有考证，断以自己按语。又所述一事，必考证源起、流变，纠其源本。

律历门历代年号类所载自汉武帝建元以来历代年号，取其中一字，按韵及四声为序排列，实为一部历代年号索引。艺文门承诏撰述类"类书"条，征引有关文献，类似官修类书资料汇编，为研究官修类书特别是宋代官修类书重要资料。对同一事之异说，或同一书之不同版本之异文，仿司马光《资治通鉴考异》例，注明不同说法。如律历门历法类下"太平兴国乾元历"条曰："太平兴国七年十月己卯，司天冬官正吴昭素及留内直苗守信造成新历。"自注："一本七月，又一本九月己卯。《实录》七月，《会要》作十一月。"其所引文献，多采自实录、国史、日历、会要等馆阁所藏秘籍，不少为后来史志所未详或未载，为研究宋史重要史料。其中帝学、圣文、诏令三门，专录帝王诗文制诏等，与《锦绣万花谷》续集卷一圣制、圣翰、圣学等类相似，盖为宋人类书之习气。宋有《帝学》一书，见江少虞《宋朝事实类苑》所引，此书帝学所载，当亦出于《帝学》。末附《辞书指南》四卷，为考生温习、写作及临场考试等有关考试事项指导书。有编题、作文法、诵书、编文及制、诰、诏、表檄、露布、箴铭、记、赞、颂、序等各种文体知识、写作知识，并附有范文。其中论表之写作时，告诫学生如何利用类书及其功能，曰："须灯窗之暇，将可出之题件件编类，如《初学记》、《六帖》、《艺文类聚》、《太平御览》、《册府之龟》等书，广博搜览，多为之备。"亦可见类书在科举时代的功用。

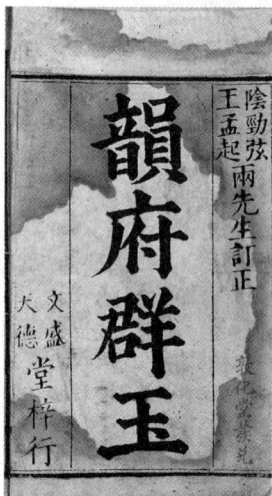

●

19.《韵府群玉》〔元〕阴时夫撰，阴中夫注。

元至正十六年（1356）刘氏日新堂刊本，清康熙五十五年（1716）文盛天德堂刊本，上海古籍出版社 1991 年版。

唐宋类书，多分门类以隶事。称为"类书"，亦由于此。以类隶事之书，往往有标目，如《初学记》"事对"，即为标目形式；经《白氏六帖事类集》、《孔氏六帖》至《海录碎事》，所引之书，皆摘取其中关键词语为标目。然仅知标目，难以知其见于何部何门；且不切举子试诗赋押韵之用。唐大历中，颜真卿撰《韵海镜源》三百六十卷，依《切韵》，起东字，脚皆列古篆。宋袁毂仿《韵海镜源》撰《韵类题选》一百卷，以韵为序，每一目之下，有赋题，故以"题选"为名；"韵类"即以韵为类。其后如张孟《押韵》、杨咨《歌诗押韵》、范镇《国史对韵》、钱讽《史韵》、王敦诗《书林韵会》、王若《选腴》等，多依韵隶事，以备举子试诗赋押韵之用。以上以韵类事之书，当为阴氏兄弟所本。此书取金代平水刘渊《壬子新刊礼部韵略》107 部中上声韵部加以合并，由 30 韵省为 29 韵，成 106 韵，并以此为序，以标目末字分隶于各韵之下。标目之下注明所在之句及出处。首字之下均有训释。此外尚有"韵下事目"，分天文、地理、时令、岁名、人物、人事、氏族、人名、身体、官职、性行、寿典、百谷、饮食、服饰、宫室、器用、舟车、文学、经籍、技术、禽兽、鳞介、昆虫、竹木、花果、珍宝、灯火、颜色、数目等。又有"韵下类目"，分音切、散事、子韵、活套、卦名、书篇、诗篇、年号、岁名、地理、人名、姓氏、草木、禽兽、鳞介、昆虫、乐名等。所谓"活套"，指常见常用之词语，多不标出处。其他如"卦名"指《易》六十四卦之名，等等。"人名"、"姓氏"二类均收人名，姓氏所收之人以同姓相次，人名则以姓名之末字相次。故历代名人，大都能从此二类中检得。此书对后世以韵隶事之类书有较大影响，明永乐间撰《永乐大典》，即参用此书之体例。明凌稚隆撰《五车韵瑞》，亦因此书而稍变体例。清康熙间撰《佩文韵府》，即以此书为蓝本。所引之书，去宋未远,多见古本,足资校勘。清朱彝尊跋此书,以所引杜诗"老去诗篇浑漫与"句为足资考证。元至正十六年(1356)刘氏日新堂刊本,凡例后牌记称:"每字音切之下,续增许氏《说文》以明之。"后世称为《新增说文韵府群玉》。

元钱全衮有《韵府群玉补遗》十卷。明弘治间包瑜补《韵府群玉》之遗,间附考证按语,体例有所更改,成《增续会通韵府群玉》三十八卷。清康熙中,河间府知府徐可先之妻谢瑛重加辑补,成《增删韵府群玉定本》二十卷。

20.《永乐大典》 〔明〕解缙、姚广孝等撰。

中华书局 1986 年版。

本书系我国古代最大的一部类书,全书共 22877 卷,目录 60 卷,110905 册。《明史》卷一百三十五志一百九记载曰:"永乐元年闰七月丙子朔,帝论翰林学士解缙等曰:'天下古今事物散载诸书,篇帙浩繁,不易检阅。朕欲悉采各书所载事物类聚之而统之以韵,以便考索。尝观《韵府》、《回溪》二书,事虽有统而采摭不广,纪载太略。尔等其如朕意,凡书契以来经史子集百家之书,至于天文、地理、阴阳、医卜、僧道、技艺之言,备辑为一书,毋厌浩繁。'二年十一月丁巳,成书,赐名《文献大成》。既而帝览,以为未备,遂命重修。……永乐五年十一月,书成,更赐名《永乐大典》,帝自制序以冠之。"《永乐大典》成书之后,复写正本一部,藏文渊阁;重录副本一部,藏皇史宬。明亡,正本毁于战火,副本亦残缺不齐,至至乾隆年间修《四库全书》时,仅存 2422 卷。

全书体例仿元阴时夫《韵府群玉》及宋钱讽《回溪史韵》,并以《洪武正韵》为纲,按其单字排列,先注音义,又依唐颜真卿《韵海镜源》例,注楷、篆、隶各体。"用字以系事",即"随字收载"有关文献。每首字及标目以下,或以一字一句分韵,摘引数句;或析取一篇,以篇名分韵;甚至全录一书,以书名分韵,如《水经注》,即全书录入。就其体例而言,本书实兼有字书、韵书、类书、丛书之综合功用。采掇搜罗,极为浩博,且中多世所不经见之书。所收各种文籍大

致有七八千种之多。明代之前大量秘籍佚文，赖此以传。又其引文"皆直取全文，未尝擅减片语"，"兼容并包"，故又有极高校勘价值，为唐宋类书所不可企及。清雍正年间开三礼馆，全祖望得见此书，极称其"或可补人间之缺本，或可正后世之伪书，则信乎取精多而用物宏，不可谓非宇宙间之鸿宝也"，并从此书中辑得王安石《周官新义》等几十种书。乾隆间修《四库全书》，从此书辑得佚书，计经部66种，史部41种，子部103种，集部175种，凡385种，4946卷。存目者凡129种，616卷。徐松从中辑得《宋会要辑稿》《宋中兴礼书》《续中兴礼书》等；又所撰《登科记考》，所用材料不少为此书所引之宋元及明初方志。此后文廷式、缪荃孙等亦从中辑出《中兴政要》《大元官制杂记》《顺天府志》等。尤可珍贵者，明清类书，不录宋元杂剧、话本小说、通俗文学作品，而此书所录尤多。如"戏"字韵，收录戏文33本；"剧"字韵，收录杂剧90多本；"话"字韵，收录平话26卷；"梦"字韵，收录古本《西游记》中一段《魏征梦斩泾河龙》；"辽"字韵，收录《薛仁贵征辽》平话。集部诗文佚篇更是不可胜数。清法式善曰："苟欲考宋元两朝制度、文章，盖有取之不尽，用之不竭焉。"在校勘方面，不仅可校现存之书，即乾隆年间从此书所辑之籍，亦可借此原书校补。如所辑《旧五代史》，有避忌讳而改者，如历代文籍对少数民族多称为"夷"、"狄"、"蛮"、"戎"、"虏"等侮辱之词，然作为文献，理当保持原貌。

《永乐大典》正本毁于明崇祯末年，副本于明清易代之际亦有散佚。光绪二十六年（1900），八国联军入侵，本书绝大部分被焚毁，兵燹之余，亦被入侵者劫走。现散藏于近十个国家和地区。民国二十四年（1935）上海商务印书馆影印卷11127—11141，共15卷；1959年中华书局出版影印本，共730卷，缩印202册，另附原书卷2435—2437"乌"字韵仿制本1册；1986年中华书局又将新征集之67卷影印出版，又连同原影印本730卷合并影印成16开精装本，分装10册出版，为目前最齐全之本。

●

21.《骈字类编》〔清〕张廷玉等撰。

中国书店1984年版，吉林出版社2005年版。

全书二百四十卷，共分为十三门类，即：天地、时令、山水、居处、珍宝、数目、方隅、采色、器物、草木、鸟兽、虫龟、人事。其中人事门为补遗。每门又分细目，亦即字头。字头为多音字者,仅取其中相关一音,并加旁注,如人事门"乐"字,注:"音洛。"字头之下分列"骈字"词目,即双音复合词或词藻。骈字之下各摘引有关文籍,按经、史、子、集为序排列。引文大多标明篇目,诗题一题数首者并标明第几首。体例较为精密,颇便查核原书,为其他类书所少见。凡已收之字,所带骈字数量之多、容量之大为前鲜见。如天地门"天"字下所带骈字,有五卷之多,九百余条。且引文籍多,如"天地"条引八十八种次。类书有"以韵系事"者,现存之书有《韵府群玉》、《五车韵瑞》,而《佩文韵府》集其大成,其书以末字之韵检词目,而本书以首字之类检词目,故此书可与《佩文韵府》配合使用。

22.《佩文韵府》 〔清〕张玉书等撰。

商务印书馆 1937 年版,上海古籍书店 1983 年版。

本书是一部查找词藻、典故的类书。"佩文"为康熙帝的书斋名,"韵府"有韵书之库含义,故命名曰《佩文韵府》。全书以元代阴时夫《韵府群玉》及明代凌稚隆《五车韵瑞》为基础,再增补其他书中的有关材料而成。原书不分卷,依韵分为一百零六卷,乾隆帝修《四库全书》时,以其"篇页繁重",析为四百四十四卷。全书收 10252 字,词汇近 50 条,按其读音分别归入明清时通行的平水韵 106 个韵部中。所收词目按最后一字归韵。其体例,首列单字,再将同一韵字的词语按字数顺序排列,单字下有注音与释义,词语下举书证,列典故,以经、史、子、集为序,兼顾时间先后。每词引古书用例,少则一二条,多则数十条。引文一般只注书名,引诗只标作者。收词又分"韵藻"、"增"、"对语"和"摘句"四类。"韵藻"为阴、凌两书原有部分;"增"为阴、凌两书未见而增补部分;"对语"为上下文两两相对的偶句;"摘句"为以该字为尾的五、七言诗句。每一韵部之后还有"韵藻补",收不见于阴、凌两书之字。本书专供写诗作文查检辞藻、典故之用,故列有"韵藻"、"对语"、"摘句"。"韵藻"即词藻;"对语"即对句,类似于《初学记》中的"事对";"摘句"

即摘引五七言近体诗句,末字亦均与字头一致。如卷二十上"歌"字下有"薰风起舜歌"、"春风鸟还歌"、"花发春山百鸟歌"、"杨柳桥边起棹歌"等。引文之后,间有按语。如卷十一下"旬"字下"六甲旬"条引李商隐诗:"戏掷万里火,聊召六甲旬。"按语云:"《真诰》:仙道有素奏丹符,召取六甲。"

全书卷幅浩大,材料丰富,惟其编制不够严谨。为查阅方便,1937 年商务印书馆万有文库本于书末附有索引,将全部词条依首字的四角号码排列,后附单字笔画索引。

23.《古今图书集成》 〔清〕陈梦雷、蒋廷锡等撰。

鼎文书局 1977 年版,中华书局 1984 年版,齐鲁书社 2006 年版。

本书是清代官修大型类书,正文 10000 卷,目录 40 卷,共分为 5020 册。全书内容分为六汇编、三十二典、六千一百一十七部,汇编及其所属各典名称、部数、卷数如下:一、历象汇编:乾象典,二十一部;岁功典,四十三部;历法典,六部;庶徵典,五十一部。共五百四十四卷。二、方舆汇编:坤舆典,二十一部;职方典,二百二十三部;山川典,四百零一部;边裔典,五百四十二部。共二千一百四十四卷。三、明伦汇编:皇极典,三十一部;宫闱典,十五部;官常典,六十五部;家范典,三十一部;交谊典,四十部;氏族典,二千六百九十六部;人事典,九十七部;闺媛典,十七部。共二千六百零四卷。四、博物汇编:艺术典,四十三部;神异典,七十部;禽虫典,三百一十七部;草木典,七百部。共一千六百五十六卷。五、理学汇编:经籍典,六十六部;学行典,九十七部;文学典,四十九部;字学典,二十四部。共一千二百二十卷。六、经济汇编:选举典,二十九部;铨衡典,十二部;食货典,八十三部;礼仪典,七十部;乐律典,四十六部;戎政典,三十部;祥刑典,二十六部;考工典,一百五十五部。共一千八百三十二卷。部之中有汇考、总论、图、表、列传、艺文、选句、纪事、杂录、外编各项。汇考为稽考发展演变;总论为评述、议论;图为地图、形势图及实物图样等;表为星躔、宫度、纪元表等;列传为人物传记;艺文为诗文词赋;选句为佳句名言;纪事为汇考之补充,专纪琐碎而可传之事;杂录为总论及汇考、艺文之补充;外编为"荒唐难信"、"寄寓譬托"、

"臆造之说"等材料。此外,经籍典易经部尚有别传一项。

本书是现存规模最大的类书,约 1.6 亿字。所录文籍极为丰富,囊括了古代政治、历史、经济、文化、军事等各个领域,国外称之为《康熙百科全书》。与《永乐大典》相类似,本书所录古籍,多为整段、整篇甚至整部,不加改动删节。故大量古籍,尤其是宋、元、明古籍赖此以存。与《四库全书》相比,因成书较早,受文字狱影响较小,故收录了大量《四库全书》未曾收录的禁毁书籍,还包括康熙晚年所出的律令与方志。与《永乐大典》相比,本书因国内多家图书馆收藏有完整的雍正铜活字本而成为现存规模最大、保存最完整的类书,而《永乐大典》因战乱等原因,现存不足 4%。

●·· 三、 方志地图

1.《华阳国志》〔东晋〕常璩撰。

商务印书馆 1939 年版,巴蜀书社 1984 年版,中华书局 1985 年版,上海古籍出版社 1987 年版。

本书是较早的西南地区史著与方志。全书十二卷,分三部分:第一至四卷以地域为纲,记载梁、益、宁三州的疆域、政区、山川、道路、物产、民族、风俗、矿藏、古迹、史实及奇闻、佚事;第五至九卷以年代为纲,以编年体形式记述公孙述、刘焉刘璋父子、蜀汉、成汉四个割据政权及西晋统一时期的历史;第十卷至十一卷以人物为纲,记载三州自西汉至东晋初年的"贤士列女",类似于人物传。作者对蜀事见闻亲历,因此记蜀汉事迹及蜀中晋代史事较详。记述时间起自远古,终于永和三年。本书内容繁富,编次有序,所记事物统合古今,包括历史、地理、人物诸多类目,融地理志、编年史、人物传等体裁于一编,纵横交错,浑然一体,多方面展示了西南地区一千多年的史地概貌,堪称我国西南地区第一部地方通史;同时也是实现史、地结合,初具方志规模的成功之作,开方志体例之先河,颇受后世史志学家称誉。常璩在《华阳国志·序志》中总结了早期修志理论,他所提出的"书契五善"说,即"达道义、章法戒、通古今、表功勋、而后旌贤能",对后世修志有较大影响。

2.《括地志辑校》〔唐〕李泰撰、贺次君辑校。

中华书局 2015 年版。

本书是唐代全国性地理总志。全书正文五百五十卷,序略五卷。唐高祖时代,行政区划基本上因袭隋制,虽然也曾因时制宜,作过少数的废减分合,但大多没有实行。贞观十三年(639),唐朝处在政治经济趋于稳定,国家呈现繁荣景象之时,为了适应这种形势的需要,唐政府对全国政区进行了全面调整,将全国划分为十道三百五十八州,诸州中又包括了四十一个都督府,共计一千五百五十一县。次年平高昌,又增两州六县。本书即以此为纲,全面叙述了政区的建置沿革,并兼记山岳形胜、河流沟渠、风俗物产、往古遗迹,以及人物故事等等。中唐以后,吐蕃据有河湟,方镇割据,河、塑亦成化外,全赖《序略》提供了这方面的记载。

本书在体例上吸收了《汉书·地理志》和顾野王《舆地志》两书的特点,创立了一种新的体裁,为后来的《元和郡县图志》、《太平寰宇记》等开了先河,历来受到研究历史地理的学者注重。唐太宗高度评价说本书"博采方志,得于旧闻,旁求故老,考于传信,内殚九服,外极八荒,简而能周,博而尤要,度越前载,垂之不朽"。可惜全书在南宋时散佚。但在散佚前,本书已得到广泛应用,唐代张守节作《史记正义》,主要靠其来注释古代地名,其他唐宋学人著述,亦征引作地理方面之疏证诠解。散佚后,又被各家转相抄引。清嘉庆年间,孙星衍曾将唐、宋学人征引遗文辑为八卷,刻在《岱南阁丛书》中,后来黄奭《汉学堂丛书》、朱记荣《槐庐丛书》等都把孙辑八卷列入,惟朱记荣刻本后面附有陈其荣补辑本五条。曹元忠《南菁札记》也补辑了数条。

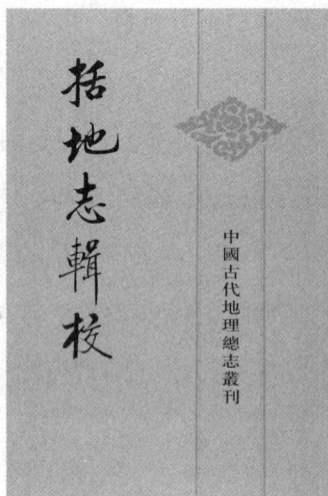

3.《元和郡县图志》〔唐〕李吉甫撰。

商务印书馆 1937 年版,中华书局 1985 年版。

本书是唐代全国性地理总志。全书原本四十二卷,今传本三十四卷。本书以唐太宗贞观十三年(639)规划的十道为纲,以当时的四十七镇为据,每镇一图一志,分镇记载府、州与属县的等级以及户、乡的数目。每府、州下附载"府境"与"州境",记述该府州东西南北若干里的界域,并各府、州至上都长安、东都洛阳及邻接诸州的里距,称为"八到"。在每府、州下创有"贡赋"一项,记述开元、元和的贡赋。本书主要内容概括为如下四点:一、疆域政区方面:唐前期疆域辽阔,安史之乱后,疆土缩小。本书记述元和时唐朝的疆域东至辽河流域,西至陇山,北及阴山,并追溯至周秦两汉时代。二、自然地理方面:《水经注》记载了一千二百五十二条河流,但自北魏至唐元和的三百年中,河流湖泊变迁很大而无书记载。本书按县分别记述大小河流湖泊,有河流五百五十条,湖泽陂池一百三十多个。这不仅使我们能够知晓唐代河流湖泊分布的基本情况,同时也可据此与《水经注》所载的相比较,以了解三百年内的前后变化。三、经济地理方面:所记"贡赋"一项反映各个地区的物产分布及特产、矿物、手工业与水利设施等情况。四、人口地理方面:记载了两个时代的户口数,一为盛唐的开元时代,一为唐后期的元和时代,这样可以进行比较,看出唐朝前后不同时期的人口增减与分布情况。

4.《太平寰宇记》 〔宋〕乐史撰。

商务印书馆 1936 年版,中华书局 2007 年版。

本书是北宋全国性总志体方志。原书两百卷,目录两卷,有缺佚。全书体例模仿唐代总志贾耽《十道述》与李吉甫《元和郡县图志》,以道为纲,下列府、州、军、监以至县,首列京师,终于四夷。凡列 13 道:卷 1—24 河南道,卷 25—39 关西道,卷 40—51 河东道,卷 52—71 河北道,卷

72—81 剑南西道，卷 82—88 剑南东道，卷 89—102 江南东道，卷 103—122 江南西道，卷 123—132 淮南道，卷 133—141 山南西道，卷 142—149 山南东道，卷 150—156 陇右道，卷 157—171 岭南道，卷 172—200 则列四夷，包括我国东、南、西、北四方的边疆地区少数民族及与我国历朝政府有政治、经济、贸易、文化交流的邻国与友邦。本书内容，除沿用《十道述》与《元和郡县图志》所记京、府、州、军的沿革、辖境、户、山川、城邑、关寨及属县外，还特别增加了风俗、人物、姓氏、物产、艺文等内容，以丰富社会、经济、文化方面的记载。作者乐史生活于南唐到宋代初年，其时晋朝以来的载籍多尚未散佚，作者悉心搜辑地志、图经、正史、杂史，甚至笔记小说中信而有征的材料，都尽量选取；对列朝人物则一一加以登载，题咏古迹亦并辑录，因此使得本书具有非常重要的史料价值。方志列举人物和艺文等类目，也自本书开始。《四库全书总目》评价说"地志之书记载至是书而始详，体例亦自是而大变"。

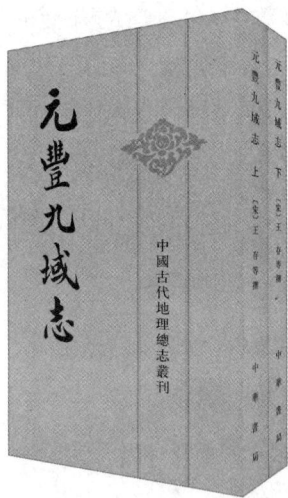

5.《元丰九域志》〔宋〕王存等撰。

商务印书馆 1937 年版，中华书局 2011 年版。

本书是北宋全国性总志体方志。全书共 10 卷，体例模仿唐代总志贾耽《十道述》与李吉甫《元和郡县图志》，以路为纲，下列府、州、军、监以至于县。始于四京，中 23 路，终于省废州军及化外州，羁縻州。共计 23 路、京府 4、次府 10、州 242、军 37、监 4、县 1235。全书分路记载了所属的府、州、军、监及其地里、户口、土贡、领县。每县之下列乡、镇、堡、寨、关、务以及著名山川。府、州、军、监、县详建置沿革，列赤、畿、望、紧、上、中、下等级，户口与土贡载当时主客户数字和贡物数额。道里一项详载府、州、军辖境范围，距京城里程，明确具体。全书时代性强，以元丰间为限，给研究宋代地志和经济史提供了可贵文献。书成后被称文直事核，条贯井然，叙事简洁有法。

此外，宋代黄裳辑录了各地山川、民俗、物产、古迹等，对本书加以补充，书名为《新定九域志》（《四库全书》本），可与本书互补。

6. 《舆地纪胜》 〔南宋〕王象之撰。

中华书局 1992 年版，四川大学出版社 2005 年版，浙江古籍出版社 2012 年版。

本书是南宋中期全国性总志体方志。全书共 200 卷。本书备载宋南渡后东南 16 路之疆域与沿革，体例以府、州、军、监为纲，下列各县与监司。始于行在所，讫于剑门军。其中府 25、军 34、州 106、监 1，共计 166。府、州、军、监之下又各分 12 子目：府、州沿革（若有监司军将驻节并附其沿革于州沿革之后）、县沿革、风俗形胜、景物上、景物下、古迹、官吏、人物、仙释、碑记、诗、四六。

本书内容丰富，编次有法，学者多称其该赡精密、体例谨严、考证该洽。钱大昕认为"史志于南渡事多缺略，此所载宝庆以前沿革详赡分明，裨益于史事者不少"。又因本书征引该博，所引又多佚书，有益于书籍辑佚补缺甚多，元修《大元一统志》就多次征引此书。

7. 《方舆胜览》 〔南宋〕祝穆撰。

上海古籍出版社 1991 年版，中华书局 2003 年版。

本书是南宋末期全国性总志体方志。全书共七十卷，分十七路记载南宋所属府、州、军、县事，以临安府为首，涵盖全境各府、县。十七路分别是：浙西路、浙东路、福建路、江东路、江西路、湖南路、湖北路、京西路、广东路、广西路、淮东路、淮西路、成都府路、夔州路、潼川府路、利州东路、利州西路。路之下分记各府、州以及所属县的建置沿革及事要两大项。建置沿革所载比较简单，记各府、州从历史到当时名称的变易和建置沿变过程。有监司军将驻节的附其沿革于府州之后。事要内容较丰富，所列各郡事要二十门，包括郡名、风俗、形胜、土产、山川、学馆、堂院、亭台、楼阁、轩榭、馆驿、桥梁、寺观、祠墓、古迹、名宦、

人物、名贤、题咏、四六。其中题咏、四六，即有关各府、州风土形胜的诗歌、序记特别多，引用诗歌分类竟达四十二类之多，以至于《四库全书总目》称其"书中体例，大抵于建置沿革、疆域道里、田赋户口、关塞险要……皆在所略。惟于名胜古迹，多所胪列，而序记，所载独备"，"盖为登临题咏而设，不为考证而设，名为地记，实则类书也"。

8.《中国地方志综录》 朱士嘉编。

商务印书馆 1958 年版。

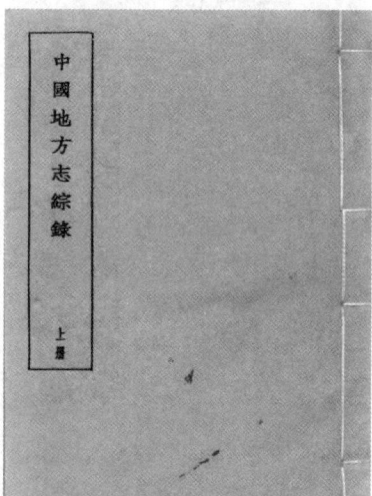

本书初版（1935 年）共著录方志 5832 种，93237 卷；《补编》著录 730 种。修订本（1958 年）共著录方志 7413 种，109143 卷；纠正初版、《补编》错误约 1200 条。本书以图表形式，分书名、卷数、纂修人、版本、藏书者、备注六栏，根据全国 41 个图书馆所藏方志目录编成。其中有 22 个图书馆所藏方志较为丰富，故列入"藏书者栏"，分别是：北京图书馆、中国科学院图书馆、北京师范大学图书馆、中央民族学院图书馆、故宫博物院图书馆、天津人民图书馆、南京图书馆、南京大学图书馆、上海图书馆、上海市历史文献图书馆、上海徐家汇天主堂藏书楼、浙江省图书馆、宁波天一阁、湖北省图书馆、武汉大学图书馆、旅大市图书馆（今大连图书馆）、中山大学图书馆、广州华南师范学院（今华南师范大学）图书馆、财政经济出版社上海办事处图书馆、复旦大学图书馆、东北人民大学（今吉林大学）图书馆，分别用简称标明。此外，辽宁省图书馆、甘肃省图书馆、山东省图书馆、广东省中山图书馆、四川大学图书馆、云南省图书馆分别收藏辽宁、甘肃、山东、广东、四川、云南各省方志较多，故在各省下"藏书者栏"内分别加注。其他各图书馆、藏书家藏有稀见方志，则于"备注栏"内加以说明。

现存方志以清修为多，故排列次序按《清一统志》。行省次序据 1956 年中华人民共和国行政区划。所收方志，从行政区域上而言，上至府、省志，下至乡、村志，不录总志。如江苏省有《江南通志》、《江苏通志稿》、《盛桥里志》、《紫曝村志》、《七宝镇志》等；而绝大部分为县志。

从修志年代上言,有南朝宋山谦之撰、清缪荃孙辑《吴兴记》、南朝宋郑缉之撰、清胡宗楙辑《东阳记拾遗》;有唐陆广微《吴地记》、宋朱长文《吴郡图经续记》、宋范成大《吴郡志》;下限为民国年间所修。"版本栏"所录版本亦较为详细。如宋周淙《(乾道)临安志》,有影宋钞本、钞本、丛书本、重影宋刻本等十余种,并载明书为乾道五年修。"备注栏"内容较为丰富,除载明收藏情况外,又有流通、存佚、别本、内容、体例、承袭、地名今释等项内容,偶及考证。如明沈谦《临平记》下备注:"在杭州市。本书系编年体,自汉至元所辑一〇六则。"清张大昌《临平记补遗》下备注:"仿前书体,辑东晋至明末之掌故。"宋高似孙《剡录》下备注:"宋宣和八年改名嵊县。"

附录有"国民党反动派劫运台湾稀见方志目录"、"美国会图书馆掠夺我国稀见方志目录"、"补遗"、"参考书目"及"书名索引"、"人名索引"。著录较为齐全,检索亦较便利,至今仍不失为检索方志之重要书目。中国科学院天文台编的《中国地方志联合目录》即以此为基础,加以扩充而成。

9.《稀见地方志提要》 陈光贻撰。

齐鲁书社 1987 年版。

本书著录方志约 1200 种。按省、市、自治区为单位,视所收方志多少分卷,多者如浙江,分为两卷;少者则数省、市、自治区合为一卷。以通志、省志居前。次按各旧存府、州、厅、县、乡镇、卫、所、盐井、盐场、土司司所等志及乡土志、侨立志、杂志之序排列。所录方志大多为今存稀见之书;传本较多,但体例严密、简核尔雅之志,亦予著录。今存方志较少之省分,为平衡起见,著录从宽。宋、元、明善本方志,前人已著录且无需补正者,不尽著录。每一方志之下,标明卷数、收藏处或收藏者。提要首为撰修者简历,以下所叙为志乘原委、编辑体例、收藏故实、版本传抄之异同、修补增刊之始末,或系以评论。就版本言,有刊本、抄本、传抄本、写本、稿本、油印本、铅印本。刊本中,以康熙刊本为最多。其《例言》按行政区域

大小而分，将方志分为府志、州志、厅志、县志、关镇军志、道志、卫所志、土司司所志、盐井盐场志、乡镇志、乡土志、侨立志；按体裁分，将方志分为纪传体、编年体、纪事本末体、杂记体、传记体、辑录体、术数体、赋体、骈俪文体、诗体。凡方志有某一特点，必于其下揭示之。如卷五《山东通志》下曰："通记济南、兖州、东昌、青州、登州、莱州于一书，自此志始。"卷六《百城烟水》下曰："汇集诗文皆吴郡文献，有似方志文献。"同卷《元和县志》下曰："按此志体裁谨严，落笔矜慎，书中无琐细冒滥之辞。一变吴志向所喜谈佚闻杂事之习，而开志乘实核之一体，当时号称佳著也。"卷七下《昌国典咏》下曰："汇成舟山掌故之集，而不自述一词，别创地志一体也。"本书并著录总志一卷，总志非方志，故以卷首置之。卷末一卷，附"纂修人姓名索引"及"古今图书集成方志辑目"。"辑目"辑录了《古今图书集成》中《坤舆典》、《职方典》、《山川典》、《官常典》、《氏族典》、《经籍典》、《选举典》、《食货典》等所引历代方志书目，凡 1430 余种。借此亦可考见康熙以前方志之概况。

10.《中国历史地图集》 谭其骧主编。

中国地图出版社 1982—1987 年版。

中国自古以来就有编制历史地图的传统，西晋裴秀的《禹贡地域图》、唐代贾耽的《海内华夷图》、宋代税安礼的《历代地理指掌图》以及清代杨守敬的《历代舆地图》等都是在世界地图学史上占有重要地位的历史地图。随着科学技术的进步，人们希望能够利用现代科技绘制一部详细而且精确的中国历史地图集。1954 年，以范文澜、吴晗为首，成立了"重编改绘杨守敬《历代舆地图》委员会"（简称"杨图委员会"），希望把杨守敬的《历代舆地图》予以现代化，即：把杨图显著讹脱之处改正增补；把以《大清一统舆图》为底图的杨图的历史内容移绘到今地图上；把木板印刷的线装本三十四册改制成几册现代式地图。著名历史地理学者谭其骧教授负责地图的绘制工作。随着工作的一步步展开，杨图委员会不断对原计划进行修改，工作量也逐步增加。1959 年，谭其骧教授在复旦大学成立历史地理研究室专门负责地图的编撰绘制工作,又陆续吸收了中央民族学院、南京大学、中国科学院、云南大学等单位的人员共同参与。经过全体成员的不断努力,于1973年完成初稿,1974年起用中华地图学社的名义,分八册陆续出版内部试行本。1982年至1987年,由中国地图出版社出版公开发行本。

全书按历史时期分为8册。第一册:原始社会·夏·商·西周·春秋·战国时期;第二册:秦·西汉·东汉时期;第三册:三国·西晋时期;第四册:东晋十六国·南北朝时期;第五册:隋·唐·五代十国时期;第六册:宋·辽·金时期;第七册:元·明时期;第八册:清时期。全书按年代分为20个图组,共有304幅地图(不另占篇幅的插图不计在内),549页。地图上的内容包括:已知原始社会遗址和其他时期重要遗址的分布;中国历史上各民族建立的政权的疆域政区或活动范围、民族分布;秦以前见于记载的全部可考地名;自秦代开始全部县以上地名、一二级政区的界线;可考的长城、关津、堡寨、谷道、陵墓、庭帐等;主要的河流、湖泊、山岭、海岸线、岛屿等。共收地名7万多个。各册均有中、英文的编例和地名索引。

---

11. 《中国古今地名大辞典》 臧励酥等编。

商务印书馆香港分馆1931年初版,1982年重印。

本书所收地名,上自远古,下迄现代,凡是比较重要和显著的地名,大抵都收入在内,内容比较完备,特别是对古今地名的对照以及历代地名建置、沿革和变迁的情况,都有详细记载。其特点是:凡是每一个地方的山水名胜,都有详细记载。如"长城"一条,除了从地理角度说明它起迄的地点、首尾长度和通过的省份外,还从历史角度详细叙述了历代修建的过程、改筑的原因以及要塞的具体位置等。再如"西湖"一条,不仅列叙了二十四个不同地点的西湖,还对杭州西湖作了特别详尽的记载,除了历代开凿、扩修的经过,还谈到了白堤、苏堤、杨堤、赵堤的修筑始末,以及"西湖十景"的古今异名。书后附有"各县异名表",如"淮阴"注明即江苏淮安,"麦城"即湖北当阳,"函谷"即河南灵宝等。

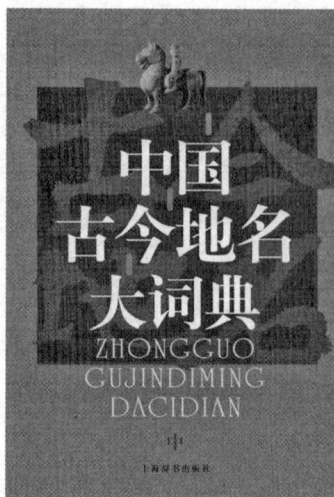

12.《中国古今地名大词典》 戴均良等主编。

上海辞书出版社 2005 年版。

中国疆域辽阔，历史悠久，人口众多，语言复杂，加以朝代更替频繁，建制变动不居，因此不但地名众多，而且同一地方在历史上又会有不同名称。本书是中华人民共和国成立后编纂的规模最大、内容最全、最具权威性的古今地名工具书，是国家重点图书。全书共收词 6 万余条，1000 余万字，分古、旧、今地名三大部分。古地名收录自古代设立至 1912 年以前存在的郡、州、府、路、县以及古山、古水、古地区等有关自然地名和人文地名。旧地名收录自 1912 年以后设立至 2004 年 6 月底以前撤销的旧县（旧旗）、旧市、旧区和旧地区（旧州、旧盟）等地名，包括革命根据地和解放区设立的旧县名（1912 年以前设立的旧县称为古旧县名）。今地名收录各省、自治区、直辖市 2004 年 6 月底以前存在的县（旗）、市、区、盟、州、地区和建制镇、重要集镇、村名，以及山、河、湖、海、地形区、交通、水利、名胜古迹等自然地名和人文地名。书后附有"中华人民共和国县级以上行政区划简表"、"中国主要山脉、河流、湖泊简表"、"中国历史文化名城名单"、"全国重点风景名胜区和全国重点自然保护区名单"、"中国的世界遗产和全国重点文物保护单位名单"、"中国历代世系表"以及中国历史地图 24 幅。例如：

　　七宝镇　在上海市闵行区西部偏北。面积 21.3 平方千米。人口 2.5 万。镇人民政府驻七宝，人口 5000。因七宝教寺得名。清嘉庆《青浦县志》："七宝，故庵也。初在陆宝山，吴越王赐以金字藏经，曰：'此亦一宝也'，因改名七宝。后徙于镇。遂以名。"宋初已有七宝镇之名，明、清以产七宝布闻名江左（南）。1958 年废入七一公社，1966 年镇、社分设。1983 年废七一公社入七宝镇。以产稻、小麦、棉花、蔬菜、黄金瓜、芋艿著称。有喷漆、电机、蓄电池、酿酒、衬衫、针织等厂。上海交通大学农学院在镇境。沪杭铁路经此，沪松公路、漕宝路、七莘路交会于此。古迹有蒲汇塘桥、解元厅和七宝教寺。

●·· 四、 传记谱录

1.《艺文志二十种综合引得》 哈佛燕京学社引得编纂处编。

哈佛燕京学社 1933 年版，中华书局 1960 年版，上海古籍出版社 1986 年版。

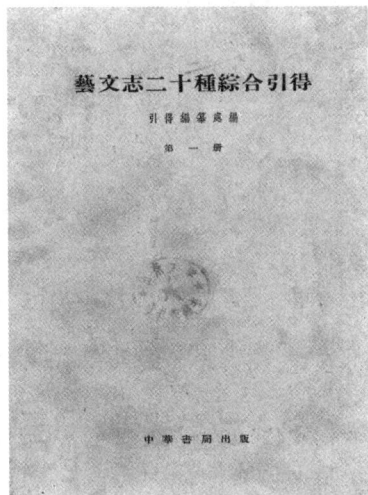

本书收录了十五种正史中的《艺文志》（或《经籍志》）和五种历代禁毁艺文类书目。书前列有各书名称、简称、著者及版本情况表，包括班固《汉书艺文志》、姚振宗《后汉艺文志》与《三国艺文志》、文廷式《补晋书艺文志》、长孙无忌等《隋书经籍志》、刘昫等《旧唐书经籍志》、欧阳修《唐书艺文志》、顾櫰三《补五代史艺文志》、托克托等《宋史艺文志》、卢文弨《宋史艺文志补》与《补辽金元艺文志》、金门诏《补三史艺文志》、钱大昕《补元史艺文志》、张廷玉等《明史艺文志》、刘世瑛《征访明季遗书目》、朱师辙《清史稿艺文志》以及《禁毁书目》、《全毁书目》、《抽毁书目》、《违碍书目》等。全书以二十种书目中的书名或著者名列目，下注作者或书名、书目简称以及卷、页数。本书采用了中国字庋撷法编排，并于书前附"笔画检字表"。上海古籍出版社影印本另编"四角号码检字表"和"汉语拼音检字表"。

2.《四十七种宋代传记综合引得》 哈佛燕京学社引得编纂处编。

哈佛燕京学社 1939 年版，上海古籍出版社 1986 年版，中华书局 1987 年版。

本书收录了四十七种宋代人物传记资料，书前"四十七种宋代传记表"详列各书的代号、名称、纂辑者和版本，其中包括脱脱等《宋史》（列传之部）、柯维骐《宋史新编》（列传之部）、王

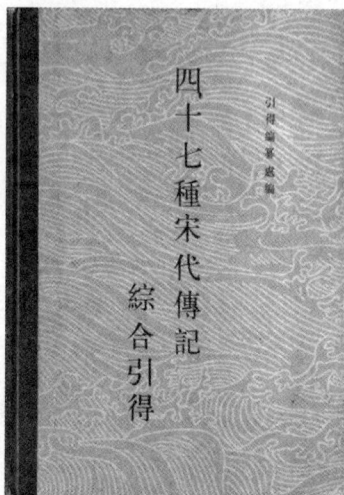

称《东都事略》(列传之部)、钱士升《南宋书》(列传之部)、曾巩《隆平集》(列传之部)、杜大珪《名臣碑传琬琰集》、佚名《琬琰集删存》、陆心源《宋史翼》、黄震《戊辰修史志》、章颖等《宋朝南渡十将传》、朱熹《五朝名臣言行录》与《三朝名臣言行录》及《伊洛渊源录》、李幼武《皇朝名臣言行续录》与《四朝名臣言行录》及《皇朝道学名臣言行外录》、佚名《昭忠录》、程敏政《宋遗民录》、九龙真逸《东莞遗民录》、万斯同《宋季忠义录》、邓光荐《文丞相督府忠义传》、陆心源《元佑党人传》、佚名《庆元党禁》、佚名《京口耆旧传》、韩元吉《桐阴话旧》、尤玘《万柳溪边旧话》、厉鹗《南宋院画录》、刘道醇《圣朝名画评》、董史《皇宋书录》、吴骞《苏祠从祀议》、杨万里《淳熙荐士录》、吴之振等《宋诗钞》、管廷芬《宋诗钞补》、万斯同《宋大臣年表》、佚名《宋中兴三公年表》、佚名《学士年表》、何异《宋中兴学士院题名录》、陈骙《南宋馆阁录》、佚名《南宋馆阁续录》、何异《宋中兴与行在杂买务杂卖场提辖官题名》、何异《宋中兴东宫官僚题名》、吴廷燮《北宋经抚年表》与《南宋制抚年表》、钱大昕《修唐书史臣表》、佚名《绍兴十八年同年小录》、佚名《宝佑四年登科录》、丁传靖《宋人轶事汇编》等。全书分"字号引得"和"姓名引得"两部分,以字号或姓名立目,下注该人物传记在各书中的卷数或页数。"字号引得"包括字、号、别字、别号、绰号、谥号等,下注姓名;"姓名引得"以姓名或普通称谓立目,下注其他称谓。知姓不知名的用普通称呼;宗室王公用本来姓名,下列别号、谥号;公主帝姬以封号为主,有谥号的也列出;妇女以姓为主,注明身份;僧徒以法名为主,下括"僧"字,也列出字号。两种引得皆采用中国字庋法编排,书前附"笔画检字表"。上海古籍出版社影印本另编"四角号码检字表"和"汉语拼音检字表"。

此外,台湾昌彼德、王德毅等编《宋人传记资料索引》(台北鼎文书局 1974 年版,中华书局 1988 年影印)所收资料范围甚广,日本人青山定雄主编的《宋人传记索引》(东洋文库 1968 年版)将收录范围扩大到了文集、金石文、方志、家谱等方面,皆可补该书之不足。

3.《辽金元传记三十种综合引得》 哈佛燕京学社引得编纂处编。

哈佛燕京学社 1940 年版,中华书局 1987 年版。

此书收辑辽、金、元三代人物传记三十种,书首附"三十种辽金元传记表",详列各种传记的代号、书名、纂辑者和版本。为了使三代传记有所区别,代号不相衔接,各有起迄。一至七为辽代传记七种:脱脱等《辽史》(列传之部)、叶隆礼《契丹国志》(列传之部)、周春《辽诗话》、陈衍《辽诗纪事》、黄任恒《辽代文学考》、万斯同《辽大臣年表》、吴廷燮《辽方镇年表》。十一至十七为金代传记七种:脱脱等《金史》(列传之部)、宇文懋昭《大金图志》(列传之部)、陈衍《金诗纪事》、黄大华《金宰辅年表》、万斯同《金将相大臣年表》、吴廷燮《金方镇年表》、万斯同《衍庆宫功臣录》。二十一至三十六为元代传记十六种:宋濂等《元史》(列传之部)、柯召忞《新元史》(列传之部)、邵远平《元史类编》(列传之部)、魏源《元史新编》(列传之部)、曾廉《元书》(列传之部)、屠寄《蒙兀儿史记》(列传之部)、苏天爵《元朝名臣事略》、冯从吾《元儒考略》、顾嗣立《元诗选》、席世臣《元诗选癸集》、佚名《元统元年进士录》、吴廷燮《元行省丞相平章政事年表》、黄大华《元分藩诸王世表》及《元西域三藩年表》、钱大昕《元史氏族表》、洪钧《元史译文证补》。全书将三十种传记所收辽、金、元三代人物皆按中国字庋撷法编排,并根据姓名和字号分为正目、副目两部分。正目下注明所在传记书名及卷次和页码;副目下注其本来姓名,不注出处,依姓名再从正目中查检。正目以姓名为主,下列别姓、别号、字号、谥号、绰号、小名、小字等;元代的蒙古、色目人仅呼名而不冠姓者,以名为主,下附其异译、字号、谥号等;辽、金宗室皆冠国姓,元宗室则仅列其名,下附字、号或异译等;辽、金后妃以姓为主,列其本名尊谥于下,并括注其所属皇帝的庙号或谥号;元代后妃依当时习俗,直称其名;僧、尼、道士分别注明"僧"、"尼"、"道",有字号者亦列出;同姓名者分别立目,以字号、部族、籍贯或官爵加以区分。书前附《笔画检字表》。

此外,日本人梅原郁、衣川强编有《辽金元人传记索引》(京都大学人文科学研究所 1972 年出版),从 130 种文集中收录了 3200 余名辽、金、元人物传记资料;台湾王德毅等编《元人传记资料索引》(中华书局 1987 年版),收录甚为全面。上述两书可与《引得》互为补充、参考。

第一讲 综合类工具书

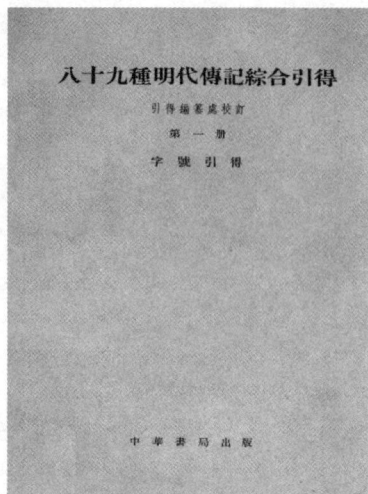

4.《八十九种明代传记综合引得》 哈佛燕京学社引得编纂处编。

哈佛燕京学社 1935 年版,中华书局 1959 年版,上海古籍出版社 1986 年版。

本书收录明代人物传记 89 种,书首有"八十九种明代传记表",详列各书代号、书名、纂辑者及版本情况,其中包括张廷玉《明史》(列传之部)、万斯同《明史》(列传之部)、王鸿绪《明史稿》(列传之部)、张嘉和《皇明通纪直解》、焦竑《国朝献征录》、凌迪知《国朝名世类苑》、项笃寿《今献备遗》、徐开江《明名臣言行录》、徐纮《皇明名臣琬琰录》、王宗沐《皇明名臣言行录》、刘延元《国朝名臣言行略》、沈应魁《皇明名臣言行录》、童时明《昭代明良录》、焦竑《皇明人物考》、林之盛《皇明应谥名臣备考录》、雷礼《国朝列卿记》、王世贞《嘉靖以来首辅传》、吴伯与《国朝内阁名臣事略》、雷礼《内阁行实》、黄金《皇明开国功臣录》、何出光等《兰台法鉴录》、王兆云《皇明词林人物考》、曹溶《明人小传》、沈佳《明儒言行录续编》、陈盟《崇祯阁臣行略》、曹溶《崇祯五十宰相传》、王凝斋《掾曹名臣录》、徐秉义《明末忠烈纪实》、赵吉士《续表忠记》、缪敬持《东林同难录》、过廷训《本朝分省人物考》、朱睦㮮《皇明中州人物志》、刘凤《续吴先贤赞》、温睿临《南疆绎史》、李瑶《南疆绎史摭遗》、徐晟《续名贤小纪》、张大复《梅花草堂集》、陈鼎《东林列传》、朱彝尊《明诗综》、徐鼒《小腆纪年》、尹守衡《明史窃》、朱彝尊等《明词综》、杨濂等《皇朝名臣言行录》、沈士谦《明良录略》、李同芳《皇明将略》、王祎《造邦贤勋录略》、(阙名)《靖难功臣录》、陈伯陶《胜朝粤东遗民录》、彭孙贻《甲申后亡臣表》、张芹《建文忠节录》、吴应箕《熹朝忠节死臣列传》、汪有典《前明忠义别传》、高承埏《崇祯忠节录》、哥赫德等《胜朝殉节诸臣录》、顾苓《南都死难纪略》、屈大均《明季南朝殉难记》、李长祥《天问阁集》、徐鼒《小腆纪传》及《小腆纪传补遗》、傅维鳞《明书》、方象瑛《明史分稿残编》、李贽《续藏书》、陈田《明诗纪事》、徐沁《明画录》、佚名《逊国记》、佚名《沧江野史》、佚名《海上纪闻》、佚名《沂阳日记》、佚名《泽山杂记》、佚名《溶溪杂记》、佚名《郊外农谈》、祝肇《金石契》、陈沂《蓄德录》、徐祯卿《新倩籍》、顾璘《国宝新编》、邹漪《启祯野乘二集》、章于今《江人事》、张芹《备造录》、朱谋玮《藩献记》、毛奇龄《彤史拾遗记》、孙慎行《恩恤诸公志略》、黄宗羲《明儒学案》、钱谦益《列朝诗集小传》、俞宪《盛明百家诗》、朱彝尊《静志居诗话》、龚立本《烟艇永怀》、朱国祯《开国臣传》与《逊国诸臣传》等。全书将八十九传记所收明代人物按中国字庋撷法编排,分"姓名引得"和"字号引得"两部分。"姓名引得"以姓名或常用称谓立目,后列字、号,并注明所见书名和卷数;"字号引得"以字、号立目,包括别号、绰号、谥号等,后注姓名,但不列所见书名和卷数。如只知字、号,可经"字号引得"查出姓名,再查"姓名引得"。本书书前附"笔画检字表"。上海古籍出版社影印本另编"四角号码检字表"和"汉语拼音检字表"。

此外,台湾昌彼得等编的《明人传记资料索引》(文史哲出版社 1965 年版,中华书局 1987 年影印)据明清人文集 528 种,史传、笔记小说 65 种,以及不少单行年谱、事状、别传辑录而成,所收资料甚为丰富,与本书可以互补。

5.《三十三种清代传记综合引得》 哈佛燕京学社引得编纂处编。

哈佛燕京学社 1932 年版,中华书局 1959 年版,上海古籍出版社 1986 年版。

本书收录了清代人物传记 33 种,书前有"三十三种清代传记表",详列各书名称、著者及版本,包括赵尔巽《清史稿》(列传之部)、中华书局编《清史列传》、李桓《国朝耆献类征》(初编)、钱仪吉《碑传集》、缪荃孙《续碑传集》、闵尔昌《碑传集补》、李元度《国朝先正事略》、朱孔彰《中兴将帅列传》、朱方增《从政观法录》、徐世昌《大清畿辅先哲传》与《颜李师承记》、依国史抄录的《满洲名臣传》与《汉名臣传》,江藩《国朝汉学师承记》与《宋学渊源记》、唐鉴《清儒学案小识》、王藻等《文献征存录》、王炳《国朝名臣言行录》、李濬之《清画家诗史》、叶恭绰《清代学者像传》、施淑仪《清代闺阁诗人征略》、郑方坤《国朝名家诗钞小传》、张维屏《国朝诗人征略》(初编与二编)、汪启淑《飞鸿堂印人传》、宝镇《国朝书画家笔录》、冯金伯等《国朝画识》、震钧《国朝书人辑略》、李集等《鹤征录》、李富孙《鹤征后录》、秦瀛《己未词科录》、依国史钞录的《国史列传》(又名《满汉大臣列传》)等。本书所记清代人物以姓名或常用称谓立目,下注所在书名及卷数、页码。同姓名者标明籍贯、官爵等以资区别;满蒙人同名者以姓氏、旗籍、部落、官爵或年代分别,不同译名以其一为主目,余为

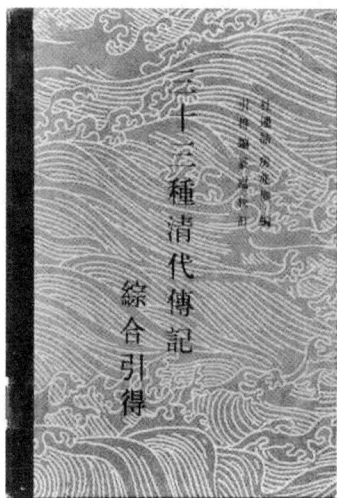

参见条目;只有姓氏的妇女以姓氏立目,注明从属关系;僧、尼、道名前注"释"、"尼"、"道"。本书采用了中国字庋撷法进行编排,并于书前附"笔画检字表"。上海古籍出版社影印本另编"四角号码检字表"和"汉语拼音检字表"。

本书收录较为广泛,为查索清代人物传记的重要工具书。但满蒙人物名异译甚多,同音异字更为普遍,未能详加区分;也存在漏收,如曾辑《荆州记》及撰有《笺经室遗集》的曹元忠即不见著录。与引得编纂处编纂的其他几种传记综合引得不同,此书只有姓名引得,没有字号引得,且只录本名,不列字号,是为很大的不足。

6.《唐五代人物传记资料综合索引》 傅璇琮、张忱石、许逸民等编。

中华书局 1982 年版,文史哲出版社 1993 年版。

本书收录了唐、五代正史、杂史、总集、书目、方志等各类图书 83 种。书前"唐五代人物传记资料综合索引用书表"胪列了《旧唐书》、《新唐书》、《旧五代史》、《新五代史》、《全唐文》、《唐文拾遗》、《全唐诗》、《河岳英灵集》、《唐诗纪事》、《唐才子传》、《元和姓纂》、《唐郎官石柱题名考》、《唐御史台精舍题名考》、《翰林承旨学士院记》、《翰林院故事》、《唐登科记考》、《唐方镇年表》、《郡斋读书志》、《直斋书录解题》、《书断》、《历代名画记》、《唐朝名画录》、《宣和图谱》、《十国春秋》、《五代史补》、《江南野史》、《南唐书》、《续高僧传》、《景德传灯录》、《大唐内典录》、《开元释教录》以及 33 种宋、元方志。本书将诸书中近三万名唐五代人物依四角号码编排,分姓名索引和字号索引两部分,前者是主体,以姓名或常用称谓立目,其他称谓如别名、字、号、小字、别号、绰号、谥号等括注于后,并作为参见条目,注明所在书的代号和简称、册数、卷数、页次、栏目。同名异人者分别立目,注明字号、籍贯、职官、时代及从属关系,以资区别;人名记载有歧异的,详加考证,用脚注加以说明。书后附录"字号索引"与"姓名索引"以及"笔画与四角号码对照表"

本书是检索唐五代人物传记资料可靠的工具书,与原哈佛燕京学社编的几部传记综合引得相比,有不少优点。其一,哈佛燕京学社引得收入的《二十四史》中各史,仅录纪、传,而此书增收了《旧唐书·经籍志》、《新唐书·艺文志》、《新唐书·宰相世系表》,这些可补纪、传之不足,也可订正其他文献记载的错误。其二,此书著录准确,作了大量考证,区分了人名记载上的混乱。如《全唐文》卷八五三载贾元珪,五代晋曾官殿中侍御史;《元和姓纂》卷七亦载贾元珪,曾官资兴令,在唐宪宗元和以前,显系两人,经过考证,分别立目。又如《旧唐书》有《段佐传》,《新唐书》有《段佑传》,两书所记皆为郭子仪牙将,因功迁为泾原节度使、经右神策大将军,事迹相同,当为一人。再如《元和姓纂》作"杜祐",白居易《除段祐检校兵部尚书右神策军大将军制》和唐人沈亚之《临泾城碑》均作"段祐",经过考证,当作"段祐"。或如《唐诗纪事》卷五的"王勣"以及《全唐诗》卷七六九的"王俏",皆系"王绩"之误。限于材料,对于一些难以判断的情况不强为分合,采取存疑的态度,在注中说明看法。其三,本书收录了一些价值较高的方志。

7.《古今人物别名索引》 陈德芸编。

上海书店 1982 年版,北京图书馆出版社 2010 年版。

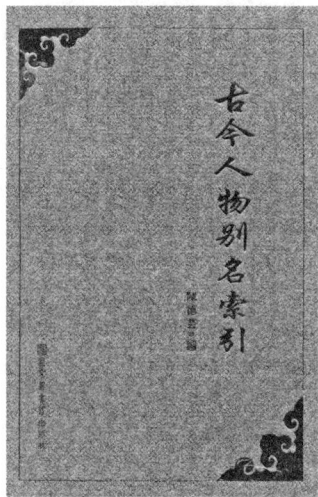

本书为由别名查本名的索引,所收人物别名范围很广,包括字、号、别名、别号、笔名、谥号、爵里称谓、斋舍自署、帝王庙号以及通行称呼的职官、封侯名等。所收人物时限较长,上起远古,下迄抗日战争前夕,共收古今人物四万余名,采入别名七万余条,包括少数民族人名以及西洋来华的传教士姓名。春秋以前君主姓氏无可稽考,以通行的谥或号为原名,不另著姓,如周武王不称"姬发";亲王以谥号及字号为别名,姓名为原名,如淮南王名"刘安";职官及封侯,仅列其通行称呼,如杜工部(杜甫)、张博望(张骞)等;因避讳不用原名的,改用原名,如孔丘不作"孔邱"。帝王以庙号或谥号为原名,讳名为别名,斋舍一律不作别名,一人有两个姓名的,以通行的为本名。别名之后注明本名及时代。同时代同姓名人物注明籍贯、特征等以资区别。如后汉有两个蔡邕,均字伯喈,一注为"圉人善琴",一注为"上虞人",便于区分。书后附"补遗"和"续补遗",补收了明、清,特别是清末民初的人名。书后附检字表,可以按别名的笔画和部首查找。书前列参考书,提供了查找人物传记资料的线索,可注意利用。此书收录范围较广,比陈乃乾《室名别名索引》多出约四倍的内容,是检索古代人物别名较为完善的工具书。

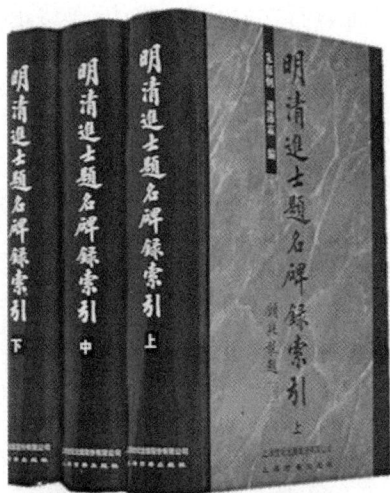

8.《明清进士题名碑录索引》 朱保炯、谢沛霖编。

上海古籍出版社 2006 年版。

明清两朝共举行进士考试 201 科,录取 51624 人。除了少数人在正史中有传外,绝大多数人物的资料散见于地方志乘、文集、野史、杂记之中,数量庞大,难以检索。"进士题名碑录"可供研究者按其所载籍贯查考各种地方志,依其所载科年了解其人参加上层社会活动的年代断限,循此年限去查考同时人的记载,大大缩小了检索史料的范围。然而"碑录"是按科年、甲第排列的,欲借此查找某一人物,仍须从头到尾翻检,颇费周折。本书在清乾隆十一年(1746)刊《国朝历科题名碑录初集》及其所附名单诸科的基础上,以《进士题名碑》的拓片、《登科录》、各省方志等校订增补,重行汇辑,编以索引,方便读者检索。每一进士为一条,注明籍贯、科年、甲第、名次。书前附四角号码检字法、姓氏笔画检字法、姓氏拼音检字法;书后附"历科进士题名录",按科年、名次排列,对有关记载彼此有出入的,就所考知者分别加注说明,以备参考。例如:

龚自珍　浙江仁和　清道光 9/3/19

意即龚自珍的籍贯为浙江仁和,在清道光 9 年榜录取为第 3 甲、第 19 名。

9.《中国历代年谱总录》 杨殿珣编。

书目文献出版社 1980 年版。

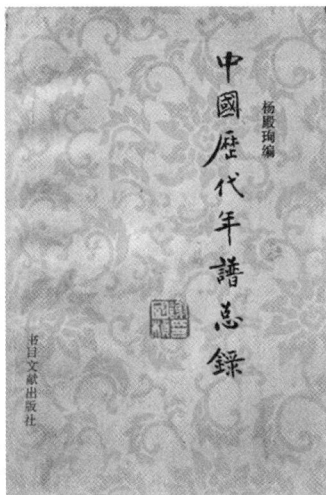

本书著录了历代年谱 3015 种,谱主 1829 人。所录除标明为"年谱"者外,凡按年谱体例编制者,如编年、年记、述略、纪略、系年、系年要录、系年略、纪年、纪年录、行实录、年表、大事表、历年纪、寿图谱等,均予以著录。著述编年之类亦予著录,如《李义山诗谱》、《王绂作品纪年》、《张凤书画系年纪略》、《颜习斋著述编年》、《刘申叔著述年表》、《巴金著译年表》等。兼及别集编年,如《稼轩词编年笺注》。对于考订人物生卒、行实、事迹之书及论文,虽与年谱体例有别,亦予收录。如《彝军纪略》所记为黄鼎行实;《花甲闲谈》为张维屏回忆录;《南卓考》考及南卓生平;《胡震亨家世生平及其著述考略》考及胡震亨生卒年。此外,尚收录不少笔记,如清王鸣盛《蛾术编》、清俞正燮《癸巳存稿》等。所录年谱下限至 1979 年。年谱一般以原书原题为准,原题如仅标"年谱"二字,则补以谱主名或号,所补部分另加括号;原题过于冗长,加以删略,原题在按语中说明,如《文山先生纪年录》,按语曰:"此谱原题《宋少保右丞相兼枢密使信国公文山先生纪年录》。"每一种年谱著录卷数、编者姓名、朝代、版本。谱主排列,以生年先后为序。同一谱主有两种以上年谱,以编者时代前后为序。谱主之生卒年,各家考订不一,于谱主下附录有关考订生卒或生平之书或论文。对于各家不同之处,亦在按语中说明。如李清照下各谱:《李易安年谱》按:"编至绍兴十七年止。"《李清照年谱》按:"此谱编至绍兴十三年止。"《李清照金石录后序作年考辨兼辨生年嫁年卒年》按:"此考谓李清照元丰七年生,绍兴二十一年卒。"《李清照事迹编年》按:"谓李清照卒年不能早于绍兴二十五年。"读者如未能找到原书,据此亦可知各谱所论生卒之概况。

本书著录者,皆为亲手查阅或请人代查之年谱,故较为可靠,凡仅见他人著录而未见原书者,皆列入《待访年谱简目》。后附"谱主姓名别名索引",检阅较为方便。年谱书目,此前有李士涛《中国历代名人年谱目录》、梁廷灿《年谱考略》、陈乃乾《共读楼所藏年谱目》、汪訚《馆藏历代名人年谱集目》、洪焕椿《浙江历代名贤年谱综录》、杭州大学图书馆《中国历代人物年谱集目》、《上海图书馆馆藏年谱目》;与此书同时的有来新夏《近三百年人物年谱知见录》。各书限于体例,或仅录名人,或仅录一时、一地之谱主。或仅录一人、一馆之所藏,故所录当以本书最为齐全。如杜甫年谱,本书共著录 38 种,所录孔子年谱,更是多达 120 余种。

10.《中国历代人名大辞典》 张㧑之等主编。

上海古籍出版社 1999 年版。

本书共收录人物五万四千五百个,所收录人物生卒年限上起先秦、下讫清末。生于晚清而在辛亥革命后去世的重要人物,权衡其历史地位及一般朝代归属,酌情收录。非中国人但在古代某一时期来华者,视其活动之重要性或生平与中国之关系,酌情收录。相比以前的同类著作,本书具有以下三个方面的特色:一是收录人名条目力求广泛、齐备。编者以二十五史纪传人名为基本依据,同时参阅群书,广搜博采。尤其是唐宋以后的人物,从各种碑志、传记、文集、笔记、学术史、地方志等古籍中增补颇多。二是撰写条目释文力求客观、准确。所收人物凡生卒年可考者,均补出生卒年,或取成说,或择要并列异说,或自行考定。对于褒贬不当、相传失实者则注明传闻出处。三是力求用第一手材料,并于释文后标注资料来源。

条目释文内容包括生卒年、姓名异文、朝代籍贯、字号别名、亲属关系、科举仕历、主要事迹、思想学说、封赠谥号、主要著作等。例如:

小青　明江都人。名玄玄,姓冯。嫁为冯生姬。工诗词,解音律,以不容于大妇,徙居孤山,凄怨成疾,命画师图像自奠而卒,年仅十八,葬西湖孤山,有《焚馀稿》。明徐翱《春波影》杂剧,即谱小青事。(《古今图书集成》闺媛典卷五○二)

11.《明人室名别称字号索引》(附《清人室名别称字号索引》) 杨廷福、杨同甫编。

上海古籍出版社 2002 年版。

本书引用的资料异常丰富,举各种总集、别集、笔记、杂著、诗话、词话、类书、地方志等文献 2000 余种,因而收录明代人物及其别号较为齐全,凡政治、经济、军事、医药、文学、美术、音乐、戏剧、收藏等各方面有著作或一技之长者均收录,共 23000 余人,其字号、室名、别称合计 50000 余条。于每一人物,其室名别称有多少录多少。如陈继儒,收录了其眉公、雪堂、来仪堂、尚白斋、宝颜堂、白石山樵、华亭野史、麋鹿道人、岩栖草堂、晚香堂等 29 个别称;屠隆,收录了其赤水、纬真、冥寥子、娑罗馆、娑罗园居士等 21 个别称;归庄,则收录了其尔礼、元公、己斋、梅花楼、归乎来、普明头陀等 23 个别称。与其他各种人名辞典相比较,同一人物,以本书所收室名别称最为齐全。如明末著名画家萧云从,《中国人名大辞典》载:"字尺木,号无闷道人。"《中国美术家人名辞典》云:"字尺木,号默思,别号无闷道人,晚称钟山老人。"本书则收有:尺木、默思、石人、永田、江梅、东浦、眉峰、梅石、寒璧、梦履、萧士、谦翁、咬哜(音阶)、石人从、梅花堂、于湖渔人、玉砚山人、忍辱金刚、东海萧生、梅石道人、梅花草堂、无闷道人、钟山老人等 23 个字号别称,收录之多、之全令人叹服。

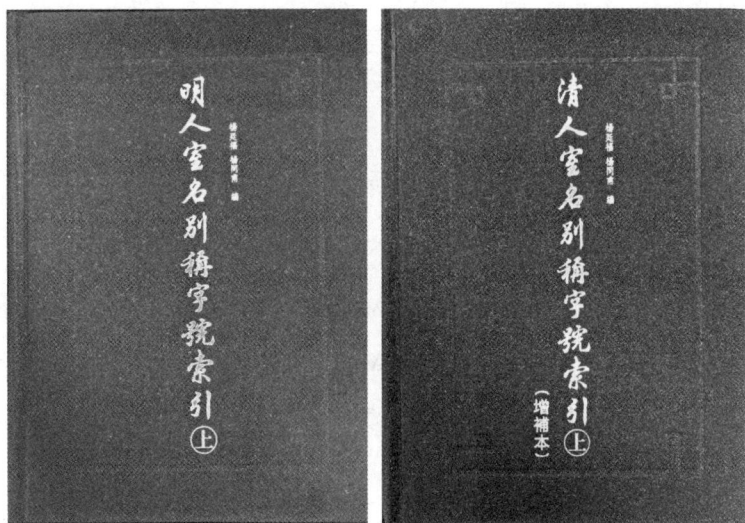

本书分甲、乙两编,甲编由异称来查本名,乙编则可由本名来查其籍贯、字号、室名、别称及出处。这样做除了增加一种搜索方式以外,还有利于在室名别称相同者中确定某人的真名实姓。如本书所收明人号"朴庵"者有 41 人,号"石溪"者有 20 人,碰到这样的情况,查阅者便可以通过此人之字、籍贯或其他别称等线索,利用乙编进行排摸。

12.《中国姓氏大全》 陈明远、汪宗虎编。

北京出版社 1987 年版。

本书共收录了中国姓氏 5600 多条。全书比较详细地反映了中国姓氏的起源、发展、演变的历史及现状,以及罕见的姓氏分布情况,如对"家"姓的解释:"《百家姓》收,分布较广。周幽王时有家伯,汉代有家羡,宋代有家安国。来源:周代大夫家父的后代。"来龙去脉讲得很清楚。各姓氏条目以首字的汉语拼音字母为序;首字相同的,以第二字的音序、声调为序。附录《中国姓氏学发凡》以丰富的资料深入研究了中国姓氏的古今变化,并介绍了有关姓氏学的一般知识,具有较高的学术含量与较大的参考价值。

13.《戊戌变法前后作者字号笔名录》

《文史》第 4 辑,中华书局 1965 年版。

14.《辛亥革命时期重要报刊作者笔名录》

《文史》第 1 辑,中华书局 1962 年版。

张静庐等辑。前者收录了 900 余位作者的 2400 多个笔名,后者收录了 700 余位作者的 2200 多个笔名。条目以人物的姓氏笔画为序,姓名之下,列出该作者的所有笔名。如章炳麟:太炎、枚叔、章绛、章缁、章学乘、西狩、末公、末底、独角、菿汉阁主、台湾旅客、知拙夫、余杭先生、亡是公、支猎胡等。

15.《中国人名大辞典》 臧励龢等编。

商务印书馆 1998 年版。

本书收录人名约四万个,起自太古,迄于清末。每个人名下面注明时代、籍贯、身世、字号等,然后概述生平。对人物事迹的记载比较详细具体。书前有"姓氏检字表",以姓氏的第一个字按笔画排列,有名无姓者按名的第一个字排列。笔画相同者,按字典部首次序先后排列,如"张"、"曹"、"梁"都是十一画,"张"在"弓"部,"曹"在"曰"部,"梁"在"木"部,排列的次序是"张"、"曹"、"梁"。同一姓氏中,名字亦按同样的方法排列,如同是三国人物的张昭、张苞、张郃(音侠)三人,"昭"、"苞"、"郃"都是九画,但"昭"在"日"部,"苞"在"草头"部,"郃"在"右抱耳"部。书的后边有"异名表"。古人除本名外,还有很多以字、别号、谥号、官名、地名等著称于世的,若见到这些称呼而不知他是谁,就可以查本书的异名表。如"字"(别号):"子瞻"是苏轼的字,"子美"是杜甫和苏舜钦的字;"小名":"阿瞒"是曹操的小名;"别号":"东坡"是苏轼的别号,"放翁"是陆游的别号,"五柳先生"是陶渊明的别号;"官名":"大令"是王献之的官名,王献之又称"王大令","右丞"是王维的官名,所以王维又称王右丞;"谥号":如欧阳修和苏轼的谥号都是"文忠";"地名":如韩愈先世居于昌黎,至宋代追封他为昌黎伯,故世称其为"韩昌黎";柳宗元做过柳州刺史,故世称柳柳州;陶渊明做过彭泽令,故世称"陶彭泽"。绰号:如宋祁("红杏枝头春意闹"作者)号"小宋"等。

16.《古今同姓名大辞典》 彭作桢辑著。

上海书店 1983 年版。

本书是查找古今同名同姓的专书。由于我国历史悠久,古今人物姓名相同的太多,研读古籍时容易发生张冠李戴的错误,于是很有必要查阅专门的同姓名辞典。本书之前,已有梁元帝萧绎《古今同姓名录》、明余寅《同姓名录》、清陈棻《同姓名谱札》、清汪辉祖《九史同姓名

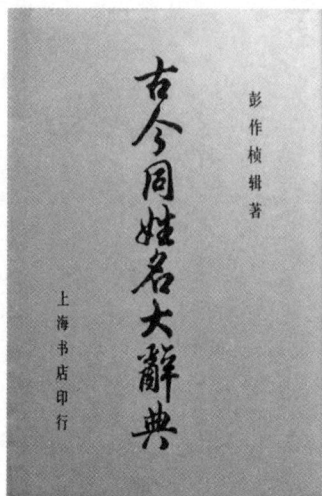

略札》、清刘长华《历代同姓名录》等专书。本书以此为基础，并参考经史百家、清代传记三十余种及二十二省通志和各种报刊所载同姓名者资料增删修订而成。所收人名，从上古至1936年，共有五万六千多人。全书姓部按笔画编排。同一姓中，名按《康熙字典》的偏旁部次排列。姓名上面列数字，表示有几个相同姓名的；然后注明出自何书何卷。如果是引用前人编的同名录，则注明编者的姓，附以括号。同姓名人中见于正史的，因正史容易查到，记录较略；见于地方传记的，记录较详。编者新增补的部分，记录更详，字号、籍贯、生卒年都记；采自报刊的，注明出版日期。书末附录"历代名讳考"、"辨证姓名"、梁元帝《古今同姓名录目录》、余寅《同姓名录索引》等。

17.《中国现代作家笔名索引》 苗士心编。

山东大学出版社 1986 年版。

本书是查找中国现代作家曾用笔名、别名的重要的检索工具书，共收录了 2100 余名作家的 9300 多个笔名、别名。所收人物原则上以文学作家为主，适当收有其他学科的专家学者，时限涉及近代与当代，凡卒年在 1911 年以后的均在收录之列。收录笔名的范围包括曾用名、化名、字、号、室名、斋号等。全书分为笔名索引和笔名录两部分，利用索引部分，可从笔名迅速地查到原名；利用笔名录部分，可从原名查到该作家的所有笔名，并可得知其性别、生卒年、籍贯、民族等简况。条目编排一律按简化字的笔画笔形排列，书后附有"作家常用笔名、原名对照表"，列出以笔名知名于世的作家原名及常用笔名，以方便读者查阅。

18.《中国现代文学作者笔名录》 徐迺翔、钦鸿编。

湖南文艺出版社 1988 年版。

本书收录了 1917 年到 1949 年 10 月 6000 多位作者的笔名(包括原名、曾用名、字号)30000 余个。全书分笔名录、笔名索引和附录三部分。笔名录为全书主要部分,按照作者通用名笔画排列,可通过本名查找作者简历及笔名使用情况。每一作者的通用名下列出性别、生(卒)年月日、籍贯、民族、原名、字、号、曾用名和笔名等项。每个笔名下面尽量提供首次或曾经用此笔名发表的文章、著作的时间、报刊或者出版社。在笔名索引部分可从笔名查到通用名及在本书的页码。

19.《唐人行第录》(外三种) 岑仲勉编。

上海古籍出版社 1962 年版。

本书是辑录唐人称谓中行第的专书。所谓"行第",是排行第几的意思。唐代人特别注重氏族门阀的关系,除了以姓名、字号称呼人,还习惯用排行第几称呼人。行第中有多至三十九、四十几的,这是按照族谱中同辈弟兄排列下来的。例如白居易的同胞弟兄只有四人,但当时人却称呼他为白二十二;白居易的弟弟白行简,人称白二十三;李世民人称李二;李隆基人称李三;写"锄禾日当午"的李绅人称李二十;著名诗人宋之问人称宋五;岑参人称岑二十七。在唐代诗文中,经常会看到这样的题目:杜甫《送蔡希鲁都尉还陇右因寄高三十五书记》、柳宗元《娄二十四秀才花下对酒唱和诗序》等。这里的高三十五、娄二十四是谁,当时人肯定知道,但现代人知道的就不多了,必须去查阅专门的工具书(高三十五即高适,在

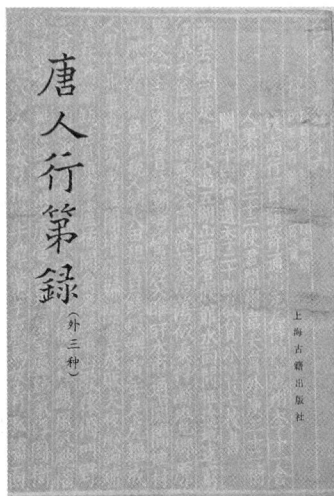

家族中排行第三十五,其时他在河西节度使哥舒翰手下任掌书记,故称高三十五书记;娄二十四秀才即娄图南)。

邓子勉撰有《宋人行第考录》,2001年由中华书局出版。

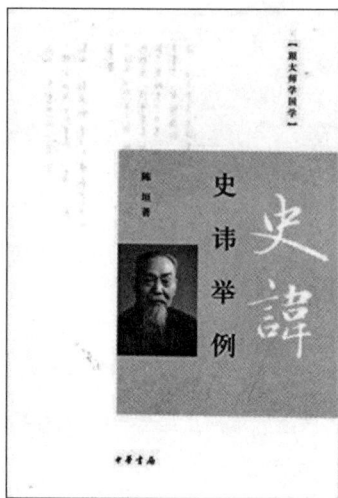

20.《史讳举例》 陈垣辑。

中华书局 2004 年版。

避讳是中国古代特有的现象。作者在序中云:"民国以前,凡文字上不得直书当代君主或所尊之名,必须用其他方法以避之,是之谓避讳,避讳为中国特有之风俗。其俗起于周,成于秦,盛于唐宋,其历史垂二千年。其流弊足以淆乱古文书,然反而利用之,则可以解释古文书之疑滞,辨别古文书之真伪及时代,识者便焉。盖讳字各朝不同,不啻为时代之标志,前乎此或后乎此,均不能有是,是与欧洲古代之纹章相类,偶有同者,亦可以注识之。研究避讳而能应用之于校勘学及考古学者,谓之避讳学。避讳学亦史学中一辅助科学也。"全书共分为八卷,其中第一卷为"避讳所用之方法";第二卷为"避讳之种类";第三卷为"避讳改史实";第四卷为"因避讳而生之讹异";第五卷为"避讳学应注意之事项";第六卷为"不讲避讳学之贻误";第七卷为"避讳之利用";第八卷为"历朝讳例"。共收讳例八十二种。例如:南宋高宗名构,赵姓。赵构因避讳改了哪些字呢?本书第八卷"南宋高宗"条下即有说明:"南宋(朝代名),七(世次),高宗(帝号),徽宗子(所出),构(名),媾改为遘。勾当改干当,管勾改管干(讳例)。"由此可知宋高宗后,凡遇到"构"、"媾"、"勾",均避讳,并改"媾"为"媾",改"勾当"为"干当",改"管勾"为"管干"。

第二讲　语言类工具书

本讲主要介绍语言类工具书。语言与文字,本为一个硬币的两面,不可截然分开,语言是文字的口头表述,文字则是语言的书面记载,因此语言类与文字类工具书,有相当数量是重合的,我们分类介绍时只是侧重其某一方面而已。

1.《尔雅》 纂者不详。

商务印书馆 1936 年版。

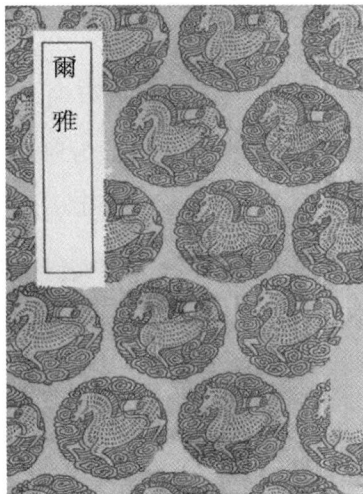

本书是我国最早解释词义的训诂学著作,现在一般认为成书于战国时期,由众多学者不断增补而成。关于"尔雅"之名,刘熙《释名》云:"尔,昵也;昵,近也。雅,义也;义,正也。五方之言不同,皆以近正为主也。"可知《尔雅》之义,乃解释词义近于雅正,合于规范。

本书按语义分类,以释义为主,类似于后代的百科辞典。本书共收语词 4300 余个,2200 余条,分列在十九篇中,大致可分三个部分:第一部分是解释普通语词,包括《释诂》、《释言》、《释训》三篇。《释诂》主要解释古代的语词,《释言》主要解释当时的常用词,《释训》解释描写情貌、状态的词,多为叠音词和联绵词。第二部分是解释关于社会生活的语词,包括《释亲》、《释宫》、《释器》、《释乐》四篇。这一部分又可分为两方面:一是《释亲》,解释亲属称谓,涉及人际关系。它又细分为宗族、母党、妻党、婚姻四类。二是《释宫》、《释器》、《释乐》三篇,涉及人类制作的器物。《释宫》解释宫室和道路的名称,《释器》解释各种器物的名称,《释乐》解释音乐的名称。其余十二篇是第三部分,专门解释关于自然事物的语词,它又可分为两方面:一是涉及天地山川。《释天》解释有关天文的名称,《释地》解释有关地理的名称,《释丘》解释自然形成的高地,《释山》解释有关山岳的名称,《释水》解释水流。二是涉及植物和动物。《释草》解释草本植物,《释木》解释木本植物,《释虫》解释昆虫,《释鱼》解释鱼类,以及包括爬行动物在内的其他水生动物,《释鸟》主要解释鸟类,《释兽》解释兽类,《释畜》解释家畜。

　　本书主要采用义训的方法来解释词义,不同于重在形训的《说文解字》和重在声训的《释名》。所谓义训,就是用当代语解释古语,用通行语解释方言,用常见的词语解释生僻的词语。这主要有三种方式:第一种,将意义相同或相近的词集中在一起,再用一个通用的词加以解释。如《释诂》第一条:"初、哉、首、基、肇、祖、元、胎、俶、落、权舆,始也。"第二种,将意义相关的词汇集起来,分别加以解释,以示区别。如《释器》:"木豆谓之豆,竹豆谓之笾,瓦豆谓之登。"第三种,对不同意义的词单个解释,如《释兽》:"罴如熊,黄白文。"《释畜》:"駮,如马,倨牙,食虎豹。"除以上三种,《尔雅》还有其他几种释义方式。一是互训,即两个意义相同的词互相训释。如《释宫》:"宫谓之室,室谓之宫。"二是递训,即几个意义相同的词展转训释。如《释草》:"唐蒙,女萝;女萝,菟丝。"三是反训,即用同其本义相反的词义训释。如《释诂》:"徂,在,存也。""徂"本有"往"义,又有"存"义,此处训解与其"往"的本义正相反的"存"义。除义训外,有时也采用声训。有同音为训的,如《释诂》:"叙,绪也。"有双声为训的,如《释诂》:"逆,迎也。"有叠韵为训的,如《释诂》:"登,成也。"

　　本书的价值主要表现为以下四个方面。第一,编排体例为后世辞书的编写提供了楷模。汉代出现的《方言》和《释名》这两部训诂著作,在编排体例上就明显模仿了《尔雅》。后代参照《尔雅》按语类分类编排的,并以"雅"命名的辞书,有《小尔雅》、《广雅》、《埤雅》、《尔雅翼》、《骈雅》、《通雅》、《拾雅》、《别雅》、《叠雅》、《比雅》等多种,人们把这类书统称为"雅书"。第二,释义方式和训诂用语为后世训诂学著作所继承,后代的辞书编纂和文献注释大多采取《尔雅》的释义方式和训诂用语。第三,词义训释是阅读古代文献和研究古汉语词汇的重要资料,本书保留了大量先秦词语和古训,这对于理解先秦儒家典籍和其他文献有重要作用。第四,内容广泛,包罗万象,有助于我们认识古代社会。如书中对有关建筑器物、天文地理、动物植物以及亲属称谓的词语都作了系统的整理,体现了古人对人类社会和自然事物的认识,对于我们了解古代的社会状况和自然状况,都是很有用的。

　　本书注疏本甚多,其中以晋郭璞《尔雅注》(中华书局 1985 年版),晋郭璞注、宋邢昺疏《尔雅注疏》(上海古籍出版社 1990 年版),清郝懿行《尔雅义疏》(上海古籍出版社 1983 年版),清邵晋涵《尔雅正义》(上海古籍出版社 1996 年版),清王闿运《尔雅集解》(岳麓书社 2010 年版)

与周祖谟《尔雅校笺》(云南人民出版社 2004 年版)较为精审。

- - -

2.《广雅疏证》〔三国魏〕张揖撰,〔清〕王念孙疏证。

凤凰出版社 2013 年版。

本书意在增广《尔雅》,故名《广雅》。今本《广雅》共十卷,收 2345 个条目,17326 个字。由于本书是为增广《尔雅》而作,故体例与《尔雅》相同,自《释诂》、《释言》、《释训》到《释兽》、《释畜》,共十九篇。《释诂》、《释言》、《释训》解释普通词语,《释亲》以下十六篇解释百科词语,各篇词条的编排顺序也与《尔雅》类似。如《尔雅·释诂》的前六条为"始也"、"君也"、"大也"、"有也"、"至也"、"经也",《广雅·释诂》的前六条也是如此。本书的释义方式也依《尔雅》,即先将许多同义词罗列在一起,然后用一个词加以训释。本书取材广泛,王念孙《广雅疏证序》称"其自《易》、《书》、《诗》、《三礼》、《三传》经师之训,《论语》、《孟子》、《鸿烈》、《法言》之注,楚辞、汉赋之解,谶纬之记,《仓颉》、《训纂》、《滂喜》、《方言》、《说文》之说,靡不兼载"。举凡先秦两汉经传、诸子、史书、诗赋及字书中所有而《尔雅》未收的字词,《广雅》大都收录在内,称得上是秦汉至魏的词语汇编和总结。本书对阅读先秦两汉的文献典籍,了解汉魏时期的词汇面貌,研究汉语词汇和训诂的发展变迁,都有重要的参考价值。

《广雅》注疏本较多,钱大昭《广雅义疏》(社会科学文献出版社 2015 年版)也较为精审。

- - -

3.《切韵》〔隋〕陆法言撰。

本书原本早已亡佚,现依据九种唐写本残卷和增订本,大致可以考见本书原貌。全书收字11500余个,以平、上、去、入四声为纲,按四声分别排列韵字。平声字多,分为上平、下平两卷,上声、去声、入声各为一卷。每一声内再按韵腹和韵尾分为若干韵,同韵的字汇集在一起。平声 54 韵(上平 26 韵,下平 28 韵),上声 51 韵,去声 56 韵,入声 32 韵,共 193 韵。每卷之中,韵相近的字排列在一起,分为几个大类,如"东、冬、钟、江"为一大类,"支、脂、之、微"为一大类。一韵之内,声母韵母相同的字(即同音字)排列在一起,后人称之为"纽"或"小韵"。纽与纽之间没有严格的顺序。今人根据唐写本《切韵》,将《切韵》叙目作了排列,平、上、去三声的排列是相应的,个别韵由于没有适当的同声母字或同韵母字选用,造成了所选取的字在声母或韵母上跟其他两声不同的情况,如"东董送"中的"送",跟"东"、"董"声母不同;"佳蟹卦"中的"蟹"跟"佳"、"卦"的韵母不同。此外,阴声韵和阳声韵以及入声韵,排列错综,顺序不很科学,其中缘由难以考知,大概是承袭以前韵书所致,如"物"应是平声"文"的入声韵,应列"栉"下等等。

《切韵》音系的性质,现今尚无完全一致的结论。有学者据《切韵·序》"因论南北是非、古今通塞、欲更捃选精切,除削疏缓"等语,参照其他资料,认为《切韵》是一个综合音系;有学者认为《切韵》是隋代长安或洛阳的方言记录,是单一音系。《切韵》的声韵系统目前也尚无统一认识。即便如此,这部书仍承前启后,开唐、宋韵书之先河,是研究汉语语音发展规律的一部极其重要的典籍。

《切韵》原书已失传。现存最完整的增订本有两个,一为唐写本王仁昫《刊谬补缺切韵》,一为北宋陈彭年等编的《大宋重修广韵》。法国巴黎国家图书馆藏有敦煌唐写本《切韵》残卷三种,是目前所存最古的、与陆法言编撰《切韵》最相近的版本。

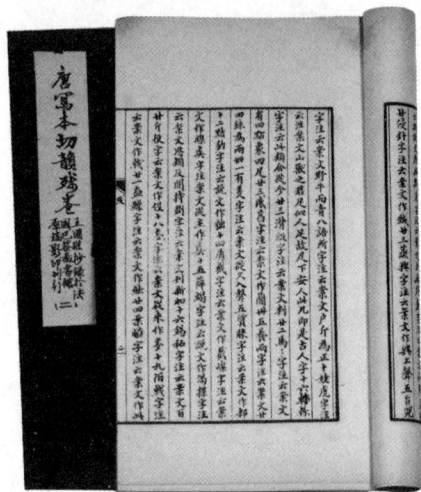

---

4. 《广韵》 〔宋〕陈彭年等撰。

商务印书馆 1936 年版,中华书局 2004、2016 年版。

《广韵》全称为《大宋重修广韵》,系北宋初年陈彭年、丘雍等人奉诏据唐代流传下来的《切韵》、《唐韵》等一系列韵书增益而成。本书收字 26200 余个,注文 191600 余字。其体例承袭《切韵》系统韵书,以平、上、去、入四声为纲,据此排列韵字。平声字多,分为上下两卷,上、去、入三声各一卷。每一声内再按韵腹和韵尾异同分为若干卷,把同韵的字汇聚到一起。平声共 57 韵(其中上平声 28 韵,下平声 29 韵),上声 55 韵(冬韵上声仅有 3 字,附入上声肿韵;臻韵上声也仅有 3 字,附入上声隐韵),去声 60 韵,入声 34 韵(痕韵入声仅有 5 字,附入魂韵的入声没韵),总计 206 韵。每卷中,相近的韵排列在一起,分为九个大类,如"东、冬、钟、江"排在一起为一大类,"支、脂、之、微"排在一起为一大类等等。在每一韵中,依声母同异再分成若干小韵,把声母和韵母相同的同音字排在一起。小韵注音释义的具体方法是:先征引《说文解字》的释义,再引用其他典籍,如此字《说文》没有,则征引他书或自加注释;如此字的今义与《说文解字》释义不同,则先列今义,后引《说文解字》。释义后注明反切,反切为这一小韵共有;小韵中其他字如无趴音,就不再注音,只是释义。全书共有小韵 3895 个,小韵与小韵之间标"〇"号,以示区别。小韵的排列顺序没有标准。韵目下有"独用"、"同用"字样。所谓"独用"即指该韵只能单独使用;所谓"同用",是指几个韵部的字可以合为一类,可以共同使用。这种规定,有些反映了当时实际语音的情况,是后来韵部合并的先声。

《广韵》反切共计 3700 余条,大都是沿袭魏晋六朝的反切,反映了汉字文白异读和特殊变读的情况,对考证古今语音的演变,探求词义的古今分化有着重要的价值。《广韵》在汉语语音史研究中占据极其重要的地位,可以通过它研究上古、中古以及近古的语音系统,它是研究现代汉语诸方言语音的重要凭借,同时也是考察汉语词汇和文字的重要参考资料。

《广韵》校注本较多,中华书局 2007 年版黄侃《广韵校录》较为精审。

5.《集韵》〔宋〕丁度等撰。

中国书店 1983 年版,上海辞书出版社 2012 年版,中华书局 2015 年版。

本书为整理修订《广韵》而作,体例和内容大致承袭《广韵》,卷首有《韵例》予以说明。与

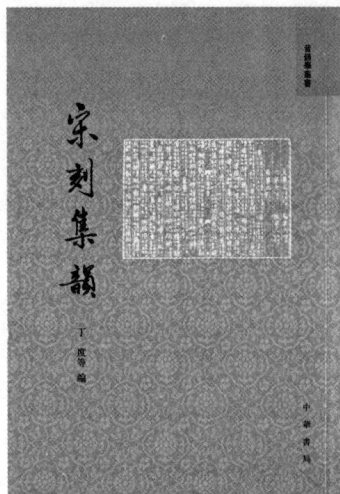

《广韵》相比较,本书有如下特点:第一,字数增多。全书共收53525字,较《广韵》多出一倍,但有失于精选之弊,错字、讹音较多。第二,改变了《广韵》的卷次,分平声四卷,上、去、入三声各两卷,原因是收字太多不容易检阅和庋藏。第三,依旧分206韵,但调整了《广韵》一些韵部的顺序,如《广韵》下平声24至29韵都是"盐添咸衔严凡",《集韵》改为"盐沾严咸衔凡"。另外在韵部的同用方面也作了调整,如《广韵》"盐"和"添"同用,"咸"和"衔"同用,"严"和"凡"通用,《集韵》则是"盐"、"沾"、"严"通用,"咸"、"衔"、"凡"通用。第四,《广韵》小韵头一字下是先释义后注音,《集韵》则是先注音后释义,释义也较《广韵》简洁,并补充订正了《广韵》的一些释义,增加了古文、籀文和异体字。第五,在反切使用方面,《集韵》打破了《广韵》的"类隔反切",使反切更接近当时的实际语音。《集韵》的最大缺陷是删除了《广韵》中异音异义的注释,使人对"音义俱别"和"义同音异"的字无法辨识,《四库总目提要》批评说:"至谓兼载他切,徒酿细文,因并删其字下之互注,则音义俱别与义同音异之字,难以遽明,殊为省所不当省。"在汉语语音史研究中,《集韵》可以参补《广韵》之不足,是一部有价值的参考书,同时也是研究汉语文字、词汇的重要资料。

此外,清人方成珪在道光年间编撰了《集韵考正》十卷,其后陈准又据方氏手稿和刻本相校,著有《集韵考正校记》,可参阅。

6.《中原音韵校本》 〔元〕周德清撰,张玉来、耿军校。

中华书局 2013 年版。

本书体例与以往韵书大不相同。前一卷为韵书,列有韵字;后一卷为附论,列有"正语作词起例"以及作词诸法。全书不标反切,也无释义。本书将"平水韵"压缩为十九部,即:一东钟、二江阳、三支思、四齐微、五鱼模、六皆来、七真文、八寒山、九桓欢、十先天、十一萧豪、十二歌戈、十三家麻、十四车遮、十五庚青、十六尤侯、十七侵寻、十八监咸、十九廉纤。每部之

内按平(含阴平、阳平)、上、去三声分别归纳同音字。同音字聚为一个字群,字群之间用"○"号隔开。如东钟平声阴:

　　东冬○钟锺中忠衷终○通蓪○松嵩……

关于本书的声母系统,历来说法不一。罗常培认为有二十声类,赵荫棠认为有二十五声类,陆志韦认为有二十四声类,杨耐思、宁继福定为二十一声类。其间的分歧在于"知章庄"三组字是否拟为两套声母,见组是否分两套声母,疑母是否要独立。本书韵母系统的突出特点是只存有阴声韵和阳声韵部;没有入声韵部;新出现了支思和车遮两个韵部;桓欢部和寒山部分立;阳声韵仍然存有[-m]、[-n]、[-g]三类韵尾的分立。

　　本书声调系统的主要特点是平分阴阳、浊上变去、入派三声。平分阴阳所呈现的基本规律是清平变阴平,浊平变阳平;浊上变去是指中古语音的浊塞音、浊塞擦音、浊擦音中的上声字,在《中原音韵》里都变为去声字;入派三声的基本规律是中古全清、次清入声派作上声,全浊入声派作阳平,次浊入声派作去声。关于《中原音韵》入声性质,目前尚无定论。有学者认为《中原音韵》没有入声,派入三声的原入声字,已经分别属于所派入的平、上、去声,即派入平声的就是平声字,派入上声的就是上声字,派入去声的就是去声字;有学者认为当时实际语音中仍有入声字,《中原音韵》的入派三声,只不过是为词曲用韵而设。

　　本书是一部具有划时代意义的韵书。它打破了以往传统韵书的体制,根据实际语音,简化了韵部,改变了四声分类法,所反映的音系基本符合 14 世纪北方语音的情况,是研究近代北方语音的重要资料。同时,它也是当时文人创作北曲的准绳性著作。

7.《洪武正韵》〔明〕乐韶凤、宋濂等著。

中华书局 2016 年版。

全书分韵为 76 部,平、上、去三声各 22 韵,入声 10 韵。全书以四声分列,平、上、去三声

一脉相承，入声配入相应的阳声韵。不计声调，全书共有 22 韵。每韵之下，列有小韵，小韵排列没有规则。每一小韵均标明反切。本书未标明声类，如据本书反切系联，可得声母 31 类，即古类(见母)、苦类(溪母)、渠类(群母)、五类(疑母)、呼类(晓母)、胡类(匣母)、焉类(影母)、卢类(来母)、博类(帮母)、普类(滂母)、苏类(心母)、徐类(邪母)、都类(端母)、佗类(透母)、徒类(定母)、奴类(泥娘二母)、陟类(知照二母)、丑类(彻穿二母)、真类(澄床二母)、所类(审母)、时类(禅母，又床母一部分)、而类(日母)、子类(精母)、七类(清母)、昨类(从母，又床母四字、澄母一字)、蒲类(并母)、莫类(明母)、方类(非敷二母)、符类(奉母)、武类(微母)、以类(喻母，又疑母一部分)。

本书的编撰原则是"以中原雅声正之"，所谓"中原雅声"指当时的北方官话，即读书音。本书在一定程度上反映了当时北方官话的实际情况。不过，本书在编排时也杂糅了南方方音(如有入声韵)，与"中原雅声"不尽相同。明代作家创作南曲时，多依据此书，因此本书被称为"南曲协律的规范"，是曲韵南派的创始著作。

—————————●—————————

8.《中州音韵》 〔明〕王文壁撰。

全书在《中原音韵》的基础上编撰而成，共收字 8100 余个。分为十九韵：一东钟、二江阳、三支思、四齐微、五鱼模、六皆来、七真文、八寒山、九桓歌、十先天、十一萧豪、十二歌戈、十三家麻、十四车遮、十五庚青、十六尤侯、十七寻侵、十八盐咸、十九廉纤。本书韵目与《中原音韵》相同，每韵之内按平、上、去三声分列，中古入声字派入三声，在阴声韵后配有"入作平声"、"入作上声"、"入作去声"。每声之内再分小韵，全书共计小韵 1796 个，小韵之间用"〇"隔开。小韵首字下加注反切或叶音，反切是作者自制。每字之下均有简略释义。与《中原音韵》相比，两书小韵大体相同，不同点是：一、增补小韵。本书所增收的大都是《中原音韵》未收的字，如"睡"、"迦"等，以及异读字，如"稜"字《中原音韵》收入平声阳，本书则平去两声兼收。二、合并小韵。《中原音韵》的两个小韵，在《中州音韵》中合而为一。三、离析小韵，即对

《中原音韵》的一些小韵加以离析,如"郭廓"《中原音韵》为一小韵,本书一分为二,"郭"音沽卯切,"廓"音枯卯切,声母不同。此外两书在归字上也有不同。本书音系上的特色是反切上字分为清音和浊音两套,小韵也基本保持清与浊的对立。有人认为是与声母相关,有人认为是声调问题。

关于本书音系,学界尚存不同认识。有学者认为此书声母为二十九个,即"帮、滂、并、明、非、奉、微、端、透、定、泥、来、精、清、从、心、邪、照、穿、床、审、禅、日、见、溪、群、晓、匣、影"。本书韵母系统与《中原音韵》基本一致;有学者认为,《中原音韵》有四十六个韵母,本书只有四十四个,萧豪中的[iau]与[ieu]合流,歌戈没有[io],其余与《中原音韵》相同。由于对本书的音系性质尚存不同认识,所以本书制作的语音基础是什么还未有定论。有人认为此书是根据近代北音所作的音切,这种音切,可以帮助我们了解元代的语音系统;有人则持相反意见,认为此书所反映的并非元代的北方音系,它是为了适应南曲的需要而编撰的一部南曲韵书,是曲韵南化的产物。

《中州音韵》版本难得一见,有民国年间北京大学石印本。

●

9.《音学五书》〔明〕顾炎武撰。

商务印书馆 1937 年版,中华书局 1982 年版,上海古籍出版社 2012 年版。

本书是研究上古音的著作。全书分五个部分:(1)《音论》上中下三卷,十五篇,是全书的总纲,论述了作者对上古音和古音学上的重大问题。(2)《诗本音》十卷,详尽考查了《诗经》用韵的情况,作者认为这是全书中最重要的部分。(3)《易音》三卷,对《易经》押韵的古音情况进行了考

查。(4)《唐韵正》二十卷,改正了《唐韵》的错误。(5)《古音表》上下卷,这是作者对上古音研究的总结。作者在中古音系的基础上,以《诗经》用韵为主,以《易》用韵作为参考,再参照《说文》形声系统,将上古音韵部分为十部。

顾氏根据古代语音的情况,对中古音系进行了离析。以中古音系为基础,又不囿于中古音系,这种做法开后代研究古韵之先河。此外,顾氏不受中古韵书的限制,以入声配阴声韵。在上古音声调方面,顾氏在《音论》中提出"古人四声一贯"的观点,认为古有四声之分,但押韵时可以不拘于此。

《音学五书》是古韵学的奠基之作,从理论和实践两方面彻底否定了叶韵说,开辟了音韵学研究的新领域。

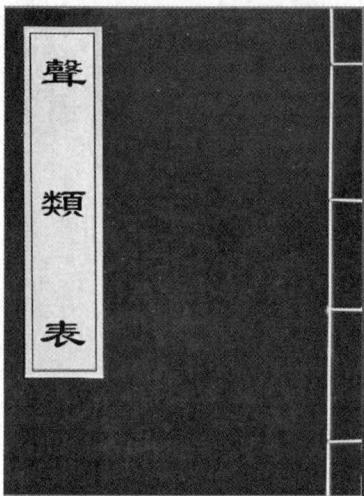

10.《声类表》〔清〕戴震著。

1936 年《安徽丛书》本,四川人民出版社 1957 年版,黄山书社 1994 年版。

本书是研究上古音的著作。作者利用中古韵图的材料,对上古韵类进行分析。全书共九卷,分上古韵部为九类,每类为一卷。第一类:歌鱼铎;第二类:蒸之职;第三类:东尤屋;第四类:阳萧药;第五类:庚支陌;第六类:真脂质;第七类:元寒桓删山仙祭泰夬废月曷末黠鎋薛;第八类:侵缉;第九类:覃合。每图前面标明了此图的开合口、内外转、轻重声,如标注"开口内转重声"、"合口外转轻声"等。表中横行标注中古韵书的韵目,声调随韵部而定。韵部一般占两行,一行列清音声母字,一行列浊音声母字。横行分为五格,每格分列不同声母,如第一格列见组,第二格列端组,第三格列照组或知组,第四格列精组,第五格列帮组或非组。整部韵图的排列顺序是由开口韵到合口韵,先内转后外转,先重声后轻声。此书归字基本按上古韵部分部格局而定,上古属同一韵部的字排列在一起,如果一韵部中的字在中古属不同的韵,就标注"古音"字样,表示这些中古某韵的字在上古属于某部。表中某些字的归类没有严格地按古韵部排列。

戴氏将每一韵部分为阴声、阳声、入声三类,计二十五部。入声韵与阴声韵、阳声韵相配,阴声韵和阳声韵可以对转,入声韵是韵类通转的枢纽。戴氏偏重于以审音分析韵类,故对有些韵类的处理、字的归属尚欠科学。

11.《六书音韵表》〔清〕段玉裁撰。

成都古籍书店 1981 年版,中华书局 1983 年版。

本书是研究上古音的著作,五卷,包括:《今韵古分十七部表》,是全书的总纲;《古十七部谐声表》,分列十七部字的谐声偏旁;《古十七部合用类分表》,辨别所分古韵各部的远近关系;《诗经韵分十七部表》,是《诗经》韵谱;《群经韵分十七部表》,是《群经》、《国语》、《楚辞》韵谱。段氏将六书文字按音分部,所以书名为《六书音韵表》。

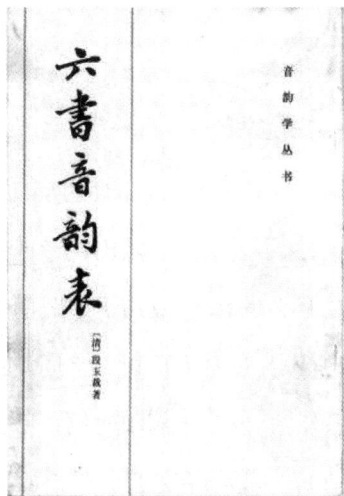

本书提出了许多有关音韵、文字方面的理论,除利用《诗经》及其他韵文押韵的材料外,还充分利用了汉字谐声系统,并提出"古本音"、"古合韵"之说。所谓"古本音",是指某字字音古就如此,不同于中古《广韵》;所谓"古合韵",是指古音不同部,而由于音近而相互通押。段氏将古韵分部与顾、江分部相比,把顾、江支部分为第一部(之)、第十五部(脂)和第十六部(支),这是段玉裁对古韵学研究的一大贡献。此外把江永的第四部(真)分为第十二部(真)和第十三部(文),把江永的第十一部(侯)分为第三部(尤)和第四部(侯)。在入声划分上,从江永第二部(质),分"质"、"栉"、"屑"作为一部,又把其余的"术"、"物"、"迄"、"没"并入江永第三部(月),依旧为八部。

段氏在韵部的排列上,打破了《广韵》的次第,而依据古韵相近的关系安排顺序,钱大昕评价此举为"凿破混沌"。在上古声调上,段氏提出"有平上入而无去"之说,"古平上为一类,去入为一类,上与平一也,去与入一也。上声备于三百篇,去声备于魏晋"。此外,段氏提出的古假借必同部说,也很有见地。

12.《切韵考》〔清〕陈澧撰。

中国书店 1984 年版，上海古籍出版社 1996 年版，广东高等教育出版社 2004 年版。

全书共九卷，分内外篇。《内篇》六卷，第一卷序例，第二卷考证《切韵》声类，第三卷考证《切韵》韵类，四、五两卷把考证出的韵类列出表格，第六卷探讨音韵学的一些理论问题。《外篇》三卷，第一、二卷是韵表，第三卷探讨理论问题。

陈氏认为《切韵》一书虽已亡佚，但是其音系骨架仍存在于《广韵》之中，《广韵》的反切就是由《切韵》而来，因此可以从考证《广韵》入手，探求出《切韵》的语音系统。陈氏在考证中确立了一条原则：反切上字主声，下字主韵，反切上字跟所切之字必是双声，反切下字跟所切之字必是叠韵；凡是两个反切上字同类的，其反切下字必不同类；凡是两个反切下字同类的，反切上字必不同类。按此原则，他确立了考证反切系统的系联法，内含正例和变例。所谓正例，是指凡是反切用字同用、互用、递用的，必属同类。所谓变例，是指有的反切上字系联不起来，但可通过又音系联；有的反切下字系联不起来，可根据四声相承来定分合。这样，陈氏考证出《切韵》有四十声类，三百一十一韵类。

陈氏四十声类没有标立专名指称，与传统三十六字母比较，其分合情况是：将照组分为为照二和照三，将喻母分为喻三、喻四，又将明微二母合并，共计四十类。其韵类三百一十一类，是将《广韵》二百零六韵分析而成。《广韵》东微等六十三韵被陈氏分为两类；脂真等十二韵被分三类；支庚等六韵被分为四类。其分开标准，有的依据开合不同，有的依据等列不同。

陈氏此书是清代今音学的代表作，是第一部利用反切研究韵书语音系统的专著，其反切系联法深受后人赞赏，影响很大。今人周祖谟著有《陈澧切韵考辨说》一文，可参阅。

●

13.《音韵学论著指要与总目》 李无未主编。

作家出版社 2007 年版。

本书分上下两卷。上卷为汉语音韵学研究著作指要，包括两部分内容：第一部分是汉语音韵学研究著作指要,第二部分是音韵古籍文献指要。其中第一部分共介绍了 294 部现代音韵学著作,以时间为序编排,从《地方戏曲音韵研究》(2006 年)到《文字学音篇》(1918 年)依次排列,时间由近及远,基本上囊括了近百年来各个时期音韵学家的代表作和论文集,如《中国音韵学研究》(高本汉)、《汉语音韵学导论》(罗常培)、《音韵文献与音韵学史》(李无未)等。第二部分共介绍了 28 部古代音韵学经典著作,如《广韵》、《集韵》、《韵镜》等,收录的基本上是古代重要的音韵文献。下卷为汉语音韵学论著目录,包括总论、上古音研究、中古音研究、近代音研究、现代音研究、等韵研究、方言研究七方面内容。总论收录了汉语音韵学中具有综合性质的音韵论著,上古音研究分为通论、声母研究、韵母研究、声调研究、对音译音研究五小类;中古音研究分为通论、声母研究、韵母研究、声调研究、对音译音研究五小类;现代语音研究分为通论、普通话声母、普通话韵母、普通话声调四小类;等韵研究分为等韵理论与韵图两小类;方言研究分为通论、汉语古代各区域方言研究、汉语现代各区域方言研究三小类。本书共收录汉语音韵学论著目录 11928 条,涵盖了中国(包括香港和台湾)以及日本、韩国、欧美部分国家和地区的音韵学论著。

14.《释名》 〔汉〕刘熙撰。

商务印书馆 1939 年版,中华书局 1985 年版,上海古籍出版社 1989 年版。

本书是我国最早全面运用声训解释词义、探究事物名称的训诂专著。作者在序中称:"夫名之与实,各有义类,百姓日称而不知其所以之意。故撰天地、阴阳、四时、邦国、都鄙、车服、丧纪,下及民庶应用之器,论叙指归,谓之释名。"因明代郎奎金将《释名》与《尔雅》、《小尔雅》、《广雅》、《埤雅》合刻

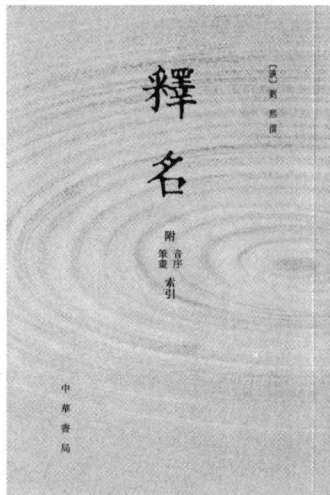

为《五雅全书》，而本书并无"雅"名，故又别称《逸雅》。全书共八卷二十七篇，分别是：卷一：释天、释地、释山、释水、释丘、释道；卷二：释州国、释形体；卷三：释姿容、释长幼、释亲属；卷四：释言语、释饮食、释采帛、释首饰；卷五：释衣服、释宫室；卷六：释床帐、释书契、释典艺；卷七：释用器、释乐器、释兵、释车、释船；卷八：释疾病、释丧制。体例与《尔雅》类似，又有所变动。两书完全相同的类目有：释天、释山、释丘、释宫室、释乐器；以《尔雅》为基础扩充的有：释亲扩充为释长幼、释亲属，释器扩充为释采帛、释首饰、释床帐、释书契、释用器、释兵、释车，释水扩充为释水、释船，释地扩充为释州国、释遭，比《尔雅》多出的类目有：释形体、释姿容、释言语、释饮食、释典艺、释疾病、释丧制；比《尔雅》减少的类目有：释诂、释言、释训、释草、释木、释鸟、释虫、释鱼、释兽、释畜。

本书的释义方法是：采用音同或音近的词解释词义，即声训法。以同音为训，如《释天》："雨，羽也；如鸟羽动则散也。"《释水》："川，穿也；穿地而流也。"以双声为训，如《释言语》："公，广也；可广施也。"《释饮食》："含，合也；合口停之也，衔亦然也。"以叠韵为训，如《释天》："日，实也；光明盛实也。""月，阙也；满则阙也。"由于将所有的词语都用声训加以解释，因此不可避免地带有主观随意性，牵强附会之处在所难免。例如：《释言语》："良，量也；量力而动，不敢越限也。"《释用器》"斧，甫也；甫，始也。凡将制器，始用斧伐木已，乃制之也。"《释兵》："盾，遁也；跪其后避以隐遁也。"《释丧制》："尸，舒也；骨节解舒，不复能自胜敛也。"这些解释，实在有点令人莫名其妙。

本书在学术研究上具有重要价值，主要表现在以下几个方面：第一，书中的大量声训材料为研究汉代的语音和方言提供了帮助。第二，本书收集的汉代词语，有许多是《尔雅》《说文解字》所未收的字词，有助于我们了解汉代词汇的全貌。第三，本书提供了研究汉代社会文化生活的丰富资料。第四，本书对声训方法的全面运用，给后世学者采用因声求义的训诂方法带来了重要的影响。

●

15.《释名疏证》〔清〕毕沅撰。

商务印书馆 1936 年版，中华书局 1985 年版，上海古籍出版社 1996 年版。

本书是注释和校辑《释名》的著作。全书共八卷，包括两个方面的内容：一是阐释词义。

例如:《释天》:"木,冒也;华叶自覆冒也。"疏证:"案:冒有两义,上覆下为冒,下触上亦为冒,此当为下触上之义。"《释言语》:"望,惘也;视远惘惘也。"疏证:"案:《释姿容》篇有云:'望,茫也;远视茫茫也。'义与此同,亦以守望为义,与候对文。"二是纠正缺失。例如,《释天》:"天,……青、徐以舌头言之。天,坦也。"疏证:"坦,今本为作垣。《玉篇》、《尔雅释文》、《庄子释文》、《初学记》、《太平御览》、《尔雅疏》皆引作坦,据改。"再如《释天》:"岁,越也;越,故限也。年,进也;进而前也。唐虞曰载,载万物也。殷曰祀,祀,已也,新气升,故气已也。"疏证:"今本'年,进也;进而前也'七字列于'岁,越也'之前,别为一条。据《太平御览》引并入于'岁'下。《尔雅》曰:'夏曰岁,商曰祀,周曰年,唐虞曰载。'兹不言夏周,文不备。"

　　《释名疏证》之后,作者又附以《续释名》和《释名补遗》二卷。《续释名》是从《太平御览·时序部》辑出的《释律吕》、《释五声》部分材料;《释名补遗》是从各古书中辑出的今本《释名》所没有的材料。

---

16. 《释名疏证补》〔清〕王先谦撰。

商务印书馆 1937 年版,上海古籍出版社 1984 年版,中华书局 2008 年版。

　　本书是注释和校订刘熙《释名》的集解性著作。作者以毕沅《释名疏证》为主,参考成蓉镜《释名补证》、吴翊寅《〈释名疏证〉校议》、孙诒让《札迻》以及其他各家校注,合为一编。书成后,又得胡玉缙、许克勤两家所校,删去重复,别为《疏证补附》一卷录于其后。全书共八卷,一方面汇集了各家之语,一方面又多出己见,广引群籍,诠解词义。例如:《释言语》:"密,蜜也;如蜜所涂,无不满也。"王氏曰:"密字,经典有数义,此则密比之谓也,故云如蜜涂皆满。"又:"间,

简也;事功简省也。"王氏曰:"《汉书·公孙宏传》'今事少间'注:'间谓有空隙也。'《邹阳传》'乘间而清'注:'间谓空隙无事之时。'《曲礼》'少间'疏:'间谓清闲也。'皆与事功简省之义相应。"不仅如此,王先谦还注意从音理上推求《释名》对事物命名的解释。例如:《释言语》:"翱,敖也;言敖游也。"王氏曰:"《淮南·览冥训》高注:'翼一上一下曰翱。'此翱、敖叠韵为训。"又:"始,息也;言滋息也。"王氏曰:"《汉书·宣纪》注:'息谓生长也。'《律历志》:'阳气伏于地下,始著为一,万物萌动。'有生长之义,故以息训始。段氏《音韵表》'始'、'息'同在弟一部。"

●

17.《经典释文》 〔唐〕陆德明撰。

商务印书馆 1936 年版,中华书局 1983 年版,上海古籍出版社 2012 年版。

本书是以经典注音为主,兼及释义和校勘的词典。全书三十卷。卷一为《序录》,包括"自序"、"条例"、"次第"、"注解传述人"四部分,分别说明著书缘起、编著体例、排列各经典顺序的理由以及介绍经学各家传授的源流和有关的各家注释。卷二以下分别是《周易音义》一卷,《尚书音义》二卷,《毛诗音义》三卷,《周礼音义》二卷,《仪礼音义》一卷,《札记音义》四卷,《春秋左氏音义》六卷,《春秋公羊音义》一卷,《春秋谷梁音义》一卷,《孝经音义》一卷,《论语音义》一卷,《老子音义》一卷,《庄子音义》三卷,《尔雅音义》二卷。主要内容包括三个方面。第一,注音。作者博采汉魏六朝以来诸家音切凡二百三十余家,除对经典中一般字词注音外,更侧重对冷僻字、异体字、多音字、古今字、通假字、形近字注音,因而本书有较高的实用价值。比如卷廿四《论语音义》:"孙,音逊。"强调"孙"是"逊"的借字,要按照"逊"的意义去理解原文。第二,释义。释义部分多采前人经注及字书成说,有时也提出自己的理解。比如卷二《周易音义》"君子幾"条:"徐音祈,辞也。注同。又音机,近也,速也。郑作机,云,弩牙也。"意在肯定首先列出的音义。第三,校勘。经典用字本有异同,特别是经秦火后,"口相传授,一经之学,数家竟爽,章句既异,踌驳非一"。(《序录·条例》)故本书的另一主要内容就是为群经正字。

比如卷二《周易音义》"有灾"条:"本又作炎,郑作栽。案:《说文》栽,正字也;灾,或字也;炎,籀文也。"指出版本异文是异体字关系,系属"二理兼通,今并出之"之列。

本书以《周易》等十四部文献中的单字立目,已具有专书辞典的性质。其主要价值在于保存了大量唐以前有关典籍的音读、注释以及版本异文,其中包括大量今天已经亡佚的材料,为研究音韵、训诂和文献校勘提供了极有参考价值的资料。

18.《一切经音义》〔唐〕释慧琳撰。

商务印书馆 1936 年版,台湾大通书局 1985 年版,上海古籍出版社 2008 年版。

本书是释读佛经词语读音字义的辞典。100 卷。本书以大藏经为序,始于《大般若经》,终于《护命放生法》,凡佛藏 1300 部,5700 余卷。依选擢词语,先注反切,再释词义。释文均引《说文》以来历代小学专著及历代经学典籍。因其选释的除梵文音译或义译的佛教专门词语外,也有取一般文字音义和较冷僻的字词,故兼有佛学词典和汉语词典之作用。书前列有征引书目共 251 部及唐开成五年顾齐之序、唐太常寺奉礼郎景审序。

全书注释体例约分为三种:第一种是注释词语下一字或上一字的音义,先标反切音,后释义;第二种是兼注两字的音义,或对解说中的字亦标其声;第三种,对字词写法有异的,先辨形体,然后再注其音义。例如:(1)卷五九《只音分律》第四十三卷:"劅,音皮。《广雅》劅,剥也。"(2)卷六二《音根本说一切有部毗奈耶杂事律》第二十九卷:"伶俜,上历丁反,下劈冥反。《考声》云单弱貌也。又行无力也。《说文》二字并从人,令甹皆声也。甹音同上。"(3)卷六四《沙弥尼离戒》:"筝笛,古文遂同,徒的反。《说文》七孔龠也。羌笛三孔。《戒》文作蓧,非也。"这部书虽名列藏经,但确有古代字书的功用。

本书词条编排悉依佛藏顺序,查找极不方便。近人陈作霖作《一切经音义通检》(1923 年金陵丛书外编本),依笔画排列诸字,指明该字所在的卷数页码,弥补其缺。

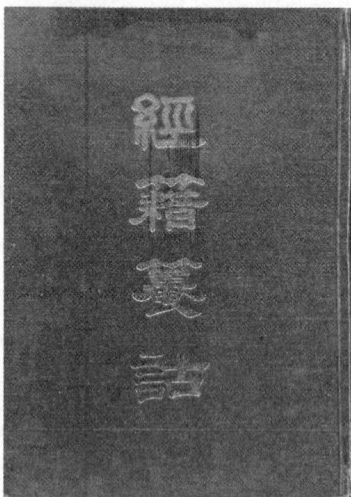

19. 《经籍籑诂》〔清〕阮元主编。

中华书局 1982 年版，上海古籍出版社 1989 年版。

本书是汇集古代训诂资料的大型词典，共一百零六卷。收字按《佩文韵府》，依平上去入四声，每一韵为一卷。《佩文韵府》所无之字，据《广韵》补录，《广韵》不载的，依《集韵》补录。以单字立目，兼及复词（如"参差"、"崔嵬"、"忡忡"、"匈匈"等）。凡一字数体，都依《集韵》在字头下说明。一字数音者，则分见各韵下，并因意义不同，各作训释。每字下先列本义，次列引申义或假借义。每条故训下，先举义训，然后是书证、出处。故训重见者即使再多，也一一收录，不避重复，以明"字有定诂，义有同训"。例如：

> 东，动也。（《广雅释诂》一，又《汉书·律历志》上）○东者动也，《续汉书·五行志》注引（《风俗通》）○东方者动方也，物之动也。《艺文类聚·岁时部上》引（《书·大传》）○东方者动方也，万物始动生也（《白虎通·五行》）○东方者阳气始动，万物始生（同上）○东方天下皆生也（同上）○东方者阳也（《白虎通·情性》）○东方者木也（《白虎通·五行》）○东风木风也（《淮南·览冥》）故东风至而酒湛溢注○震为东（《易·既济》）东邻杀牛虞注○东者日也（《广雅·释天》）……（卷一"东"）

本书的材料来源主要有三：(1)古籍本文中的训诂。如"和，会也"、"勤，劳也"（《周书·谥法》）、"止戈为武"（《左传·宣公十二年》）等。(2)经、史、子、集各部书旧注。(3)历代训诂专书。如《尔雅》、《方言》、《释名》、《广雅》、《经典释文》、《一切经音义》等。此外，"有以诂训代正文者"，也一并录入，如《史记·五帝纪》引《尧典》"克明俊德"作"能明驯德"等。这样，唐代以前的古训，便大致收罗齐全了。迄今为止，就汇集古训而言，此书仍然是最为详备的。正如王引之在序言中所说："展一韵而众字毕备，检一字而诸训皆存，寻一训而原书可识。"因此，本书对于研究古代汉语词义训诂以及阅读古代文献，具有很高的材料价值。

此外，本书体例严谨，阮元手拟的二十四条凡例，参编人员较为严格地贯彻始终，使《经籍籑诂》具有较强的体系性。本书虽述而不作，但绝非材料的简单堆积，义训的排列顺序，反映了编者对古代汉语词义系统的整理和理解，这本身就具有很高的学术价值，为以前的字书所不及。

20.《读书杂志》〔清〕王念孙撰。

商务印书馆 1930 年版，江苏古籍出版社 2000 年版，上海古籍出版社 2015 年版。

本书是从校勘、训诂、辨正句读等角度研究古籍的著作。作者为辨一字之讹、一读之错以及前人注释之谬，广采群书，博及万卷。全书分正编和余编。正编八十二卷，王念孙生前刊版印行；余编两卷，乃王念孙去世后由其子王引之整理遗稿，补刊行世。

本书体例，以所校勘研究的古籍为纲，依字、句列条目，逐一辨证。正编包括《逸周书》、《战国策》、《史记》、《汉书》、《管子》、《晏子春秋》、《墨子》、《荀子》、《淮南子》、《汉隶》十部。余编包括《后汉书》、《老子》、《庄子》、《吕氏春秋》、《韩非子》、《法言》、《楚辞》和《文选》。

本书虽以校勘为主，但同时王氏又以其文字、音韵、训诂学知识进行了多方面的论证，对先秦两汉古书中许多疑难问题也加以阐发。本书是高邮王氏父子毕生学术研究集大成的著述之一。

21.《助字辨略》〔清〕刘淇撰。

商务印书馆 1937 年版，上海古籍出版社 1996 年版，中华书局 2004 年版。

本书是解释古籍中虚词的著作，所谓助字即虚词。全书五卷，收上起先秦，下至宋元的经传、诸子、诗词、常语里面的虚词 476 个，按照平、上、去、入四声分部（其中平分上平和下平）

编排,并逐一加以解释。书中把虚词分为三十类,分别是:重言、省文、助语、断辞、疑辞、咏叹辞、急辞、缓辞、发语辞、语已辞、设辞、别异之辞、继事之辞、或然之辞、原起之辞、终竟之辞、顿挫之辞、承上、转下、语辞、通用、专辞、仅词、叹词、几辞、极辞、总括之辞、方言、倒文、实字虚用。运用正训、反训、通训、借训、互训、转训六种方法加以说明。例如:

嘻 《广韵》云:"痛声。"徐氏云:"痛而呼之言也。"《史记·赵世家》:"简子召之曰:嘻。"○又《庄子·养生主》:"文惠君曰:嘻,善哉。技盖至此乎!"此嘻字叹美辞也。○又《汉书·翟义传》:"熙,我念孺子若涉渊水。"师古云:"熙,叹辞。"愚按:噫、懿、熙、嘻,并通。

诶 《汉书·韦孟传》:"在予小子,勤诶厥生。"《注》云:"诶,叹声,许其切。"杨升庵云:"《方言》:'楚谓然曰诶。'《说文》云:'应也。'《离骚》:'欸秋冬之绪风。'《说文》云:'欸,訾也。'二字音义并同,实一字耳,皆楚辞也。"愚按:《汉书》之诶,《离骚》之欸,并是叹声;《方言》之诶,乃答辞也,义各不同。《说文》训訾者,从乎方言而为辞,非训《汉书》、《离骚》也。又按:欸一音于开切,与唉同。(卷一"嘻"、"诶")

《助字辨略》初刻于清康熙五十年(1711),成书当在此年以前不久。王引之的《经传释词》自序于清嘉庆三年(1798),与前者相距 80 余年。两者相较,《助字辨略》收虚词 476 个,王引之《经传释词》收虚词 160 个,前者是后者的三倍。但《经传释词》比《助字辨略》解释精密,体例谨严。总体来说,二者各有所长,可为互补。

22.《经传释词》〔清〕王引之撰。

中华书局 1956 年版,岳麓书社 1984 年版,江苏古籍出版社 2000 年版,上海古籍出版社 2014 年版。

本书为诠释经传古籍中虚词的著作,共十卷。王引之在序中称:"自汉以来,说经者宗尚雅训，凡实义所在，既明著之矣，而语词之例，则略而不究，或既以实义释之，遂使其文扞格，而意亦不明。"因此作者广收周、秦、两汉古籍中的虚词，凡一百六十个，按声纽排列，以发音部位喉、牙、舌、齿、唇为序。先根据经传本文，注文及其他材料说明所释虚词的意义和用法，继引古书实例为证。然后上溯其渊源，再论其演变。"前人所未及者补之，误解者正之，其易晓者则略而不论。"本书主要是为解释经传中的虚词而作，但实际上却纠正了许多前人误将虚词作实词的用法，并阐发了某些久已湮没的虚词古义。例如：

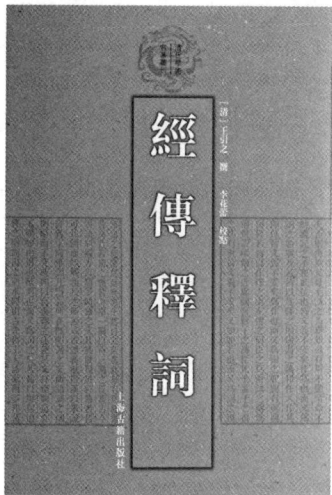

> 郑注《礼记·檀弓》曰："与，及也。"常语也。与，犹"以"也。《易·系辞传》曰："是故可与酬酢，可与佑神矣。"言可以酬酢，可以佑神也。《礼记·檀弓》曰："殷人殡于两楹之间，则与宾主夹之也。"言以宾主夹之也。《玉藻》曰："大夫有所往，必与公士为宾也。"言必以公士为摈也。义见上文。《中庸》曰："知远之近，知风之自，知微之显，可与入德矣。"言可以入德也。《论语·阳货篇》曰："鄙夫可与事君也与哉。"言不可以事君也。（卷一"与"）

《经传释词》多所匡谬，多所发明，在这方面贡献巨大。

本书所释虚词以单音节为主，但偶尔也涉及某些同义连用的复音节虚词，并随文加以说明，如卷三"庸"字条后附"庸何"、"庸安"、"庸讵"、"庸孰"四词。这是很可贵的，但这只是个别现象。因为它的根本目的在于注释经书，而不是对虚词作系统的研究。书中也没有从语法的角度对虚词的性质、作用以及分类加以说明，可以说书中还没有明确的语法观念。但是，在对具体虚词的分析中，本书也使用了一些新术语，如用来指常见虚词常用义的"常语"，指称词句中衬字或词头的"语助"，以及"发声"、"发语词"等。同时，在对虚词的综合研究中，类似今连词、语气助词、叹词和介词的用法都能分别出来；其中类似连词的又分为转折、假设、疑问等，语气助词又分为表疑、表惊、表完结等。这些研究成果都给后来《马氏文通》等讲语法的专书带来了极大的启发和影响。

在释词方法上，本书主要运用排比同文以归纳论证，据互文而推知同训，依古注而互推等训诂方法。在论证上重视实例证据，而不轻易判断。由于论证方法比较科学，因而释义多可信。所有这些都使这部书至今仍是研究文言虚词最重要的著作之一,尽管它也偶有疏漏、误解和解释不确的地方。

本书版本众多。中华书局本、岳麓书社本和江苏古籍本均附有王引之《语词误解以实义》和章炳麟《王伯申新定助词辨》二文,中华书局本和江苏古籍本并附裴学海《经传释词正误》一文,中华书局本另附清孙经世《经传释词补》《经传释词再补》,江苏古籍本另附黄侃《经传释词笺识》,岳麓书社本附增黄侃、杨树达二人批语三百七十余条。

●

23.《词诠》 杨树达著。

商务印书馆 1928 年版,中华书局 1965 年版。

本书收古书中常见的介词、连词、助词、叹词和一部分代词、内动词、副词,共 469 个,并按注音字母顺序排列。每词先注音,再注明词类,再释义,说明用法,最后列举例证。本书是一部收词比较全面的文言虚词词典。书中的用法分析很细密,如"之"字列举了 12 种用法,"于"字列举了 20 种用法,且每种用法都标明词类,略释词义。每词的例证也较多,大都引自重要古籍,一种用法往往征引了十例以上。作者吸取了刘淇、王引之、孙经世、马建忠等人的研究成果,运用现代语言学方法,阐明了古汉语虚词用法,成绩超过前人。此外,《经传释词》等书忽略常用词,而本书弥补了这个缺点,对常用虚词和虚词的通常用法皆详加说明。例如:

薄(ㄅ乙)

(一)表态副词 厚之反。◎子曰:躬自厚而薄责于人,则远怨矣。(《论语·卫灵公》)◎及解年长,更折节为俭,以德报怨,厚施而薄望。(《史记·郭解传》)

(二)语首助词 无义。《后汉书·李固传注》引《韩诗·薛君传》曰:薄,辞也。◎薄汙我私,薄澣我衣。(《诗·周南·葛覃》)◎采采芣苢,薄言采之。(又《芣苢》)◎薄言采

芑,于彼新田。(又《小雅·采芑》)〇薄伐猃狁,至于太原。(又《六月》)〇薄言震之,莫
不震叠。(又《周颂·时迈》)〇薄言追之,左右绥之。(又《有客》)(卷一"薄")

24.《古书虚字集释》 裴学海著。

商务印书馆 1934 年初版,中华书局 2004 年版。

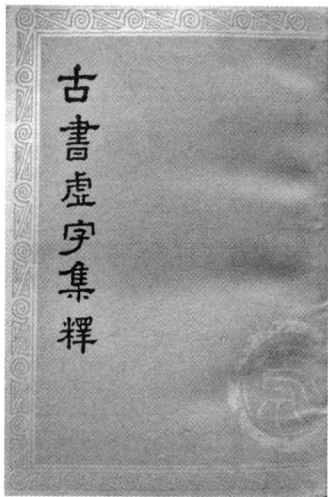

本书汇集了刘淇《助字辨略》、王念孙《读书杂志》、王引
之《经传释词》、《经义述闻》、俞樾《群经平议》、《诸子平议》、
《古书疑义举例》、杨树达《词诠》等书对虚字的解释,而以《经
传释词》为主,同时,"前修及时贤之未及者,补之;误解者,正
之;是而未尽者,申证之"(裴学海自叙)。由于此书不收不见
于周、秦、两汉古籍以及已被别人解说完备的虚字,所以全书
只收 290 个虚字,比《助字辨略》、《词诠》少。编排体系则仿《经传释词》,以 36 字母为序。每
字分条说明用法,并列举例证。例句以周秦两汉的书为主,间有采自后代书作为旁证者。

本书对虚字的解释,详列各家之说并作补充纠正,资料丰富,尤其对复音虚词有所注意,
颇有参考价值。裴学海编此书时,并未见到吴昌莹的《经词衍释》,《衍释》中有些解释是《集
释》所没有的,故读者可将此二书配合使用。书末有三项附录:"经传释词正误"、"本书说解
述要"、"类书引古书多以意改说"。裴学海在 1954 年写的《重刊的话》中,更正了书中的某些
错误,读者应注意参看。例如:

"与""及"也。【见《礼记·檀弓篇》郑注】

《晏子春秋·问篇》:"正行则民遗,曲行则道废,正行而遗民乎,与持民而遗道乎,
【十三字为一句,二"乎"字皆训"也"。说详"乎"字条。】此二者之于行,何如?"《墨子·
节葬篇》:"我有是人也,与无是人也。孰愈?"文例与此同。《经传释词》训"与"为"如",
失之。】字或作"举"。(以下文例略)

"与"犹"而"也。字或作"予"。

"与"犹"于"也。一为"为"字之义。一为"作"字之义。

"与"犹"为"也。"与"犹"谓"也。

"与"犹"如"也。一为"如似"之义。一为"何如"之"如"。一为"如或"之义。

"与"犹"以"也。"与","用"也。

"与"犹"比"也。字或作"预"。

"与"犹"去"也。"与"犹"有"也。

"与"犹"是"也。"与"犹"使"也。

"与"犹"当"也。一为"敌当"之义。一为"当值"之义。一为"任当"之义。一为"应当"之义。

"与"犹"从"也,"随"也。"与","举"也。字或作"予"。

"与"犹"何"也。"与"语助也。(卷一"与予预举")

25.《方言校笺》 〔汉〕扬雄撰,周祖谟校笺。

中华书局 1993 年版。

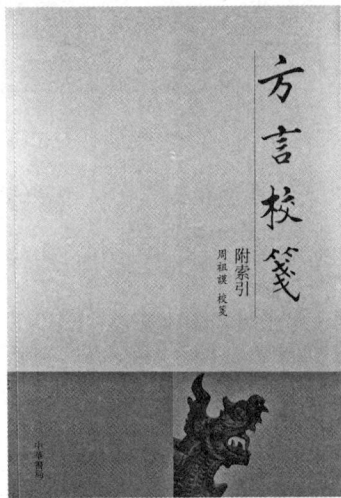

《方言》全名《輶轩使者绝代语释别国方言》,是我国最早的比较方言词汇专著。一般认为,该书是扬雄在前人的基础上,利用各方人士集中于京城的便利,亲自调查、记录整理各地方言词汇,历时二十七年而成的。全书原本十五卷,今本十三卷。卷一、二、三、六、七、十、十二、十三释语词,卷四释服饰,卷五释器物,卷八释动物,卷九释车、船、兵器等,卷十一释昆虫。全书共收词条六百多个,每个条目先列举一些同义词,再用一个广泛通行的词加以解释,体例类似《尔雅》。但该书又与《尔雅》有所不同,《尔雅》只是将同义词排列在一起,再用一个常用词来解释,《方言》则进一步说明这些同义词分属于何种方言。例如:

党、晓、哲，知也。楚谓之党。（党，朗也。解寤兒。）或曰晓。齐宋之间谓之哲。虔、

儇，慧也。（谓慧了，音翾。）秦谓之谩。（言谩，訑音。訑，大和反。谩，莫钱，又亡山反。）

晋谓之㦟。（音悝，或莫佳反。）宋楚之间谓之倢。（言便倢也。）楚或谓之㬓。（他和反，

亦今通语。）自关而东，赵魏之间谓之黠，或谓之鬼（注：少一撇）。（言眹也。）（卷一）（注：

括号内内容为郭璞注。）

　　《方言》对所记录的词汇，往往注明"通语"、"某地语"、"某地某地之间语"、"古今语"、"转

语"等。所谓通语，或称凡语、凡通语、通名，即通行区域宽广的共同语。例如卷三："胶、谲，

诈也。凉州西南之间曰胶，自关而东西或曰谲，或曰胶。诈，通语也。"所谓某地语，即通行于

某一区域的方言。例如卷六："参、蠡，分也。齐曰参，楚曰蠡，秦晋曰离。"所谓某地某地之间

语，或称某地某地语，即通行于两个（或更多）区域内的较"某地语"大的方言。例如卷一：

"烈、枿，余也。陈郑之间曰枿，晋卫之间曰烈，秦晋之间曰肆，或曰烈。"所谓古今语，或称古

雅之别语，即当时方言中保留下来的古语词汇。例如卷一："秦晋之间，凡物壮大谓之嘏，或

曰夏。秦晋之间，凡人之大谓之奘，或谓之壮。燕之北鄙，齐楚之郊，或曰京，或曰将。皆古

今语也。"所谓转语，或称语之转，即因古今不同和地域不同而语音形式发生变化的词语。例

如卷三："庸谓之倯，转语也。倯犹保倯也。今陇右人名懒为倯，相容反。"

　　《方言》所记录的词语大都注明通行地域，涉及地域非常广泛，几乎涉及当时全国各大方

言区，据此人们可以了解西汉时代汉语方言分布的基本情况。与我国古代许多训诂著作不

同，《方言》不是以文字记载的书面语言为对象，而是以当时人们口头上的活语言为对象来记

录词语，因此它能够摆脱文献记载和文字形义的限制。作者注重实际口语，注重调查研究，

并能够从时间和地域的不同角度展开对方言的综合研究，这在研究方法上为后世开创了良

好的先例。本书在两千年前便已能对方言、共同语、古今语加以科学区分，并能记录出西汉

时代汉语方言分布的概况，不仅为语言史研究提供了宝贵的资料，而且在语言的发展规

律、方言的性质以及方言与民族共同语的关系等重大的语言理论问题上，给后人以有益的

启迪。

　　《方言》校注本较多，较为重要的有东晋郭璞《方言注》（中华书局 1985 年版）、清代戴震

《方言疏证》（黄山书社 1994 年版）与钱绎《方言笺疏》（中华书局 1991 年版）。

26.《方言疏证》〔清〕戴震撰。

黄山书社 1994 年版。

本书是扬雄《方言》的校注本,是研究《方言》的重要参考资料。全书十三卷,每一条目均先照录扬雄《方言》及郭璞注原文,其下再列作者疏证,并以"案"字标示。本书依据古籍中的引文对诸刻本进行考订,共订正讹字 281 个,补脱字 27 个,删衍字 17 个。例如:

党、晓、哲,知也。楚谓之党,(郭注:党,朗也,解寤貌。)或曰晓;齐、宋之间谓之哲。案:知读为智。《广雅》:"党、晓、哲,暜也。"义本此。智暜,古"智"字。孙绰《游天台山赋》"尽智以守见而不之,之者以路绝而莫晓",李善注云:"之,往也。假有之者,以其路断绝莫之能晓也。《方言》曰:'知,晓也。'"此所引乃如字读,与《广雅》异。注内"党朗",叠韵字也。《广韵》作"爙朗",云"火光宽明。"(卷一)

怠、随,坏也。郭注:音虫豸,谓坏落也。案:注内"音虫豸"三字,各本作"音虫豸未晓"五字。……"未晓"二字,盖阅是书者所记,以虫豸不可晓耳。……不当杂入注文,今删。(卷六)

本书不仅在文字上对当时《方言》诸刻本订伪补漏,详加考证,而且在校语中还融会音韵、文字、训诂各方面的知识,对《方言》及《方言注》的内容详加疏证。例如:"仪、徦,来也。……自关而东、周郑之郊、齐鲁之间或谓之徦,或曰怀。案:格、徦古通用。……格字义兼往来。往而至乎彼曰格,来而至乎此亦曰格。诚敬感通于神明而神明来格,德礼贯通于民心而民感格,化心思贯彻于事物而事尽贯彻,皆合往来为义。故其本文从彳。格、感、贯,一声之转,故义亦通。"(卷二)

戴氏作《方言疏证》前,扬雄《方言》诸刻本中舛伪疏漏之处甚多,至本书行于世,扬雄《方言》始得善本,从而为《方言》的研究与利用作出了重要的贡献。

27.《续方言》〔清〕杭世骏纂。

商务印书馆 1937 年版,中华书局 1985 年版。

本书是续补扬雄《方言》的著作。作者主要从唐宋以前的经史传注及小学诸书中辑得古代方言词语五百余条,分作上下两卷,上卷包括言辞、称谓、计量、器物、服饰等各类词语约三百条,下卷包括天文、地理、草木、虫鱼等各类词语二百余条。所辑词语按词义分类编次,但不标明类目,词语的分类及次序的编排大体仿照《尔雅》。书中引文一般都注明出处,有的还加有反切注音或校勘说明。引文用大字刻写,出处、注音及校勘说明均用小字写在引文之后。例如:

> 扬豫以东谓泻为吐。《释名》。(卷上)
>
> 汝南谓饮酒习之不醉为娄。《说文》。力主切。(卷上)
>
> 南楚谓禅衣曰襩。《说文》。徒叶切。(卷上)
>
> 今人谓蟥子为蚤子,兖州人谓之腾。陆玑《诗疏》。许慎《淮南本经训注》:蚤,兖州谓之襩。

本书对古代文献的搜集较为完备,所引之书有《十三经注疏》、《逸周书》、《战国策》、《说文解字》、《释名》、《经典释文》、《玉篇》、《集韵》、《博物志》、《水经注》、王逸的《楚辞》注、高诱的《淮南子》注、韦昭的《国语》注、陆玑的《毛诗草木鸟兽虫鱼疏》、郭象的《庄子》注、裴骃的《史记集解》、司马贞的《史记索隐》、张守节的《史记正义》、颜师古的《汉书》注、李贤的《后汉书》注、李善的《文选》注、颜师古的《急就章》注、王应麟的《急就章》补注等二十多种。

28.《方言别录》〔清〕张慎仪纂。

1919 年《爱园丛书》本,四川人民出版社 1987 年版。

本书是辑录古书方言资料的著作。杭世骏著《续方言》,以钩沉唐宋以前古书中的方言

资料,张氏对此很是推崇,遂师其意,编《方言别录》,以辑唐以后各类著述中的方言资料。该书辑得方言资料3300余条,凡四卷。前两卷所收资料皆辑自唐以后、清以前的字书、类书、杂说、笔记、诗文集等各类著作,后两卷则皆辑自清人的各类著作。书中每一条目均先列所录原文,其后大都只注明出处,如遇难字,或易误读之字,则以反切或直音注音。所录原文用大字刻写,出处和注音等用小字列在其后,例如:

今京师语谓怯皆曰齾。《艺林伐山》。(卷上之一)

苏州方言谓此曰个里,个,音如隔,音义相类也。《余冬序录》(卷上之一)

黄州呼醉为沮,呼吟为垠。《明道杂志》。垠,逆斤切。(卷上之一)

本书虽以收录方言词语为主,但同时也搜集了一些纯方音资料,这些资料有助于古今语言演变的研究,例如:

今河朔人谓肉为揉,谓赎为树。《梦溪补笔淡》。(卷上之一)

南音谓项为沆。《青箱杂记》。(卷上之一)

今建州人谓口为苦,走为祖。朱子《韩文考异》。(卷上之一)

该书所收资料的范围不仅限于汉语,书中还辑录了不少非汉语词汇,包括国内少数民族语和外国语,涉及的语言有壮语、苗语、瑶语、羌语、吐蕃语、西夏语、南诏语、匈奴语、鲜卑语、突厥语、蒙古语、满语、朝鲜语、梵语、波斯语、拉丁语、缅甸语等等。例如:

广西瑶俗男子之老者一寨呼之曰婆,其老妇则呼之曰公。《天香楼偶得》。(卷下之一)

苗人幼稚谓之马郎。陆次云《峒谿纤志》。(卷下之一)

波斯谓犀角为黑暗,象牙为白暗。《酉阳杂俎》。(卷上之一)

本书取材广泛，资料丰富，书中所辑录的汉语方言词语及方言资料，对研究汉语方言以及了解古今汉语的发展演变都有一定的参考价值，书中所辑录的非汉语词语，则有助于考证古代民族语言。本书体例尚不完善，引证多不注明卷次，且引文亦有节录不当与错舛之处。

***

29.《新方言》 章炳麟撰。

上海右文社 1915 年版，江苏广陵古籍刻印社 1981 年版，上海人民出版社 2014 年《章太炎全集》本。

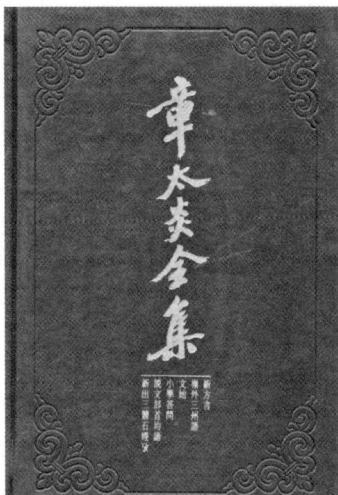

本书是汇集汉语方言词语，并运用古今音转理论加以整理，探求其本字和语源的著作。全书十一卷，以当时的活方言为对象，收集方言词语八百余条，按词义分作释词、释言、释亲属、释形体、释宫、释器、释天、释地、释植物、释动物，共十类，即为十卷；第十一卷为音表，包括古音韵母二十三部表和古音声母二十一纽表。本书的主旨在于通过考释方言词语的本字和语源，以求以古语证今语，以今语通古语。在方法上，本书将文献资料与活方言互相印证，上稽《尔雅》、《说文解字》、《方言》等古代文献，下查各地活方言中的流行词语，并依照戴震《转语》中"疑于义者，以声求之；疑于声者，以义正之"的原则，运用汉语声韵演变规律及古今音转的理论来考察词语在不同时代和不同地域上的演变。书中每一条目先列古书书证，以证明某字确有某义，然后再列现代某地的方言词语，并揭示出这些方言词语与古籍中某字在音义上的关联，从而证明古籍中的某字即为今之某方言词语的本字。例如：

《尔雅》：时、寔，是也。《广雅》：是，此也。淮西蕲州谓此曰时个，音如特；淮南扬州指物示人则呼曰时，音如待；江南松江太仓谓此曰是个，音如递，或曰寔个，音如敌。古无舌上音，齿音亦多作舌头，时读如待，是读如提，寔读如敌，今仅存矣。（卷一）

乡，所也。《左传》曰：毁于而乡。《医谬正俗》曰：俗呼某人处为某享。是乡声之转。今绍兴称在此处曰在享，许庚切；苏州谓内曰里享，音如向，本乡字也。（卷一）

本书卷末附《岭外三州语》一卷,记录惠州、嘉应州、潮州三地的客家话语词六十余条,也一一利用古代文献引证考释。

本书继承了扬雄《方言》的优良传统,以当时的活方言为研究对象。作者的搜集、整理和考释,不但使后人获得一批有用的方言资料,而且使古籍中的一些难字也由于与活方言的词语相互参证,变得较易理解了。

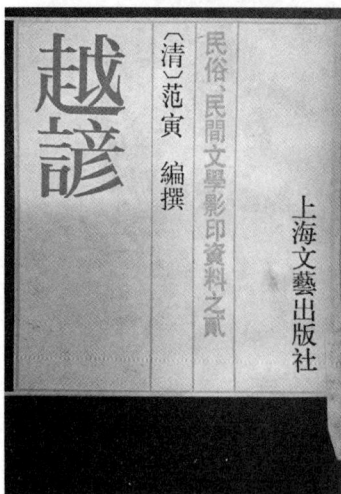

30.《越谚》〔清〕范寅撰。

上海文艺出版社 1987 年版,江苏广陵古籍出版社 1990 年版,中华书局 2006 年版。

本书是记录浙江山阴(今绍兴)和会稽(今绍兴)两地方言俗语的著作。全书分上、中、下三卷,上卷语言,中卷名物,下卷音义。上卷语言所收多为谚语俗语,亦收录少量民间歌谣。根据内容、形式和出处,分为十八类:述古、警世、引用、格致、借喻、占验、谣诼、隐谜、事类、数目、十只、十当、头字、哩字、翻译禽音、詈骂讥讽、孩语孺歌和劝警颂祷。其中"述古"、"引用"两类专收出自经史子集各类文献中的词语,"谣诼"一类专收民歌民谣,"孩语孺歌"一类所收多为儿歌,"隐谜"一类则有不少为歇后语,其余各类基本上是民间口头常用的俗语俗谚。"十只"、"十当"、"头字"、"哩字"四类分别专收含有"只"、"当"、"头"、"哩"字的词语。语言卷对有出典的词语一般都注明出处,有的还加上注音和释义,所收词语用大字刻写,出处、注音和释义用小字列在其后,例如:

家有长业,虽饥不饿。《韩非子》引语。

九斗九升命,凑成一石要生病。人贵知足。

依俙只依,上声,略有影响,俙,出《说文》。

中卷名物为分类词表,所收词语按词义分为二十四类:天部、地部、时令、人类、神祇、鬼怪、疾病、身体、屋宇、器用、货物、饮食、服饰、禽兽、水族、虫豸、花草、竹木、瓜果、谷蔬、臭味、

形色、技术和风俗。名物卷对所录词语一般先注明当地读音,然后再加释义,例如:

后日猴业,即越翌日。

囡南,女儿,与闽人呼子为囝相对。

嘴蒱者蒲,口也。

下卷音义分作十项:一字六音、四同一异、两字并音、叠文成义、字音各别、北方口音、重文叠韵、单辞只义、声音音乐和发语语助。前六项主要记述字音,其中"字音各别"一项专记当地方言中一些特殊的读音,如"人银"、"日业"、"来雷"、"眉迷"、"说话叔华"、"钱田"、"交高"、"尾米"等。后四项则分别记录形容词的重叠形式、"呼其音而不得其文"的单音词,以及象声词和语助词。

《越谚》三卷于清光绪四年(1878)辑成,其后三年,范氏又增辑《越谚剩语》二卷,并附在《越谚》之末一起刊行。《越谚剩语》分上下两卷,上卷收录所谓"妇孺常谈而不成句者",如"坐喜"、"吃力"、"讨饶"、"土气"等;下卷收录所谓"成句而为学士雅言者",如"草稿"、"埋没"、"一目十行"、"投鼠忌器"等。

《越谚》继承了扬雄《方言》记录活方言的良好传统,收集、整理了一批有用的方言资料,对了解清末浙江地区的吴方言以及研究现代汉语词汇都有一定的参考价值。

———————————●———————————

31.《吴下方言考校议》〔清〕胡文英撰,徐复校议。

中国书店出版社 1980 年版,上海古籍出版社 1996 年版,凤凰出版社 2012 年版。

本书是记录、考释吴方言词汇的著作。全书十二卷,主旨在于考释吴语,注明吴音,以求通晓当时的语言和古代的训诂。本书共收录清代流行于常州、无锡、苏州一带的方言词语一千条左右,所收词语均按各自所属的平水韵韵部编排,复音词则按最后一个音节所属的韵部归类,字音相近的

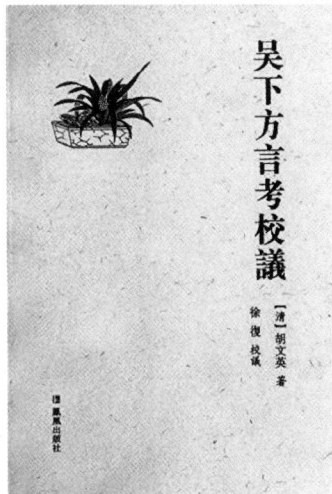

词语以声相从，排列在一起，然后以平、上、去、入四声为序，分作十二卷，卷一至卷六收录平声韵字，卷七至卷八前半部分收录上声韵字，卷八后半部分至卷十前半部分收录去声韵字，卷十后半部分至卷十二收录入声韵字。其韵词条太少者，则附在相近的韵下，如卷一中的冬韵附于东韵之下，阳韵附于江韵之下。每一词条先列词目，再援引书证说明该词语在典籍中的出处，最后加按语以阐释词义并说明该词语在吴方言中的用法。例如：

> 花黄　《木兰歌》：对镜贴花黄。徐悱《咏照镜》：轻手约花黄。案：花黄，未嫁之饰也。今俗谓女子未嫁者曰黄花女。
>
> 弓　《淮南子·说林训》：盖非弓不能蔽日。案：弓，谓隆起如弓也。吴中凡物之中央高起者俱谓之弓。

若遇有生僻的字或容易误读的字，则在词目之下加注吴方言的同音字，偶尔也使用反切注音。

本书记录、解释了不少清代吴方言中的口语词汇，并通过词语的注音为人们提供了一批吴语方言材料，对了解清代吴方言以及研究吴方言的发展变化都有较大的价值。

────────────●────────────

32.《蜀语》〔清〕李实撰。

商务印书馆 1937 年版，中华书局 1985 年版，巴蜀书社 1990年版。

本书是记录、解释四川方言词汇的著作。不分卷。全书收录明代四川方言词语约六百条，先解释词义，再注明当时蜀地读音，有的还列有书证。例如：

> 露牙曰龅，龅音报。
>
> 母之父母曰外公、外婆。外音位。
>
> 手搤曰抔，抔音措。《唐书》：一抔之土未干。

该书所收录的词语涉及的范围较广,其中有关于人物称谓的,如"呼母曰姐,姐读作平声;如呼女兄,作上声","呼父曰大大";有关于人物动作的,如"谓看曰瞧","手承物曰拓","眼皮动曰眨眼";有关于器物的,如"抽厢曰屉","漉器曰笊篱","物件曰家火";有关于服饰的,如"鞋衬曰帮","衣系曰襻";有关于饮食的,如"蒸糯米揉为饼为餈巴","饼中包料曰馅";有关于动物的,如"雌狗曰草","牛羊膍曰百叶","尾曰已巴";有关于事物性质、状态的,如"老曰老革革","谓人形短曰矮矬矬","少曰丁丁,又曰点点,又曰些些"。

该书除记录方言词语并加以解释外,还对其中一些词语的读音或用字进行了较细致的探讨。

本书以当时的活方言为对象,记录、考释了一定数量的蜀地方言词语,这对了解明代的四川方言和研究古今汉语的词汇都有一定的意义。本书创立了专门考察一地方言词语的范例,后人仿效者为数不少,如毛奇龄的《越语肯綮录》、胡文英的《吴下方言考》、范寅的《越谚》、张慎仪的《蜀方言》等都是此类著作。

33.《明清吴语词典》 石汝杰、〔日〕宫田一郎主编。

上海辞书出版社 2005 年版。

本书由苏州大学和日本北陆大学合作编纂。

在现代方言学上,吴方言属于汉语的七大方言区之一,与闽语、粤语、湘语等并列。从地理上看,吴语即所谓江浙话,其范围主要在江苏南部、上海市和浙江大部,另外在安徽与江西也有小块分布。明清两朝可称为吴语的近代时期,根据已知文献,到了明代才出现跟现代吴语有明显血缘关系、语言面貌相近的材料。要追溯吴语的发展历史,明清两朝的文献是较为可靠的材料。本词典即以明清时期吴语地区作者的作品为主要对象,包括部分用吴语写作的作品。此类吴语文献包罗广泛,涉及语言学、文字学、文学、史学、农学、医学等多个学科领域以及其他方

面的材料，包括：民歌、民谣，如冯梦龙编的《山歌》、《黄山迷》；戏剧，尤其是明清传奇，如《六十种曲》、《缀白裘》所收的剧本或折子；弹词，如《描金凤》、《珍珠塔》等；小说，如《海上花列传》、《九尾龟》等；地方志与风俗记载，如《苏州府志》、顾禄《清嘉录》等；字书，如朱骏声《说文通训定声》、《吴音奇字》等；农、医等科技类文献，如娄元礼《田家五行》、徐光启《农政全书》等；笔记，如田艺蘅《留青日札》、陆容《菽园杂记》等；《圣经》的方言译本，如上海土白、苏州土白的《新约全书》等；其他杂书，如冯梦龙编的《笑府》、胡文英《吴下方言考》、毛奇龄《越语肯綮录》等。此外，唐宋时期的韵书与字书，如《广韵》、《集韵》也有大量关于早期吴语的重要资料，本词典也有所收录。例如：

阿囡　〈名〉对孩子(尤指女孩)的爱称。□我里个阿爹慌忙咳嗽，我里个阿娘口里开谈，便话道："阿囡，耍响？"(《山歌》卷八)乌氏看见他正是亲女，抢进门去，叫了一声"阿囡"，说他怎的却在这里。(《海上繁花梦》后集第三十六回)明万历戊子，顺天举人李鸿卷中有一"囡"字，为吏部郎中高桂所参。鸿系申相国时行婿，吴人呼为"快活李大郎"。及以文中用"囡"字被论，又称为李阿囡。"囡"者，吴人呼女之辞。(《柳南随笔》卷三)

34.《汉语方言大词典》 许宝华、〔日〕宫田一郎主编。

中华书局 1999 年版。

本书由复旦大学和日本京都外国语大学合作编纂。

本书收录了古今文献著作和现代汉语口语中的各类方言词语，不收录纯属古代通语和现代汉语普通话的条目。所收方言词语按照《中国语言地图集》中的汉语方言分布图及说明，依次标注于十八种方言系属之下：东北官话、北京官话、冀鲁官话、胶辽官话、中原官话、晋语、兰银官话、江淮官话、西南

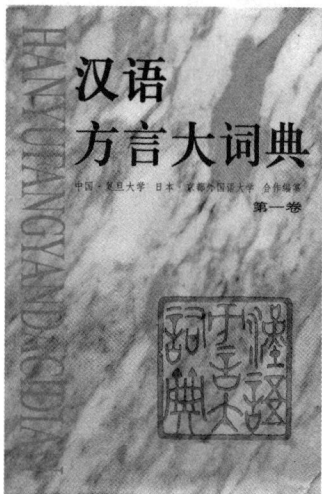

官话、官话、徽语、吴语、湘语、赣语、客话、粤语、闽语、平话。凡是同音同义而词形写法不同的单字条和首字不相同的多字条,均单独立目撰写。每个单音词或领头单字的后面,均用汉语拼音方案和注音字母标注普通话的读音。如果单字有多个读音,则参照现有主要辞书并结合方言音义,选标能区别词义的主要的常用普通话读音。对于现有主要辞书都未见收录的方言俗语,则根据各个方言与普通话的语言对照规律标注折合音,并在其左上方加标"＊"号以示区别。

本书正文五卷,附录有"中国汉语方言图"、"汉语拼音(附注音字母)索引"、"四角号码索引"、"全国各县市汉语方言系属简表"、"本词典引用古今语言文字类文献目录"、"汉语拼音方案"、"国际音标表"。

35.《汉语方言词汇》(第二版) 北京大学中国语言文学系语言学教研室编。

语文出版社 1995 年版。

本书共收入 20 个汉语方言点的词汇材料,基本上可以代表各大方言。这 20 个方言点包括北京、济南、西安、太原、武汉、成都、合肥、扬州、苏州、温州、长沙、双峰、南昌、梅州、广州、阳江、厦门、潮州、福州、建瓯。全书收入词目 1230 个,条目以普通话为准,下列各方言点的对应词语,并用国际音标注音,按词类和词义相结合的分类法排列。书前有各方言点声韵系统表和分类词目,书后有音序词目索引,是汉语方言教学与研究的重要参考书。

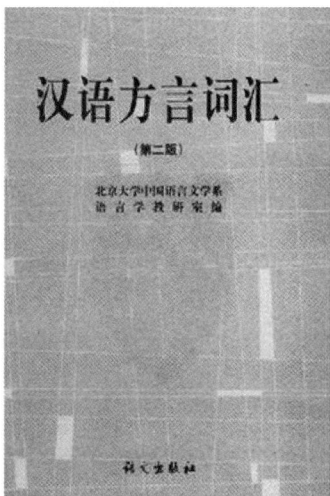

36.《现代汉语方言大词典》 李荣主编。

江苏教育出版社 1992 年至 2003 年版。

本书由中国社科院语言研究所发起,组织国内 60 多位专家学者参与编写,由著名语言学

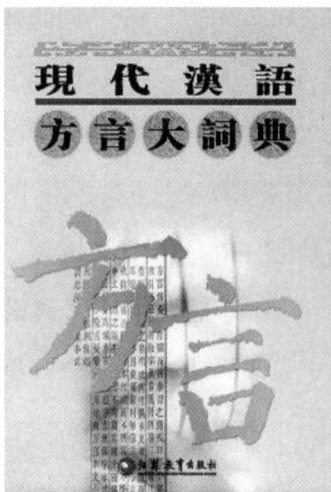

家李荣教授担任主编,历时8年编撰而成。这是一套煌煌巨著,分卷本由41部分地词典组成,连同后来增补的1本在内,共42册,从1992年秋天起由江苏教育出版社陆续出版,至2003年全部完成。2002年,该词典的综合本(共6卷)出版。

关于本书的特点,《编纂后记》介绍得比较详细:

根据《中国语言地图集》对汉语方言的划分,参考近年来汉语方言研究的各种实际情况,分卷本方言词典选择了41个方言点作为汉语方言的代表点。每一个地点编了一本方言词典。这41个地点是:

济南	牟平	徐州	扬州	南京	武汉	哈尔滨
成都	贵阳	柳州	洛阳	西安	西宁	乌鲁木齐
银川	万荣	太原	忻州	丹阳	苏州	上海
崇明	杭州	宁波	温州	金华	南昌	萍乡
黎川	长沙	娄底	梅县	于都	广州	东莞
福州	厦门	建瓯	雷州	海口	南宁(平话)	

这41处方言的分布大致覆盖了上述说到的各个方言区或者一些方言大区的主要方言片。例如官话方言片中的江淮官话有南京、扬州,西南官话有武汉、成都、柳州,中原官话有洛阳、西安、万荣,兰银官话有西宁、银川、乌鲁木齐,冀鲁官话有济南,胶辽官话有牟平,东北官话有哈尔滨;晋语有太原、忻州;吴语有丹阳、苏州、上海、崇明、杭州、宁波、金华、温州;赣语有南昌、黎川、萍乡;湘语有长沙、娄底;粤语有广州、东莞;闽语有福州、厦门、建瓯、海口、雷州;客家话有梅县、于都;平话有南宁。

各卷体例统一,这包括三个方面的内容:第一部分是书前的引论,其中相当详细地介绍了方言所在地点的人文地理、历史沿革,以及本方言的大体情况,包括本方言的内部差别、语音结构、方言特点等。第二部分是作为词典主体的正文。各分卷本正文所收的条目多少不完全一致,《广州方言词典》和《福州方言词典》所收条目最多,在10000个左右;《西宁方言词典》、《建瓯方言词典》所收条目最少,只有7000余个。一般所收条目平均在8000个左右。第三部分是作为书后的当地方言的义类索引和条目首字笔画索引,以方便使用者可以从不同角度进行检索。

综合本则合并整理了42本分地词典中的词条,并集中解释,更加便于查检。

37.《汉语方言地图集》 曹志耘主编。

商务印书馆 2008 年版。

方言地图是语言学研究中的一种重要手段,在描写、展示和保存大面积地区众多方言现象的面貌和分布状况方面具有不可替代的作用。方言特征分布图是方言地图的基本形式,同时也是地理语言学、历史语言学、社会语言学、语言类型学等语言学科的研究基础。长期以来,国内外学术界都在热切期待一部全面的汉语方言特征地图集的出现。"汉语方言地图集"课题自 2001 年启动,于 2008 年完成。参加人员共 57 人,他们来自国内外 34 所高校和研究单位。调查地点共 930 个,遍及全国(包括港澳台)各地,其中东南部地区达到一县一点。除了省会级城市和方言区代表点城市以外,其余地点均调查乡下方言。发音人基本上是 1931—1945 年之间出生的男性。调查条目使用课题组专门编写的《汉语方言地图集调查手册》,该手册包括单字 425 个,词汇 14 类 470 条,语法 65 类 110 条,共计 1005 个条目。设立调查条目的主要原则是:(1)反映重要的地域差异;(2)反映重要的历史演变。所有调查一律赴当地进行调查。在调查形式上,除传统的书面记录之外,还采用数字录音方式录制全部调查项目的有声语料。

所有调查材料经录入、校对后,建成全部 930 个调查点的"汉语方言地图集数据库"。再利用 NFGIS 的全国地图数据和 ArcView9.1 版绘图软件,建立"汉语方言地理信息系统",在该系统的基础上,进行方言地图的绘制工作。最后,根据调查结果,从全部调查条目中归纳出最有价值的 510 个地图条目,绘制成 510 幅方言特征分布地图,分为语音、词汇、语法三卷。

38.《骈字类编》 (清)张廷玉编。

中国书店 1984 年版,吉林出版社 2005 年版。

本书是一本双音词语词典,因只收双音词语,不收单音和三音及以上的词语,故名为"骈

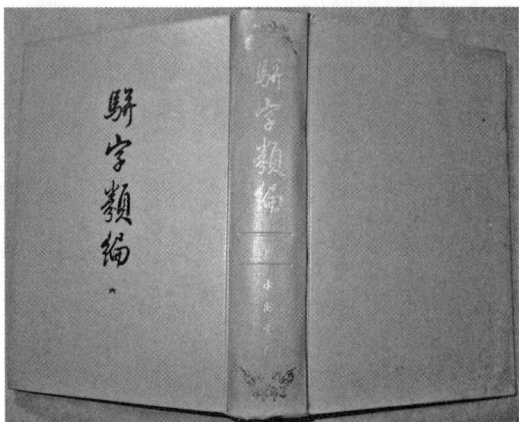

字"。全书共 240 卷，收 1604 字，以意义归类，共分天地、时令、山水、居处、珍宝、数目、方隅、采色、器物、草木、鸟兽、虫鱼等十二门，另有补遗人事一门，共十三门。每门内又细分子目，如"天地门"又分天、日、月、风、云、雨、露、雷、电、霜、雪、虹、霓、烟、霞、雾、霄、地、土、郊、野、原、隰、皋、垄、坰、垠、壤、坛、径、隧、隍、圻、窟、穴、坻、堑、坑、塘、堰、坳、堤、陂、厓、岸、田、场、圃、町、畦、畲、泥、沙、尘、灰、埃、火等子目。每一子目本身即所收双音词语的词头（如"天"这一子目下就有天地、天日、天月、天风、天云、天雨等词语），少则数十，多则数百。这种按词头收录词语的方式，开近代辞典以字头收词的先河。每一条词语下，都引录该词语所在的原文，并较为明确地注明出处，不注音，不释义。

39.《辞通》 朱起凤编。

开明书店 1934 年版，上海古籍出版社 1982 年版。

本书收录了唐以前古籍中异形同义的双音词 30000 余条，并按照主条下字分别编入 106 韵。这是一部专门解释古汉语连绵词通假字的辞典。它用同音通假义与通用的训古学原则来处理同词异形的语言文学现象，其中尤其重连语、联绵词，可以说是一部联绵词典。例如卷一：

学童 《汉书·艺文志小学序》：太史试学童，能讽书九千字以上，乃得为史。又以六体试之。

学僮 《说文叙》：尉律，学僮十七以上，始试讽籀书九千字，乃得为史。又以八体试之。

按：僮为未冠者之称，见《说文》。今相承作童，而转以僮字作僮仆用，盖积习相沿，牢不可破也久矣。

40.《恒言录》〔清〕钱大昕撰。

商务印书馆 1939 年版，中华书局 1985 年版，上海古籍出版社 1996 年版。

本书是笔记形式的古代俗语词典。作者博学多识，于六经百家，无所不通。段玉裁评价他"以辞章鸣一时。既乃研精经史，因文见道，于经文之舛误、经义之聚讼而难决者，皆能剖析源流；凡文字、音韵、训诂之精微、地理之沿革、历代官制之体例、氏族之流派、古文、姓字、里居、官爵、事实、年齿之纷繁，吉金、石刻、画、篆、隶可订六书故实、可裨史传者，以及九章算术、自汉迄今中西历法，无不了如指掌；至于累朝人物之贤奸，行事之是非，疑似难明者，大典章制度昔人不能明断其当否者，皆确有定见"（《潜研堂文集序》）。

本书与翟灏的《通俗编》一样，搜集常言俗语，探寻其语源。全书总收八百余词条，分十九类：吉语、人身、交际、毁誉、常语、单字、叠字、亲属称谓、仕宦、选举、法禁、货财、俗仪、居处器用、饮食衣饰、文翰、方术、成语、俗颜有出。类目之设置，比《通俗编》更为合理、准确。词条所引证的材料及考据，前人推为"实事求是，考证精明，自非经传洽熟，旁通百家，何能至此"（陈鳣《恒言广证自序》）。如卷六成语类"耳边风"，《通俗编》只引唐杜荀鹤诗"万般无染耳边风"，钱大昕却还引出《南齐书·武十七王传》"吾日冀汝美，勿得敕如风过耳，使吾失气"。由此可见，"耳边风"是从"风过耳"演化而来的。本书所收录的一般复音词和双声叠韵词也相当丰富，同时也注意了对等义词和近义词的收集。如对卷一吉语类"吉祥、吉利"，"欢喜、快乐、快活"，毁誉类"无赖、下流"，"粉饰、粉华"，"沽名、钓誉"等近义词，还有"欢喜、喜欢"等两个词素颠倒的等义词，书中均分别加以考证。可见他是有意识地记录一些复音词，并辨析近义词、等义词。在这一点上，《恒言录》比《通谷编》更像一部辞典。本书每个词条都注明出处，自经史、诸子以至历代小学，均加采掇，列证不繁，条理清楚，甚至深入前人诗、文、笔

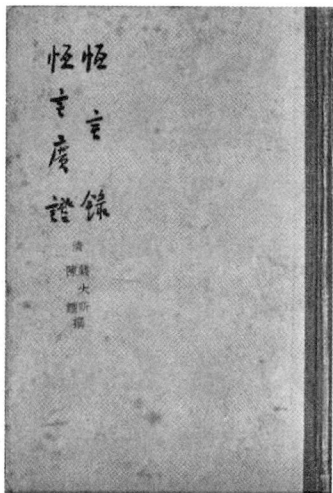

记之中。释单字,则多引字书以证经史。如卷二单字类:"乖。本乖戾字。今人却以当巧诈之义。《朱子语录》:'张子房闲时不做声气,莫教他说一话,更不可当少年也。任侠杀人。后来因黄石公教得来较细,只是都使人不疑它,此其所以乖也。"于叠词则多标明其双声和叠韵。

此外,陈鳣《恒言广证》(商务印书馆1939年版)为《恒言录》作了不少补充注释,可与本书互补。

41.《通俗编》 〔清〕翟灏撰。

商务印书馆1958年版,中华书局1985年版,东方出版社2013年版。

本书是汇释历代俗语常言、文章典故、神话传说的辞书。全书共三十八卷,包含五千余条条目,分为三十八类:天文、地理、时序、伦常、仕进、政治、文学、武功、仪节、祝诵、品目、行事、交际、境遇、性情、身体、言笑、称谓、神鬼、释道、艺术、妇女、货财、居处、服饰、器用、饮食、兽畜、禽鱼、草木、俳优、数目、语辞、状貌、声音、杂字、故事、识余。本书对所收词语典事,均辑录语源,博引旁证,寻移脉络,论证源流。如卷三十七"姮娥奔月"条:

《淮南子·鉴冥训》,羿请不死之药于西王母,恒娥窃以奔月,怅然有丧,无以续之。注云:恒娥,羿妻。《后汉书·天文志》注引张衡《灵宪》以恒为姮。《集韵》收姮字,列十七登恒纽下,不作桓音。按:此事特好事者寓言,其造为名字,即取《诗》"日升月恒"义耳。唐人避穆宗讳,宋人避真宗讳,凡经籍恒字,多读为常。时人因亦呼恒娥为常娥,或并以其字改为嫦。字书惟《正字通》收之,见其晚俗也。杨慎谓古者羲和占日,常仪占月,仪俄音近,因讹为嫦娥。词若可听,其实不然。

对"姮娥"一词及有关典故引证探源,进行了详尽的考释,特别是对其中"恒"——"姮"——"常"——"嫦"的演变轨迹作了清楚的交待,从中可以看到本书编撰上的一些特点。

新编中文工具书

本书收入了很多今天常用的成语,以及至今仍富有生命力的双音词,如"对牛弹琴"、"打草惊蛇"、"荒唐"、"戏剧"等,均逐条考鉴源头,论证流变,对研究汉语语源极有参考价值。本书还收录了很多古代名物制度、风情俗典,如"揭帖"、"吊卷"、"名片"、"缠足"等,不仅讨论源流,而且证以明清风俗,是研究传统文化的重要资料。至于对宋元戏剧研究的条目和元明白话小说成书经过的考辨,于研究古典文学亦具有很大价值。

商务印书馆 1958 年版附清人梁同书《直语补正》,共收语汇 400 余条,如"七零八落":"语见《五灯会元》万光泰《鸳央湖·采菱曲》注、引谚。七菱八落,言菱过七日则落,万必有所本。如万云云,杭俗又有'十榜九空'语。果中之榛,往往不实。是一的对也。"可与本书互补。

42.《古今字音对照手册》 丁声树编录,李荣参订。

科学出版社 1958 年版,中华书局 1981 年版。

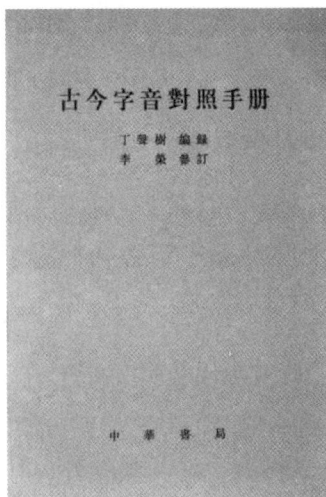

本书收录了常用字 6000 个左右,按现代普通话韵母分部,同韵的字按声母次序排列,声韵相同的字依声调次序排列,声韵调全同的字(同音字)列于同一个音的下面,再按古音的异同分条。古音相同的列为一条,古音不相同的分开排列。古音的注法是先列举《广韵》的(有时候是《集韵》的)反切,然后注明摄、开合口等声调、韵部和声母。例如,查"侬"字的古今音对照,在 ong 韵查得:

nóng 阳……侬——奴冬切　通合一平冬泥

这是说,"侬"字在《广韵》里的反切是"奴冬切",是通摄、合口、一等、平声、冬韵的泥母字。用此书查今音与中古音的对照非常方便,进行方言调查与音韵研究时,此书也具有一定的参考价值。

43.《古今汉语词典》 商务印书馆辞书研究中心编。

商务印书馆 2000 年版。

本词典共收条目约 45000 个,其中单字条目 11400 个,包括现代汉语通用字、古代汉语常用字以及其他有一定查阅价值的用字,另有 3000 余个繁体字和异体字附录在相应条目中;多字条目 33000 余个,包括古今意义兼具的语词(其中成语约 4000 条),纯古义和纯现代意义的常见语词,以及一定数量的贴近日常生活的百科词语。

本书是一本颇有特点的词典,兼具《现代汉语词典》和《古代汉语词典》的双重功能。具体而言,表现在以下几个方面:一、注意揭示古今词义的异同和变化。古今词义的异同,主要通过义项的分合、词义的解释以及例证的安排来表示。古义今义不同的,分立义项,各附古例或今例;古义今义相同的,不分立义项,在同一义项内兼举古今两种例证;古义今义容易混淆的,则在释语中注明古今的关系。这样,古今词义的区别和联系就明确地显示出来了,而且从其比照中可以看出词义的继承和发展。二、区别词义和词素义。词义由例句显示,词素义由例词显示。在通常情况下,例词之前仅列有古例句的,则表示在这个意义上古代是独立的词,而现代只是构词的词素;例词之前列有古今两种例句的,则表示在这个意义上古今均可以作为词来使用,同时又是构词的词素;例句之前仅有现代例句的,则表示在这个意义上现代既是词,又是词素;如果仅有例词而无例句,则表示这个意义只是词素。这样,词与词素的界限就很清楚了。同时,古今汉语由单音词到复音词、由词到词素的发展变化,也可以得到具体的展示。此外,例词是例证的一部分,可以帮助理解释义;而释义对例词又提供构词的理据,有助于对例词本身的理解。三、收字兼顾古代与现代。与一般的现代汉语词典相比,本辞典增收了一些古代常用字;与一般的古代汉语词典相比,本辞典增收了不少现代常用字,包括科技、方言等领域中的字。四、多字条目以古今通用者为重点,偏向于来源于古代(近代)而在现代书面语言中仍然在使用的词语。这些词语经过历史的汰选,是汉语词汇中比较稳定的部分,有较大的查考价值。五、例证丰富多样。除部分名物、术语、称谓等,一般词语的释义之后均附有例证,通过例证显示词义的古今关系,并提供使用的历史背景。

44.《古书典故辞典》 杭州大学中文系编。

江西人民出版社 1988 年版。

本书所收典故,时间上上自太古周秦,下至明清;内容上,主要指古代诗文和小说戏曲等引用的古代的事或有来历出处的词语。共收词条 5400 余条,每条均包括释义和来历出处两个部分。按笔画顺序排列。例如:

【三姑六婆】旧指从事某种职业、走门串户、爱搬弄是非的不正派的妇女。元代陶宗仪《辍耕录·三姑六婆》:"三姑者:尼姑、道姑、卦姑也。六婆者:牙婆、媒婆、师婆、虔婆、药婆、稳婆也,盖与三刑六害同也。人家有一于此,而不致奸盗者,几希矣;若能谨而远之,如避蛇蝎,庶几净宅之法。"

45.《汉语外来词词典》 刘正埮、高名凯等编著。

上海辞书出版社 1984 年版。

全书共收录古今汉语外来词 10000 余条。《凡例》称本词典只收一般的汉语外来词(包括日常生活用词和常见的专科词语),不收人名、地名之类的专有名词。但由这类专有名词转化而成的一般汉语外来词,如"牛顿"、"香槟酒"等,则不在此限。此外,本词典对过于冷僻的专科词语也不予收录。所收词条一般包括四个部分:(1)外来词的汉字书写形式;(2)用汉语拼音字母标注的读音;(3)释义;(4)词源及进一步的考证。正文按词条首字音序编排,释文包括四个内容:外来词的汉字书写形式、汉语拼音注音、释义、语源及进一步的考证。例如:

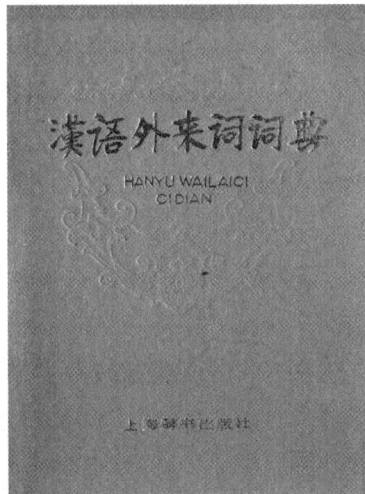

领空　lǐngkōng　一个国家的陆地、领水和领海上的上空，是一个国家领土的一部分。 源日　领空 ryōkū 【意译英语 territorial　sky】

此外，岑麒祥著《汉语外来语词典》（商务印书馆 2015 年版）共收汉语外来词语 4370 条，可与本书互补。

46.《佛学大辞典》 丁福保编。

上海医学书局 1933 年版，文物出版社 1984 年版，中国书店 2011 年版。

本书汇释佛学词语，取材丰富。每条先释义，后引经论或"通人之笔录及诗歌等"，引证必详载书名卷次。条目以首字笔画为序。有通检。

本书虽为佛学专科词典，但汉语中佛学词语甚多，如世界、因果、宗派、偶像、刹那、三昧、抱佛脚等，有些词更进入了汉语基本词汇，如佛、塔等，并由此派生出许多词。因此，这部词典在很大程度上可供一般参考之用。例如：

【一切无障碍】（杂语）言通达一切，而无不及也。《法华经》："神力品曰：'能持此经者，于诸法之义、名字及言辞、乐说无穷尽，如风于空中，一切无障碍。'"

【一切经】：（术语）佛教圣典之总名。或曰大藏经，省曰藏经。《隋书》："开皇元年，京师及诸大都邑之处，并官写一切经，置于寺内，而又别写藏于秘阁。"一切经之名，本乎此。此名原称佛所说之经律等，而今则并吾国、印度、日本等高僧之著作而称之。

另有孙祖烈编《佛学小辞典》，1919 年由上海医学书局出版，解释简明，可资互补。

47.《魏晋南北朝词语例释》 蔡镜浩编著。

江苏古籍出版社 1990 年版。

本书仅释魏晋南北朝词语的特殊义项,所用例句大部分采自魏晋南北朝的著作,少数采自唐代编纂的魏晋南北朝史书。每条先释义后举例,并标明出处。例如:

阿堵

犹这,这个,为指示代词。郝懿行《晋宋书故》:"阿堵即今人言者箇。阿,发语辞,堵从者声,义得通假。《说文》云:'者,别事辞也。'故指其物而别之曰者箇。"

殷中军见佛经,云:"理亦应阿堵上。"(《世说新语·文学》)"阿堵"指佛经。

安神姿举动不异于常,举目偏历温左右卫士,谓温曰:"安闻诸侯有道,守在四邻。明公何有壁间著阿堵辈?"(同上《雅量》注引宋明帝《文章志》)"阿堵辈"指左右卫士。

王夷甫雅尚玄远,常嫉其妇贪浊,口未尝言"钱"字。妇欲试之,令婢以钱绕床,不得行。夷甫晨起,见钱阂行,呼婢曰:"举却阿堵物。"(同上《规箴》)"阿堵"指钱。

顾长康画人,或数年不点目精。人问其故,顾曰:"四体妍蚩,本无关于妙处,传神写照,正在阿堵中。"(同上《巧艺》)"阿堵"指眼睛。

王子敬学王夷甫呼钱为阿堵物。后既诏出赴谢公主簿,过会下,与共掷散。当其夕,手自抱钱,戏竟。明日巳后云:"何至须阿堵物!"(《太平御览》卷八三六引《俗说》)

48.《宋元语言词典》 龙潜庵编著。

上海辞书出版社 1985 年版。

本书收录了宋元时代的词语(包括当时流行的旧词新义的词语)。上起五代、宋初,下迄

元末明初。收录范围以戏曲小说为主,旁及诗、词、笔记、语录及杂著。举凡俗语、方言、市语、习语、外来词等,均予收录。总计1万余条。每一条目均有释义及例句,部分有按语。释义重在解释词义,一词多义者则分别列出。例句按时代先后编排,自一条至数条均摘引原文,文字过长的中间加删节号;个别误字经校改后,亦分别注明;所列书籍均注明卷次,诗词则注明诗题或词牌,戏曲注明折次、曲牌,小说注明回次,以备复检。按语的主要内容为与本条目有关之旁证参考资料、有关词义的必要的补充说明以及语源资料或各地方言的参考材料。例如:

一床　犹言一套,指以一定数目配套的器物。《老学庵笔记》卷五:"鄜州田氏作泥孩儿,名天下。……一对至直十缣,～至值十千。～者,或五或七也。"《京本通俗小说·西山一窟鬼》:"又好人材,却有～乐器都会,又写得算得。"按:广州方言对碗、箸等器物,仍有此称。

49.《诗词曲语辞汇释》 张相著。

中华书局2008年版,上海古籍出版社2009年版。

本书汇集了唐宋以来诗词曲中常用的特殊语词,详引例证解释其意义和用法。所谓特殊语词,大部分是虚词,小部分是实词,大都是当时的方言俗语。这类语词在古文里是不用的,在诗词曲中却广泛使用,在当时都可以理解,但到现在有很多已经不容易理解其确切含义。前人也做过一些研究工作,如《恒言录》、《通俗编》之类,《辞海》、《国语词曲》等书也收入了一些,但都是零碎的,很不完备。张相则是根据诗词曲中大量的用例,全面系统地加以分析研究,得出确切含义,指出一个词在某种场合是什么意思,在另一种场合又表现什么情态。他推求词义时,除了体会声音通假、玩绎章法大意和揣摩情节语气以外,特别着重从上下文和同类词句去推寻,对意义相对(即反义词)、同义互文(即同义词)、前后相应(即用词前后呼应)、义同文异之类,都可以从中推求意义。这样得出的结论是比较精确的。

全书共收 537 个词目,每个词语有几个意义的,又分若干条,如"遮莫"分 5 条,"可"分 9 条,"着"分 22 条。全书共 800 余条。每条下又分附目,如"可"第一条有"可甚么"、"可什么"、"可是么"三个附目。全书共有 600 多个附目。现举"可"下 9 条(用例略),以见一斑:

(一)犹却也,(二)犹恰也,(三)犹再也,(四)犹当也,(五)犹称也,合也,(六)犹愈也,(七)约估数目之辞,(八)犹岂也,那也,(九)轻易之辞,引申之则犹云小事也,容易也,寻常也,在其次也,不在意也;再引申之,则犹云含糊也,隐约也。

50.《小说词语汇释》 陆澹盦著。

中华书局 1964 年版,上海锦绣文章出版社 2009 年版。

本书所收词语采自 64 种通俗小说,著作年代至清末为止。正文收词语 8000 余条,条目以首字笔画多少为序,笔画相同的,依字头部首为序。本书注释简明,着重在举例:如词语见于古书,在注释中引证;同一词语在小说中有几种不同意义者,分别举例解释;知道是某地方言的,则注明方言地区。例如:

小官人(小官) "官人"是古时对男子的尊称,年轻的称为"小官人"。

【例一】 (《水浒传》二)既然是宅内小官人,若爱学时,小人指拨他端正如何?

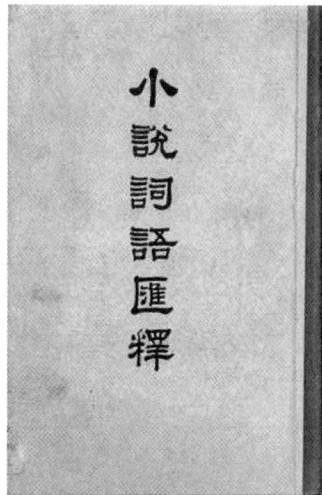

大老官　阔客,大人物。

【例二】:(《儒林外史》十八)这样大老官乡绅,我不奉承他。

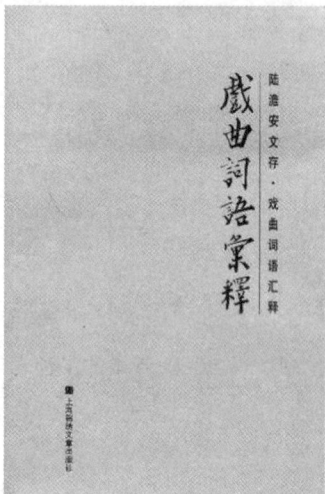

51.《戏曲词语汇释》 陆澹盦著。

上海古籍出版社 1981 年版,上海锦绣文章出版社 2009 年版。

　　本书所收词语,以见于院本杂剧为主,诸宫调亦予收入。至于传奇则数量太多,其词语应另辑专书,故不列入。书中条目以首字笔画多少为序。一画之中,又依字典部首为序。首字相同者,以字数多少为序,首字相同而字数多少又相同者,以次字笔画多少为序。同一词语而在戏曲中有几种不同的意义者,本书分别举例解释之。例如:"可知"有"当然"、"难怪"两种意义;"打挣"有"挣扎"、"收拾"两种意义;"不中"有"不宜"、"不行"、"不免"三种意义;"不争"有"假使"、"只为"、"不但"、"不打紧"四种意义,本书均予举出。但此项词语若尚有他种意义而戏曲中未见应用者,则不列入。

52.《敦煌变文字义通释》 蒋礼鸿著。

中华书局 1962 年版,上海古籍出版社 1997 年版。

　　唐代在寺院中盛行一种"俗讲"的活动,变文就是这种"俗讲"的脚本。变文接近口语,中间有说有唱,内容大都讲佛经中的故事,也有不少是民间传说和历史故事,是我国民间文学的重要组成部分。这种变文在后代失传了,直到1899 年才在敦煌千佛洞中发现大量变文抄本。但这些珍贵的抄本，大部分被英法帝国主义分子盗走了。1957年出版的《敦煌变文集》，是变文的总集，相当完备。

变文在当时虽接近口语，但现在读起来有些词已经不易理解，本书即对这些难懂的字词加以解释。全书收字词200余条，分六类：释称谓、释容体、释名物、释事为、释情貌、释虚字。每条先释义，次举变文例句，必要时引唐宋诗词笔记小说作为旁证。例如"歌歌"（"哥哥"）：

> 《搜神记》田昆仑条："其田章年始五岁，乃于家啼哭，唤歌歌嬢嬢。"（页884）按王力《汉语史稿》第五十四节说："'哥'又可以用来称父。《旧唐书》王琚传：'玄宗泣曰：四哥仁孝'，四哥指睿宗。《淳化阁贴》有唐太宗与高宗书，称'哥哥勅'。这可能是用低一级的称呼来表示亲热；如果'哥'有'父'义，则'四哥'不可解。清高祥麟《说文字通》云：'北齐太子称生母为姊姊，宋时呼生母为大姊姊'，这种情形与'哥'字同。"《旧唐书》玄宗诸子传，棣王琰的话："惟三哥辨其罪人。"也称父亲为"哥"。清人顾炎武《日知录》卷二十四，论唐时人称父为"哥"，也引"四哥仁孝"和"惟三哥辨其罪"的话。变文的"歌歌"就是唐太宗对高宗自称的"哥哥"。舜子变："打杀前家歌子"（页131），"歌子"就是哥子，可证变文里这两个字通用。田章五岁时，父母亲都不在家里，所以要哭唤"歌歌嬢嬢"，即阿耶阿娘。现在浙江武义还有管父亲叫哥哥的。

······

53.《中国古代小说俗语大辞典》 翟建波编著。

上海辞书出版社2013年版。

本书是古代小说语言类工具书。所收词条采自中国古代通俗小说，起于宋代，迄于清末，共计六百五十余种。全书收俗语约两万条，包括谚语、歇后语、惯用语、套语以及所谓"习而通俗者"之语。所收俗语限于三字以上（含三字条），三字以下者不收。所有词条按汉语拼音顺序排列。首字音、韵、调皆同者，按笔画数目由少到多排列。例如：

【八寸三分大帽子话】八寸三分：指帽子直径有八寸三分。帽子做得很大，人人能戴。比喻套话，空话。《歧路灯》第八十七回：这个涑水老头儿，是老实的，不老实的？且不说这八寸三分大帽子话，即如穷乡僻壤，三家村，说起某人，"休认成他是老实人，他是个最不老实的"。

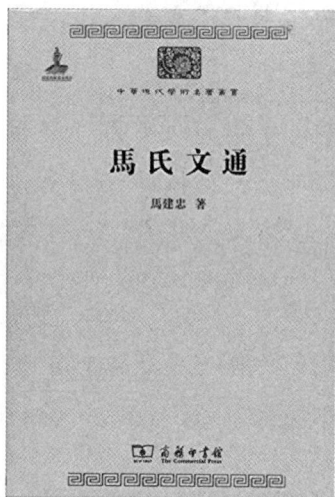

54.《马氏文通》〔清〕马建忠撰。

中华书局 1954 年版，商务印书馆 2010 年版。

本书是我国最早的具有完整系统的语法著作。马建忠，字眉叔。生于清道光二十五年(1845)，卒于清光绪二十六年(1900)。江苏丹徒人。光绪元年留学法国，精通拉丁文、希腊文、英文和法文，曾任清政府驻法使馆翻译。归国后协助李鸿章办理洋务。他提倡振兴工商业，主张富国先富民，要求国民在攻读中国古代经籍的同时，也要努力学习西方文明。于是他模仿印欧语传统语法体系，以典范的文言文，包括四经、三传、《史记》《汉书》以及韩愈之文为研究对象，勤求探讨，用十余年时间著成此书。

全书十卷。卷一为"正名"，界定本书所出现的字、词、次、句、读等术语。卷二至卷六论述各类实字，卷七至卷九讲述各类虚字。卷十论句读，为句法总论。书中的字类即词类，作者把汉语词分为实字和虚字两大类。其中实字包括名字、代字、动字、静字、状字五类；虚字包括介字、连字、助字、叹字四类。书中的"词"即相当于今天的"句子成分"，共分七类：起词、语词、止词、表词、司词、加词、转词。作者认为词类与句子成分有对当关系，如果遇到不符合规定的情况，就用词类通假来解释。书中的"句"即句子，作者认为"凡字相配而辞意已全者曰句"。"读"相当于今天的主谓词组或复句的分句。根据中国文字没有形态变化的特点，作者在字与句的相应关系上建立了"次"的理论，即相互关联的名、代诸字在句或读中所处的不同地位。次有主次和宾次、正次和偏次、前次和同次等分别。

本书第一次全面地论述和建立了汉语语法体系，奠定了我国语法学的基础。

55.《中国语文学家辞典》 陈高春编著。

河南人民出版社 1986 年版。

本书收录了先秦至清末的语文学家 1950 余人及其著作 5500 余部,除传统的文字、音韵、训诂三门以外,兼及金石、校勘等,规模超出清代谢启昆的《小学考》和黎经诰的《许学考》等书。书后附有"中国语文学著作索引",辑录了历代语文学著作约 3000 种,并注明版本和存佚情况。辞典释文大致以学者籍贯,字、号,生平,著作以及释文所据史料的出处为序。对于学者的籍贯、生卒年,无可查考者从略或存疑,有两说或数说者并存。凡学者的籍贯所涉及的古代地名,均译成今名,以中华地图出版社 1975 年出版的《中国历史地图集》为准。对学者的生平以及编中所列语文学著作,一般不妄加评论,仅对著名学者略加述评,及对不易得见的语文学著作略加介绍。

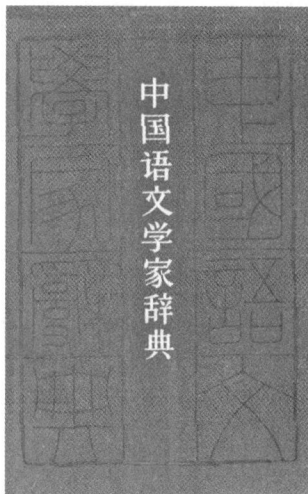

56.《语言与语言学词典》 〔英〕哈特曼、斯托克著,黄长著等译。

上海辞书出版社 1981 年版。

此书收录语言学名词术语 3000 余条,较系统地介绍了语言学各个领域的基本知识。正文后有附录 6 种,其中《文献目录》分类列出了重要的语言学期刊和著作共 488 种,颇有参考价值。

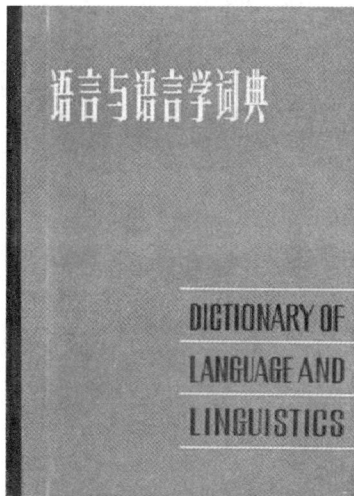

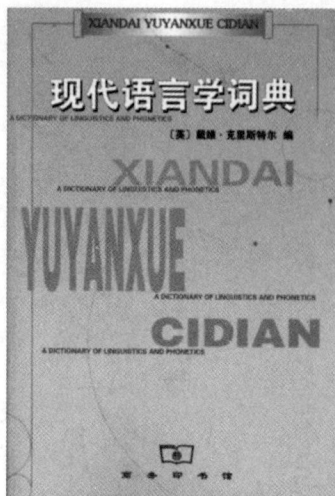

57.《现代语言学词典》 〔英〕戴维·克里斯特尔编，沈家煊译。

商务印书馆 2000 年版。

本书（第四版）原名《语言学和语音学词典》，增补修订后改为现名。这是目前翻译成汉语的唯一一本由西方语言学家编写的中小型语言学术语词典，共收 1400 个主词条，释义中又含 1400 个黑体术语、1200 个加引号的特殊名称，对当今语言学文献中常出现的共 4000 个术语作出了说明，可以满足读者对常见语言学术语的查找及了解这些术语的基本解释的需求。本词典的特点之一是术语之间可互参：一个术语的释义中涉及的其他术语都用特殊字体排印，可在相应词条下查阅其释义。原文的黑体词条和术语，其译文也用黑体；原文释义中用大写字母排印的术语，译文用楷体；原文加引号（单引）的术语和名称，译文也加引号（双引）标出。为便于读者查阅，词典最后增加了"汉英术语对照表"，这张对照表对术语的汉译英也会有参考价值。例如：

acoustic feature/cue 声学特征/提示特征 指从物理上分析的语音特性，如**基频**，振幅，谐波结构等。**声学语音学**从事这类分析，并可用这类特征给语音作声学分类，如按元音的**共振峰**结构给元音分类。有助于在语流中识别一个语音的声学属性叫做**声学提示特征**（acoustic cues）。在雅可布逊和哈勒的**音系学区别特征**理论中，声学特征是定义各种**二项**对立（它们构成一种语言的音韵**系统**）的主要手段。

●

58.《传统语言学辞典》 许嘉璐主编。

河北教育出版社 2010 年版。

本书收录了传统语言学中关于训诂、音韵、文字、语法等方面的名词术语、著述、人物、学派等词条，对传统语言学及其研究进展作了较系统的归纳和介绍。本辞典共收词目 4329 条，正文按音序排列，正文前有音序目录，正文后有笔画索引。每个分支按术语、人名、书名及主要学派立条。所收各类条目的时间下限为五四运动时期，个别学者(如章炳麟、黄侃等)卒于五四运动之后，但考虑到他们在传统语言学方面的学术渊源、地位及影响，也酌情将其收入。古今地名对照资料截至 2007 年底。术语类包括基本理论和学说，这类条目较长，内容丰富，为深入学习传统语言学的读者提供了方便，这也是本辞典区别于其他专业性工具书的地方。人名、书名分别立条。凡是立人名的，均收录该人的著作条；凡是收录的著作，其著者一定见于人名条。为满足科研工作的需要，本书收录了一批已亡佚的书名条，希望尽可能多地为研究者提供一些信息。例如：

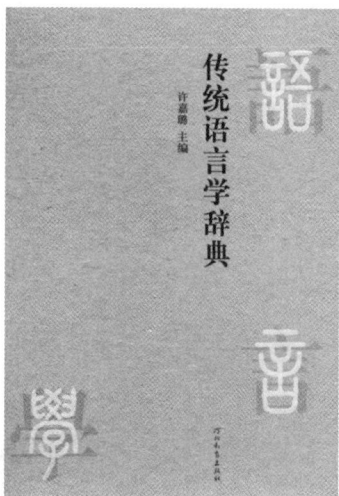

　　傍到双声　音韵学术语。唐释神珙《四声五音九弄反纽图》中"五音之图"有"傍到双声"一项，与"正到双声"相对。如"宫隆居间"四字，其中"间隆"称为"傍到双声"，"居宫"称为"正到双声"。同一图中称"隆间"为"正双声"。"傍到双声"与"正双声"两字相同而次序相颠倒。

　　本音　音韵学术语。与音转相对，指先秦的语音。与"古本音"略同。顾炎武最先使用此术语。《音学五书·叙》："考正三代以上之音，注三百五篇，为《诗本音》十卷，注《易》，为《易音》三卷。"顾氏"本音"，即为段玉裁的古本音。参见"古本音"条。

59.《新编英汉语言学词典》 戴炜栋主编。

上海外语教育出版社 2007 年版。

　　这是一本由中国学者编撰的综合性语言学术语词典，共收录词目约 7500 条，条目远多于戴维·克里斯特尔编的《现代语言学词典》。其内容既包括理论语言学及其各分支、各交叉学科的术语，又有应用语言学及语言教学方面的术语与专有名词，基本反映了到本世纪初为止语言学研究发展的轨迹、

概貌及最新成果。但部分术语的解释不够精当。

60.《中华大典·语言文字典·音韵分典》 中华大典编纂委员会主编。

湖北教育出版社 2012 年版。

　　本书是一部大型的传统音韵学工具书，辑录了先秦至清末各个时代传统音韵学的相关资料。其内容包括对音韵学各种问题的论说和考证，对历代各种音韵现象的陈述和描写，典籍文字中的音读及音读解释，有关学者的传记，有关音韵学的事件，音韵学专著的撰写记录、版本说明等。全书由先秦两汉音、魏晋南北朝音、隋唐两宋音、元明清音、等韵、音论六个总部构成，以下再分为三十个部。全书近 1000 万字，征引文献 1000 多种，不仅包含历代音韵学专著，还广泛类聚四部群书中零散的音韵资料，其中许多资料是近代以来首次被发掘和整理的，十分珍贵。书末有引用书目和条目索引，其中条目索引包括条目总目录、条目人名索引、条目书名索引。

61.《语言文字规范标准手册》 教育部语言文字信息管理司组编。

商务印书馆 2015 年版。

　　本书是在《语言文字规范标准》的基础上删减而成的，收录了常用的规范标准，共计 19 种文件，包括《中华人民共和国国家通用语言文字法》、《汉语拼音方案》、《通用规范汉字表》、《普通话异读词审音表》、《中国人名汉语拼音字母拼写规则》、《中国地名汉语拼音字母拼写

规则》(汉语地名部分)、《编辑出版常用规范标准》、《标点符号用法(草案)》等,目录如下:

中华人民共和国国家通用语言文字法(2000 年 10 月)

汉语拼音方案(1958 年 2 月)

通用规范汉字表(2013 年 6 月)

国务院关于公布《通用规范汉字表》的通知

说明

一级字表

二级字表

三级字表

附件 1　规范字与繁体字、异体字对照表

附件 2　《通用规范汉字表》笔画检字表

汉字部首表(2009 年 1 月)

新旧字形对照表

普通话异读词审音表(1985 年 12 月)

汉语拼音正词法基本规则(2012 年 6 月)

中国人名汉语拼音字母拼写规则(2011 年 10 月)

……

本讲主要介绍文字类工具书,包括字典,以及甲骨文、金文、简牍以及文字训诂等方面的书。

1.《说文解字》〔东汉〕许慎撰。

中华书局 1963 年版,中国书店 1989 年版,上海古籍出版社 2004 年版。

本书是我国第一部全面分析字形、说解字义、辨识声读的字典。全书十五卷,收篆体字 9353 个,重文 1163 个,共 10516 字。列 540 部,每部第一字为部首,然后依据字形,使所有的字隶属于 540 部之内。每字之下,先讲字义,其次讲字形,再次明读音。如"炳,明也。从火,丙声","鸣,鸟声也。从鸟口"。解释字义一般只讲本义,即造字时所依据的词义。解释字义的方式有三种:一、互相训释,即选择两个或两个以上意义和用法相同或相近的字,彼此互相训释。如"讽,诵也","诵,讽也"。二、推索由来,即说出词义的语源,这又分三种形式,第一是声训,即直接使用同音字或双声、叠韵字作训释,明确事物命名的由来。如"门,闻也"、"户,护也",门与闻,户与护,古皆同音。闻有通达之义,谓外可闻于内,内可闻于外。又门位于城郭或院墙通行之处,是通达内外的必由之路,所以许慎认为门的命名来源于闻。护兼有保卫和禁止两个义项,因为保卫和禁止是一件事情的两个方面。古代房与堂之间的通口叫户,房是个人休息之处,所以设户以保护房内,制止外人进入。户的命名来源于护。第二是先说字义,然后再从声音上说明命名的由来。如"祠,春祭曰祠。品物少多文词也"。第三是标明义界,即用一句或几句话来阐明词义的界限,对词的内涵作出阐述或定义。如"口,人所以言食也"、"达,行不相遇也"。

本书运用"六书"原理分析汉字形体结构。"六书"之名,首见于《周礼·地官·保氏》,但未说明"六书"所指,本书第一次对"六书"作出详细解说。《说文》对象形字和指事字,一般直接说明是"象形"、"指事",如"刀,兵也。象形"、"丄,高也。此古文上,指事也"。会意字以"从×,从×"或"从××"来表示,如"美,甘也。从羊,从大"。形声字以"从某,某声"表示,如"想,冀思也。从心,相声"。

本书对汉字的读音,作了两种处理:一是用形声系统显示汉字的读音,二是用"读若"拟出汉代人的读音。《说文》对所收形声字都标明从某、某声,"某声"即是显示声音的部分。本书写作时,反切注音法还没有产生,所以只能用汉代的注音方法"读若"来拟音。

本书的出现,开创了语言学研究的一个新时代,对后世影响极为深远,仅清代研究《说文》的名家就有二百多人,由此形成了专门之学:"许学"或"说文学"。其中以下四家成就最大,被誉为"说文四家",分别是:清段玉裁《说文解字注》(凤凰出版社 2015 年版)、清桂馥《说文解字义证》(中华书局 1987 年版)、清朱骏声《说文通训定声》(中华书局 1984 年版)与清王筠《说文解字句读》(中华书局 1988 年版)。

2.《康熙字典》〔清〕张玉书、陈廷敬等编纂,

汉语大词典出版社 2005 年版,社会科学文献出版社 2008 年版,中华书局 2010 年版。

本书是我国第一部以"字典"命名的工具书,以梅膺祚《字汇》和张自烈《正字通》为蓝本增广而成。全书收单字47035 个,按部首编排,分为 214 部首,又根据地支分子、丑、寅、卯、辰、巳、午、未、申、酉、戌、亥十二集,每集又各分上、中、下,共计四十二卷。部首次序依据笔画多少排列,同属于一部首的字按笔画多少排列。字典正集前面列有《总目》、《检字》、《辨似》、《等韵》各一卷。正集后面附有《备考》一卷,收录无从考据的字;《补遗》一卷,收录按其音义可增入正集但却没有增入的字。

本书的释字体例是注音在前,释义在后。先列《唐韵》,次列《广韵》,再列《集韵》以及《韵

会》、《正韵》等几部较为重要的韵书中的反切；然后解释字义，每字义下征引古书作为书证。如果该字另有别音别义，就再注明别音解释别义。逐层释义用"又"字表示，"又"字上空出一格，义项排列十分清楚。字的本义基本依据《说文》。在每字注末，有时加添按语考辨某些意义，有时分列某些俗体、别体以及重文。该字如有"古写"，就用同样的字体列在本字下面，另用小号字来标明这是"古文"。本书对字的注音释义主要引述前人的意见，除引用古代韵书、字书外，还援引古注，很少有编纂者自己的见解。

本书有如下几个方面的特点：一、部首排列方式构成了后起字典的模式；二、正集前列有《检字》及《辨似》，便于读者查阅和辨认；三、收字丰富，较《字汇》多收 13856 字，许多生僻字、奇冷字都收录书中，得到了集中的保存，并把过去字书所收的怪字加以专门整理；四、引证古书详尽，并加录书名和篇名，便于读者核对，这是字书编纂方面的一大进步。清代法令规定凡读书人应科举考试，书写字体都必须以《康熙字典》为准绳，所以这部字书对学术界影响很大，在相当长的时期里是人们常要翻检的重要工具书。

因成书仓卒，编纂草率，校勘粗疏，本书存有相当多的错误。清代学者王引之著有《字典考证》，列出该书错误 2588 条；日本学者渡边温著有《康熙字典考异正误》，列举错误 4700 多条，其中大多跟《字典考证》不相重复。其中的错误大致可分为如下几类，一是引用书证时，所引书名、篇名有误；二是引文错误常见，如妄删、妄增、妄改、妄节原文等；三是征引古注有误，或以原正文为注，或以原注为正文；四是断句时常有误。另外，本书在对字的形、音、义进行诠释解说时也有重大失误。

———————————●———————————

3. 《中华大字典》 陆费逵主纂，徐元诰、欧阳溥存等编辑。

中华书局 1978 年版。

本字典据《康熙字典》增订而成。陆费逵在叙中说："《康熙字典》有四大病，为吾人所最苦：解释欠详确，一也；讹误甚多，二也；世俗通用之语多未采入，三也；体例不善，不便检查，四也。在当时固为集大成之作，然二百余年未之修改，宜其不适用矣。"因此他大发宏愿,要重新编纂一部合适的字典取而代之:"弱冠前后,每以余暇治英日语文。受课之时少,自修之时多,英日字典,恒朝夕不离左右。见其体裁之善,注释之精,辄心焉向往,以改良吾国字典为己任。癸卯在鄂,忽发大愿,期以十年编纂一新字典。"宣统末年,陆费逵以两千大洋购得陈协恭所编字典一部。辛亥革命前夕,中华书局成立。不久,陆费逵的朋友欧阳溥存从江西来上海,陆便委托欧阳在陈协恭字典的基础上编纂一部大字典。当时陆费逵与欧阳溥存未知编纂字典的辛苦,以为六个月后便可成书。谁知事情并不简单:"此书前后凡亘六年,与其事者至三四十人,凡二千余页,四百余万言,哀然一巨册,重至十四五斤,编辑印刷之费,至四、五万元,亦可谓艰巨之业矣。"1914年终于大功告成,1915年由中华书局出版。

全书收4.8万多字,增录了近代方言字、翻译的新字。体例上继承《康熙字典》,按汉字部首排列,分子、丑、寅、卯等十二集,并附有笔画检字表。文字训诂多用清段玉裁、桂未谷、王念孙等的说法;注音以《集韵》为主要依据,兼及《广韵》等其他韵书;释义分条进行,一条只注一义。例如:

偕　居谐切　音皆　佳韵

① 强也,一曰俱也。见《说文》。

② 遍也。《左·襄二年·传》:"降福孔偕。"

③ 适合也。《曹植赋》:"金石偕而齐响。"

④ 同也。《管子·版法》:"偕度量。"

⑤ 并处也。《孟子·公孙丑》:"故由由然与之偕。"《朱注》:"偕,并处也。"(按:《列女传》作"油油然与之处"。)

⑥ 皆。《诗·无衣》:"与子偕行。"《汉书·地理志》作"皆"。

《中华大字典》在体例上继承了《康熙字典》的一些特点,但在许多方面有自己的创新,比如第一次在传统字书中使用插图,在说文解字的同时,以图像方式将一些动物、植物、器物展示给读者;在解说词义时,对例证中的难懂语句进行翻译或解释。如"久,滞也。《文选·张衡赋》:'游都邑以永久。'(言淹滞于京都也。)"。对汉字使用中的通假现象做了说明,如"仁通人"、"京通鲸"、"云通员"等。利用乾嘉学者的考据成果,校正了《康熙字典》中的2000多条错误。举例时除了引用书证,还别出心裁地利用青铜铭文等等。当然本书也不可避免地存在诸多缺陷与不足之处,如由于过于追求义项的详备,不免繁琐;对《康熙字典》的引证甚至抄袭过多,而且有些连错误之处也照抄不误。

***

4.《汉语大字典》 徐中舒主编。

四川辞书出版社、湖北辞书出版社 1986—1990 年连续出版,全八卷。2010 年由湖北长江出版集团(崇文书局)与四川出版集团(四川辞书出版社)联合出版九卷本。

本字典古今兼收,源流并重,集国内外汉语字典之大成,古今语言文字研究之精粹,是我国汉语语言发展史上新的里程碑。自 1975 年起,前后计有 200 多位专家、教授和专业工作者参加了这部巨著的编纂。本书具有三方面的特点:(1)大。所收汉字多,收楷书字头 5.6 万个,是古今楷书汉字单字的大汇编,也是当今世界上收汉字最多的一部字典;取材范围广,百科兼收,凡古今文献、图书资料中出现过的汉字,几乎都可以从本书中查到。(2)全。以字为中心,对每个汉字的形音义都有历史的、全面的反映。在字形上,字头下全面收列能够反映形体演变的有代表性的甲骨文、金文、篆文及隶书的形体,并简介其结构和演化;在字音上,注出现代读音、中古和上古的读音;在字义上,义项完备。以"上"为例,《辞海》所收义项为 18 个,《辞源》为 12 个,《中华大字典》为 33 个,《中文大辞典》为 38 个,而《汉语大字典》所收义项为 43 个。(3)典。每一字头、字形的确定,古文字形体的取舍,字音的标注,义项的建立,都逐一经过严格的审核,从而保证了它的典范性。

所有字头按照 200 部首排列,部首及同部首之属字,按照笔画由少至多依次列出。部首的笔画以楷书为依据。正文内首列楷书字头,若该字已简化,则将简体于右上角标出。在字形上,一一列出该字的甲骨文、金文、篆书、隶书等各类古体。与《康熙字典》和《中华大字典》的楷化古字不同,这一部分是真正的描摹,按先后次序清楚地交代了形体之流变;并且由于大量利用了自 20 世纪 50 年代出土的古文字资料,所反映的很可能是最新、最全的成果。在

新编中文工具书

字音上,同一字头下分注各音,各统意义,这种做法更接近于《康熙字典》。注音采用"三段注音法",即现代汉语拼音、中古音的反切和声韵调、上古音的韵部,尽可能完整地展示汉字在语音方面的发展演变规律。在字义上,义项的建立尽量求全,兼及古今,比较完备。书证和例证分见于各义项之中,无论古今,以名家名著为主。例如:

尖 jiān 《广韵》子廉切,平盐精

① 物体细削的末端或突出的部分。如:笔尖;眉尖;刀尖;塔尖。南朝梁江淹《江上之山赋》:"嶷嶷兮尖出,嵒崒兮穴凿。"《水浒传》第二十六回:"(武松)身边藏了一把尖长柄短、背厚刃薄的解腕刀。"闻一多《太阳吟》:"烘干了小草尖头底露水。"

② 末端细小,锐利。《玉篇·大部》:"尖,小细也。"又《小部》:"尖,锐也。"《正字通·小部》:"尖,末锐也。"唐李白《钓台》:"霭峰尖似笔,堪画不堪书。"杨万里《小池》:"小荷才露尖尖角,早有蜻蜓立上头。"叶圣陶《倪焕之》二:"那个西洋史教师是深度的近视眼,鼻子尖而高。"

③ 新颖;别致。唐姚合《和座主相公西亭秋日即事》:"酒浓杯稍重,诗冷语多尖。"宋李弥逊《浣溪沙》:"调高彩笔逞尖新。"

(以下书证略)

④ 超出同类的人或物。如:冒尖;拔尖。

⑤ 声音高而刺耳。

⑥ (耳目)灵敏。

⑦ 集中注意力(看或听)

⑧ 在前的或先行的。

⑨ 钻进。

⑩ 刻薄。如:尖刻。

⑪ 工间或旅途中小憩并略进饮食。

⑫ 方言。奸猾;圆滑。如:这个人可尖了;他尖得像猴子一样。

本书的特点是以解释单字为主,反映了单个汉字在形、音、义三方面的关系,也反映了汉字的形体结构及其演变,还反映了汉字整体的物质存在的发生及替代转换的变移趋向。

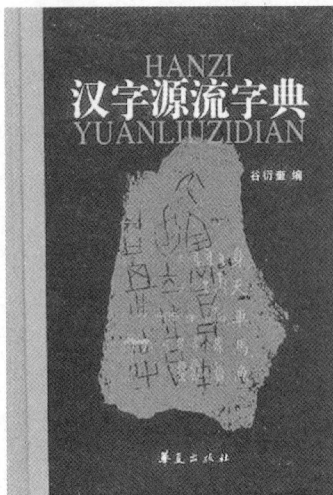

5.《汉字源流字典》 谷衍奎编。

华夏出版社 2003 年版。

本字典对构成汉字基础的所有偏旁部首及有构字能力的汉字,从源至流进行了全面解说,以便人们了解每个汉字的来龙去脉以及与哪些字有关联。2500 个常用字因其常用,有的虽无构字能力,也全部选入作了解说。部分非常用汉字,如其自身是象形字、指事字、会意字,或者是字形古今变化较大已不能由偏旁部首推知其含义的形声字,如"兕"、"迪"等,虽无构字能力,同样也选入作了解说。编排体例上,本书首先确立字头,分简体与繁体、古体与今体、正体与一体、借字与本字等多种类型;再列出字形,包括甲骨文、金文、籀文、篆书等形体;再分析构造,指出象形、形声、指事、会意等构字(或用字)方式;再探求本义,据《说文解字》加以解说;再概说其演变过程,阐述其从本义到引申义、从常用义到通假义等的变化;最后列出组字,即将以该字作为义符、声符,或声义相兼的汉字分别列出。例如:

九 jiǔ(尻)

【字形】甲骨文 金文 篆书 (具体符号略)

【构造】指事字。甲骨文是在兽类的尾巴根处加一丿,表示尾巴根处,指出屁股的所在,当是"尻"的本字。金文大同。篆文变得就不像了,隶变后楷书写作九。

【本义】《说文·九部》:"九,阳之变也。象其屈曲究尽之形。"解说不明确。本义当为尻尾。

【演变】九,本义指尻尾。借为数词,表示八加一的和:三三得~、~州。九为数之极。引申泛指多数:为山~仞,功亏一篑;~死一生、~牛一毛。又用为时令名:数~寒天。"九"为借义所专用,尻尾之义便另加义符"尸"写作"尻"来表示。尻,从尸从九会意。九也兼表声。读 kāo,本义指屁股:兔去~,狐去首。

【组字】九如今既可单用,也可作偏旁。是《说文》部首。现今归入乙部。尻尾处在身体的尽处,故凡从九取义的字皆与极尽、弯曲、多数等义有关。以九作义符的字有:

尥、尵。以九作声兼义符的字有：尻、尣。以九作声符的字有：鸠、艽、仇、宄、轨、犰、訅、魝、虓、旭。

6.《古文字通假字典》 王辉编著。

中华书局 2008 年版。

本书是记录汉语古文字资料中通假字的工具书。所称古文字，并非仅指小篆以前的古代汉字，而是指广义的汉语古代文字，大体包括殷商甲骨文、商周文字、战国文字以及汉初有浓重篆书意味的古隶体的帛书、竹简文字。全书收录了殷周至汉初的甲骨文、金文、货币、玺印、陶文、石刻、盟书、帛书、竹木简牍等各种文字材料中的通假例证，资料发表时间截止到 2004 年。字典正文，以所假之字立目，按所通之字的上古声韵排列，以韵为经，以声为纬；用"读为"、"文献作"等形式说明所通之字；所假、所通之字一般注明上古声纽、韵部和汉语拼音；举出通假例证。书前列有"音系条目索引"，书后附有"甲骨文著录书目"、"金文著录书目"、"战国至汉初文字著录书目"、"引用主要古籍书目"与"引用书籍论文书目"以及"笔画检字表"、"音序检字表"与"四角号码检字表"。

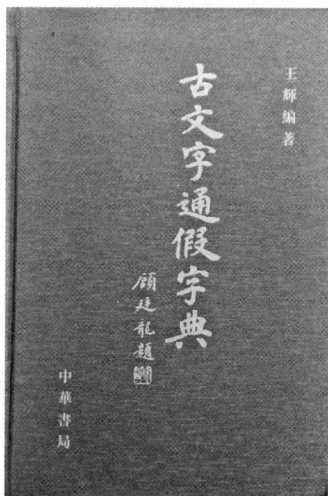

7.《历代避讳字汇典》 王彦坤编著。

中州古籍出版社 1997 年版，中华书局 2012 年版。

本书"前言"部分对中国古代的避讳情况作了较为详细的描述，分广义与狭义两种情况举例说明。广义的避讳包括敬讳、忌讳与憎讳三种情况。出于迷信畏忌心理而讳用、讳言凶恶不吉利字眼或音节的，是忌讳。如吴地百姓讳言"离散"，称"梨"为"圆果"，称"伞"为"竖

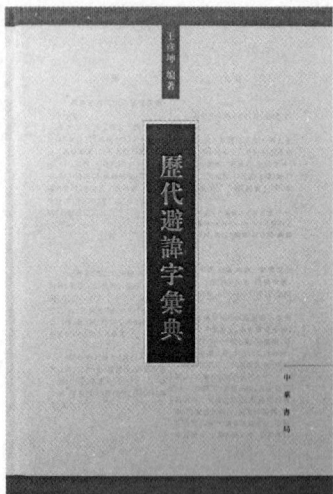

笠"等。出于厌恶憎恨心理而不愿以其名或姓称物的,是憎讳。如唐肃宗厌恶安禄山,郡县名带"安"的多加更改等。出于封建礼制、礼俗的规定、约束,或出于敬重的原因而不敢直呼尊长名字,以至讳用与尊长名同或仅音同之字的,是敬讳。如汉武帝刘彻,汉人讳"彻"为"通",于是《史记》《汉书》纷纷称蒯彻为"蒯通"。狭义的避讳专指敬讳。这种习俗起源于周,成熟于秦汉,盛行于唐宋,延及清末。避讳的方法多种多样,常见者有以下几种:

(1) 作某:不敢直呼君主、尊长之名,以"某"字代之。如《尚书·金滕》记武王有疾,周公愿代其死,对先王祝曰:"惟尔元孙某,构厉虐疾。若尔三王是有丕子之责于天,以旦代某之身。"孙诒让曰:"元孙,武王。某,名。臣讳君,故曰'某'。"武王名"发",史官记载此事时为了避讳,而用"某"字代替其名。

(2) 标讳:凡遇御名(国君名)、庙讳(国君先世名),不予书出,但标"讳"字。如《三国志》卷五《魏后妃传》裴松之注引《魏书》:"(甄)后笑答之曰:'讳等自随夫人,我当何忧!'""讳"指的是魏明帝睿。

(3) 省阙:凡遇必要避讳之字,或径省去,或作空围(□)。如唐末朱温擅权,避父朱诚名,因"诚"与"城"同音,故诸县名内有"城"字者,如韦城、考城、胙城、襄城等,一概去"城"字单名。

(4) 代字:凡遇必要避讳之字,改用它字代替。所用代替之字,以同义字居多。如汉高祖名邦,西汉人凡遇"邦"字皆改为"国";淮南王刘安之父名"长",《淮南子》中"长"皆改为"修"。

(5) 改称:凡遇名号避讳之人、事、物,则改其名而称之。如《晋书》避唐高祖李渊讳,于刘渊则称其字"刘元海",于戴渊则称其字"戴若思";五代时杨行密据江淮,时人为避其名讳,称杏为"甜梅"(避"杏"),称蜜为"蜂糖"(避"密")。

(6) 缺笔:凡遇避讳之字,书写时省一两笔,一般是省掉最后一笔。其法创自唐初,沿用至清末。如清仁宗名颙琰,清人写"颙"字时要省掉"页"字后两笔。

(7) 变体:凡遇避讳之字,故意不按常体书写而改变其形状。如清人避仁宗讳,书写"琰"字时故意将"炎"字下面的"火"写成"又"。

(8) 更读:凡遇避讳之字,并不改窜字形,只是改变读音,或者读作他字。如《至正直记》卷三记载:"丘字,圣人讳也。子孙读经史,凡云孔丘者,则读作'某',以朱笔圈之;凡有'丘'字读作'区';至如诗以为韵者,皆读作'休'。"

（9）曲说：凡遇避讳之字，直说既不便，遂采取拐弯抹角的方式曲折道出。如宋代郑思肖父名"起"，尝名"震"，郑思肖《先君菊山翁家传》便这样说："先君字叔起，号菊山，名与字之下字同，昔年尝名正东方之卦。"

（10）填讳：书写时遇与父祖之名相同之字，则留空不写，再委托他人代笔填写。如明代邵经邦，作《一鉴亭记》，因父名鉴，故"鉴"字不自书，其下注云："李埛填讳。"

●

8.《甲骨文编》 中国社会科学院考古研究所编辑。

燕京大学 1934 年版，中华书局 2004 年版。

甲骨文是商代使用的刻在龟甲兽骨上的文字，清代光绪年间（公元 1880 年以后）在河南安阳殷墟出土。开始被当作药材贩卖到各地，1899 年才为学者认识。首先收集甲骨的是王懿荣，他收集了约有 1000 片，后归刘鹗所有。刘鹗编撰的《铁云藏龟》，是第一部搜辑甲骨文字的书。孙诒让据此作的《契文举例》，是第一部研究甲骨文字的著作。后来罗振玉、王国维等相继收藏考订，罗编了《殷虚书契前后编》，王编了《戬寿堂所藏殷虚文字》等，成书几十种。1933 年郭沫若著《卜辞通纂》，是研究甲骨文很有成绩的一部书。1934 年孙海波编《甲骨文编》（燕京大学石印），收录《铁云藏龟》、《殷虑书契前后编》等书，共 2000 余字。

全书根据 40 种甲骨书，收甲骨文 4672 个字，甲骨刻辞中所见文字大致都收进来了。全书分正编和附录两部分。正编十四卷，收录 1723 字，依《说文》次序排列，每字上方列有《说文》的篆文，《说文》中没有的，附各部的后面。合文另为一卷，列在正编之后。不能辨认的字，或考释没有定论的，收入附录（上）。校改时从正编和附录中抽出来的以及写定后补收的新字，也列入附录（下）。全书所收的单字都编了顺序号，以便检字和引用。末附楷体笔画索引。

刘钊《新甲骨文编》（福建人民出版社 2014 年版）可与本书互补。

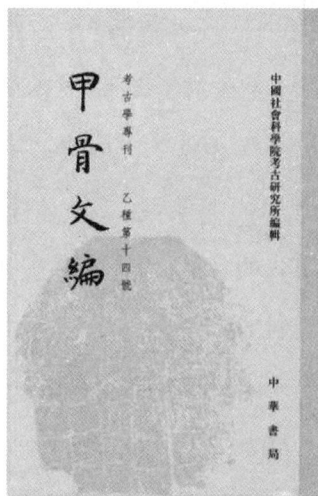

9.《殷墟文字甲编》、《殷墟文字乙编》 董作宾编撰。

商务印书馆 1948—1953 年版。

本书是殷墟甲骨刻辞著录,《甲编》一册,成书于 1948 年;《乙编》全三册,1948—1953 年陆续出版。

《殷墟文字甲编》从殷墟第一至第九次发掘所获的 6513 片甲骨中,选录了字甲 2467 片、字骨 1399 片,并附录牛、鹿头骨刻辞等,共编号 3942 号。入录的甲骨,除少数朱书者影印外,其大部为拓本。每片甲骨的著录编号之下,都附有发掘的次数及原出土登记编号。《殷墟文字乙编》从第十三、十四、十五次发掘所获 18405 片甲骨中,遴选出 9105 片编辑而成。本书是 1928—1937 年中央研究院历史语言研究所发掘所获殷墟甲骨的总集,为考察甲骨的出土情形、甲骨与其他遗物及遗迹的关系,提供了可靠的资料。

此外,河南省博物馆也于 1929—1930 年两次发掘殷墟,共获甲骨 3656 片,选拓其中 800 片编为《殷墟文字存真》,930 片编为《甲骨文录》。但此二书没有出土登记编号,科学性不如《甲编》、《乙编》。1957—1972 年,台湾中央研究院历史语言研究所又陆续出版《殷墟文字丙编》三辑六册,《丙编》是由《乙编》及编余的甲骨缀合复原、重新传拓、编辑,并加以考释而成,是《乙编》所录甲骨的拼合复原选录。《丙编》的出版,对甲骨学本身以及商史的研究,均有价值。

10.《殷墟卜辞综述》 陈梦家撰。

科学出版社 1956 年版,中华书局 2013 年版。

本书是殷墟甲骨卜辞论著,全面总结了自甲骨文发现(1899 年)至 1956 年 50 多年间的研究成果,对殷墟卜辞的发现、发掘、研究的经过、研究的方法、卜辞的内容,均作了系统的论述。全书 75 万字。分总论、文字、文法、断代上、断代下、年代、历法天象、方国地理、政治区域、先公旧臣、先王先妣、庙号上、庙号下、亲属、百官、农业及其他、宗教、身份总结、附录等章节。第一章是成书前五十多年甲骨文发现和研究的总结；第二、三章论殷代文字、文法；第四、五章论甲骨文自身的分期断代；第六章论夏年、商与西周积年、殷庚迁殷至殷亡积年及汉代的殷历；第七章论殷商的历法、天象；第八章论殷商的疆域；第九章论商王国与境内诸侯的关系；第十至十四章论商、殷的先公、旧臣、王、后的世系、名谥和亲属关系；第十五章论商代职官；第十六章论商代经济；第十七章论鬼神崇拜；第十八章论阶级关系；第十九章论商代社会及历史文化。书末附有"贞人断代表"、"甲骨大事简表"、"甲骨论著简目"等。本书是集上世纪前半期甲骨文研究之大成的综合之作，是研究商代历史、地理、语言、文字的重要参考书和工具书。

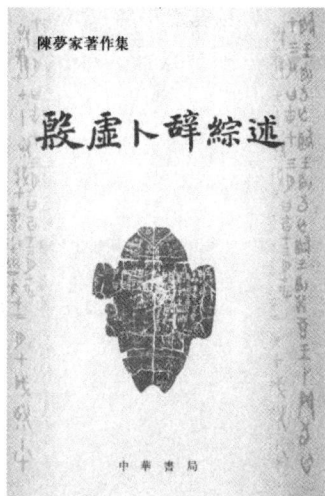

11.《甲骨文字集释》 李孝定编述。

(中国台湾)"中央研究院"历史语言研究所手抄影印，1965 年版，平装 16 册；1970 年再版，精装 8 册。

本书正编十四卷，卷首一卷，补遗一卷，存疑一卷，待考二卷。体例依《说文》分部别居，博采自甲骨文发现以来前 60 年中诸家近 300 种甲骨文著述而辑录其说。《凡例》称："本书取材，以殷墟出土甲骨文字经诸家著录并考释者为主，他如钟鼎彝器铭文之考订，与此足资参证者间亦采入。""每字之下，于眉端首列篆文，次举甲骨文之诸种异体，其同形屡见者不悉录。次列诸家考释，并尽可能注明出处、书名、卷叶，后加按语，定以己意。""辑录诸家著述力求详尽，故多迻录全文，其或原文过长，或则发为议论，与文字之研究无涉者，则加删节。"本书工程浩大，

基本上汇集了甲骨文发现以来前 60 年甲骨文字考释成果,在编纂设计上具有开创之功。

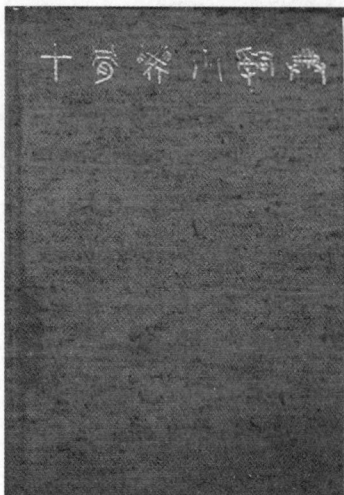

12.《甲骨学小词典》 孟世凯编著。

上海辞书出版社 1987 年版。

本书收词 660 条,内容包括甲骨文中的人名、地名、方国、族名、祭名、天文、气象、动物和一些专用词、成语,以及在甲骨学研究中形成的名词、术语。作者自序称"是以殷墟出土甲骨、甲骨文和有关著述为主要内容,采诸家之说,合各家所长,间述己之浅见,简释 80 年来甲骨学中所见之部分词汇、术语",书末有世系表、卜辞中父母兄子称谓表、贞人表、先妣表、诸子表、诸妇表、干支表、甲骨学大事年表、甲骨文著录书简表等九个附录。隶定词目之后附有甲骨文原形字,所附各表中凡有甲骨文之处,也均附有甲骨文原形字。本书虽名为小词典,但内容非常丰富,介绍深入浅出,文字简明扼要,对研究古代历史、地理、语言、文字和考古学等,都有一定的参考价值。

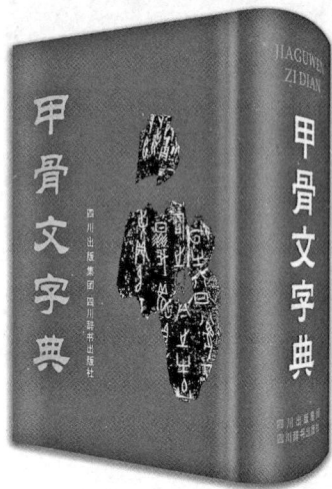

13.《甲骨文字典》 徐中舒主编。

四川辞书出版社 2014 年版。

本书是一部规模较大、切合实用的甲骨文字典,共收录单字 1112 个。所收单字基本上依据诸书拓本摹写,并按照《说文解字》的部首编排,《说文》所无之字附于各部之后。书前有依据《说文解字》编的甲骨文目录、楷书字形笔画索引,以及所引用著作的书目。

本书是在孙海波《甲骨文编》和李孝定《甲骨文字集释》的基础上编纂而成的。徐中舒在卷首序中称:"《甲骨文字典》是以上述二书之长为借鉴,采择近年来古文字研究及考古发掘之新成果而编摹的。在汇集字形方面是统览每一字全部字形基础上精选有代表性的字形,按断代标准分别于各时期之下,以便了解各个时期文字字形演变的特征,从而全面深入掌握字形。在文字考释方面是博采众家之长,不囿于一说,不蔽于权威,实事求是,虚心探讨,综合每一字及相关诸字的形、音、义全面联系,及其社会历史生活、生产实际、语言规律,深入考核论证,经过分析批判或择善而从,或参以己见修订补充,务求内容切实稳妥,表达明确精炼。"在体例上,每字下设三栏,一栏展示字例,一栏"解字",一栏"释义"。"解字"重在分析字形,"释义"重在阐明字义,兼举甲骨卜辞为例,直观明了。

---

14. 《甲骨文字字释综览》 〔日〕松丸道雄、高嶋谦一合编。

东京大学东洋文化研究所 1993 年版。

本书收甲骨文字 3395 个,并集录 1989 年以前中日诸国学者发表的甲骨文字释。本书也是按《说文》分别部居,分为正文十四篇,合文一篇,未识字二篇,《文编》、《综类》所无字二篇,书后附文献目录、字释索引及检索表。正文先录《文编》与《综类》字号,次举甲骨字形,次记诸家字释,次记诸家字义简说,末栏著录出处。本书仅收录诸家字释结论,间记诸家有关该字的词义用法作为参考,简洁明了,特别是其提供了不少海外甲骨学者的字释见解,有助于推动甲骨学发展和国际间的学术交流。

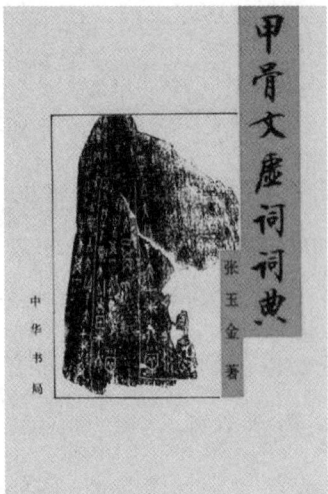

15.《甲骨文虚词词典》 张玉金著。

中华书局 1994 年版。

本书是第一部研究甲骨卜辞语中虚词系统的著作。商代语言里的单音节虚词达 60 多个，分属于代词、副词、介词、连词、语气词、助词、感叹词等，还包括复合虚词和固定格式。本书在体例上先释单音虚词，后释复合虚词和固定格式。复合虚词和固定格式都排在与其第一个字相同的单音虚词之后。注音采用通行说法，某字读为某音，即注某音。释义时，兼及介绍其用法。例证一般出自殷朝末年，部分来自周初。

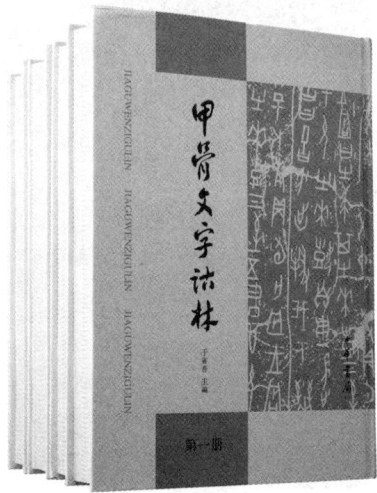

16.《甲骨文字诂林》 于省吾主编。

中华书局 1996 年版。

本书编撰体例基本遵从《甲骨文字集释》，即先举今字或甲骨文字体，次辑录诸家考释，并注明出处，后加按语。姚孝遂在书前的序中称："李孝定于六十年代初撰成《甲骨文字集释》，广录众说，并提出了总结性的意见，为甲骨学的开拓与发展作出了重大的贡献。现在又过去了三十年，在此期间，有关研究成果数倍于前，有必要再一次加以总结。我们的工作就是在李孝定《集释》的基础上继续进行的。"又称《甲骨文字诂林》"广泛地搜集了自本世纪初直至 1989 年底，甲骨文字被发现以来九十年间有关甲骨文字考释的研究成果，并试图加以总结，明辨其是非得失，提出我们的结论性意见"，"在采录诸家之说时是有选择的。对于那些缺乏依据，但凭揣测臆想，毫无参考价值者，一概摒而不录"。本书基本上集录了甲骨文发现至 1989 年 90 年来甲骨文字考释的主要成果。

17.《甲骨文献集成》(全四十册)　宋镇豪、段志洪主编。

四川大学出版社 2001 年版。

本书是甲骨学专业性类书,大型文献资料库。凡以甲骨学为研究对象或报道评述对象,或主要利用甲骨文对殷商史及有关社会科学、自然科学等各方面专题进行研究,具有较高学术价值,或在甲骨学发展史上具有重要影响的中文或外文专著、论文及报道资料等,均予以收录。所收资料的年代范围从1899 年殷墟甲骨文发现至 1999 年。所收文献以类相从,按"甲骨文考释"、"甲骨研究"、"专题分论"、"西周甲骨与其他"及"综合"五大类顺序排列。大类下面再设分目,类目之中按先论著后论文的顺序排列,专著与论文又以出版(发表)年代先后为序排列。其中论文资料部分分为"1949 年以前"、"1949 年—1965 年"等七个时间段,以首次发表的时间为准。外文资料原文录入,少数重要的外文资料除收录原文外,亦收录相关译本。

18.《英汉对照甲骨文今译类检》　刘志基等主编。

广西教育出版社 2005 年版。

本书从《甲骨文合集》中选择了 1000 条左右甲骨刻辞进行中英今译。选条的原则首先是注重内容和字词的覆盖面,即在一定的篇幅内包含尽可能多的内容类型和字词种类的甲骨刻辞;其次是注重刻辞拓片的清晰度,即只选择清晰或比较清晰的甲骨文刻辞进行今译。本书将甲骨文刻辞的拓片分片和条两级呈现,片的拓片只标注同片诸条的共有属性,即出处和分期;片下标注该条的内容、条在片中的位置、刻辞行款等条的特有属性。然后对刻辞进行释文、注释、汉语今译、英语今译,必要时还给出注译的参考文献。辞条的注释,以一般读者不易理解的字词

为对象。例如：

二十一(536)

出处：甲骨文合集 536　分期：一

甲骨(图略)

选定条1

甲骨(图略)

内容：地名、战争　位置：右尾甲　行款：右行

释文：辛卯卜，争，勿乎取奠女子。

注释：① 争　第一期武丁时代的贞人名。

②取　该字从又从耳，本义为军战获耳，引申为一切获取之义。

③奠　卜辞中用法颇多。此处用作地名，即郑地。

④ 女子　妇女与小孩。

今译：辛卯日占卜，贞人争贞问：不下令获取郑地的妇女与小孩吗？

英译：Divining on the *xinmao* day[28], Zheng(tested)：Should (we) not issue the call to fetch the women and children of Zheng?

19.《金文编》、《续金文编》　容庚编著。

正编乃贻安堂 1925 年自写石印本，科学出版社 1959 年增订本，中华书局 1985 年再次增订本，由张振林完成。续编乃商务印书馆 1935 年石印本，科学出版社 1959 年重印。

金文是钟鼎彝器上的文字。玺印、布帛的文字也属金文的范围，但本书没有将其收入。金文的研究开始于宋代，到清代成绩已很可观。清初汪立名著《钟鼎字源》，后来阮元著《积古斋钟鼎彝器款识》，吴大澂集录各家铜器铭文，编

成《愙斋集古录》,又把金石匋玺中的文字依照《说文》的部目编成《说文古籀补》。

本书正编收录殷周金文,1985年增订本采用铜器3902件,收录可以识别的字2420个,重文19357个;有引用器目、楷书笔画检字。续编收录了秦汉金文,采用秦器86件、汉器749件,收录可以识别的字951个,重文6084个。附录收录不可识别的字33个,重文14个;后附为各器物的铭文及楷体笔画检字。体例依《说文》次序排列,字头上方标《说文》篆文,并编顺序号码,以便引用;字头下注楷体字,下面排列各器金文异体,并注明见于何器物。其中可识的字1894个,重文13950个;未识的、有疑义的,列入附录,共1199字(重文985个)。其中图形文字列附录上,形声字列附录下。书后附为彝器目录,楷体笔画检字。

20.《金石萃编》 〔清〕王昶撰。

扫叶山房1926年版,中国书店1985年版,陕西人民美术出版社1990年版。

本书是集历代金石文字材料和各家集注文字资料的金石学专著,以石刻为主,在1500多种金石文字中,青铜器铭文和其他金属器物铭文总共只有37种。全书一百六十卷,依时代先后排列,计先秦三卷,秦一卷,汉十八卷,三国魏、吴二卷,晋、前秦一卷,梁一卷,北魏三卷,东魏、西魏三卷,北齐三卷,北周二卷,隋三卷,唐七十八卷,五代十国四卷,宋三十卷,辽一卷,金六卷,南诏等一卷。每种器物在标题下记其形制、尺寸及现今所在地点,再抄录全文,加以训释;全文之后集录各家专著、文集的有关论述,起到集释的作用;最后是王氏本人所撰按语。本书兼具存目、录文、摹写、跋尾之长,为编著金石通纂设立了一套比较完备的体例,为读者带来了极大的便利,被推崇为"欲论金石,取足于此,不烦他索"。

此外,增补校订《金石萃编》的还有陆耀通撰、陆增祥校订的《金石续编》,王言的《金石萃编补略》,黄本骥的《金石萃编补目》,陆心源的《金石萃编补》,陆增祥的《八琼室金石文字补正》,其中后两种收录《金石萃编》未收金石文字二千余种。

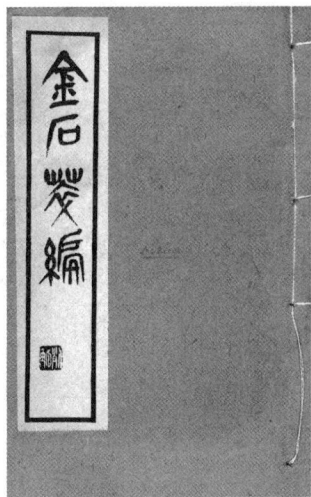

21.《金文总集》（全十册）　严一萍编。

（台湾）艺文印书馆 1983 年印行。浙江古籍出版社影印。

本书系据 1981 年版《金文著录简目》增删而成，所收金文以三代之铜器铭文为主，包括后代摹绘之器形及题跋。每一器物之下，详列所见书名，并录入考释文字。书前列有"引用书目及简称"，分中文、日文、西文三部分。

22.《殷周金文集成》　中国社科院考古研究所编。

中华书局 2015 年版。

本书是殷周时代有铭铜器资料的集成性汇编，年代下限断至秦统一以前，内容包括铭文、图像、释文和索引，以铭文为主体。所收资料包括以下四个方面：一、国内外博物馆、其他单位和私人收藏的传世铜器；二、各地历年考古发现中获取的铜器；三、宋代以来著录诸书中现已不知所在的器物；四、未曾见于著录的铭文、图像资料。本书的编排以器类为纲，按照考古学界通常采用的殷周铜器类别编次，顺序如下：乐器、炊器、盛食器、酒器、水器、兵器及其他。各器具铭文均依原版，按照字数从少到多排列，重文和合文在说明中括号注明。本书铭文部分各册的说明，逐一交代了所收器具的字数、时代、著录、出土、流传、现藏、资料来源以及其他需要说明的情况；图像部分各册的说明，除重复交代上述事项外，还注明了该器具的尺度。

新编中文工具书

23.《金文引得》 华东师范大学中国文字研究与应用中心编。

广西教育出版社 2001—2002 年版。

青铜器铭文是殷周时代主要的实物文字资料,在很多方面有重大的研究价值。汉代以来,特别是清代以来,众多学者对青铜器铭文进行了卓有成效的考释研究,取得了丰硕的成果。由于古文字的构形特点给传统检字手段造成了难以逾越的障碍,青铜器铭文难以像传世文献那样以字为单位进行检索。为了填补这一空白,华东师范大学中国文字研究与应用中心先后完成了《金文语料库》与《金文字库》的开发,实现了青铜器铭文的计算机处理,并在此基础上编纂了《金文引得》这部商周青铜器铭文的检索工具书。

全书分"殷商西周卷"与"春秋战国卷",由"释文"、"引得"、"检字"三大部分构成。"释文"包括见于 2001 年以前专书、杂志著录的殷商西周与春秋战国青铜器的隶定断句("殷商西周卷"含 9916 器的 5758 篇铭文,"春秋战国卷"含 2253 器的 1692 篇铭文),以铭文所在器具的器类排序;"引得"以字为单位列出在"释文"中出现的所有句子,以单字为字头,后面罗列出现该字的所有释文单句;"检字"标明"引得"中所有单字的页码,分"笔画检字"和"三级字符全拼编码检字"两部分,前者按笔画数目排序,后者按音序排列。

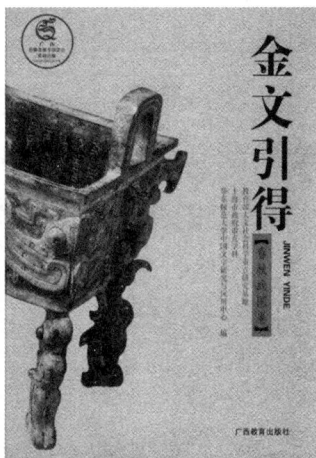

24.《国家图书馆藏金文研究资料丛刊》(全二十二册) 徐蜀选编。

北京图书馆出版社 2004 年版。

国家图书馆藏北宋至近代以来的金文文献数百种,多达数千卷,内容包括历代学者收集整理的金文目录和对金文的分类、探源、考证、疏释等;历代爱好者收藏编撰的钟鼎彝器目录和对钟鼎彝器的分类、拓印、考释等。本丛刊精选了三

十余位学者整理编撰的金文著作四十余种,以金文的专门研究文献为主,亦兼收少数金文、石刻文并存的著作,内容包括文字之识别、文句之通读、文例之抽绎等,考证了铭文的纪年、族名、邦国、人名、地名、官名、礼制和史事等内容,兼收少量图像铭文的拓本、摹本。所收著作横跨北宋至近代,最早为北宋王俅的《啸堂集古录》,最晚为近人容庚的《金文编续编》。

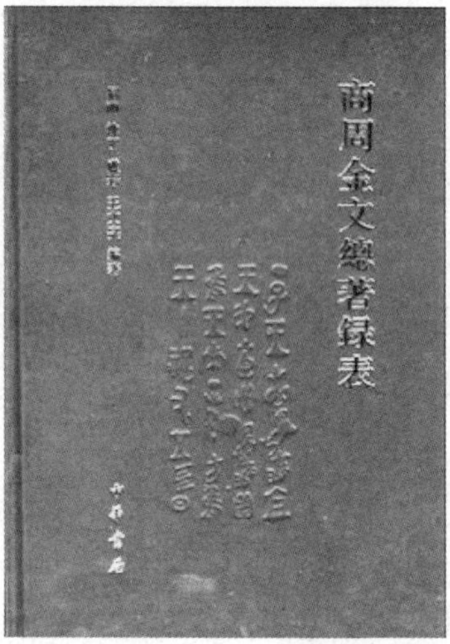

25.《商周金文总著录表》 刘雨等编著。

中华书局 2008 年版。

本书以《殷周金文集成》与《近出殷周金文集录》两书内容为主,共收录 1999 年 5 月底以前发表的全部商周时代有铭青铜器的著录资讯,收器共计 13337 件。所收青铜器分类编排,按器上铭文字数由少到多排列。器上合文、重文不计字数,写作"合文×"、"又重文×";铭文不清者,以能见者为准,计为"存×";编钟编镈,同组器中铭文最多者,排入此类器的相应位置;族徽文字,已识者按识数多少计,不识者按一字计;盉器同铭、两面同铭者不重复记数,不同铭则累计记数。"著录"项下列举著录该器拓本(或摹本)的书刊,首列《殷周金文集成》和《近出殷周金文集录》两书,其余列后。没有拓本而仅作考释的书刊和一般的通论性著作、综合性文物图录不予列举。书末附"本书引用书目及简称表"以便检索。

26.《中国简牍集成》 初师宾等主编。

敦煌文艺出版社 2005 年版。

简与牍是我国纸张未发明和未普遍使用之前用于书写文字的主要材料,是先秦以迄魏晋时期文献典籍的重要载体,是研究先秦以讫魏晋历史最重要、最可靠的原始资料。19 世纪末 20 世纪初英国人斯坦因(Aurel Stein)和瑞典人斯文赫定(Sven Hedin)相继在我国新疆尼雅、楼兰古国遗址发掘出魏晋时期的木简,从此揭开了简牍考古的序幕,至今已有百余年历史。

《中国简牍集成》(标注本)以图文形式囊括了 20 世纪百年间国内发掘出土并已发表的全部简牍,是目前集简牍资料大成的巨编。本书所录内容十分广博,包括战国、秦汉、魏晋时期的政治、军事、社会制度,以及人文信仰、科技成就、文化著述、历史史实、地理疆域、社会生活等,均是当时的实用文书、簿籍、档案和书典。它们是十分珍贵的第一手资料,弥补了史籍文献之不足,具有十分重要的研究价值。本书的编者,不仅给广大读者提供了大量全面的珍贵历史文献资料,还从使用者的角度给全书文字进行了整理、校补、标点和注释,尤其是对特定历史时期的专用词汇、文例以及口语文字进行了考证性解释,因而本书具有非常广泛的实用价值,是古代语言、文字、文学、历史、文化等多个领域的研究的重要资料。

全书分两编,共二十册。第一编十二册,第一、二册为简牍图版,包括甘肃、内蒙古、湖北、湖南、山东、河南、安徽、青海、河北、江苏、江西、广西等地出土的简牍图版,第二册卷末附有"全国出土简牍一览表"与"全国简牍出土情况分布图";第三至第十二册为甘肃、内蒙古等地出土的简牍释文。第二编八册,第十三、十四册为简牍图版,包括湖南、江西、青海、陕西、河北、安徽、江苏、新疆、北京等地出土的简牍图版;第十五至二十册为湖南、广西、江西、青海、陕西、河北、安徽、江苏、新疆、四川、北京等地出土的简牍释文。书前初师宾《简牍学百年的思考——代序》与何双全《中国简牍综述》详细阐述了简牍的性质、简牍考古的历史、简牍研究的价值与意义等相关问题,因此本书具有重要的学术价值。

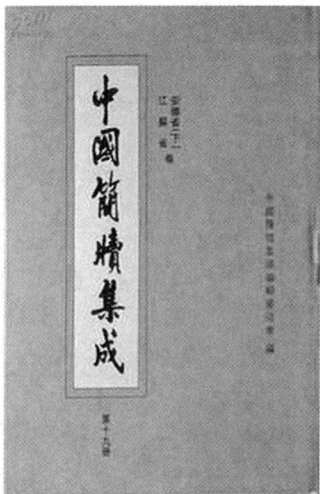

27.《说文解字诂林》 丁福保编纂。

中华书局 1988 年版。

本书是一部集《说文》资料大成的工具书,共采书 182 种(未计补遗),分订六十册。除按

照《说文》次序将历代考释字义的著作收入每个字下外，还附有前编和后编。前编收录所采用各书的原叙、例言及总论《说文》或六书的著作，后编收录考释《说文》逸字的著作。最后一册是通检，供检索用。本书采用的书籍大体有以下十一类：一、大徐本《说文》及校勘、研究大徐本的著作；二、小徐本《说文》及校勘、研究小徐本的著作；三、清段玉裁《说文解字注》及考证段注的著作；四、清桂馥《说文解字义证》及辩证《义证》的著作；五、清王筠《说文句读》、《说文释例》；六、清朱骏声《说文通训定声》；七、散见清人及近人各书中研究《说文》的著作；八、研究《说文》引经、引古语的著作；九、清人及近人考释个别字义的著作；十、与《说文》有关的研究甲骨、金文、石刻的著作；十一、研究《说文》逸字的著作。本书编成后，编者又有所得，依原书体例，成补遗十六册。

本书编成之后，前人对其评价甚高。《畴隐居士自述》云："予读其书，有四善焉。一、检一字而各学说悉在也；二、购一书而众本均备也；三、无删改，仍各家原面目也；四、原本影印，绝无错误也。故无论藏有文字学书或未藏有文字学书者，皆不可不备此书。于右任先生曰：'……丁君编辑《说文诂林》，合原书一千余卷，囊括有清一代许氏之学，汇为渊海。检一字而顷刻即得，得一字而各说咸备。凡古书中之所谓某为正字、某为借字、某为古字、某为异文等，昔人穷老尽气而不得者，今费半小时即可得之。所以此书不仅集许学之大成，实亦治说文者最便利之捷径也。'"蒋维乔《诂林精舍记》云："仲祜辑此书，以三十余年之力，广搜治说文者之学说，依大小徐之原本，每字为一条，而以诸家解释附隶其下，俾读者检一字而得数十家之义，便莫大焉。"

28.《古文字诂林》 李圃主编。

上海教育出版社 1999—2004 年版。

本书是汇录古文字考释成果的工具书。全书十二册，上自殷商，下迄秦汉，将甲骨文、金文、古陶文、货币文、简牍文、帛书、玺印文和石刻文等八大类古文字字形和考释资料汇为一编，进行综合整理。每册前设楷篆对照部首表、部首检字表和笔画检字表，参照《说文解字》部首顺序排列字头，《说文》所无之字，其考释资料依部首笔画顺序另行分册排列。首列单字古隶定楷书字头，字头旁加注篆书，字头下依次收录字形和考释资料。字形部分录自八大类有代表性的古文字字形汇编著作，一经采录，不加取舍，以存原貌。考释部分所录以各家关于古文字本体形音义的考释的内容为主，兼及用法的阐释。有些考释资料其结论虽承继前人，但在论据论证方面有所发明的，则酌情加以收录。所录考释资料，原则上依据出版时间先后排列，冠以作者姓名，并用标注，文末注明出处。本书字形著录堪称详备，考释资料可谓宏富，既有取自文字学专著的，又有采取论文集及报纸、杂志上的单篇论文的；从时间跨度上来说，既有近两千年前东汉许慎的《说文解字》、南宋薛尚功的《历代钟鼎彝器款识法帖》，又有清代、民国直到今天学者的著述。本书首次采用了一整套篆书古隶定字作为字头，将出土古文字、篆书到古隶定字、后代楷书的发展脉络清晰地勾勒了出来，使得读者能够更加清楚地了解汉字发展的历史面貌。

29.《文字音韵训诂知见书目》 阳海青等编。

湖北人民出版社 2002 年版。

本书主要收录了文字、音韵、训诂方面的典籍，并酌情收录了金石、群书文字音义等的著述。凡所知见成稿并印刷、抄写于 1911 年以前的一概采入，印刷抄写或以传统著述方式编撰、成稿于 1911 年以后的择要采入。全书共收各类著作 4813 种 12067 部。所收各书依版本设置款目。每一款目依次包括书名（正书名、卷数）、著者（时代或国别、姓名、著述

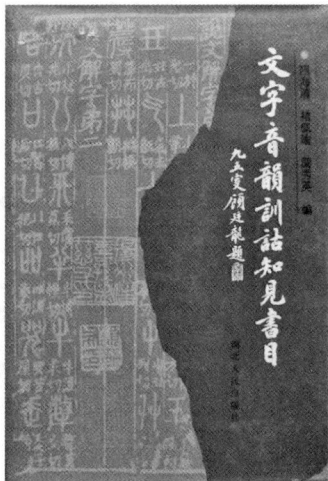

方式)、版本(年代、刻写主持者、刻书地、版本类型)、附注等项。版本相同而有批注题跋者另立款目。丛书详列子目,版本不同而子目无异者从略;子目属本书所录范围者均予以析出,各入其类。合刻而无总名以及附刻之书,其内容跨类者根据情况酌情考虑。书末附录"藏书单位名称表"、"书名索引"、"著者索引"等,以便检索。

30.《故训汇纂》 宗福邦等主编。

商务印书馆 2003 年版。

本书是一部全面系统地汇辑先秦至晚清古籍文献中故训资料的大型语文工具书。全书共收字头近 2 万个,引据的训诂资料有 50 万条,篇幅达 1300 万字。从训诂史角度来看,本书可说是清代著名工具书《经籍纂诂》的继承和发展,它既全面吸收了其成果,又在此基础上加以拓展和创新,具有内容更丰富、资料更精确、编排更合理、检索更方便的特点。本书的特点与编排体例,王宁在卷首序中说得非常具体:

"首先是规模的扩大,《故训汇纂》引用典籍的时代比《经籍纂诂》多出千余年,范围不但收全了十部'小学'专书的义训条目,而且在经史子集故训之外,扩充到近代笔记和佛经注释。其篇幅约为一千三百万字,超出《经籍纂诂》四倍,克服了《经籍纂诂》汇辑不备的缺点。

"其次是编辑体例的重新设计。全书改用《康熙字典》的二百一十四部排列,实现了黄季刚先生重编《经籍纂诂》的理想。

"更重要的是,《故训汇纂》的编例,是在现代语言文字学观念的指导下创立的。在词汇学方面,它收录了大量的复音词,包括先秦典籍的复音词,打破了上古汉语极少数复音词的成说。在文字学方面,它严格把握异体字,关注了简繁字对应中的诸多复杂问题,清理了字用学中通假、分化等相关概念。在训诂学语义方面,辨析了形训、音训、义训,分清了假借与同源,注意了本义、引申义和假借义。在音韵学方面,它重视《广韵》反切与现代音的配合标注,处理又音问题时,不但从语音发展的角度,分析了又音发展的趋势,而且注意了以音别义的语言事实。应当说,两个世纪以来汉语文献语言学和文字学的大量成果,《故训汇纂》都吸收在它的体例中了。"

关于本书的使用方法,王宁在序中也有所交代:

"《故训汇纂》是一部汇集古代训诂材料原形的专书,这些训诂材料,一部分是原有'小学'专书的再度汇编,而更多的是随文释义的故训的摘编。……因此,使用《故训汇纂》,只是以它为线索,找到原始出处后,还要运用文献学、训诂学、文字学、文化学方面的知识去分析,才能使用。"

本书所收释训确实做到了令人叹为观止的程度。例如:

一 《说文·一部》:"一,惟初太始,道立于一,造分天地,化成万物。凡一之属皆从一。"

yī《广韵》于悉切,入质影。质部。

① 一,道也。《庄子·天地》"通于一而万事毕"成玄英疏;《天下》"皆原于一"成玄英疏|《吕氏春秋·论人》"知神之谓得一"高诱注;《过理》"亡国之主一贯"高诱注|《文选·韦孟〈讽谏诗〉》"恭俭静一"李善注;《王巾〈头陀寺碑文〉》"以违方为得一"吕向注。

(以下共列出 312 条释训,略)。

31.《说文解字研究文献集成》(现当代卷)

董莲池主编。

作家出版社 2006 年版。

本书是 20 世纪以来《说文解字》研究文献的集成,凡民国(含个别跨代者)至今的学者刊布的《说文解字》研究成果,均予以收录。所收文献按照六大类别编排:一、通论,包括研究《说文解字》之价值、体例、研究方法者,研究许慎生平及学术思想、学术贡献者;二、文本研

究,包括研究《说文解字》中具体文字的音、形、义以及引证、版本、校勘者;三、部首研究,包括专门诠释《说文解字》部首或研究部首创立原则、价值者;四、叙、六书研究,包括研究《说文解字叙》和"六书"者;五、语言、历史文化研究,包括利用《说文解字》研究上古语言、历史、文化者;六、说文学史研究,包括研究《说文》学名家、《说文》学源流、《说文》学阶段性成果者。所有文献以影印方式呈现,大体以出版时间为序编排。

第四讲 古代诗文类工具书

本讲主要介绍诗、词、文、赋、民谣等文体的作品类书目,诗话、词话、文话、曲话等理论类书目编入第八讲"文艺理论类工具书"。

●⋯ 一、诗

1.《毛诗传笺》〔汉〕郑玄撰。

本书是对《毛诗诂训传》所作的笺注,简称《郑笺》。二十三卷。"笺",本指狭条形小竹片。古代无纸,用简策,有所表识,遂削竹为小笺,系之于简。《毛诗正义》篇首孔颖达疏"郑氏笺":"郑于诸经皆谓之'注'。此言'笺'者,吕忱《字林》云:'笺者,表也,识也。'郑以毛学审备,遵畅厥旨,所以表明毛意,记识其事。故特称为笺。"后因以称注释古书,以显明作者之意为笺。本书"注诗宗毛为主,毛义若隐略则更表明,如有不同,即下己意,使可识别"(《毛诗正义》引郑玄《六艺论》),故称"传笺"。本书以《毛传》为主,兼采今文三家诗说,加以疏通发挥,以阐扬儒学。因其主要是对《毛传》作补充,所以比《毛传》更为详明,同时又保存了不少"今文"家说。在文字训诂方面,《郑笺》与《毛传》互有得失,除文字训诂外,《郑笺》偶有借题发挥,伤感时事之语。另外,郑玄给《诗经》作《笺》晚于他给《周礼》作《注》,所以往往以《礼》注《诗》,这与《毛传》不尽相同。《郑笺》的出现提高了《毛诗》的地位,《郑笺》作而《毛诗》日盛,三家诗渐废。

清代马瑞辰作《毛诗传笺通释》(上海古籍出版社 1996 年版,中华书局 2005 年版),是《毛诗传笺》较好的校注本。

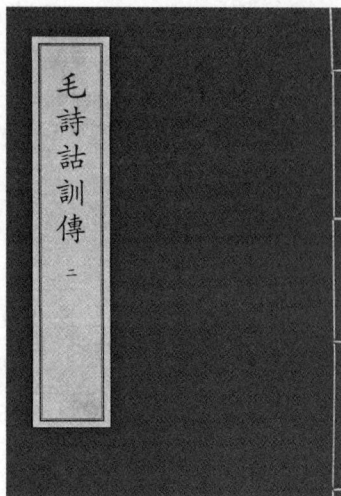

2.《毛诗诂训传》〔汉〕毛苌传。

北京图书馆出版社 2003 年版。

本书是现存最早的《诗经》完整注本，简称《毛传》。三十卷。"诂"即以今语释古语，以通语释方言；"训"即申说和描绘其义；"传"即串释文句，说明大义。本书对《诗经》字义作的注释很有价值，大多采用先秦学者意见，取自先秦群籍，如《国语》、《礼记》、《周礼》、《论语》、《孟子》等，保存了大量的古代训诂，特别是文字通假，对后人读《诗经》很有帮助。本书训诂，或统释全篇于首章，或统释全篇于末章，或明假借，或释虚词，或以今语释古语，或以今义通古义，形式多样，灵活善变。在赋、比、兴三体中，独标兴体，用以阐明诗歌的语言特点，以助读者领会诗义。

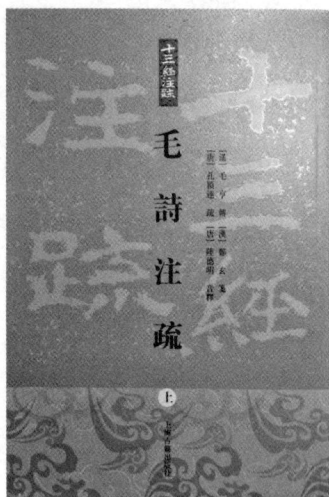

3.《毛诗正义》（或《毛诗注疏》）〔唐〕孔颖达等撰。

中华书局 1957 年版，人民文学出版社 2012 年版，上海古籍出版社 2013 年版。

本书是对《诗诂训传》和《毛诗传笺》的疏解，简称《孔疏》。四十卷。"正义"，即在前人注解的基础上所作的注解。"传"、"笺"被称为"注"，"正义"被称为"疏"，所以本书又称《毛诗注疏》。本书除《诗经》正文外，还有六个方面的内容。

（一）《诗谱》。郑玄所作，前有《诗谱序》，论述诗与时代政治的关系及其演变。《诗谱》主要内容在于说明《诗经》各部分诗的时代和地理背景，强调诗与政治教化、风土人情的关系。《诗谱》现已无单行本，孔颖达将《诗谱》采入《毛诗正义》，将《诗谱序》置于全书之前，对《诗谱》也作了"正义"。（二）《诗序》。是《诗经》各篇之前的类似解题的一段文字，分《大序》和《小序》。《小序》在诗题之下，《大序》在《诗经》第一篇《周南·关雎》的《小序》之后，是全本《诗经》的总序。(三)《毛传》。"传"是解经文字,在《诗经》正文之下的两行小字,即毛公所作"传"。(四)《郑笺》。《毛传》之后便是郑玄所作"笺",是对《毛传》的补充。"笺文"开头标以"笺云"二字。(五)唐陆德明《音义》。位于《郑笺》之下,主要是给经文、传文、笺文中的字注音,也兼注字义,还有文字考异。(六)孔颖达《正义》。位于《音义》之后,对《诗经》正文、《毛传》和《郑笺》均加补注,内容包括对《传》和《笺》的解释、字句训诂、名物考证、征引资料等,文字非常繁重。本书内容广博,其中包括了汉魏时期学者对《诗经》的各种解释,汇集了两晋南北朝学者研究《诗经》的成果,并能在有的地方提出一些新的看法,但其书遵循"疏不破注"的原则,未能越出《毛传》和《郑笺》的范围,对二者的分歧也不敢加以判断,因而不可避免地承袭了《毛传》和《郑笺》的某些错误。

4.《诗集传》 〔南宋〕朱熹集注。

上海古籍出版社 1980 年版,凤凰出版社 2007 年版,中华书局 2011 年版。

本书是《诗经》的研究著作。全书正文八卷,其中《国风》三卷,《雅》四卷(《大雅》、《小雅》各二卷),周、鲁、商三《颂》为一卷。书末附《诗序辨》一卷。本书内容包括以下几个方面:一、注音。有注同音字,注反切音及注叶音三种方式。注叶音又有叶同音与叶反切音两种情况。二、标注赋、比、兴三体,并对此三种表现手法加以简单评论。三、解释字义、训诂章句及诗旨。这是本书主体,杂采《毛传》和《郑笺》,间用三家诗义,以己意为取舍,理解诗义时多有发明。本书的特点首先在于其对《毛诗序》即《大序》和各诗《小序》摒弃不录,对《诗经》各篇背景、主题等的解读不再受《诗序》约束和影响,而是另外得出自己的结论。其次,在字句解释上,虽较多沿用毛、郑,但也有不少较为恰切的新说,简明易懂,至今仍是研究《诗经》的入门书籍。作为与"汉学"对立的"宋学"代表,本书在后世影响极大,宋以后学《诗经》者,大多以本书为宗。

5.《楚辞章句疏证》〔东汉〕王逸等撰，黄灵庚疏证。

中华书局2007年版。

本书是现存最早的楚辞注本。十七卷。章句，指经学家解释经义的一种方式，亦泛指书籍的注释。本书是为《楚辞》所作的注释，作者在刘向十六卷《楚辞》的基础上增加了自己所作的《九思》与班固的两篇序。书中各篇，王逸都作了序文，指明作者、写作时间、命题意义和主要内容。如他说《天问》是屈原被放逐，彷徨山泽，见楚国先王之庙及公卿祠堂画着天地山川和古代各种传说，因书其壁而问之；说《渔父》本是屈原与江滨渔父问答之词，楚人思念屈原，因叙其辞。这些都具有参考意义。又说《离骚》之文，"依《诗》取兴，引类譬喻，故善鸟香草以配忠贞，恶禽臭物以比谗佞"，指出了楚辞在比兴手法上对《诗经》的继承。《章句》保存了不少古代训诂材料，至今很多楚辞注本也采用王逸之说。

本书是现存唯一的汉代楚辞注本，后人洪兴祖的《楚辞补注》与朱熹的《楚辞集注》都以这个注本为依据，萧统《文选》所选《楚辞》亦全用这个注本。

6.《楚辞补注》〔宋〕洪兴祖注。

凤凰出版社2007年版，上海古籍出版社2015年版，中华书局2015年版。

本书是为王逸《楚辞章句》所作补注。十七卷。全书先列王逸原注，后补注于下。一般都逐条疏通，特别对名物训诂作了详尽的考证和诠释。对旧注常有驳正，并广征博引，因而保存了后世已经失传的从汉代至宋朝的相关说解资料。如《天问》注中舜帝二妃事引《列女传》，与今本颇有不同，保

留了神话色彩。今仅见本书所引的《楚辞释文》佚文七十七条,对研究《楚辞》的古字、古音便有相当大的参考价值。

7.《楚辞集注》〔宋〕朱熹注。

中华书局 1991 年版,中国书店 2014 年版,上海古籍出版社 2015 年版。

本书是楚辞集注本。八卷。作者鉴于王逸《章句》与洪兴祖《补注》只详于训诂名物,未得作者意旨,而且多有牵强附会之处,于是作《集注》。本书对《章句》所收作品予以重新取舍,以屈原全部二十五篇为《离骚》五卷,宋玉以下作品十六篇为《续离骚》三卷,共八卷。又订正旧注的谬误,别为《辩证》二卷附于书后,自为之序。此外,还删除了王逸《九思》、刘向《九叹》、王褒《九怀》、东方朔《七谏》四篇,同时增加了贾谊《吊屈原赋》和《鹏鸟赋》二篇。本书在体例上以四句为一章,改王逸各句加注的方法,逐章加注。注释时先注字音,再释字义,后释章内大义。每章有"兴也"、"比也"、"赋也"等字,指明创作方法。本书不仅汇集了屈原的全部作品,而且收录了后世受屈原影响的较好作品,称得上是楚辞较完备的集子了。

8.《楚辞通释》〔清〕王夫之注。

中华书局 1975 年版,岳麓书社 2011 年版。

本书是楚辞的注本。十四卷。前七卷是屈原的作品,后七卷是宋玉等人的作品。卷首为司马迁《史记·屈原列传》,卷末附作者本人所作《九昭》,删去了王逸《章句》中《七谏》、《哀时命》、《九怀》、《九叹》、《九思》五篇,增加了江文通《山中楚辞》四篇和《爱远山》。本书采取

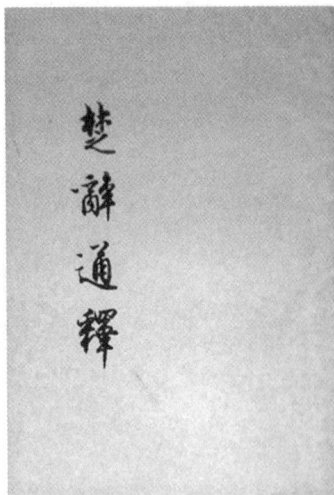

分段释文的方法，每篇前都有解题，用以考释屈原生平，说明时代背景，阐发微言大义，订正前人讹误。由于王夫之的经历与屈原有相似之处，因此对屈原的同情更加深切，对作品的理解更加细微真切，故本书有不少独到的见解。如他说《九歌》是娱神的乐章，其中作者思想感情流露是不自觉的，并无托之以讽谏的地方。在字句的诠释上，他也有很多比前人更为恰当、针对前人已有定论的说法，也有不同的意见，并能言之成理；在方法上，王夫之重视了解作品产生的背景、环境及作者身世和思想发展过程，认为《离骚》之作，当怀王之时，怀王虽疏屈原，但对屈原忠告有时悔而听之，所以其辞"曲折低回"，《九章》则为顷襄王时所作，他已被绝"抒忠之路"，所以其辞直而激。

9.《玉台新咏笺注》〔南朝梁〕徐陵编，〔清〕吴兆宜等注。

中华书局 2004 年版，上海古籍出版社 2013 年版。

《玉台新咏》是汉至梁诗歌选集。全书共十卷，选录了汉魏以后到梁代的诗歌中语涉男女闺情的作品，共七百六十九篇，依时代先后次序编排，有小部分是无名氏之作，计五言诗八卷，歌行一卷，五言二韵诗一卷。该书所收诗歌多数是"艳歌"，即宫体诗。徐陵在序中称"撰录艳歌，凡为十卷"，明胡应麟称"《玉台》但辑闺房一体"，清纪容舒称"按此书之例，非词关闺闼者不收"。

前人历来对《玉台新咏》评价不高，这很大程度上与其大量收录多遭批评的宫体诗有关。与同样编成于梁代的萧统《文选》相比，前人的褒贬更有天壤之别。但今天看来，该书有三个方面的价值。首先是社会价值。本书不仅体现了那个时代对女性容貌、生活和情感的特别关注，从而打破了儒家礼教历来鄙视和束缚妇女的传统观念，而且也投合了当时妇女尤其是后宫女性读者"惟属意于新诗"，喜欢看女性题材的作品的阅读心理。这一点即使到了后代，也同样具有社会意义。其次是文学价值。梁陈宫体诗无疑是求新求变的齐代永明体的进一步延续和发展，它在艺术上更讲究观察传写的精细、刻画描绘的传神、对偶句式的工整、音韵声律的和谐，以及对古代名篇的模拟、对乐府民歌的仿效，这些努力也都为诗歌创作由古体向近体的转变作出了不可忽视的重要贡献。最后是文献价值。汉魏六朝的总集、别集流传下来的很少，许多诗歌都赖本书得以保存，如《古诗为焦仲卿妻作》、曹植《弃妇诗》、庾信《七夕》等都仅见于本书。同时，徐陵当时能够见到的古书，后来有许多已经散失，或者传抄中有伪讹，因而可以利用本书进行校订，如苏伯玉《盘中诗》、冯惟讷的《古诗纪》均订为汉代，本书列入晋代。对于《古诗十九首》，《文选》一概称为无名氏作，本书定其中九首为枚乘作；对于《饮马长城窟行》，《文选》亦称无名氏作，据本书可知为蔡邕作。

10.《乐府诗集》〔宋〕郭茂倩编。

中华书局 1979 年版，人民文学出版社 2010 年版。

本书是古代乐府诗总集。全书共一百卷，收诗五千一百八十首，上起陶唐，下迄五代，分为十二大类。在各大类之下，又按乐曲曲调分若干小类。一、郊庙歌辞，用于祭祀天地、太庙、明堂、藉田、社稷。二、燕射歌辞，用于宴会，以宴饮之礼亲宗族，以宾射之礼亲故旧，以飨宴之礼亲四方宾客。三、鼓吹曲辞，是用于短箫铙鼓的军乐。四、横吹曲辞，是用鼓角在马上吹奏的军乐。五、相和歌辞，是用丝竹相和的汉时的街陌讴谣。六、清商曲辞，源出于相和三调（平调、清调、瑟调），皆古调。七、舞曲歌辞，分雅舞、杂舞。雅舞用于郊庙、朝飨，杂舞用于宴会。八、琴曲歌辞，有五曲、九引、十二操。九、杂曲歌辞，杂曲的内容，有写心志，抒情思，叙宴游，发怨愤，言征战行役，或缘于佛老，或出于夷虏。兼收并载，故称杂曲。十、近代曲辞，也是杂曲，因是隋唐杂曲，故称近代。十一、杂歌谣辞，是徒歌、谣、谶、谚语。十二、新乐府辞，是唐代新歌，辞拟乐府而未配乐，或寓意古题，刺美人事；或即事名篇，无复傍依。本书在编排体例上，按照先古题古辞，次古题新辞，再次新题新辞的顺序编次，乐府诗的类别和发

展源流一目了然。各大类之前，各大类中之乐曲曲调之前，皆有解题，其"解题征引浩博，援据精审，宋以来考乐府者，无能出其范围"（《四库全书总目》），对于了解乐府诗的源流变化及其音乐特征有极高价值。其所引征古籍，颇多今佚者，故又具有重要的文献价值。

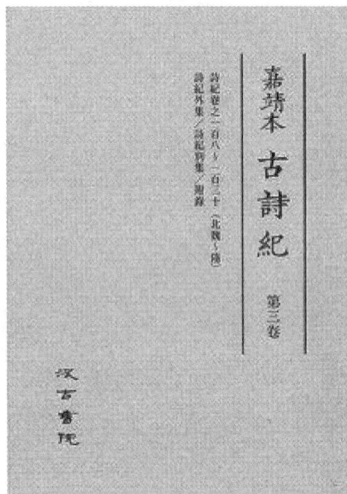

11.《古诗纪》〔明〕冯惟讷编。

《四库全书》本。

《古诗纪》是现存最早的一部专门搜集唐之前诗歌的总集，分前集、正集、外集、别集四部分。前集十卷收先秦古逸诗，分歌、谣、杂辞、诗、逸诗等十三体，所录诗皆注明出处及写作背景；正集一百三十卷，收录汉魏至隋诗歌，都按朝代顺序编排，每个朝代以帝王、诸家、爵里无考者、方外、闺秀、无名氏的顺序排列，诸家以时代顺序排列，每个朝代的民歌乐府则列于本朝最后；外集四卷收录古小说、笔记中的仙鬼之诗；别集十二卷，收录与本书有关的诗歌评论以及一二韵语不能成篇的残句。不可确考年代的作家与诗歌附录于末。作家作品以先乐府次四、五、六、七言诗歌的顺序排列。只有几篇作品的，不尽按例。《诗经》、《楚辞》作为整体未选入。本书最突出的特点就是全，上古至隋朝的诗歌几乎全备于本书，溯诗之源，无需他求。明代张溥编《汉魏六朝百三家集》，本书就是其三本主要参考书之一；近人丁福保编《全汉三国晋南北朝诗》，即以本书为蓝本。由于卷帙浩繁，书中难免有真伪错杂、抵牾舛漏之处。清代冯舒有《诗纪匡谬》一卷（中华书局 1985 年版），订正了本书缺失，较详实精核。

12.《全汉三国晋南北朝诗》 丁福保编。

中华书局 1959 年版。

本书是汉至隋诗歌总集。以明冯惟讷《古诗纪》为基础，并参酌清冯舒《诗纪匡谬》加以修订而成,按朝代次序分为十一集,上起于汉,下迄于隋,意在前接《全唐诗》。全书共五十四卷,收录西汉以下八百年间姓氏可考的作家七百三十余人及一些无名氏作家的作品近万首。其中《全汉诗》五卷,《全三国诗》六卷,《全晋诗》八卷,《全宋诗》五卷,《全齐诗》四卷,《全梁诗》十四卷,《全陈诗》四卷,《全北魏诗》一卷,《全北齐诗》一卷,《全北周诗》二卷,《全隋诗》四卷。各集中以作者先后排列,末附无名氏之诗、谣、乐府,卷首有绪言,指出了明清人编辑诗集之误。本书最突出的特点是全,凡从西汉到隋七百多人,不论著名作家还是无名氏或小人物,不论名篇佳作还是断简残篇,皆悉数收入,不分优劣,不加批判。编者充分吸收了冯班《诗纪匡谬》和前人的研究成果,对所收录作者的生平、作品的真伪、文字的异同等作了一些值得肯定的校订和考证,使本书比《诗纪》、《诗纪匡谬》等书更完备、更精密,成为逯钦立《先秦汉魏晋南北朝诗》出版以前最方便使用的古诗总集。

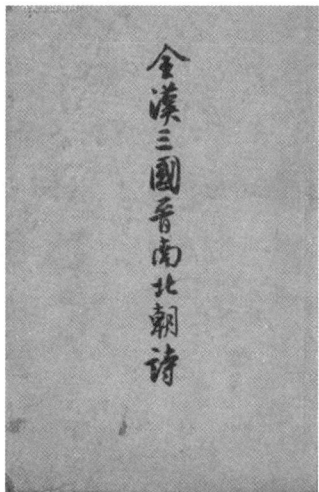

13.《先秦汉魏晋南北朝诗》 逯钦立编。

中华书局 2006 年版。

本书是隋前歌诗谣谚总集。编者有感于冯惟讷《诗纪》与丁福保《全汉三国晋南北朝诗》虽然"搜括靡遗",有功于世,但仍然存在着严重的缺失,遂在前书基础上重新摭拾上古至隋末的歌诗谣谚,历时二十四年编成本书。全书共 135 卷,除《诗经》、《楚辞》外,凡先秦魏晋南北朝各代的诗歌谣谚概予收录,详注其出处及版本异文,每位诗作者前均列小传,是研究中国诗歌史的重要参考书。与前书相比,本书有如下优点:(1)取材广博。隋代以前的作品,除《诗经》、《楚辞》外,凡歌诗谣谚,悉数编入。引书达 300 种,已超出《诗经》三分之一。(2)资料详实。每一首诗都详细标明了出处,既有利于征引,亦便于复

查。(3)异文齐备。凡各书异文,或一书不同版本的异文,甚至前人校刊成果,均予记录。(4)考订精审。对他本错讹、失收滥收、作者和作品淆乱、赠答唱和之诗互相窜易以及原作与拟作混乱等诸般情况,或径改之,削繁补阙,或指出其失,再加按语,不仅提供了丰富的资料,而且在学术研究上亦能给人以启迪。(5)编排得宜。本书不取《诗纪》分前、正、外、别四集的体例,也不按《全汉三国晋南北朝诗》以帝王宗室为卷首的做法,而是以作者生卒年的先后顺序排列,不仅能显示出同期作家之间的联系及影响,也易于比较不同的诗风和流派。

14.《唐诗纪事校笺》〔宋〕计有功编撰,王仲镛笺注。

中华书局 2007 年版。

《唐诗纪事》是唐诗总集。作者自序称他闲居寻访,凡"唐代三百年文集、杂说、传记、遗史、碑志、石刻,下至一联一句,悉搜采缮录;间捧官牒,周游四方,名山胜地,残篇遗墨,未尝弃去"。只要是唐代诗人,有名必录;对每位诗人的作品,或录名篇,或存全璧,或记本事,兼采品评;凡其人可考者,则撮述其世系爵里和生平经历,使"读其诗,知其人"。全书八十一卷,收录诗人一千一百五十家,以皇帝后妃、宗室藩王居前,女作家殿后,其余则略按年代顺序排列。其最大特点是以诗系事,诗作多记所出,又兼收品评,但很少计氏本人的见解。本书的价值有两个方面:一是由于作者广泛采辑,很多不传于世的唐代作家的作品赖本书得以保存,为后世编纂汇集唐代诗歌提供了条件;二是作者比较全面而集中地从数百种前人著作中汇集了大量有关唐代诗人的资料,其中还有许多现已遗佚的文献,对研究唐代诗人的生平及其作品很有参考作用。

15.《唐音统签》〔明〕胡震亨编。

海南出版社 2000 年版,上海古籍出版社 2003 年版。

本书是唐五代诗歌总集。卷数各家著录不一,《明史·艺文志》作一千零二十四卷,《千顷堂书目》作一千零三十二卷,《四库全书总目》作一千零二十七卷。今故宫博物院所藏范希仁抄本(海南出版社 2000 年影印,上海古籍出版社 2003 年排印)为一千零三十三卷,但经核记,实一千零二十九卷。全书以天干为序,由甲签至癸签,共十集。甲至壬签按时代先后辑录唐五代诗作及词曲、歌谣、谚语、酒令、占辞等。癸签包括体凡、法微、评汇、乐通、诂笺、谈丛、集录等七部分,是作者研究唐诗的理论总结,于唐诗的源流体制、流派作家作了系统评述。其中所引明人诗话,亦有今已不易见者,颇具文献价值。此外,书中所撰各家诗人小传,除取材于新旧《唐书》外,还广泛参考了杂史、笔记、地志、诗话及各家别集,细加比勘考订,又汇辑诗人遗闻轶事入小注,大多注明出处。本书搜采唐诗之富前所未有,清康熙年间编《全唐诗》即以本书与季振宜《唐诗》为底本编纂而成,其中中晚唐部分更是吸收了本书的成果。故研习唐诗,虽以《全唐诗》为常用资料,然欲探本溯源、精益求精者,则更应以本书与季振宜《唐诗》为依据。

●

16.《全唐诗》(附《全唐诗补编》) 〔清〕彭定求等编。

康熙四十四年(1705)成书,康熙四十六年(1707)扬州诗局刻本,中华书局 1960 年版。

本书是唐诗总集,共九百卷(不含目录十二卷)。全书共收录唐五代诗歌四万九千四百零三首,句一千五百五十五条,作者共二千八百七十三人。全书先列帝王、后妃之作,次为乐章、乐府,以下按年代先后列其他作家,其作品大致分体裁编排。书末附有唐五代词。

康熙四十四年(1705)三月,彭定求等十人奉敕开始修纂,翌年十月成书。前此,明胡震亨有《唐音统签》(一千三百三十三卷),清季振宜有《唐诗》(七百七十卷),均为搜罗较广的唐诗总集。《全唐诗》即以二者为底本,又旁采碑、碣、稗史、杂书之所载,拾遗补缺而成。胡震亨、季振宜本为著名的藏书家,学识丰富,编辑唐诗总集时刊正讹误,用功甚巨。《全唐诗》在此基础上,以朝廷之力旁搜博采,复据内府所藏珍本、善本扩充、订正,对于字句之异同,篇章之互见,多有校注,还更正了他书一些误收、误属的舛错,因而成为了一部比较完备的、全面反映唐诗面貌的巨帙。《全唐诗》是我国历史上影响最广的一部诗歌总集,对于研究唐代文化、文学、历史乃至于政治、经济都具有极大的参考价值。

本书卷帙浩繁,却仅以十人之力,在不足两年的时间内仓促完稿,故错误在所难免,主要表现为以下几个方面:首先是漏收了相当数量的唐诗;其次是误收了不少六朝和宋、元时期的诗歌;再次唐诗中又多有张冠李戴的现象;最后作家作品重出、诗题误标、小传小注错误、编次不当等问题亦时有发生。《全唐诗》刊刻之后,已有不少学者对其中存在的问题进行指正,清朱彝尊《全唐诗未备书目》、近人刘师培《读全唐诗书后》、闻一多《全唐诗校读法举例》、岑仲勉《读全唐诗札记》都是比较重要的研究著作。其中有关全唐诗的补遗工作,有日本学者上河毛世宁《全唐诗逸》三卷(中国有《知不足斋丛书》本)、王重民《敦煌唐人诗集残卷》与《补全唐诗》、孙望《全唐诗补逸》二十卷、童养年《全唐诗续补遗》二十一卷另附录一卷,中华书局合以上四书,于1982年出版为《全唐诗外编》。1992年中华书局出版了陈尚君先生的《全唐诗补编》,该书共收诗六千三百二十七首,句一千五百零五条,约为《全唐诗》作品的七分之一;收诗人一千六百多位,其中新见者九百余位,接近《全唐诗》诗人的三分之一。

17.《全唐诗索引》 史成编。

上海古籍出版社1990年版。

本索引以上海古籍出版社影印本《全唐诗》为底本,包括作者索引、篇名索引二种。一、作者索引:以底本通用称呼姓名、庙号、法名(包括仙、神、鬼、怪)等立为条目,标明卷次、页码、栏别;有作者小传的页码,左上角标以三角符号"△",并列于最前;凡作者姓名"一作"及诗篇"一作"者,均分别立目。

二、篇名索引:以篇名立目,括注作者,并标明卷次、页码、栏别。凡篇名"一作"及作者"一作",亦分别括注于作者之前。凡组诗,总题与小题均分别立目。佚句句末标篇名者,以篇名立目,归入篇名索引;未标篇名者,以首句立目,特附残句索引。本书篇名索引为检索篇名,尤其是大家集中的篇名,提供了莫大的便利;对唐诗研究工作者,功用尤大。篇名之后括注,直接提供信息,除括注作者外,并括注"一作",包括其中一二字异文及整个篇目异名;同一人同题之作,括注首句,如《遣怀》诗,有不少诗人有同题之作,均一一括注。

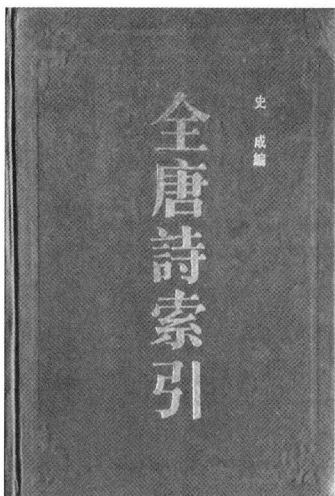

18.《宋诗纪事》 〔清〕厉鹗辑释。

商务印书馆1937年版,上海古籍出版社2013年版。

本书是宋代诗歌资料汇编。本书是宋代计有功《唐诗纪事》之后以纪事体形式裒辑一代诗歌规模最为宏大的著作。作者在序中称因有感于"前明诸公剽拟唐人太甚,凡遇宋人集,概置不问,迄今流传者,仅数百家。即名公钜手,亦多散佚无存,江湖林薮之士,谁复发其幽光",于是利用扬州小玲珑山馆马氏藏书,从宋人文集、诗话、笔记以至山经、地志等各种珍秘典籍中辑撰成书。作者在《刻宋诗纪事启》中说"苟片言之足采,虽只字以兼收","稽其家数,三千有奇,惟此功夫,二十余载",可见用力之勤;而其重点却在勾稽发掘,求其完备。全书一百卷,选录诗人三千八百一十二人,每位诗人都附有小传,缀以评论,并标有作品的出处,为我们提供了一份难得的宋诗资料。本书也存在一些缺点,比如某些作家作品的取舍不尽允当,以至挂一漏万;个别作品考订不精,错移误植,以至于出现

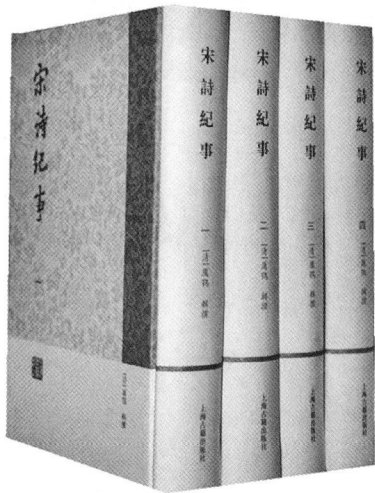

删改原作的情况。

因本书出现了种种不足,故补遗之作甚多。清末陆心源《宋诗纪事补遗》(山西古籍出版社 1997 版),屈强《宋诗纪事拾遗》(世界书局 1943 年版),钱锺书《宋诗纪事补正》(辽宁人民出版社 2003 年版)等均可补本书之不足。

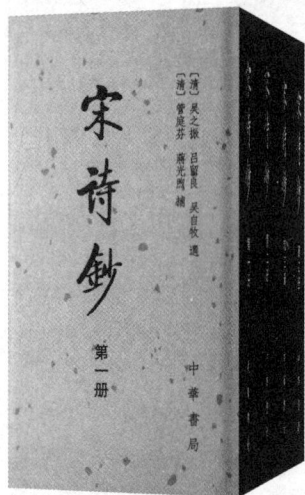

●

19.《宋诗钞》 〔清〕吴之振等编。

商务印书馆 1935 年版,生活·读书·新知三联书店 1984 年版,中华书局 1986 年版。

本书是宋诗总集。全书编成初集一百零六卷,辑诗一千二百余首。书中收宋诗人一百家,其中刘弇、朱淑真、邓肃、黄干、魏了翁、方逢辰、宋伯仁、冯时行、岳珂、严羽、裘万顷、吕定、郑思肖、王柏、葛长庚等十六家仅存目录而无诗,故实收八十余家。所选诗人之集,按时代先后顺序编入。每集之首,系以诗人小传,简述生平行事,并较详细地予以品评考证。至于具体诗作则不加品题批点。但此书刊刻未精,常缺文漏句,其对诗人取舍,亦有欠当之处。尤其像这样卷帙浩繁的总集,在选编到具体人的作品时,往往精粗不分,有时甚至移甲作乙。据钱仲联先生考证,此书就曾将张耒《柯山集》中的《有感》一诗置于苏舜钦名下,题目也改为《田家词》(《宋诗选注》)。后曹庭栋氏病其未备,辑《宋百家诗存》(上海古籍出版社 1993 年版),以补其疏略。管庭芳、蒋光煦又辑《宋诗钞补》(中华书局 1982 年版),将原缺十六家诗予以补充,使之更加完备。

●

20.《谷音》 〔元〕杜本编。

商务印书馆 1936 年版,中华书局 1985 年版。

本书是宋、金遗民诗选集。书末张椠跋称此书"乃宋亡元初节士悲愤,幽人清咏之辞",

又点明书名："谷音，若曰山谷之音，野史之类也。"由此可见其编选意图及思想内容。全书共二卷，选录作者三十人，诗歌一百零一首。其中上卷十人，诗五十首；下卷十五人，又无名氏诗人五人，诗五十一首。选入作者各系小传，记其大略。这些作者中，除上卷开头的王浍、程自修、冉琇、元吉、孟鲠等五人为金、元间人外，其余的都是南宋遗民。他们或奋起抗元，以身殉国，如张璜等，或不与元朝合作，隐迹山林，如汪涯、鱼潜等，均表现出高昂的民族气节和爱国激情。诗多"古直悲凉，风格道上"，一洗宋末卑陋龌龊之习。清王士祯论诗绝句云："谁嗣箧中冰雪句，谷音一卷独铮铮。"如桐芝《鱼港》："十年回首付镭襟，断甲沉沙齿齿深。可惜使船如使马，不闻声鼓但闻金。人歌鬼哭都堪泪，木落江空正独吟。遗老萧条渐无语，酒旗飐飐出芦林。"诗歌慷慨凄苍，仗节守义之气铮然作响。

---

21. 《中州集》（附《中州乐府》） 〔金〕元好问编。

中华书局 1959 年版，学苑出版社 2000 年版，华东师范大学出版社 2014 年版。

本书是金代诗歌总集，十卷；后附《中州乐府》)，为金代词总集，不分卷。《中州集》辑录诗人共二百五十一位，作品二千零六十二首。其中除"南冠"类收入忠于宋王朝之留金使节与官吏朱弁、滕茂实等五人之诗八十四首外，其余全是金朝诗人之作。因金朝长期据有中原，中州一带乃金朝之政治、经济、文化中心，时人常以中州人物之盛而自豪，因此本集命名为《翰苑英华中州集》，又名《中州鼓吹翰苑英华集》，而通常则简称之为《中州集》。

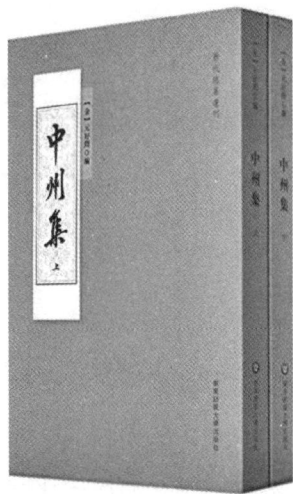

本书体例之一是不录当时尚健在者之作，当然也不收录元好问自己的作品，所以它还不足以称为网罗无遗的金代诗歌总集。作者在序中说："念百余年以来，诗人为多。苦心之士，

第四讲 古代诗文类工具书

163

积日力之久，故其诗往往可传。兵火散亡，计所存者，才什一耳。不总萃之，则将遂湮灭而无闻，为可惜也。"因战乱而亡佚之诗太多了，幸有本书之选辑，金诗方得略存梗概。清康熙间编《全金诗》，即以本书为基础，加以增补，所得仅三百五十八人，诗五千五百四十四首。本书除"帝王"、"诸相"、"状元"、"知己"、"南冠"等为以类相从编纂外，其余各家均以时代先后为序。每位诗人均有小传分置于各人诗作之前，内容较丰富，一般除介绍生平事迹外，还常举名句名篇为例，以阐明诗人之风格特征。综观各家小传，便可见金一代诗坛风尚、诗作源流、诗风演变乃至当时政治事件等诸方面重要史料。《中州乐府》收词人三十六家，共一百一十三首。其中一首是宋人贺铸所作，误入。

此外，清郭元釪编有《全金诗增补中州集》（上海古籍出版社 1994 年版），可为本书之补。

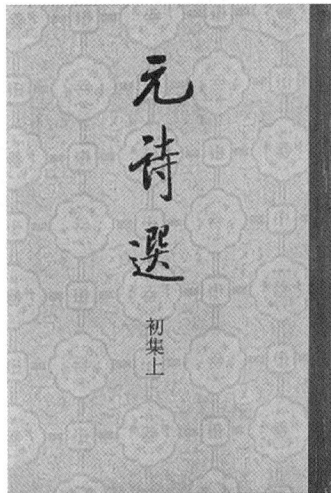

22.《元诗选》 〔清〕顾嗣立编。

中华书局 1987 年版，上海古籍出版社 1993 年版。

本书是元诗选集。全书分初、二、三集，每集再分为甲至壬九集，甲至辛八集为有专集可据者，壬集则编入方外、闺秀等，另以癸集专门收录不成卷帙之作及零篇断章。每集都收约一百位诗人的诗集，加上附见者，初、二、三集共收三百四十家，均未编癸集，而癸集共收二千三百多家，其中籍贯时代不明的四百二十家。共收诗人二千六百多家。书首宋荦序称："论者谓元诗不如宋，其实不然，宋诗多沈僿，近少陵；元诗多轻扬，近太白。以晚唐论，则宋人学韩、白为多，元人学温、李为多，要亦娣姒耳。间浏览是编，遗山、静修导其先，虞、扬、范、揭诸君鸣其盛，铁崖、云林持其乱，沨沨乎亦各一代之音，讵可阙哉！"元诗往往被世人轻忽，赖本书之编选，大量元人诗作幸得保存至今。

此外，清钱熙彦编有《元诗选补遗》（中华书局 2002 年版），可为本书之补。

23.《元诗纪事》 陈衍辑。

商务印书馆 1925 年版，上海古籍出版社 1987 年版。

本书是元代诗歌及本事评述资料汇编。四十五卷。作者有感于唐、宋、金诗皆有纪事，而元诗独无，故有是举。作者鉴于宋诗纪事旨在以人存诗，重于网罗散失；而顾嗣立《元诗选》家数已粲然大备，因此以从笔记小说中钩辑有本事可徵之诗为归依，使之与纪事之体相符。收书范围，作者在初刻本凡例中说："采书以明代为限，其间及本朝者，必本事考据所在，其泛泛评品，概所不登。"本书初编结集时仅二十四卷，初刊叙云："惟见闻弇陋，挂漏定复不少，异时续有所得，当更为补遗继出焉。"故初刊问世后，陈衍仍继续广为汇集，至光绪十二年(1886)重新编定为四十五卷，收作家八百余名，征引书籍近四百种。除《月泉吟社诗》《大雅集》《诗薮》、《西湖竹枝集》等书所载为因人存诗，或纯系评论之言外，其余多为有事之诗。这些资料不仅反映了元代诗歌繁盛的情况，且广泛涉及元代史实、典章制度、传闻异事、风俗民情等，具有重要的参考价值。本书于每一诗人名下，皆注明其生平和著作，元代一些重要诗人的事迹，大都搜罗在内，为治元诗乃至治元史者提供了可贵的资料。本书对某些诗的真伪，亦予以考证，其中不乏精当之见。如卷一文宗皇帝《自建康之京都途中作》一首下引录了所谓明太祖《早行诗》之后考证云："此篇乃元文宗自集庆路入正大统，途中所作，不知何以载入明祖集中，且窜易十数字。"并进一步指出："案《居易录》云：'两三条电欲为雨，四五个星犹在天'，乃五代卢延逊《山寺》诗，文宗剿取之。"足见编著者考证之精辟与胆识。本书末卷(卷四十五)收录歌、颂、铭、谣、谚、谶、谜、杂语共六十四首，其中所收元代歌谣等，不仅搜罗颇全，并均具重要史料参考价值。

除本书外，陈衍还辑有《辽诗纪事》(商务印书馆 1936 年版)、《金诗纪事》(上海古籍出版社 2003 年版)。

24.《全元诗》 杨镰主编。

中华书局 2013 年版。

本书是元诗总集。元代文学的特点之一，是诗歌、散文、小说、戏曲四种主要文体初次齐

聚文坛。二十世纪元代文学研究取得的进展,很大程度上得益于元代文学文献集成研究的成就:《全元散曲》(隋树森编,中华书局 1964 年版),《全金元词》(唐圭璋编,中华书局 1979 年版),《全元戏曲》(王季思主编,人民文学出版社 1990 年版),《全元文》(李修生主编,凤凰出版社 2004 年版),先后问世。《全元诗》的成书,打通了自《全唐诗》、《全宋诗》向元、明、清过渡的通道,提供了进一步深入认识元代文学与历史文化整体状况的途径。全书共 69 册,近 2000 万字,辑录了 5000 余位元代诗人的 132000 首诗。书末附录"全元诗诗人索引"。

25.《明诗纪事》 〔清〕陈田辑。

商务印书馆 1936 年版,上海古籍出版社 1993 年版。

本书是明诗本事集。全书一百八十七卷,共收录诗人四千余家,按天干数分为十签。自甲至辛八签,按时代顺序编纂。甲签三十卷,收录明初洪武年间各家诗作。乙签二十二卷,收录建文至景泰间各家诗作,以建文殉节诗家为首。丙签十二卷,丁签十七卷,收录天顺至弘治、正德各朝诗作。戊签二十二卷,收录前七子之后,后七子之前各家诗作。己签二十卷,收录嘉靖间诗作。庚签三十卷,收录万历间各家诗作。辛签三十四卷,收录天启、崇祯两朝诗作,尤重抗清义烈与入清遗民诗作。本书以纪事为名,实则以录诗为主,无事可纪者亦广为收录。作者在序中称:"明初诗家,各抒心得。隽旨名篇,自在流出。无前后七子相矜相轧之习,温柔敦厚诗教固如是也。长安旅食,剞劂为艰,先以甲签三十卷,质之同好。至此集以纪事为名,无事可纪者,亦广为甄录,冀以揽前哲之芳馥,为后人之贻饷云尔。"可见其选诗标准及编纂是书之初衷。纪事体例均为先录史传,次引诗评,诗评多为陈田自家评语,或以陈氏自己概括的史传评语代之。每签之前各有小序一篇,概述当时诗歌创作的情况,并撮要评介入选大家风范与一代诗风。各篇小序连缀贯串即是一部明代诗歌发展流变历史大纲。

26.《明诗综》〔清〕朱彝尊辑录。

上海古籍出版社 1993 年版,中华书局 2007 年版。

本书是明代诗歌总集。全书一百卷,收录了明代三千四百余诗人的作品。其编选目的在于成一代之书,因此对入选诗人力求完备,自洪武至崇祯历朝作者均网罗无遗,除少数重要诗家如刘基、高启等选入百首之外,大多小家只选一二首备查。其意在因诗存人,而不在诗名大小,诗作优劣。其编排体例为,首卷录明代历朝帝王诗作;第二卷至第八十二卷,按时代顺序编入诗家作品。对于明末死节封疆之大臣、亡国之大夫、党锢之士、遗民之在野者特别注意广为搜集。但因惧触清廷禁忌,入选之诗多为含而不露之作,未能选出代表此时期饶有特色之作;第八十三卷至九十九卷,分别辑录乐章、宫掖、宗潢、闺门、中涓、外臣、羽士、释子、女冠、土司、属国、杂流、妓女、鬼神等诗;末卷附录杂谣歌辞里谚 155 首。作为明诗总集,朱氏此书较钱谦益《列朝诗集》有不少改进,如在小传集评上颇为审慎。给入选诸家所作小传,仅略叙始末,作客观介绍。作者长于史学,所选明诗多为议论朝政得失,臧否人物之作,评论中不少涉及一代掌故,可补史乘之不及。故后人对朱氏评论经常援引,甚为重视。再加之此书保存了不少明末殉节之臣和明代遗民的作品,因此被视为研究明代诗歌的重要资料。

27.《列朝诗集》〔清〕钱谦益撰集。

上海三联书店 1989 年版,中华书局 2007 年版。

本书是明诗选集。全书共八十一卷,选录有明一代二百七十八年间一千六百多位诗人

的代表作。全书总分甲、乙、丙、丁四集,另将明代历朝帝王诗作置于卷首为"乾集",僧道、妇女、宗室及域外之诗列于卷末为"闰集",元末明初之诗则编列乾集之后为"甲集前编"。本书仿元好问《中州集》体例纂集而成。编者旨在"以诗系人,以人系传",达到以诗存史、保存一代文献之目的。集中所选作品甚为精当,一般都确属作者之代表作,"间有借诗以存其人者,姑不深论其工拙",要"使后之观者,有百年世事之悲,不独论诗而已也"。凡入选集中的每位作者均附有小传,简明扼要地介绍姓氏、爵里、生平,并品评作品之优劣得失,为后世留下了丰富而珍贵的明代诗坛史料。由于作者本人即是著名诗人,故在小传中涉及诗评的议论,有颇多深刻精到的见解,同时还抨击了明代诗坛的复古风气。编者在论及诗家不同流派时,略有门户之见,但以公允之论居多,因此本书对文学史和文学批评史的研究者都有较高的参考价值。

诗集中作者小传另结集为单行本《列朝诗集小传》(古典文学出版社 1957 年版,上海古籍出版社 2008 年版),可供参考。

28.《全明诗》 章培恒等主编。

上海古籍出版社 1990 年起出版。

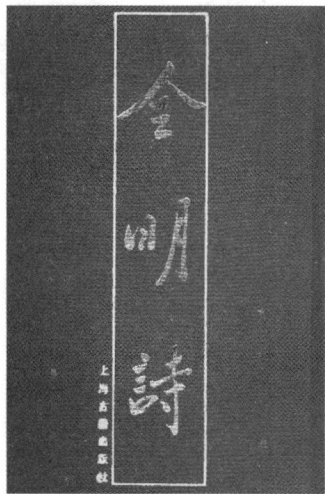

本书是明诗总集。全书约两百册,约一亿字,1990 年 12 月起由上海古籍出版社陆续出版。分正、续两编,正编拟收现存全部明人别集(包括《盛明百家诗》之类丛书中的别集)和绝大部分总集中的明诗,续编将收入方志、笔记等各类书籍、碑刻以及正编未收总集中的明诗。本书收录别集中的明诗均尽量保留该别集的原貌;于别集外辑得之诗,皆注明出处;诗歌的排列,基本上以作家生年为先后;所收每位作家诗歌前,均列有该作家的小传;所收入作品,一般均以时代较早的善本为底本,并据他本校勘。本书规模宏大,收罗完备,校勘精细,考订亦颇审慎,是研究明代文学的重要资料。

29.《清诗铎》〔清〕张应昌编。

中华书局 1960 年版。

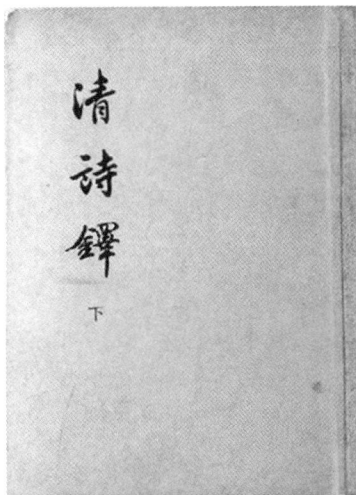

本书是清诗总集。所选诗人起自清初,包括明末遗民;下迄同治年间,凡诗人九百十一家,诗歌二千余首。编者《自题》诗云:"吾儒吐言辞,于世期有济。……上德宣忠孝,下情通讽刺。……成诵师矇职,兴观惩劝义。……咨诹拾阙遗,拜献补偏弊。惜哉充栋篇,纷若散珠碎。不免闻见遗,曷资韦弦佩。披拣集众益,民生暨吏事。以充铭座词,以为采风备。"相传古有采诗之官,摇木铎于路,采诗矇诵,以观风俗,知政教。本书"所取诗,非关人心世道,吏治民生者不录",而"专择其关乎警觉之义者","以宣民德,以资吏治,以厚风俗,以清政原,可以劝,可以惩",故以"铎"名之。全书二十六卷,分岁时、财赋、船漕、关征、水利、田家、蚕桑、科派、刑狱、兵事、用人、风俗等一百五十二个门类,有些门类又分若干小类,如:水灾类分海啸、湖翻、江溢、河决、淮决、潮灾六小类;旱灾类分祷雨、喜雨两小类;河防类分江防、桥梁两小类;等等。卷前有《诗人名氏爵里著作目》。本书在编排上,分类载诗,各类诗人的编排,有科举功名的,以科目先后为次,无科举功名的以辈行先后为次。闺媛、方外附于卷末。本书宗旨是选择讽谕时世以补弊救偏的作品,但也选录了大量有关时事政治和民生痛苦之作,其中关征、海塘、田家、蚕桑、木棉、丈量、催科、税敛、力役、科派、扰累、刑狱、灾荒、吏胥、差役等类比较集中地反映了清代社会现实。鸦片烟类和岛夷类中的某些诗篇,从不同侧面记录了中国人民抵抗帝国主义侵略斗争的业绩和史实。本书诗篇从大量诗集和诗话中加以采录,为研究清代诗歌和社会状况提供了丰富的资料。

30.《清诗别裁集》〔清〕沈德潜编。

中华书局1975年版,上海古籍出版社2013年版。

本书是清诗总集。全书三十六卷,收录了清初至乾隆时九百九十六人的诗作,凡三千九百五十二首。每位作者都附有小传,诗后间有评语。编者选诗以"和性情,厚人伦,匡政治,感神明"为宗旨,所选诗歌"惟祈合乎温柔敦厚之旨",凡"徒辨浮华,又或叫号撞搪以出之,非风人之旨"者,或香奁艳冶之篇什,一概不录。基于以上选诗标准,本书入选之诗皆为平正之作,内容大都只是抒写个人情感或写景。本书入选诗人近千家,其中有许多是无名或不甚著名者,本书保存了他们的一些诗作,这对考察清初到清中叶的诗歌创作,颇有资料价值。

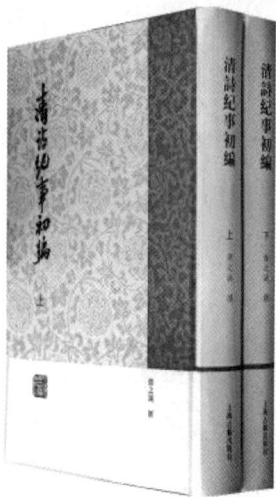

31.《清诗纪事初编》 邓之诚编。

上海古籍出版社2013年版。

本书是清代诗歌及本事资料集。全书八卷,收录了雍正朝以前作家六百二十二人,诗作二千余首。卷一、卷二收录明遗民诗人,有顾炎武、吴嘉纪、魏禧、黄宗羲、王夫之、屈大均、陈恭尹等一百五十八人。顺治、康熙两朝作者按地区分编为甲、乙、丙、丁四集。其中卷三、卷四即甲编上、甲编中,所收皆江南诗人,计一百四十七人;卷五即甲编下,收江南、直隶诗人七十三家;卷六为乙编,收录八旗及山东、山西等地诗人八十一人;卷七为丙编,录有浙江、江西等地诗人八十一家;卷八为丁编,收录来自陕西、河南、湖广、四川、云南、贵州、福建、广东等地作者,凡八十二人。本书体例与各种诗纪事(如计有功《唐诗纪事》、厉鹗《宋诗纪事》、陈衍《辽金元诗纪事》及陈田《明诗记事》等)大略相仿佛,也是"以一代为限,采择名篇,兼著本事,详作者生平"。由于本书立足于以事取诗的选诗原则,故所选诗歌多数并非诗人代表作,这就使得本书的文学价值反不如史料价值高。

33.《近代诗钞》 陈衍编。

商务印书馆 1935 年版,华东师范大学出版社 2016 年版。

本书是近代诗歌选集。全书共三百七十卷,收录从清咸丰年间到民国初年共三百七十家诗人诗作,每位诗人各立一卷,编为三百七十卷,辑成二十四册。每卷诗人名下均附小传,有一部分还载录陈衍所著《石遗室诗话》中有关评语,略作评论。在编排上,本书以诗人科第先后为序排列,无科名者则按同期师友的行辈排列。作者选录诗歌时有自己较为严格的标准,"拟古不钞,寿诗不钞,咏物诗少钞,长庆体少钞,柏梁体少钞,长短句者少钞"。本书选录范围较为广泛,基本上能够反映这一历史时期诗歌发展演变的过程和全貌,无论是带有启蒙主义思想的魏源、姚燮等人,还是推行改良主义运动的黄遵宪、康有为等人,无论是"宋诗派"的莫友芝、何绍基等人,还是"同光体"的陈三立、沈曾植等人,抑或"汉魏六朝派"的王闿运、"晚唐诗派"的樊增祥等人,都收录在内,规模之大、资料之多,对于研究这一时期的诗人的诗作具有很高的史料价值。

此外,钱仲联编撰有同名诗集《近代诗钞》(江苏古籍出版社 2001 年版),可与本书互补。

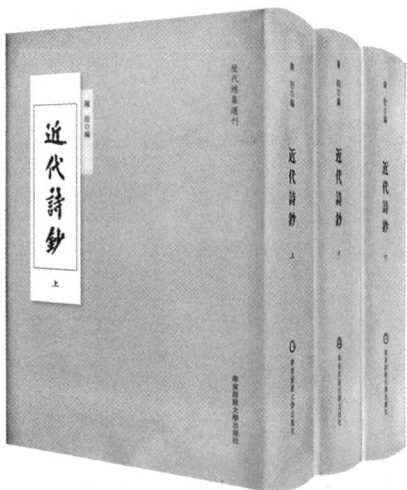

●●· 二、 词

1.《敦煌歌辞总编》 任半塘编著。

上海古籍出版社 1987 年版,凤凰出版社 2014 年版。

本书是敦煌歌辞总集。全书收隋唐五代歌辞一千三百余首,约一百一十万字,分三册八卷出版,正文七卷,补遗一卷。卷一,《云谣集杂曲子》三十三首;卷二,只曲一百一十七首;卷三,普通联章三百九十九首;卷四,重句联章一百六十三首;卷五,定格联章三百一十三首;卷六,长篇定格联章一百三十四

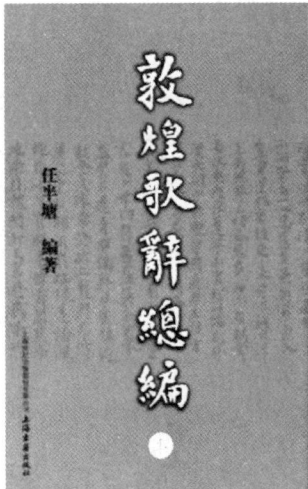

首;卷七,大曲二十首。补遗一百四十九首。《云谣集杂曲子》部分保存唐写本编制,二、三卷大部分为民间作品,分类排比,以突出民间性较强者。四至六卷绝大部分为宗教歌辞,汇合为两类,非宗教歌辞在前,宗教歌辞在后,末卷一套宗教歌辞殿后。作者根据二百四十种敦煌写本(包括苏联列宁格勒所藏的写本数种),吸取已有的研究成果和考古新发现对所收歌辞作了全面的考释校订,其中有互见写本的歌辞,校勘尤为详尽,纠正了许多混乱舛误。在考释汇校基础上,作者还详细论述了敦煌歌辞的名实源流和体用,提出了许多新的理论见解。在歌辞的思想内容方面,作者重视反映民间生活,尤其对反映妇女生活和爱情生活的作品尤加关注,另外也对反映商贾、旅客、雇工、渔夫等下层劳动人民生活的作品特别重视,排列次序及注考用语等方面都体现了作者对这类题材及其思想内容的自觉偏重倾向。本书是集敦煌歌辞研究之大成的巨著,系统总结了一半个多世纪的研究成果,进一步奠定了敦煌歌辞研究的坚实基础,而且对中国文学史的研究、对隋唐五代社会的历史、民俗学研究都具有重要的参考价值。

此外,项楚有《敦煌歌辞总编匡补》(巴蜀书社 2000 年版),可为本书之补充。

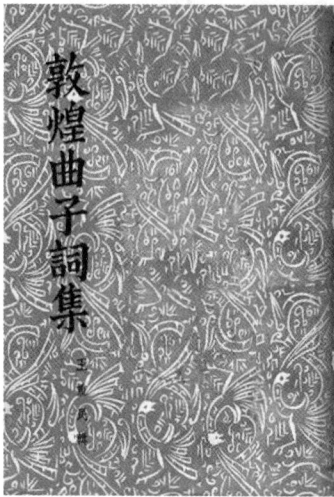

2.《敦煌曲子词集》 王重民辑。

商务印书馆 1950 年版。

本书是敦煌词曲总集。三卷。作者于 1934 年在法国巴黎国家图书馆整理过敦煌遗书。作者在董康、罗振玉、朱孝臧、刘复等学者对敦煌钞卷研究、整理的基础上,从伯希和劫走的敦煌曲子词十七卷、斯坦因劫走的敦煌曲子词十一卷,以及罗振玉收藏的三卷和日人桥川氏收藏的影片一卷中,共集录曲子词二百一十三首,经校补删去重复的五十一首,编辑成此书。全书正文分上中下三卷。上卷为《长短句》,收曲子词除残者外仍有近百首,属北宋前唐五代作品,多为长短句,调式有《菩萨蛮》、《西江月》、《浣溪沙》等二十多种,广泛而真切地反映了当时的社会生活,其中以反映男女离情别绪、恋爱婚姻生活内容的作品居多。还有的作品抒发了下层人民的思想感情,对朝廷轻启边衅、连年征战给人民造成的痛苦和灾难也有所揭露。中卷收《云谣集杂曲子》三十首,即原本《云谣集》,都是来自民间的无名氏作品,多反映战争年代征夫思妇旷女的思想情绪,亦有反映宦海生涯、风流情场中的悲欢离合、怨苦惆怅之作,另有少数歌颂太平、宣扬封建伦理道德的作品。作品语言纯朴,抒情坦率;在形式上长调较多,如《倾杯乐》、《内家娇》长一百多字。下卷为《词》,是乐府诗,以五、七言乐府为主,计《泛龙舟》、《水调词》等十九首,多为抒情作品。本书对研究唐代社会具有一定的参考价值,更是研究中国词史和民间说唱文学的珍贵资料。任二北在《敦煌曲初探·弁言》中称:"自王重民编《敦煌曲子词集》载曲词百六十一首以来,国内外之敦煌曲,似已作总结集;若从事研讨,应足依据。"此书与任二北所著《敦煌曲初探》、《敦煌曲校录》、《敦煌歌辞总编》等同为敦煌曲研究方面的重要成果。

3.《花间集校注》 〔五代〕赵崇祚编,杨景龙校注。

中华书局 2014 年版。

《花间集》是晚唐五代词总集。全书共十卷,共录温庭筠、皇甫松、韦庄、薛昭蕴等十八家词五百首,依作者时代先后顺序排列。该书所录词作,大多是供乐妓樽前花间演唱的,所以多是反映男女情思、闺中幽怨、偎翠倚红、伤离惜别的艳情之作。这些作品辞藻绮丽,格调柔婉,具有较高的艺术价值,表现了词这种文学形式发展的成熟。该书是最早的一部词总集,它使晚唐、五代的一批优秀作品得以保存、流传,对词的发展产生极重大的影响,宋人称其为"近世倚声填词之祖"(陈振孙《直斋书录解题》),它直接影响了后世婉约词的发展。

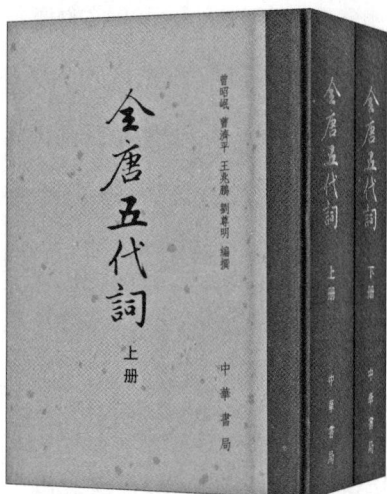

4.《全唐五代词》 曾昭岷等编。

中华书局 1999 年版。

本书是唐五代曲子词总集。20 世纪以来,陆续有学者辑录唐五代词,如王国维辑有《唐五代二十一家词辑》,林大椿辑有《唐五代词》,张璋、黄畬辑有《全唐五代词》,本书即在前人的基础上增补、考证、甄别而成。全书分正编、副编两部分。正编收唐五代作者 80 人,另有无名氏若干,加上敦煌曲子词,共计有作品 1963 首,此外并有存目词,副编收 80 余人及无名氏若干,作品 847 首,正副两编合计达2800 多首。正编主要收录倚声制词之曲子词,副编主要收录:一、属诗属词,唐宋人有争议之作品;二、明清人词选集、总集、词谱、词话等词籍所载录而可考原为诗,后被度入声律演唱并赋予词名之作品,以及可考原为乐府或绝句而被明清人改加词调之作品;三、明清词籍所载录而未见于唐宋词籍,且与唐宋人其他同调长短句体相异之齐言体作品;四、调名字数句式同正编所收词作而唐宋词籍未载录、属诗属词难以判定之作品。所收词人,上起初唐,下迄五代,由五代入宋之词人,《全宋词》已有者,本书不复收录。词人依生年先后顺序排列,生年不可考者依卒年,生卒年均不可考者依其生活、交游唱和之时代排列。无名氏词,时代可考者,列于相应部分;时代无考者,列于五代词人之后,并以其所出之书成书年代先后为序。

5.《全宋词》 唐圭璋编。

中华书局 1999 年版。

本书是宋词总集。作者旨在汇辑有宋一代词作,供研究工作者参考之资,故网罗散失,虽断句零章,亦加摭拾。全书录入词人一千三百三十余家,词作一万九千九百余首,残篇五百三十余首。全书断限,上继《全唐诗》中之五代词,下及1279 年南宋灭亡。凡唐五代词人入宋者,俱以为唐五代人。

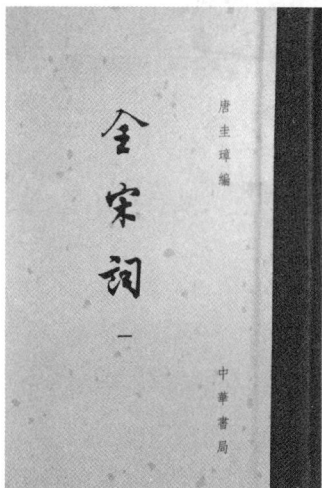

凡宋亡时年满二十者，俱以为宋人；仅入元仕为高官如赵孟頫等者除外。无确切年代可考，如《乐府补题》中作者，元凤林书院辑本《草堂诗余》中多数作者，亦姑仍旧说以为宋人。全书以作者为经，以时代先后为序。凡生年可考者，以生年为序；生年不可考而卒年可考者，以卒年为参；生卒年不可考而知其登第年者，以登第年为序；三者俱无可考而知其交往酬和者，以所交往酬和者之时代为参。一无可考者，参其作品所出之书成书时代，如孙叔词见于《苕溪渔隐丛话》，以之次于胡仔之前；见于宋末元初各书者，则概次于有时代可考者之后，仍以作品所出之书成书时代为序。无名氏词俱次于编末，亦以作品所出之书成书时代为序。书前有引用书目，以便读者查核；书后有作家索引，便利读者检索。

此外，孔凡礼有《全宋词辑补》（中华书局 1981 年版），收录宋词四百三十多首。

6.《全金元词》 唐圭璋编。

中华书局 1994 年版，西安出版社 2014 年版。

本书是金、元两代词总集。作者在前言中说："清初，郭元铧曾撰《全金诗》，顾嗣立曾编《元诗选》顾无辑金元词者，亦一憾事。金元先后占据北方，词受两宋影响，亦多可观，如元好问、张翥，其最著者。朱彝尊辑《词综》，仅选金元词十四家二十一首，殊觉过少。清末诸家刻词，自唐宋以外，兼及金元，良非无因。近人赵万里、周泳先两家继前贤之后，内容愈富。余今综合诸家所刻词，并加以补正"，"又录《道藏》中金元道士词，以供研究词乐、词律、词韵以及词曲演变者之参考"。全书共收金元两代二百八十二位词人，七千二百九十三首词作。其中金代凡七十人，三千五百七十二首；元代凡二百一十二人，三千七百二十一首。从数量上看，已大大超过了前人所辑之金元词。尽管还不免会有遗漏，而基本上已具备了"全"的规模。本书编纂体例基本上与《全宋词》相同，意在求全，故有词尽录，即使是零篇断句亦在所不遗。而小说戏曲中的错载之词，因为往往属明代人所依托，例如明贾仲名《菩蕯》杂剧中载有元萧淑兰词二首，明瞿佑《剪灯新话》中载有元罗爱爱、金定、翠翠等词，明李昌祺《剪

灯余话》中载有元拜住、贾云华、崔英妻王氏等词,明田艺蘅《留青日札》中载有元竺月华、方国珍等词,等等,故一概不录。凡属戏文、杂剧中之词,亦均不收,以免割裂原作、断章取义。凡属曲而混入金元人词集者,亦均不录,如王恽《秋涧乐府》中有曲三十九首等,明确属曲之牌名,如天净沙、凭栏人、小桃红、干荷叶、水仙子、折桂令等,均不录;而词、曲所共有之牌名,如太常引、人月圆等,则仍保留。

7.《全明词》 饶宗颐初纂,张璋总纂。

中华书局 2004 年版。

本书是继《全宋词》、《全金元词》与《全唐五代词》之后,一部汇集明代词作的集子。主要以明清善本、足本和赵尊岳生前所编《惜阴堂丛书》稿本为底本,博采、汇集有关资料,相互参证、增补校订而成。全书共六册,收作者一千三百九十余家,词作约两万首。本书对易代词人,参照有关资料,酌情收录。元末明初词人,《全金元词》已收者一般不再收录。明末清初词人,抗清殉难和隐居不仕遗民,则予以收录。以词人生年为序排列,如生年不详,则参照其卒年、登第、交游等酌情排列。无名氏之词,列于编末。每位词人,撰有小传。书前列有引用及参考书目,书后附录作者所引,以便查检。

本书漏收词作甚多,故刊行之后,辑补者甚众。周明初、叶晔编撰有《全明词补编》二册(浙江大学出版社 2007 年版),可为本书之补。

8.《全清词钞》 叶恭绰编。

中华书局 1982 年版。

本书是清词总集。入选作者包括清朝各个时期,以卒于清代者为界限。生于清代,而其文艺活动已在辛亥革命以后者编入附录。全书四十卷,共选录了三千一百九十六位词人,八千二百六十余首词作。其中卷一至卷二十九选录吴伟业、施闰章、吴兆骞、陈维崧、朱彝尊、厉鹗、黄景仁、张惠言、周济等近三千人;卷三十至卷三十三以及卷三十四大部分为闺秀之作,卷三十四还选录有方外之词,其中僧侣二十九人、道士三人、尼姑四人,凡三十六人;卷三十五至卷四十为附录,所录词人皆生于清代,卒于民国,著名词人有况周颐、王国维等。每位词人附有小传,略注字、号、爵里与词学著作。本书序与后记均提出有关词的主张,详述了本书编写经过。编者在例言中自称其编写目的在于"综合贯串,以供源流正变之推寻"。本书大体上勾勒出了清词初期、中期以至于后期发展变化的脉络,以及浙派和常州派等诸派的发展轮廓。

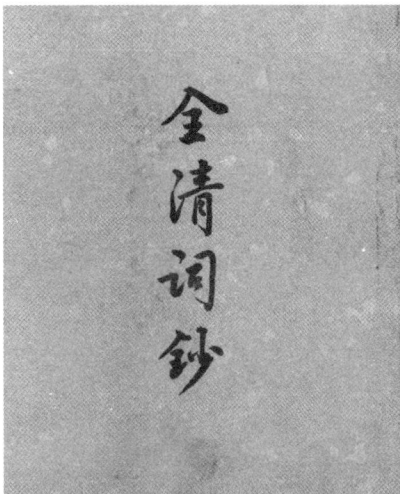

9.《全清词》 张宏生主编。

南京大学出版社、中华书局 2002—2012 年版。

本书是清词总集,按清代十帝的历史顺序排列,分五卷:"顺康卷"、"雍乾卷"、"嘉道卷"、"咸同卷"、"光宣卷",依次出版,将集有清一代万余词人词作之大成,收词作 30 万首以上,凡 4000 余万言,全部编纂完成将达 100 至 120 册,将是我国规模最大的词作品断代总集。目前已经完成《顺康卷》(2002 年中华书局版),共二十册,收录作者近 2100 家,词作 5 万余首;《顺康卷补编》(南京大学出版社 2008 年版),共四册,补录词人 455 家,词作 1 万余首;《雍乾卷》(南京大学出版社 2012 年版),共十六册,收录词人近千家,词作近 4 万首。

本书以词人生年为序。生年不详者,参照其卒年或科第、交游等事迹酌情排定。虽有姓名而世次无考以及无名氏之作,悉列编末。每位词人均撰有作者小传,简介其字号、年里、仕

履、著述诸项。事迹不详者，则从盖阙之义。本卷所辑各家词概以足本、定本为准。篇目次序，悉依底本之旧，并注明其版本。辑本则从选本、笔记、词话、方志、小说、书画中采录，并略加编次。凡别集外逸出之篇，概附各本之后，亦标明出处。卷末附录作者索引，以便检索。

10.《清代北京竹枝词》 〔清〕杨米人等著，路工编选。

北京出版社 1962 年版，北京古籍出版社 1982 年版。

本书是清代北京流传的竹枝词总集。这些竹枝词用通俗的词句，七言四句的诗体，描述了当时北京的风土人情，记述了当时的生活时尚等。书中收录了流传于清乾隆年间现在颇为罕见的杨米人著《都门竹枝词》（仅抄本流传，从未刊刻），嘉庆年间的得硕亭著《草珠一串》，道光年间杨静亭著《都门杂咏》和宣统年间的《京华慷慨竹枝词》等等。其中康熙年间的《燕九竹枝词》是阿英先生发现的，作者是著名文人孔尚任等。

全书收入竹枝词十三种，分别是：一、《燕九竹枝词》九十首。作者有曲阜人孔尚任、宛平人陈于王、宣城人袁启旭、宜兴人蒋景祁、周兹、嘉善人柯煜、陆又嘉、曹源邺、江阴人王位坤等九人。集中作品反映了当时燕九之会的盛况，也有反映北京生活的。二、《都门竹枝词》一百首。作者杨米人，别号"静香居主人"。安徽桐城人。乾隆、嘉庆年间（约 1740—1815）曾居住北京，写有剧本《双珠记》。本集作品描写了北京人的生活，如过春节时写福字，贴春联、门神，放烟花爆竹的热闹喜庆的景象，以及小商小贩兜售生意的情形等。作品中有十余首诗写到北京的小吃、菜肴，反映出了北京丰富的饮食文化。集中也有对民间艺人如说书的、唱戏的、杂耍的、弹三弦的生活的描写。三、《燕台口号》一百首。疑为查揆所作。查揆又名初揆，字伯揆，号梅史。生于乾隆三十五年（1770），卒于道光十四年（1834）。浙江海宁人。嘉庆九年举人。曾任顺天蓟州知州。著有《篔谷文集》、《菽原堂集》。从本集所反映的内容看，约写作于嘉庆初年。有道光年间抄本。四、《都门竹枝词》八十首。作者不详。本为一百首，分十类：街市、服用、时尚、京官、候选、考试、教馆、胥吏、内眷和观剧，每类十首。作者小序谓"脱稿后，因思胥吏近于言公事，内眷近于谈闺阃"，"皆非君子口宜道笔宜述者"，故而摒弃不录，仅存八十首。五、《草珠一串》,又名《京都竹枝词》一百零八首。作者得硕亭。作者于卷首叙中自谓集中作品皆"途歌巷语"、"蛙鼓蚤笙",却亦皆为"因人及物",有感而发之作。前有总起,后有总结。中间主体部分,按内容题材分为十类:文武各官、兵丁、商贾、妇女、风俗、时尚、饮食、市井、名胜及游览。六、《续都门竹枝词》。原无题,一百首。作者张子秋,自号"学秋氏"。吴门人。集中作品,"或写阛阓之状,或操市井之谈,或抒过眼之繁华,或溯赏心之乐事"(自题《序》),"更把人情冷暖,时尚纷纶,一齐抒写"(梅仙跋词《莺啼序》语)。七、《都门杂咏》一百首。作者杨静亭,著有《都门事略》。作品分风俗门、对联门、翰墨门、古迹门、技艺门、时尚门、服用门、食品门、市尘门、词场门等十类,每诗有题。八、《燕台竹枝词》二十首。作者何耳,号易山。安徽歙县人。集中作品多为咏物之作,其所咏之物又多为常见、琐细者,每诗有题。九、《增补都门杂咏》,原无题。多人合作,李静山辑。李静山为江苏绣谷(今南京)人。其序谓本集收新作百余首,得硕亭《草珠一串》十数首,另外还有《都门杂咏》中部分诗作。其分类与《都门杂咏》颇类,但多节令门一类,改《都门杂咏》对联门为春对联门。每诗有题。十、《都门纪变百咏》一百二十首。嘤西复侬氏、青村杞庐氏同著。其所写内容,为"危城近况"(复侬氏《自叙》),主要反映了光绪二十六年(1900)的中国社会,特别是北京的社会现实。十一、《京华百二竹枝词》一百二十首。作者自号"兰陵忧患生"。本集意在"借眼前之闻见,抒胸际之牢愁"(作者自叙)。十二、《京华慷慨竹枝词》一百首。作者"吾庐孺",清和人。集中多慷慨愤激之词,讽刺时政,内容健康。诗各有题。十三、《百戏竹枝词》一百首。作者李声振,号鹤皋。河北清苑(保定)人。作品内容多为描写北京民间各种戏曲、曲艺情况。本书所选的十三种作品提供了有关清代北京民间的史料,对了解和研究当时当地历史、政治、经济、文化艺术、生活习俗,特别是研究戏曲、曲艺、杂技等民间艺术,有参考作用。

⋯ 三、文

1. 《六臣注文选》 〔南朝梁〕萧统编,〔唐〕李善等注。

上海古籍出版社 1993 年版,人民文学出版社 2008 年版,中华书局 2012 年版。

本书是《文选》的注本。六十卷。《文选》是我国现存最早的诗文选集。全书三十卷,共

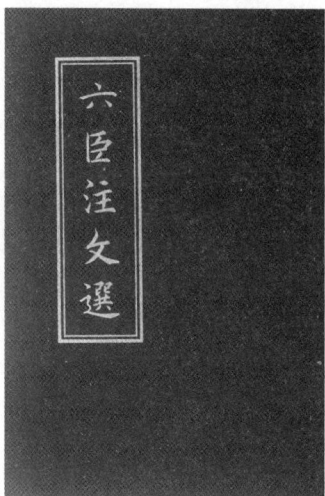

选入先秦至梁普通元年(520)间130个作家的作品,总数700余篇。梁以前的许多优秀作家,如屈原、宋玉、司马迁、班固、曹植、王璨、潘岳、陆机、陶渊明、鲍照、江淹、谢灵运、颜延年等的作品都被选入。也因为结集较早,许多优秀的篇章赖本书得以保存,如被钟嵘评为"一字千金",在文学史上占有重要地位的《古诗十九首》就是靠《文选》得以传世。因此,本书具有较高的文献价值,是研究先秦至南北朝文学必不可少的参考资料。《文选》的成书,比较鲜明地体现了魏晋南北朝时期的文学观念。在选录标准上,萧统坚持"事出于沈思,义归于藻翰"(《文选序》),比较重视典雅的风格之美与骈俪的形式之美,因此入选的辞赋较多,经、史、子中的文章不在入选之列,而史书中带有"综辑词采"、"错比文华"特点的论赞则适当收入。本书选诗重典雅,摈弃了六朝以来的浮艳之作。萧统将所选作品分为三十八类,虽不无琐碎,但也表明了其时人们具有了明确的文体意识,对文学艺术的形式特征有着精细的区划。

唐高宗时,李善为《文选》作注,将原书析为六十卷。李善注本旁征博引,引书多达一千七百种,阐幽发微,准确精当,影响最为广大。玄宗开元年间,工部侍郎吕延祚以李善注只引录词语典故出处,不注意疏通文义,又嫌其繁缛,故召集吕延济、刘良、张铣、吕向、李周翰五人重新作注,此即《五臣注文选》。书成送览,得到了唐玄宗的嘉奖,于是流传亦广。五臣注的价值不如李善注,唐末李匡乂认为"五臣所注,尽从李善注中出"(《资暇集》),宋苏轼更是指摘"五臣真俚儒之荒陋者"(《书谢瞻诗》)。北宋时,有人将《文选》李善注五臣注合刻成书,此即《六臣注文选》,现存最早的刻本大概是崇宁五年(1106)裴氏刻本,陈振孙《直斋书录解题》已有著录。自六臣注本出现之后,五臣注本单刻本便逐渐湮没,现已很难找到,只是在六臣注本与李善注中一并流传。

2. 《文苑英华》 〔宋〕李昉等编。

中华书局 1966 年版。

本书是南朝梁至唐五代诗文总集。全书共一千卷,上继《文选》起自萧梁,下讫晚唐五代,选录作家两千余人,作品近两万篇。在编排上,本书按文体分赋、诗、歌行、杂文、中书制诰、翰林制诰等三十九类。每类之中又按题材分若干子目。书中约十分之一是南北朝作品,十分之九是唐人作品。本书作品多数是根据当时流传不多的抄本诗文集收录的,保存了不少有价值的文献资料,如徐松《登科记考》、劳格《唐尚书省郎官石柱题名考》等,其中许多重要材料都从本书中钩稽出来;《四库全书》中所保存的李邕、李华、肖颖士、李商隐等人的集子也是从本书辑出来的。校记里还附注有别本的异文,可以用以辑补校勘唐人的诗文集。书中还收录了大批诏诰、书判、表疏、碑志等,为后世考订载籍的得失、补充史传的缺漏提供了资料。

但本书还存在不少错误,宋代彭叔夏撰《文苑英华辨证》十卷(中华书局 1985 年版),分二十门类,指摘了书中各式各样的错误,可供参考。

3.《全上古三代秦汉三国六朝文》〔清〕严可均编。

中华书局 1958 年影印、1965 年排印。

本书是唐前文章总集,起自上古,迄于隋朝,是《全唐文》的前接部分。共七百四十六卷,其中《全上古三代文》十六卷、《全秦文》一卷、《全汉文》六十三卷、《全后汉文》一百六卷、《全三国文》七十五卷、《全晋文》一百六十七卷、《全宋文》六十四卷、《全齐文》二十六卷、《全梁文》七十四卷、《全陈文》十八卷、《全后魏文》六十卷、《全北齐文》十卷、《全后周文》二十四卷、《全隋文》三十六卷、《先唐文》一卷、《韵编全文姓名》五卷。涉及作者三千四百九十七人,《凡例》云:"皆为之小传,里系察举、迁除封拜、赠谥著述,略具始末。或其人不见于史传,则参考群书,略著爵里;如又不得,则云爵里未详;或并不知当何帝之时,则列每代之末。"全书所录文章按朝代顺序编排,同

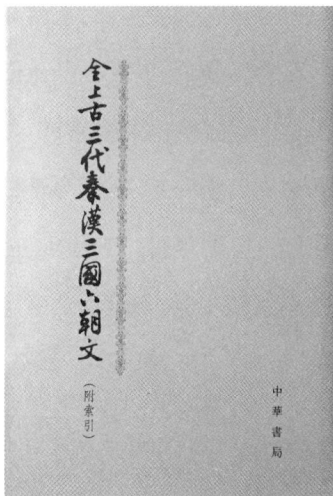

一个朝代的作者按帝王、后妃、宗室、国初群雄、诸臣、宦官、列女、阙名、外国、释氏、仙道、鬼神的顺存编排。

严可均，字景文，号铁桥。生于清乾隆二十七年（1762），卒于道光二十三年（1843）。浙江乌程（今浙江吴兴县）人。嘉庆举人，曾任建德县教谕。著有《铁桥金石录》等。嘉庆十三年，清朝开《全唐文》馆，严可均因未被邀请，心有不甘，便独自发奋，把自古至隋的文章，无论鸿篇巨制还是孤句残文，全部收入，完成了《全上古三代秦汉三国六朝文》的编纂，历时二十七年。本书是一部资料书，收集的资料极全，作家数量相当于有文集作家总数的一百倍，编者亦辑录了一些名家佚文。在严可均之前，有一些人辑录过刘向的《别录》佚文，但没人全面收集过他的作品，严可均则从《古文苑》、《艺文类聚》等大量著作中，辑刘向作品五卷之多，为研究刘向提供了宝贵资料；孔雅圭的作品原只在《文选》里存《北山移文》和《南齐书》等几篇奏疏，本书则搜集了他十几篇作品。在收集断篇残简时，编者也注意校勘辩证。《汉魏六朝百三名家集》的《曹植集》中收有《曹苍舒谏》一篇，编者根据《艺文类聚》和《古文苑》考定这篇为曹丕所作，便编入魏文帝卷。由于本书卷帙浩繁，因此难免有漏误。清杨守敬在日本得到《文镜秘府论》、《文馆词林》，在朝鲜得到《东古文存》，为本书补了上千条。《列子·天端》注引何晏《道论》、《世说新语·赏誉》注引谢鲲《元化论序》等都未收入。西晋杨泉著名的《物理论》也被漏掉了。《全后魏文》则误收了北齐后主的文字。

从道光末年起，有人就对严可均编本书提出了质疑，有的说是孙星衍所辑，有的说是李兆洛"终其事"，或说是孙星衍辑，李、严参校。比较可信的说法是本书由严可均辑成初稿，孙星衍、李兆洛先后参与补辑，最后又由严可均独立完成。本书脱稿后未能印行，严可均死后，即道光二十三年，手稿为蒋壑所得，刊行目录，止附小传。后手稿流落到上海书肆，最后为广东知府方功惠得。光绪十三年，王毓藻在广州见到此书，于是汇集了一批文人，用八年时间整理校勘八遍，刻印了全书。

4.《全上古三代秦汉三国六朝文篇名目录及作者索引》 中华书局编。

初刊于 1965 年。

本索引专为查检《全上古三代秦汉三国六朝文》而编，作为附册同时出版。全书分为"篇名目录"和"作者索引"两部分。"篇名目录"以作者为纲,作者下系所著文章篇目,作者及篇目的次序均依原书,篇目下注出在影印本中的总页数。"作者索引"以姓氏的四角号码排列,同姓氏的作者,以名字第一字上两角号码顺序排列;如作者姓名有几个异称,皆一一列出,注明互见。姓名后附注朝代及在影印本中的总页数,附有"索引字头笔画检字",以便查检。原哈佛燕京学社编有《全上古三代秦汉三国六朝文作者引得》(有1932年哈佛燕京学社排印本),以作者姓氏立目,以人系文,篇目下注明出处,作者都附小传;但未编篇目索引,且采用中国字度撷法编排,检索不便。本索引以经过断句的影印本为底本,从篇名和作者皆可查检,作者异名也列为条目,使用方便。另外,近年来考古工作取得了很大进展,大量文物资料如简帛、碑刻等相继出土,对于传世文献的考辨非常有帮助,需要加以利用。

5.《全唐文》 〔清〕董诰主编。

中华书局1983年版,山西教育出版社2002年版,上海古籍出版社2007年版。

本书是唐五代文总集,一千卷。共收文一万八千四百八十八篇,涉及作者三千零四十二人。本书依《全唐诗》体例编排,以文从人,各人名下再按文体分类排列。作家按照皇帝、后妃、王公、公主、大臣、释道、闺秀的次序排列;宦官四裔,各文无可类从,附编卷末。书首有清仁宗所撰序。十国之作家列于五代作家之后。

本书是在清内府旧藏缮本《唐文》一百六十册的基础上,参校《四库全书》中的唐文别集,抄撮《文苑英华》、《唐文粹》、《崇古文诀》、《文章辨体汇选》等多种总集,又钩稽《永乐大典》中的单篇残段,广搜史子杂家记载和金石碑刻资料,编修而成。俞樾《全唐文拾遗序》称"有唐一代文苑之美,毕集于兹。读唐文者,叹观止矣"。本书为后世研究唐代文学和历史,提供了极大的便利。

《全唐文》在辑录时订正了前人的不少错误,但由于卷帙浩繁,又成于众手,缺乏统筹规划,造成不少新的错漏,如作者张冠李戴、姓名舛误、题目夺误、正文讹脱、重出和互见、误收

唐前唐后文、作者小传记叙不确等。后有唐仲冕《陶山文录》、劳格《读书杂识·读全唐文杂记》、岑仲勉《读全唐文札记》等匡谬正失。此外,《全唐文》还有两个严重的缺点:一是采辑群书不注出处,由是不便复检,且给唐文的校勘带来困难;二是收文仍有较多遗漏。清光绪年间陆心源辑有《唐文拾遗》七十二卷、目录八卷和《唐文续拾》十六卷,对本书多有增补。另外,近年来地下文物资料大量出土,如洛阳出土已有拓片的《千唐志斋藏石》一千余帧,还有大量的隋唐五代墓志铭,这些都是《全唐文》的重要补充材料,也要注意检索和利用。

陈尚君《全唐文补编》(中华书局 2005 年版)从四部群书、敦煌遗书、石刻文献、海外汉籍、佛道两藏等方面,辑录唐人文章约 7000 篇,涉及作家 2600 多人,近 400 万字,是对《全唐文》一次非常全面的补充。

6.《全唐文篇名目录及作者索引》 马绪传编。

初刊于 1958 年。

此书根据 1938 年中华书局出版的《全唐文》影印本编制,陆心源辑《唐文拾遗》72 卷、《唐文续拾》16 卷,也予以收录。全书分"篇名目录"和"作者索引"两部分。"篇名目录"以作者为纲,作者下分系所著篇目,作者及篇目次序均依原书,篇目下注明在影印本中的总页数。所录作者悉依原书署名,帝王和后妃称庙号或谥号,宗室诸王和公主称封号,释、道称法号,闺秀称姓氏。"作者索引"依作者姓氏的四角号码排列,下列所著文章篇目及在原书中的页次。作者姓氏有残缺的,以所存第一字立目;标明缺名的以缺名立目;少数民族作者依原书署名立目。一人有数名者予以合并,姓名相同而实非一人者则加注字、号、爵里、时代等以资区别。书后附笔画检字。

《全唐文》是清嘉庆时由董诰等百余人从《四库全书》、《永乐大典》、《古文苑》、《唐文粹》等书辑录汇编而成,改变了《昭明文选》、《文苑英华》等按文体编辑的方法,而以人统文,依时间顺序先后排列,共收唐、五代作家 3000 余人,作品 14800 多篇,并将十国的文章排于五代之后。每位作者皆附有小传,略记生平事迹,系于每个人作品的最前面。《全唐文》所收唐各体散文较为完备,从《永乐大典》中辑出的文章更具有重要价值,但也有疏漏。清末学者陆心源藏书殷富,多达十五万余卷,被称为清末四大藏书家之一,陆心源凭借优越的条件,主要从

《唐会要》等书中辑出《唐文拾遗》80卷和《唐文续拾》16卷，并补充了一些碑刻资料。本书将陆心源所辑二书一并收录，便于检索更为全面的唐文资料；有篇名目录和作者索引，从篇名和作者皆可检索，极便利用。版本为1958年中华书局排印本。

7.《文章正宗》〔宋〕真德秀编。

北京图书馆出版社2006年版、《四库全书》本。

本书是诗文总集。全书三十卷，收录先秦至唐代诗文，分辞命、议论、叙事、诗歌四类。前五卷为辞命；六至十八卷、二十五至二十六卷为议论；十八至二十四卷、二十七至二十八卷为叙事，二十九至三十卷为诗歌。辞命、议论、叙事选自《春秋三传》、《国语》、《战国策》、《史记》、《两汉书》、《三国志》以及韩愈、柳宗元、李习之之文；诗歌有古逸诗、汉魏六朝诗及唐李白、杜甫之诗。四类皆按时代顺序编次。真德秀是朱熹的再传弟子，故本书选录诗文，以义理为标准，认为"夫士之于学，所以穷理而致用也。文虽学之一事，要亦不外乎此。故今所辑，以明义理切世用为主。其体本乎古，其指近乎经者，然后取焉。否则辞虽工亦不录"。虽然本书选录诗文的标准未免过于狭窄，但其将文章分为辞命、议论、叙事、诗歌四类的做法，侧重于文章的实用性、议论性、叙事性与抒情性四种功能，对后世文体学的发展有着重要意义。

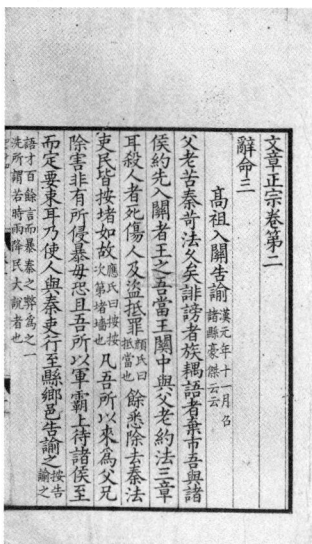

8.《宋文鉴》〔南宋〕吕祖谦编。

商务印书馆1937年版，吉林出版集团2005年版，社会科学文献出版社2015年版。

本书是北宋诗文选集。全书共一百五十卷，选录作者二百多人，作品二千五百多篇。本书仿照《文选》体例，按诗文体裁分类编排，包括赋、律赋、四言古诗、乐府歌行、五言古诗、七

言古诗、五言律诗、七言律诗、五言绝句、七言绝句、杂体诗、骚、诏、勅、赦文、册、御札、批答、制、诰、奏疏、表、笺、箴、铭、颂、赞、碑文、记、序、论、义、策、议、说、戒、制策、说书、经义、书、启、策问、杂著、对问、移文、连珠、琴操、上梁文、书判、题跋、乐语、哀辞、祭文、谥议、行状、墓志、墓表、神道碑铭、神道碑、传和露布。每类作品按创作年代先后排列。前十一卷为赋，十二至三十卷为各体诗、骚，其余为各体文。辑录汰取时，一般取文质皆备的诗文，内容胜者次之；既注意搜求名人鲜为人知的作品，又注意采撷被时议非难者的佳作，不以人废言，态度较审慎。选录的作品均较有代表性，不少是古今传诵的名作，在一定程度上反映了北宋文坛的现实和政治思想斗争状况。很多所选的文集现在已经失传。本书的编纂为后人保存了宝贵的文化遗产。但因编者注重"义理"，编选的目的是为了给统治阶级提供借鉴，所以收入了不少平庸之作，这在诗赋中表现得较为明显，奏疏也选录过多。书前有周必大序，吕祖谦进书札子及谢表。

9.《南宋文范》〔清〕庄仲方编。

光绪十四年（1888）江苏书局刊本，吉林人民出版社 1998 年版。

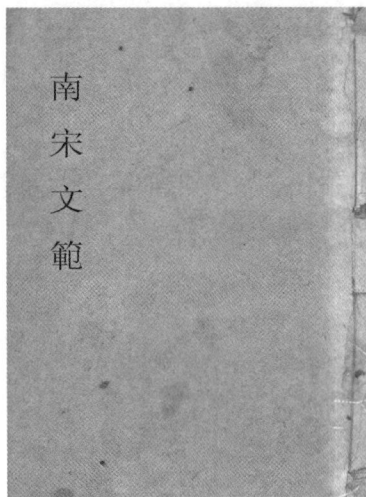

本书是南宋诗文选集。全书共七十卷，共选录作家二百余人，作品一千七百多篇。不收近体诗和词，体例与《唐文粹》相仿，按诗文的体裁分类编排，共分五十七类。前两卷为赋，第三卷为骚、辞、乐章、乐歌、四言诗，第四卷为乐府歌行，第五至七卷为五言古诗，第八、九卷为七言古诗，第十卷为诏、勅、册文、批答、赦文，第十一卷为制诰、檄，第十二卷至二十五卷为奏疏、缴指挥，第二十六卷为进故事、经筵讲义，第二十七、二十八卷为表，第二十九、三十卷为笺、启，第三十一至三十五卷为书，第三十六卷为箴、铭、颂、赞，第三十七卷为碑，第三十八、三十九卷为对策,第四十、四十一卷为策问,第四十二至四十六卷为记,第四十七至五十一卷为序,第五十二卷为策、议,第五十三至五十七卷为论,第五十八卷为说,第五十九卷为言、辩、解、史断、义、答问、讲义,第六十、六十一卷为题跋,第六十二卷为劝谕文、祈谢文、上梁文,第六十三卷为送荐文、哭吊文、祭文、哀词、谥议,第六十四卷为行状、传、书事,第六十五至六十八卷为墓志铭,第六十九、七十卷为神道碑。书中还附有"南宋文范作者考"和"采进书目"等有关资料。

本书有对各体文的汰取,尤其是在对充斥南宋文中的墓志铭之类文章的选择上,编者态度较为公正得当。书中对南宋各种流派的文章基本上做到了兼收并蓄,既选录了宗泽、胡铨、华岳、辛弃疾、陈亮、叶适等人一些慷慨激昂、说理透辟的爱国文章,又收入了朱熹、尤袤、陆游等人一些清新自然、出神入化的作品。虽说仍有不少南宋作家的优秀散文未能入选,令人有遗珠之憾,但基本上还是反映了南宋文坛和社会的实际情况,对研究南宋的文学创作和历史都有很重要的参考价值。

10.《全宋文》 曾枣庄、刘琳主编。

上海辞书出版社 2006 年版。

本书是宋代文章总集。包含两宋 320 年间所有现存单篇散文、骈文以及诗词以外的韵文。全书分 15 个大类,共 360 册,8345 卷,收录了 9 千余个作家的 17 万余文章,内容遍及文学、艺术、历史、哲学等各个方面,每位作者皆撰有小传。本书大量收录宋朝文人的作品,史乘方志、类书笔记、碑刻法帖、释道二藏等均在网罗之列,甚至以"全集"或"别集"形式收入。其中不少资料是首次公开发表,95% 的作家在此以前未被编入过专集。例如宋庠《元宪集》已佚,清初四库馆臣自《永乐大典》辑出《宋元宪集》四十卷,《全宋文》再辑得宋庠佚文三十一篇。本书可以说是一部有关宋代经济史、文化史、军事史、法制史、科技史、宗教史的百科全书,例如所收奏议是赵汝愚编辑《国朝诸臣奏议》与黄淮、杨士奇编辑《历代名臣奏议》的数倍以上,所收理学家的文章是《宋元学案》与《补遗》的数倍以上,所收诏令是《宋大诏令集》的五倍左

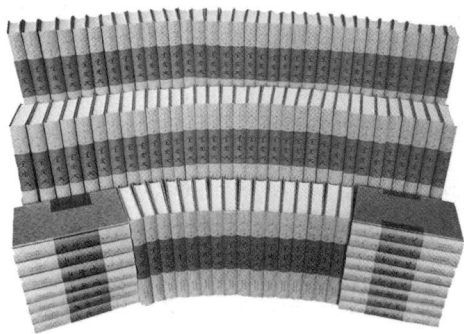

右。本书在许多方面具有拓荒与填补空白的史料价值。

11.《全辽文》 陈述辑。

中华书局 1982 年版。

本书是辽代诗文总集。陈述因补注《辽史》，兼及搜辑有辽一代之诗文，而痛感已有之四部辽代诗文总集之不足与不便，于是将缪荃孙《辽文存》、王仁俊《辽文萃》、黄任恒《辽文补录》、罗福颐《辽文续拾》所收之诗文，以及他自己搜得之辽代诗文，重新统一整理编排，除诸帝及后妃之诗文外，其他均按作者生卒年之先后编次，剔除重出者，补入未收者，凡得诗文五百多篇，名为《辽文汇》，1953 年由中国科学院印行。《辽文汇》问世后，陈述犹时时搜集辽代诗文，将近三十年之所得，中间新发现之材料，复编成《辽文汇续编》，但未得刊行。后将《辽文汇》与《辽文汇续编》再次统一编排，凡得诗文八百余篇，定名为《全辽文》。全书十三卷。正文十二卷，不按文体分类，帝、后等别成卷帙刻于前，其他人悉以作者先后为序。第十三卷补遗。书末后附录三种，一为"类目索引"，二为"作者索引及事迹考"，三为"图版"，凡收墓志、墓盖、碑阴、哀册等共十九种。

本书为研究辽代文史提供了较为完整的第一手材料，检索也比较方便。不仅能见有辽一代诗文之全貌，更为治史者进一步研究辽史提供了较全面的史料。

12.《金文最》 〔清〕张金吾编。

中华书局 1990 年版。

本书是金代文章总集。原书一百二十卷。作者有感于"宋自南渡后议论多而事功少，道学盛而文章衰，中原文献实归金源，总集一书似不可少"，于是"矢志网罗，自专集外如《金史》、《大金集礼》、《大金吊伐录》、《三朝北盟会编》等书,暨地志、金石、医书、谱录以及二氏之藏,外国之书,无不甄录。广搜博采,积十二年,易三稿",于道光二年(1822)终成本书。称之为"最",盖取《春秋公羊传》"会,犹最也"之义,犹言会聚也。全书除收录《拙轩集》、《滏水集》、《滹南遗老集》、《庄靖集》、《遗山集》等专集外,采摭书志、石刻拓本达三百余种,各体文章约一千七百九十余篇。道光六年,作者又删去三十卷,以与《唐文萃》、《宋文鉴》、《元文类》诸书相接。《金文最》编成之后,久未付梓。后庄仲方之《金文雅》行世,张金吾复将已见于《金文雅》之文,仅存其目,不录原文而仍注原卷数于题下。全书六十卷,分为赋、骚、册文、制诰、策问、奏疏、铭、赞、记、序、论、说、行状、哀辞等凡四十二类。本书广搜博采,不仅为研究金代文学者提供了丰富的材料,而且为研究金代政治、经济、文化之学者亦提供了大量历史文献。

此外,清庄仲方《金文雅》(吉林人民出版社 1998 年版)可与本书互补。

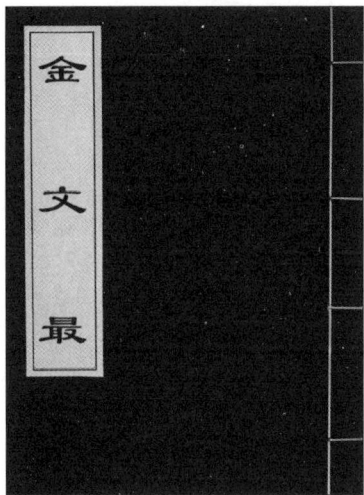

13.《全元文》 李修生主编。

江苏古籍出版社 2004 年版。

本书是元代文章总集。全书共 60 册,收录作者 3140 余人,文章 33400 余篇,2800 余万字。书末附索引(包括"全元文作者索引"、"全元文篇名索引"以及"别集以外引用书目")。所收作家时限上承金和南宋,原金朝管辖区作家以金哀宗天兴三年(1234)为上限,原南宋管辖区作家以南宋赵昺祥兴二年(1279)为上限;以元顺帝至正二十八(1368)为下限。由金、宋入元,由元入明的作家,其主要活动在元者,则作为元人收录。按照"以文从人"的原则,凡已收之作家,其文无论是否写于元代,均一律收录。元人的经、史子部著作,原则上只收序跋及书中所引之单篇元文;可视为文集者,例如史部的奏议集、史论集、书判集,子部的题跋集,仍

作为文集收录。所收作家,皆为其撰作家小传,简要介绍了其姓名、字、号、谥号、生卒年、籍贯、仕履、主要活动、著述及辑收情况等,并注明了所撰史料。

14.《元人文集篇目分类索引》 陆峻岭编。

中华书局 1979 年版。

本书收录元人别集 151 种、总集 3 种以及涉及元代史事的明初人别集 16 种,共 170 种文集。书前有"文集目录"和"文集作者索引"。元人别集基本上以《四库全书》著录的为依据,元人总集以元人选辑的为限,明初人文集则以作者卒于洪武时期而且文集内容较多地涉及元代史事或作者曾与修《元史》的为范围。所列篇目包括所收别集和总集内作者自撰的各体文章,但诗词、专书不予收录。篇目的分类,以其反映的内容为标准。全书分为"人物传记"、"史事典制"、"艺文杂撰"三大部分。"人物传记"部分以人名立目,分男子、妇女、释道、有姓无名者四类,按人物姓氏笔画顺序排列;"史事典制"部分类目参酌《经世大典》和《国朝圣政典章》两书的分类拟定,下分政事、赋役、礼教、军事、刑法、营造、农民起义七类,按著者的时代先后顺序排列;"艺文杂撰"部分类目参酌《四库全书》分类拟定,下分经、史、子、集、杂撰五类。篇目后注明所在的文集名及卷数。除"人物传记"与"史事典制"两部分有些内容参考价值较大而注明互见外,其余概以每一篇目见于一类为原则。元人文集数量较大,其中蕴含了极为丰富的史事资料。据清人倪灿、卢文弨《补辽金元艺文志》和钱大昕《元史艺文志》统计,辽、金、元三代诗文集有 471 种,其中元代在 400 种以上,但不少已散佚。清修《四库全书》时,著录元人诗文集(包括"存目"在内)共 205 种,不甚完备。据目前统计元人诗文集现存 250 种左右,其中文集约 150 种,诗集约 100 种。

此外,台湾王德毅等编的《元人传记资料索引》(新文丰公司 1979 年版)收元人别集 190 余种,另收宋、金人别集 41 种,明人别集 68 种,可为参考。

15.《文章辨体》〔明〕吴讷编。

本书是明以前诗文选集。全书五十六卷，分正集五十卷，外集五卷，总论一卷。正集共分古歌谣辞、古赋、乐府、古诗等四十九体，以真德秀的《文章正宗》为蓝本；外集共五体。每体前都有序说，对本体加以辨明，诗文又分体选录，故称《文章辨体》。本书总结了明初以前的文体，辑录明初以前的诗文。作者认为《唐文萃》、《宋文鉴》、《元文类》等书只载一代之作，《文选》又编次无序，只有《文章正宗》义到精密，它分辞命、议论、叙事、诗赋四类文体，古今文体无出此四类之外。但《文章正宗》众体并出，欲识体而卒难寻考，作者因此作《文章辨体》。正集五十卷各体为正体。他又认为四六为古文之变，律赋为古赋之变，律诗杂体为古诗之变，词曲为古乐府之变，所以为变体，汇此四类为外集五卷，附于正集之后。后来徐师曾据《文章辨体》著《文体明辨》，对其加以修订补充。本书对于考察文体的演变很有参考价值。

1962 年人民文学出版社汇集吴讷《文章辨体序说》与徐师曾《文体明辨序说》为一书出版。

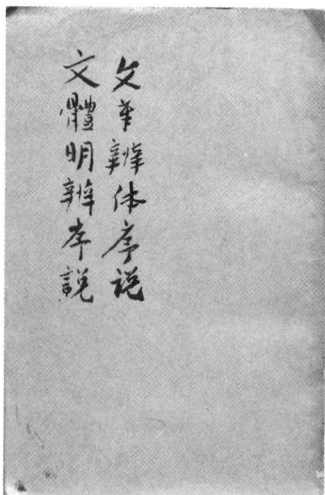

16.《古文辞类纂》〔清〕姚鼐编。

岳麓书社 1988 年版，中国书店 1986 年版，西泠印社 2014 年版，上海古籍出版社 2016 年版。

本书是古文总集。全书共七十五卷，选自上起战国，下至清方苞、刘大櫆等人的作品七百余篇。单从选文标准来看，姚鼐囿于桐城派的文学主张，自然有着门户偏见，比如先秦子、史中的经典散文不选，汉魏六朝骈文不选，却选入大量枯燥乏味的奏议与歌功颂德的

碑志,这一点颇可商榷。但本书将所选文章按照文体类型分为论辩、序跋、奏议、书说、赠序、昭令、传状、碑志、杂记、箴铭、颂赞、辞赋、哀祭十三类,却体现了姚鼐卓越的文体意识,卷首序目还概述了各类文体的特色与源流。此外,姚鼐对入选篇章均作了详细考订,故除了文体意义,本书还具有重要的文献价值。

此外,清代王先谦编有《续古文辞类纂》,将清中叶以后散文汇集成三十四卷。浙江古籍出版社 1998 年将姚、王两书合刻为《正续古文辞类纂》一书,可供参考。

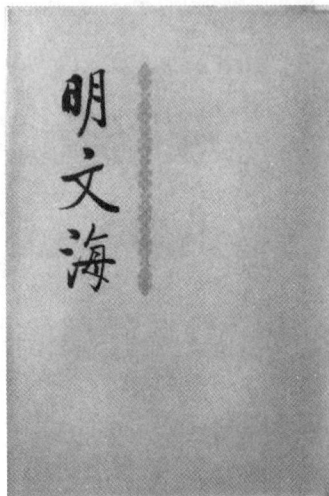

17.《明文海》〔清〕黄宗羲编。

中华书局 1987 年版。

本书是明代文章总集。全书共四百八十二卷,收录作家近千人,作品四千三百余篇。全书按文体分为二十八个大类,如赋、书、序、记、传等;大类之下又分若干子目。编者意图上继《昭明文选》、《唐文粹》、《宋文鉴》、《元文类》诸书,保存有明一代文献,为研究明代政治、经济、文化、武备等方面提供第一手资料。本书搜罗极富,《四库全书总目》认为"考明人著作者,当必以是编为极备矣"。许多散失零落的文章都赖本书得以保存下来,本书称得上是明代文章的集大成者。本书因收录文章太多,故于每种文体之中再细分子目,以便于编排。但子目编排过多过细,不够严密,有不少疏漏处,如赋体的细目有十六种,书又划分为二十七种,序的细目有五种,记的细目分至十七种,传的子目竟至二十种,连墓文也被划分为十三种子目。分类分目过于繁琐杂乱,有的地方还出现交叉现象,如议已别立一门,可在奏疏内又重复出现,再如书、序、传、记诸门也是如此;有的地方把学校、书院分为两类,有的地方把文苑列在儒林之上。总之本书的编排体例杂乱而不严密。

18.《晚明二十家小品》 施蛰存编。

上海书店出版社 1984 年版。

本书是晚明小品文选集。全书二十卷,按作者分卷编
次,选录了二十位晚明文人的小品文,每位作家的作品辑为
一卷。依次是:徐文长、陆树声、李本宁、屠赤水、虞长孺、汤
若士、袁伯修、袁中郎、袁小修、曹能始、黄贞父、张侗初、李
长蘅、程孟阳、钟伯敬、谭友夏、刘同人、陈明卿、王季重、陈
眉公。共收小品二百七十七篇。卷后附录两种:"诸家小
传"与"本书采辑书目"。本书所选录的都是具有开拓性的小品作家,他们基本都主张冲破正
统文学的束缚,独抒性灵,写出任情适性的有真意的文字来。编者在编选时尽量以风趣为标
准,除选录一些隽永有味的篇章外,还尽量注意到各家对于文学的意见,以及一些足以表现
各家特殊风格的文字。集中的小品大都从各人专集或其他选集中选录,一般以该书的珍贵
程度和是否罕见为选录多寡的标准。正如编选者所说,本书是撷取数十种明人文集、全书之
精英而成的,得此一编,可以抵得上读上百卷明人文集了。

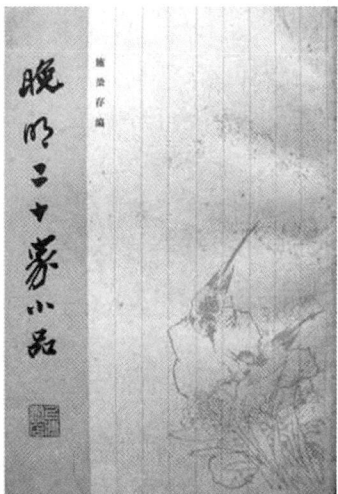

19.《湖海文传》 〔清〕王昶编。

上海古籍出版社 2013 年版。

本书是清代文章选集。全书共 75 卷,选录了自康熙中
叶至乾隆朝 181 位作者的 823 篇文章。入选文人有王鸣
盛、邵齐焘、戴震、纪昀、钱大昕、毕沅、王念孙、段玉裁、章学
诚、彭邵昇、汪中、阮元、王引之等人,多为一代学术翘楚。
所收文体以考证类的论、辨、序、跋、书以及学者的传记文类
为主,纯文学性的作品较少,反映出乾嘉时代的文章风气。
全书涉及赋、论、解、考、辨、议、说、序、记、书、碑、墓志、行状、传、赞等 28 种文体,按文体分类
编排,同一体裁之文则先以经、史、子、集四部为次,再按科第先后编次。除了汇集之功,本书

还有辑佚与校勘价值,如戴震《六书论自序》、《与是仲明书》、《江慎修先生事略状》等文与通行本文字颇有不同,《九数通考序》、《读淮南子洪保》则是两篇佚文,后为《戴震全集》辑录。

20.《清文汇》 〔清〕沈粹芬、黄人、王文濡等人编辑。

北京出版社 1995 年版。

本书是清代文章总集。全书共二百卷,分为甲前集二十卷,收明末遗民作品;甲集六十卷,收顺治、康熙、雍正三朝人作品;乙集七十卷,收乾隆、嘉庆两朝人作品;丙集三十卷,收道光、咸丰两朝人作品;丁集二十卷,收同治、光绪两朝人作品。原拟续编"外集",收录"骈文韵语",惜未成书。本书搜罗广博,大致包括了全清历代文章,有清初明遗民 107 家,顺治至嘉庆五朝 951 家,道光至光绪四朝 298 家,共计 1356 家,文章 1 万余篇。且其中有一些作家的作品罕有流传或早已亡佚,赖本书得以保存。各集前附有作者目录,各卷前附有作者字号、爵里、著作简介。

21.《清代文集篇目分类索引》 陈垣著,王重民、杨殿殉等编。

北京图书馆出版社 2004 年版。

本书收录清人别集 428 种,总集 12 种,其中包括少数由明入清或由清入民国的人的别集。全书分"学术文"、"传记文"、"杂文"三部分。"学术文"部分汇集了清人文集中所有以探讨学术问题为主的篇目,包括经史诸子的疏通笺注、考订校勘、序跋题识,以及论及宫室冕服之制、婚丧郊祀之仪、庙谥封建、田制名物、山川地理、河渠水利、边防外纪、名胜古迹、书画杂艺等方面的内容,分为经、史地、诸子、文集四类,下又分若干小类,以篇目为纲,下注著者、文集名及所在的卷次和页码。"传记文"部分汇集清人文集中记载历代人物生平传记情况的篇目,分碑传、赠序、书序、哀祭、赞颂、杂类等小类,按被传者姓名笔画排列,首附"传记文目录"和"姓氏检字"。"杂文"部分分书启、碑记、赋、杂文四类,其中书启一类,以撰者为纲,依年代排列,以便考见学者之交游,其他部分以篇目为纲,注明所在文集、卷次及页次。

书前有三种附录。"所收文集目录"按时代先后排列,注明撰者和版本;"所收文集提要"介绍文集的作者、内容、版本、刊刻等情况;"所收文集著者姓氏索引"按笔画排列,以著者为线索查考文集。

清代文网严密,忌讳很多,文献中抽毁现象严重,因此文集更具重要价值。此书收录广泛,查索方便,读者不仅可以准确迅速地查到某一具体文集篇目的出处,还可以集中查到不同文集中论述同一问题的篇目及出处。陈乃乾的《清代碑传文通检》收录的清人文集中的碑传文全面详备,可与本书对照参考。

22.《清人文集别录》 张舜徽撰。

中华书局 1963 年版,华中师范大学出版社 2004 年版。

本书收录清六百家文集,分编为二十四卷,每卷二十五人。于正文题下,注明版本及刊刻时间。本书比较详细地介绍了文集作者的生平事迹,以及他们所属的学术流派学术造诣的深浅,文集要旨及论学得失。"凡诸家考证之语,论断审密,信有发前人所未发者亦特为指出,以与学者详之。"(《自序》)所收文集作者大都是清代在政治、经济、学术等方面较有代表性的人物,但以文苑中人物为多。编排上略以时世先后为序,"其有家学、师承或友朋讲习之益者",则"务令比叙,以见授受濡渐之迹"(《自序》)。除所收清人文集具有相当高的文献价值外,卷首《自序》实为一篇立论宏远的论文,亦具有相当高的学术价值。比如论者指出清人文集"实用胜于古集","方苞、全祖望、杭世骏、袁枚、彭少升、李兆洛、包世臣集中,多

碑、传、志、忱，可考当代掌故，前哲事实；朱彝尊、卢文弨、戴震、钱大昕、孙星衍、顾广圻、阮元、钱泰吉集中，多刻书、序、跋，可考学术流别，群籍义例；朱彝尊、钱大昕、翁方纲、孙星衍、武亿、严可均、张澍、洪颐煊集中，多金石、跋文，可考古刻源流，史传差误"，并进一步指出乾隆、嘉庆时"朴学"大兴，其时之诂经、证史、议礼、明制、考文、审音、诠释名物之文，"为用尤弘，又不啻为经、史、小学、群书之羽翼矣"。《自序》还论述了有清260余年间学术之变迁，指出开国之初，诸儒因多为明代遗民，"操微虑深，艰贞自矢"，"博学笃行，有志匡济"，故其为学虽本于经史，却"不忘经世"，因而"体用兼该，气象博大"。康熙、雍正、乾隆三朝由于屡兴文字狱，学者于是皆致力于穷经考礼，由此兴起了朴学。嘉庆、道光时，"禁网渐疏，学者始稍稍为论政之文。自鸦片战后，外辱迭乘。志士扼腕，尤思以致用自见"。确为不刊之论。

23.《六朝文絜笺注》〔清〕许梿评选，黎经诰笺注。

东方书局1935年版，上海古籍出版社1999年版，黄山书社2015年版。

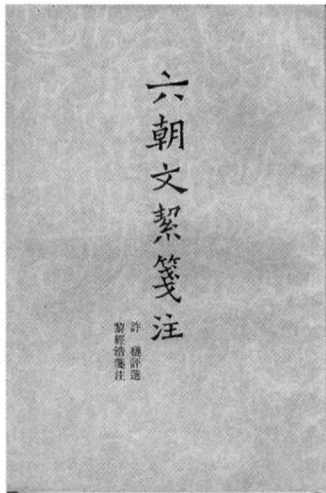

本书是六朝骈文选集。全书共四卷，收录三十六位作家的七十二篇作品，包括十八种体裁。第一卷为赋，第二卷为诏、敕、令、教、策问、表、疏、启、笺，第三卷为书，第四卷为移文、序、论、铭、碑、诔、祭文。编者序称"深毖乎刘舍人之言也：析词尚絜"，故选文以构思精练和修辞简要的小品居多，其中有不少书札尺牍。本书所选，不少是名家名作，如集中颜延之《陶征士诔》为陶渊明写照存品，鲍照《芜城赋》描绘战乱后名城的荒凉凋蔽，孔稚珪《北山移文》嘲讽以隐求仕的虚伪，江淹《恨》、《别》二赋抒写人类共通的感受，庾信《小园赋》泣诉羁留北方、思念故国的痛楚，谢庄《月赋》、吴均《与宋元思书》等描写自然景色，何逊《为衡山侯与妇书》、伏知道《为王宽与妇义安主书》、庾信《为梁上黄侯世子与妇书》代人传情，梁元帝《郑众论》为名节之士鸣不平，徐陵《玉台新咏序》称叹女子才貌等，都从各个侧面集中反映了六朝骈文的杰出成就。

新编中文工具书

24. 《骈体文钞》 〔清〕李兆洛编辑。

商务印书馆 1937 年版，中州古籍出版社 1990 年版，上海古籍出版社 2001 年版。

　　本书是先秦至隋代骈文选集。清代中叶，桐城派盛极一时，他们片面强调学习唐宋古文，完全排斥骈偶。李兆洛认为，当世治文，只知宗唐宋而不知宗两汉，未免失之偏颇，而欲宗两汉，非自骈体文入手不可，于是选编先秦至隋之文以成此书，以便学者"因其流而溯其源"。李氏主张骈散合一，他所谓的"骈体文"既包括六朝骈俪，也包括先秦诸子散文、两汉文赋。所以此书虽以骈体命名，所收作品却并非全是骈文。全书共三十一卷，选录先秦至隋末的文章七百七十四篇，分为上、中、下三编。每编又按文体分类。上编十八卷，分铭刻、颂、杂飏颂、箴、谥诔哀策、诏书、策命、告祭、教令、策对、奏事、驳议、劝进、贺庆、荐达、陈谢、檄移、弹劾十八类，共三百零九篇，是李氏所谓"庙堂之制，奏进之篇"；中编八卷，分书、论、序、杂颂赞箴铭、碑记、墓碑、志状、诔记八类，有二百一十九篇，皆属于指事述意之作；下编五卷，分设辞、七、连珠、笺牍、杂文五类，多属缘情托兴之制，共二百四十六篇。部分篇目前面写有简单的评语，或指明某一些文体的来源，或点明某篇文章的妙处，或说明一类文体的范围特征，而最多的是指明各篇文章的风格及其来龙去脉，以揭示散文创作中上下相通的渊源关系。这些评语对于纠正当时人们对骈体文的各种偏见，颇有裨益。

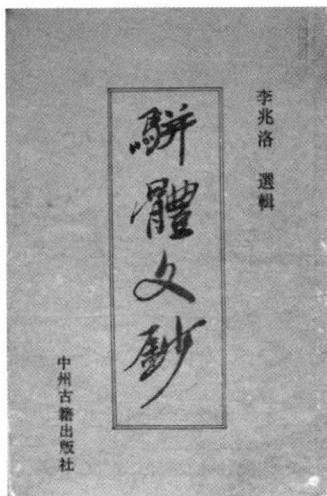

●

25. 《历代赋汇》 〔清〕陈元龙编。

北京图书馆出版社 1999 年版，凤凰出版社 2004 年版。

　　本书是先秦至明代赋总集。全书共一百八十四卷，分类辑录先秦至明代赋三千八百三十四篇。一百八十四卷中，正集有一百四十卷，专收叙事记物之作，分为三十个类别：天文、岁时、地理、都邑、治道、典礼、祯祥、临幸、搜狩、文学、武功、性道、农桑、宫殿、室宇、器用、舟

车、音乐、玉帛、服饰、饮食、书画、巧艺、仙释、览古、寓言、草木、花果、鸟兽、鳞虫。所涉内容范围极其广泛,几乎无所不包。外集二十卷,都是抒情言志之赋,分八类:言志、怀思、行旅、旷达、美丽、讽喻、情感、人事。另有残文逸句二卷、补遗二十二卷,亦按其赋内容分类。全书按类编排,每一类中,又把题目相同或相近者排在一起,不依时间先后为序;但在同一题中,则以时代先后为序。一般认为,本书是我国第一部也是至今最好的一部较完备地搜集历代赋体文学作品的总集。

26.《古谣谚》〔清〕杜文澜辑。

岳麓书社 1992 年版,中华书局 2014 年版。

本书是上古至明代民谣谚语总集。全书一百卷,分三个部分:正文八十五卷,附录十四卷,集说一卷。全书汇集了八百六十余种古籍中保存的明代以前的谣谚三千三百多首,内容涉及社会、家庭、爱情、修身、处世、交际、命运、时令等各个方面,按照谣谚所出之书在经、史、子、集四部中的位置来编次。书前有刘毓崧所作序言与《凡例》,论述了古代谚语和民谣的来源和含义,分析了古籍中谣谚的种种名称和创作时的复杂情况,确立了比较严格的辑录标准和选编原则。如书中在论述"谣"与"谚"的含义及二者关系时说:"谣谚二字之本义,各有专属主名。盖谣训徒歌,歌者咏言之谓,咏言即永言,永言即长言也。谚训传言,言者直言之谓,直言即径言,径言即捷言也。长言主于咏叹,故曲折而纡徐,捷言欲其显明,故平易而疾迅。此谣谚所由判也。然二者皆系韵语,体格不甚悬殊,故对文则异,散文则通,可以彼此互训。"书后附有集说(即第一百卷),集中了古人关于谣谚的论述八十余则,是关于谣谚研究的重要史料。每条谣谚下详明本事、出处,并对某些预言谶语性质的作品的应验情况予以叙录或考辨。

第五讲　古代小说类工具书

　　本讲主要介绍古代小说类工具书，包括小说书目、小说作品、小说史料、小说辞典等内容。

●‥ 一、 小说书目

1.《巴黎国家图书馆中之中国小说与戏曲》
郑振铎撰。

　　本目收入上海开明书店 1934 年版《中国文学论集》、北京作家出版社 1957 年版《中国文学研究》以及人民文学出版社 1988 年版《郑振铎文集》第六卷。本目为郑振铎于 1927 年在巴黎国家图书馆阅读该馆所藏中国古代小说戏曲而作的提要。全目包括四个部分，涉及长篇小说 25 种、短篇小说 7 种、戏曲 6 种、其他（收唱本及与小说有关著作）4 种，共 42 种。每书著录作者、卷数、章回、序跋者、内容提要、该馆所藏版本的特点、与通行各本的异同，并摘录某些与通行本不同之处，说明其价值。本目著录种数虽少，但内容比较丰富，且多为国内流传较少的版本，参考价值颇大。

2.《日本东京所见小说书目》　**孙楷第撰**。

上杂出版社 1953 年版，人民文学出版社 1958 年版。

　　孙楷第先生于 1931 年 9 月赴日本东京访书，旅居东京一月有余。期间遍览公私藏书之

所,公家藏书如宫内省图书寮、内阁文库、帝国图书馆、东京帝大文学部等,私家藏书如尊经阁、静嘉堂、成箦堂、文求堂主人田中、村口书店主人某君以及盐谷温、神山闰次、长泽规矩也等。孙楷第先生对各处所藏中国小说逐次阅录,记诸笔端,归国后即整理成册,是为此书。凡日本东京公私所藏中国小说,略具此编。

本书共 6 卷。卷一宋元部小说 5 种;卷二明清部一(短篇小说)11 种;卷三明清部二(长篇小说)讲史类 35 种;卷四明清部三(长篇小说)分烟粉类、灵怪类 24 种;卷五明清部四(长篇小说)分公案类、劝戒类 8 种,附丛书《怡园》5 种;卷六分传奇 6 种、通俗类书 4 种、子部小说 5 种。共计 103 种。书后附"大连图书馆所见小说书目",系作者回国后在大连图书馆批阅原满铁图书馆日占期间旧藏小说后著录而成的,共收录短篇总集 12 种,长篇小说讲史类 4 种、烟粉类 9 种、灵怪类 1 种,附子部小说 1 种,计 27 种。

两种书目皆于每部作品后撰有提要,详细叙述版本形式及考证;介绍故事原委,或详或略;考校文字、版本之异同;照录原书题跋等。凡书肆刻一小说,率多改题,本书悉存原名,他名立于后;观一书而知其诸本,并知诸本之异名。

●

3.《伦敦所见中国小说书目提要》 柳存仁编著。

(台北)凤凰出版社 1974 年版,书目文献出版社出版 1982 年版。

本书是作者为伦敦英国博物院和英国皇家亚洲学会所藏的中国小说作的书目提要。全书共收录 134 部小说,写成提要 130 篇,其中包括若干种孤本和珍本。提要著录了书名、卷数、版刻、行款、出版年月、序跋题记等,所作考证,多引郑振铎、胡适之、孙楷第等人论述,同时也阐述己见。台北凤凰出版社 1974 年版,分中文、英文两部,后者包括论文 5 篇:《论明清中国通俗小说版本》、《孤本及罕见本》、《论一书之时代与真伪》、《小说史上诸问题》、《论近人研究中国小说之得失》。

4.《中国通俗小说书目》 孙楷第撰。

上海作家出版社 1957 年版,人民文学出版社 1982 年版,中华书局 2012 年版。

本书共收录宋、元、明、清的白话小说 800 余种,唐人传奇、后来募仿之作以及民国以后新体小说,均不收录。类目编次如下:宋元部三类:讲史、小说、小说总集。明清讲史部十四类:古史、春秋、战国、两汉、三国、两晋、南北朝、隋唐、五代、残唐、宋、元、明、清。明清小说部甲八类:话本、总集、自著总集(明、清、不明时代)、杂演诸事不限于一色、专演西湖故事、专演猥亵事、专演公案、附录。明清小说部乙四类:烟粉第一(一人情、二狭邪、三才子佳人、四英雄儿女、五猥亵)、灵怪第二、说公案第三(一侠义、二精察)、讽谕第四(一讽刺、二劝诫)。每种书目之下,首先注明存佚情况,分"现存"、"已佚"、"未见"三类;其次著录作者、版本,间或摘录有关该书的笔记、掌故。对于现存各书,大部分附撰简要题记,介绍其内容;对于孤本、珍本,都注明藏主或藏所。为了全面反映通俗小说的创作成就,书中还附有"存疑目"一卷(专记那些已佚、未见且不知其文体、内容的书目)、"丛书目"一卷,"日本训译中国小说目录"、"西译中国小说目录"、"满译小说目"各一卷(后两种重印时删去),可供学者参考。书后附有"书名索引"和"著者姓名及别号索引"。

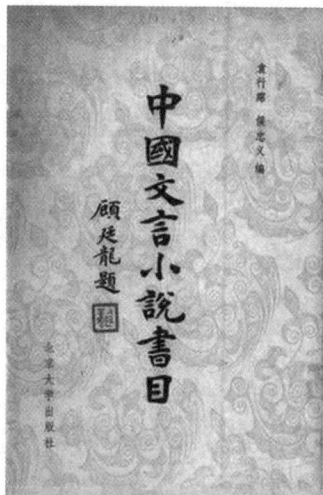

5.《中国文言小说书目》 袁行霈、侯忠义编。

北京大学出版社 1981 年版。

本书分为五编:第一编"先秦、汉、魏晋、南北朝、隋";第二编"唐、五代";第三编"宋、辽金元";第四编"明";第五编"清"。共收文言小说 2335 种。所录小说取径较宽,凡史官与传统目录学家于子部小说家所列各书,一般均予收录。凡见于各正史艺文志、经籍志,各官修目录、重要私人撰修目录,及主要地方艺文志者,不论存佚,尽量搜罗。收录各书,以时代诠次,先列书名、卷数、存佚,再列时代、撰者、著录情况、版本,并附以必要之考证、说明。本书所列各书一律按时代先后排列,在一朝代中难以确定其具体年代者,列于该朝作品之后;后世伪作依托前人者,从《四库全书总目》之例,以被依托人之时代为准,在撰者姓名前加"旧题"二字,并略加考证。书末附书名笔划索引,颇便检索。

检阅本书,庶几可知中国文言小说之全貌,以及历代编撰、著录、版刻、流传之大概。欲知一书之存佚、卷数、时代、撰人、版本、著录等,均可备查。该书是研究中国文学、历史、目录学、文献学及其他社会科学的必备参考书。

6.《中国通俗小说总目提要》 江苏省社科院明清小说研究中心、江苏省社科院文学研究所编。

中国文联出版社 1990 年版。

本书共收小说 1160 部,以唐代至清末的白话小说为主,不收传奇体、笔记体文言小说;译作及小说论著,亦概不采入。入选书目还有蒙、藏作家的作品。所收书目,均为确已成书者。全书编排大体以年代为序,同时兼顾内容分类。

本书所列书目以书为单位,一书一题,短篇小说集亦列一题。每题下再按篇分列子目。书目由书名、作者、版本、内容提要、回目五个部分组成。关于书名，只用该小说之基本名称为条目，即依传统著录法，主要录入卷端之书名，书名前附加之"新镌"、"新刊"、"绣像"等冠词，均不录入。一书多名者，以最早版本之书名为主，异名附见。关于作者，先标明原书所题撰人。原书不题撰人的，或有争议的，亦加注明；生平事迹可考者，均写明真实姓名、生卒年代、籍里、简历、著述等。关于版本，按年代顺序列出所见所知之重要版本，注明卷数、回数、刊刻年代、书坊名称、版式，有无图像、序跋、评注等。内容提要，是本书的主体部分。各条目均用相当篇幅概述了全书的内容大要，情节脉络清楚，主要人物突出，具有可读性与客观性。其行文风格及繁简详略则取决于原著和撰稿人。内容提要后附全书回目。不同版本，回目稍有不同者，于主要版本回目之后注明；差异甚大者，则分录全目，以资对照。书后附录"中国通俗小说同书异名通检"、"中国通俗小说总目音序索引"、"笔画索引"、"作者姓名及别号索引"等表。

7.《中国文言小说总目提要》 宁稼雨撰。

齐鲁书社 1996 年版。

本书以文言小说为主，收录了先秦至 1919 年汉语单篇文言小说、文言小说集、文言小说丛书、文言小说类书，正文正名 2184 种，异名 516 种。另附"剔除书目"正名 292 种，异名 57 种，"伪讹书目"正名 172 种，异名 4 种。全书共收正名 2648 种，异名 577 种，总目 325 种。全书按时代顺序，共分"唐前"、"唐五代"、"宋辽金元"、"明代"、"清代至民初"五编，其中"清代至民初"包括 1911 年到 1919 年的文言小说。每编包括"志怪"、"传奇"、"杂俎"、"志人"、"谐谑"五类，每一类中小说按作者生年顺序排列，生年不清者则据有关材料按朝代排列。所有条目均以书名为单位。小说集中的单篇作品，凡未单行者，一律不另出条目。同书异名者，将通行正名列于首位，将异名列在正名后括号中。正名、异名一律各见于索引；同名异书者，在书名后括号中标明作者姓名，以示区别；原书书名不详者，根据有关材料暂拟书名，在书名号后用"＊"号标明；一人多书者，则见于首见书名，次见书名没有作者简

况,可利用书后索引。所有作者简况一律含在所作作品条目中,不另出条目。书后附"剔除书目"和"伪讹书目"。另附"书名、作者笔划索引"和"书名、作者音序索引"。

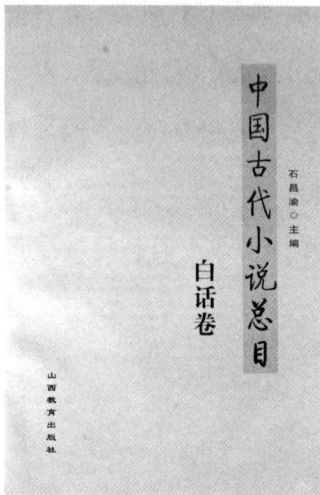

8.《中国古代小说总目》 石昌渝主编。

山西教育出版社 2004 年版。

本书是古代小说总目。全书分白话卷、文言卷、索引卷三卷。"文言卷"著录 1912 年以前写、抄、刻、印成的文言小说作品,共收小说 2904 种,异名 582 个,总目 3486 条;"白话卷"著录 1912 年以前写、抄、刻、印成的白话小说作品,共收小说 1251 种,包括异名在内总计 1435 条。两卷的条目标题由书名、卷(回)数、作者及著述方式四项构成。提要的内容大致分五个方面,即作者生平、情节梗概、学术评价、版本情况、海外影响。版本情况的描述包括:书名、版本类型(稿本、钞本、刻本、活字本、石印本等)、版本性质(原刻本、覆刻本、重刻本)、刊印时间与地点、刊刻书坊、插图、版式、行款、刻工、画工、木记、书品(字迹漫漶、污损、缺脱或配补等),以及序跋、题记、凡例、评点、收藏情况等。"索引卷"的索引主题词涵盖前两卷条目和条目释文的人名、书名、地名、书坊号和年号索引,合"文言卷"、"白话卷"为一体,提示文言小说与白话小说之间存在着实际的联系。其中,人名包括作者、修订者、编辑者、校阅者、评点者、注释者、序跋者、题识者、书房主人、刻工、画工以及历史人物等。凡人名、姓名、字、号均分别列条,书名则包括小说书名以及见于条目释文的一切书名,以便检索。

9.《增补新编清末民初小说目录》 〔日〕樽本照雄编。

齐鲁书社 2002 年版。

本书在《清末民初小说目录》(1988 年版)、《新编清末民初小说目录》(1997 年版)的基础上增补而成。全书共收录了近代小说19155条,剔除一书多种版本的重复,实际收录近代小说11000余种,其中翻译小说约3000种,创作小说约8000种,是目前海内外收录中国近代小说最完备的书目著作。所收小说按书名的汉语拼音字母顺序排列,书后附"著译编者索引",查找较为便利。本书以比较全面的记载,客观、真实地呈现了清末民初小说的发展状况,为近代小说研究提供了丰富的材料,具有很高的学术价值。

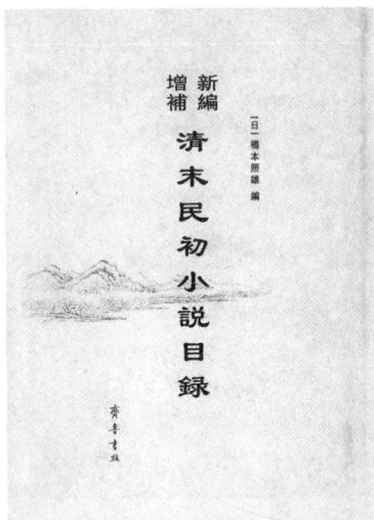

10.《晚清小说目录》 刘永文编。

上海古籍出版社2008年版。

本书是对现存晚清日报小说、期刊小说以及单行本小说所作的全面搜集与汇编。共收录期刊小说1141种,日报小说1239种,单行本小说2593种,是对日本学者樽本照雄《新编增补清末民初小说目录》极好的补充。期刊和日报以创刊时间的先后为序排列,每个刊物所登小说也以时间先后为序,每篇作品的著录内容依次为篇名、刊载时间、作者、类型。单行本小说,排列参考樽本照雄先生的《新编增补清末民初小说目录》,以汉语拼音为序排列,每篇作品的著录内容依次为篇名、著译者、出版单位、出版时间。书末附有若干索引和表谱:"以小说命名的出版社"、"期刊小说索引"、"日报小说索引"、"单行本小说索引"、"登载小说报刊索引"、"晚清小说年表"。

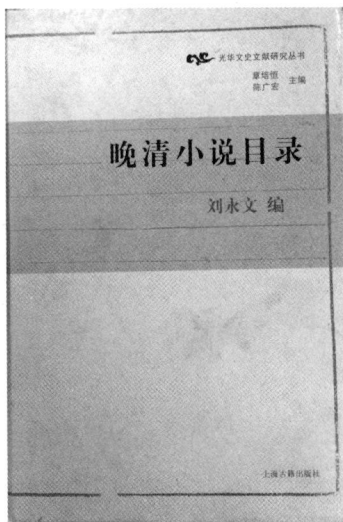

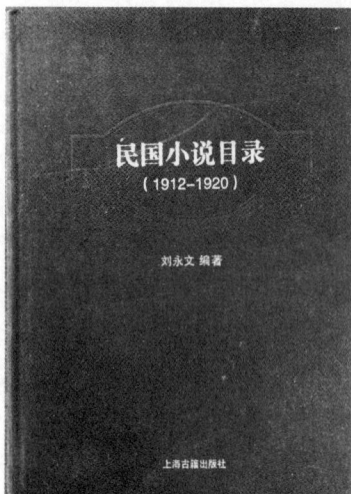

11.《民国小说目录》 刘永文编著。

上海古籍出版社 2012 年版。

　　本书是民国初年（从 1912 至 1920 年）国内刊登和出版的小说的总目。全书收录各类期刊小说 6022 种，日报小说 9466 种，单行本小说 2364 种以及报刊所登小说广告目录。书后附索引 3 种："期刊小说索引"、"日报小说索引"和"单行本小说索引"。所录小说编排体例同《晚清小说目录》。本书是研究我国近代小说必备的目录工具书之一。

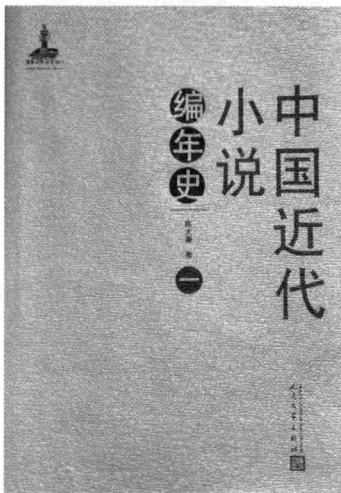

12.《中国近代小说编年史》 陈大康著。

人民文学出版社 2014 年版。

　　本书是关于近代小说发展的资料汇编。全书共 6 册，约 300 万字，收录道光二十年（1840）至宣统三年（1911）共 72 年间与小说发展相关的各种资料，采用介于年谱与文学史之间的史料编排体例，按照时间顺序编排，力求准确至日、月，同时辅以必要的考辨与评述，以帮助研究者更准确地把握史实。其内容涉及近代小说的多个层面，包括新作品问世、已有作品再版、作家概况、重要理论观点、清政府及租界关于小说的政策、出版小说的书局与期刊、创作地域分布等，显示出规模上的系统性与时间上的连贯性，从而提供了一个较开阔的、读者可各取所需的史料空间。书末附有"近代小说作者及其作品一览表"、"近代小说出版状况一览表"、"近代小说书价一览表"、"近代翻译小说梗概一览表"、"近代自著小说梗概一览表"、"篇名索引"、"人名索引"等几种一览表和索引。

　　近代小说史料的原始文献均为 19 世纪末 20 世纪初的各类图书报刊，各地馆藏较为分散，有的还有著录不明及讹误的情况，查找、复制困难极多。本书作者积十多年来之力，竭尽所能,勤勉查检,除遍搜国内各大馆藏资料外,还从境外图书馆拍摄有关近代小说的作品和资料,其所摄照片达40万张左右,其中从未被著录和论及的小说就有千余种。本书资料丰富,编排合理,能够给近代小说的进一步研究提供线索,极有利于学者展开不同角度、不同层次的研究,是一本兼具学术性和工具性的著作。

●·· 二、 小说作品

1.《太平广记》〔宋〕李昉等撰。

中华书局1961年版,上海古籍出版社1990年版。

本书是一部按类编纂的古代小说总集。太平兴国二年(977)三月,太宗在诏令编撰《太平御览》时,以为"稗官小说或有可采",遂命李昉、扈蒙、李穆等十三人,分头编撰此书。次年八月即成,历时仅一年半。全书正文500卷、目录10卷,分92门,名目有神仙、女仙、道术、方士、异人、异僧、释证、报应、征应、定数、感应、谶应、神、鬼、妖怪、精怪等。不少门类分有大类(如报应分阴德、异类、冤报、婢妾、杀生等,梦分梦休征、梦咎征)或者附目(如水下附井,宝下附水银、玉等)。门下分为1500余类,多以人名、物名为目,而人名占绝大多数。所引之书多为汉至宋初笔记、小说、传记、野史等,引用正史、诸子较少,又因其内容多涉神怪,故不引经书。卷首列有"引用书目",计引书343种。书目所无而书中实有者近150种,实际引书在500种左右。有不少书几乎悉数收入,如《朝野金载》、《国史补》、《酉阳杂俎》、《宣室志》、《独异志》、《博异志》、《集异记》、《玄怪录》、《续玄怪录》、《北梦琐言》等。就所引之书总数论,现存者235种,不及一半。鲁迅称此书为古小说之"林薮",为辑佚和校勘古代小说必不可少之资料及依据。许多已失传的书,仅在本书内存有佚文,有些六朝志怪、唐代传奇作品,全赖本书而得以流传。书中最值得重视的是杂传记9卷,白行简《李娃传》、许尧佐《柳氏传》、薛调《无双传》、蒋防《霍小玉传》、元稹《莺莺传》等传奇名篇,多数仅见于本书。还有收入器玩类的王度《古镜记》,收入鬼类的李景亮《李章武传》,收入神魂

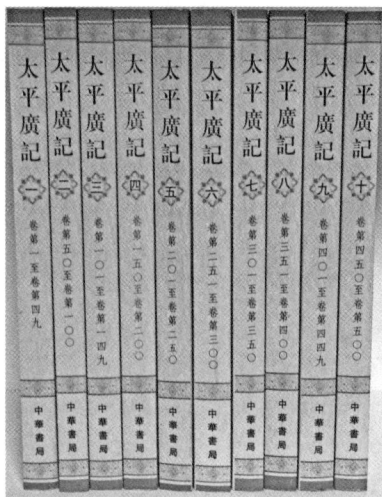

类的陈玄佑《离魂记》，收入龙类的李朝威《柳毅传》，收入狐类的沈既济《任氏传》，收入昆虫类的李公佐《南柯太守传》等，也都是现存的最早的本子。卷一七八至卷一八四贡举，卷一八五、卷一八六铨选，为研究唐代选举制度的重要资料，虽所引皆为小说，亦可为《新唐书·选举志》提供实例。卷二〇三至卷二〇五乐，卷二〇六至卷二〇九书，卷二一〇至卷二一四画，分别为研究音乐、文字、书法、美术之史料。本书"专记异事"，多报应、定数、鬼、怪等"子不语"之类；其卷帙亦多，如神仙有 55 卷，女仙 15 卷，二者相合达 70 卷。鬼 40 卷，加夜叉、妖怪、精怪，达 57 卷。

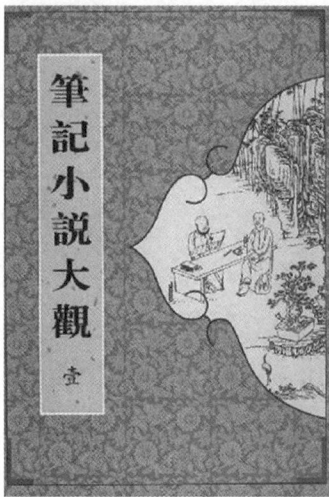

---

2. 《笔记小说大观》

民国初年由上海进步书局汇编成书，广陵古籍刻印社 1983 年重刻。

本书是笔记小说总集。全书 35 册，分为 8 辑，共收录自晋至清末的笔记小说 222 余种，其中晋人 1 种，唐人 9 种，南唐人 1 种，宋人 69 种，元人 7 种，金人 3 种，明人 23 种，清人 107 种，堪称集历代笔记小说之大成。本书是继《太平广记》之后对历代笔记小说再次进行的系统整理和编辑，搜罗极广，内容宏富，涉及诸子百家、文学艺术、历史地理、天文历算、博物技艺、典章制度、金石考据乃至医药卫生、社会风俗、人物传记、宫廷琐闻、朝野趣事、神话传说、狐鬼灵异等，为后人提供了多方面的历史文化知识，具有很高的学术价值与文献价值。通行本有 1983—1984 年江苏广陵古籍刻印社的校勘整理本。

---

3. 《东京梦华录》 〔宋〕孟元老撰，伊永文笺注。

商务印书馆 1936 年版，中华书局 2006 年版，中州古籍出版社 2010 年版。

本书是一本史料性笔记，作者详尽记载了自己在东京汴梁（今河南开封）生活时的所见所闻，包括城市面貌、岁时物产与风土习俗，也有关于宋代典章制度和讲唱文学的资料。全书共十卷，卷一有东都外城、旧京城、河道、大内、内诸司、外诸司等六条；卷二有御街、朱雀门外街巷、州桥夜市、东角楼街巷、潘楼东街巷、酒楼和饮食果子等八条；卷三有马行街北诸医铺、街巷、相国寺内万姓交易和上清宫等十三条；卷四有军头司、皇太子纳妃、皇后出乘舆、肉行、饼店、鱼行等十二条；卷五有民俗、京瓦技艺、娶妇、育子等四条；卷六至卷十有元旦朝会、立春、元宵、十五日驾诣上清宫、收灯都人出城探春、清明节、驾幸宝津楼宴殿、驾诣射殿射弓、立秋、中秋、宰执亲王宗室百官入内上寿、太礼预教车象、车驾宿大庆殿、驾诣青城斋宫、驾诣郊坛行礼、下赦、除夕等四十三条。共计八十六条，每条记载少则一事，多则二十余事，详于崇宁、宣和之际。

本书为我们研究宋代城市经济的发展及人民物质与文化生活状况提供了重要资料。如卷四"鱼行"记有"或循街出卖"鲜鱼，经营品种多样，甚至还有货车。卷二《州桥夜市》说夜市直到三更，说明当时坊市制已被打破，商业活动中时间、空间限制不复存在。卷二、三、四所述汴梁各街巷多种多样的商店、货摊，名目繁多的食品以及酒楼、夜市，说明当时汴京城十分繁华，商品经济十分发达。这些都有助于我们了解当时的社会面貌。其他有关民俗、文艺的记载，也很值得重视。如卷五"娶妇"记述了由起草帖子到婚后新婚到女家拜门的过程，"育子"记述了孕妇临产前的一月由娘家送衣物催生，到来年小孩生日时"抓周"的种种礼节，据此可以考证古今风俗的演变。卷五"京瓦伎艺"记述了当时说唱文学和杂技的项目、演员人名、演出地点及时间等，是研究我国文学史的重要资料。书中所叙皇帝出行的仪制、郊仪、行礼仪，如卷十"东驾宿大庆殿"、"驾宿太庙奉神主出室"及"驾诣青城斋宫"等，记载详细，可以补《宋史·礼志》的缺略，是十分宝贵的资料。

4.《梦粱录新校注》 〔南宋〕吴自牧撰，阚海娟校注。

巴蜀书社 2015 年版。

《梦粱录》是史料性笔记。作者根据自己的所见所闻，记述了南宋都城临安（今浙江杭

州)的繁盛景象,因感慨往事如梦,便借用唐人"黄粱梦"的典故,取名为《梦粱录》。全书体例仿照孟元老《东京梦华录》,分为一百六十九目,按照四季季节的顺序,从元旦大朝会、元宵、清明、端午、中秋、重阳、冬至等直到除夕,逐一记述了一年中丰富多彩的节日习俗和民间活动的盛况,以及明禋大祀和郊祭的隆重场面。此外,该书还详细记载了临安城的历史沿革和城池桥梁、街道坊巷、郊庙宫殿等建筑;三省六部等中央、地方官署的建制、职能和职官名目;各类学校、贡院等文化教育机构;佛寺、道观等宗教场所;山川园林和西湖胜景;多种多样的官方、民间商业贸易和手工业作坊;江湖船舶、水运航道和与海外的往来;以及户口、物产、民俗、历代人物事迹、百戏杂剧等等。书中描述细致入微,如仅所记杭城食店经营的食品便有二百四十多种,所记各种类型的店铺达一百二十多家。它从各个角度反映了当时偏安一隅的南宋都城的经济文化生活和风土人情。其中很多史料,尤其是大量的民间习俗、曲艺资料、方言俚语,可补《宋史》之不足,是稽考南宋旧闻、研究历史和杭州发展的重要参考书。

5.《武林旧事》 〔南宋〕周密撰,钱之江校注。

浙江古籍出版社 2011 年版。

本书是史料性笔记。作者详尽记载了武林(今浙江杭州)的风土人情。全书体例仿照孟元老《东京梦华录》,分立七十一目,记录了南宋王朝湖山歌舞、靡丽纷华的景象。书中既有对皇宫庆寿、郊祭、大赦、圣节、公主下嫁和乾道、淳熙年间三朝授受、两宫奉养等朝廷典礼和宫廷生活的实录,又有四时节序中元宵赏灯、花朝节、祭扫、浴佛、乞巧、重九、赏雪等民情风俗的描述,还详细描绘了临安城的宫殿、亭台楼榭、郊庙寺观等都市建筑和景色奇丽的西湖山水,记载了乾淳教坊乐部、官本杂剧、瓦子百戏、各色伎艺以及市镇上各种手工业、酒楼、歌馆、商店等,为研究南宋史和杭州史提供了丰富的史料。其中如"官本杂剧段数"、"乾淳教坊乐部"、"诸色伎艺人"等节，共记述了教坊乐部和民间有名可考的著名艺人九百八十余人，官本剧目二百八十余种，很多地方还注明了艺人的籍贯、性别和演技特色，是研究南宋戏曲史的珍贵资料。

6.《都城纪胜》〔南宋〕耐得翁撰。

中国商业出版社 1982 年版，上海古籍出版社 1993 年版，中国文史出版社 1999 年版。

本书是史料性笔记。作者姓赵，别号耐得翁，曾寓居都城临安（今浙江杭州）。作者根据所见所闻，仿照《洛阳名园记》体例撰成此书。全书分市井、诸行、酒肆、食店、茶坊、四司六局、瓦舍众伎、社会、园苑、舟船、铺席、坊院、闲人、三教外地等十四门，记载临安的街坊、店铺、塌坊、学校、寺观、名园、教坊、杂戏等。"瓦舍众伎"一门，内容充实，有宋代文艺、戏曲等方面的珍贵资料，与《梦粱录》《武林旧事》同为研究临安以及南宋社会和城市生活的重要文献。例如其有关"杂剧"的记载："杂剧中，末泥为长，每四人或五人为一场，先做寻常熟事一段，名曰艳段；次做正杂剧，通名为两段。末泥色主张，引戏色分付，副净色发乔，副末色打诨，又或添一人装孤。其吹曲破断送者，谓之把色。大抵全以故事世务为滑稽，本是鉴戒，或隐为谏净也，故从便跳露，谓之无过虫。"这对我们了解宋元杂剧的脚色分工与表演程序具有重要价值。

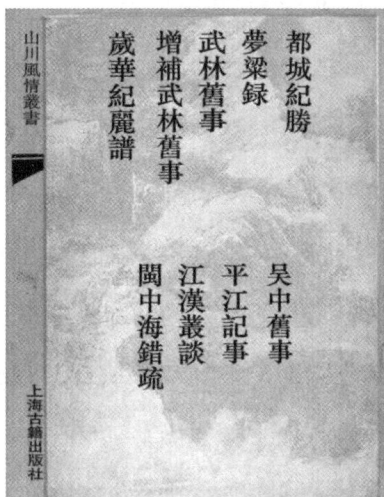

7.《荆楚岁时记》〔南朝梁〕宗懔撰。

岳麓书社 1986 年版，中华书局 1991 年版。

本书是史料性笔记。全书以时间为序，从正月至十二月依月而记，每月中所含的节令分

而述之。作者根据自己的耳闻目睹和前人记载，记述了荆楚地区岁时风俗的概况，年节时的饮食、活动和颇有趣味的民间故事等，并考证了一些风俗习礼的缘由。例如正月一日，清晨要先在房前燃爆竹，其目的是"辟山臊恶鬼"。社日祭土地神，每逢此日四邻同族都要聚会社庙，在社庙前设祭场，杀猪宰羊祀之，然后参加祭祀的人分享其肉而食之。"五月五日竞渡，俗为屈原投汨罗日，伤其死所，故命舟楫以拯之"，这是五月五日赛龙船的历史缘由。七月七日"为牵牛织女聚会之夜。是夕，人家妇女结彩缕，穿七孔针，或以金、银、镐石为针，陈几筵，酒、脯、瓜果、菜于庭中以乞巧。有喜子网于瓜上，则以为符应"，描绘出七月七日夜晚人们在庭院中祭祀牛郎织女的场面。南北朝时期佛教盛行，荆楚地区一年之中有许多与佛教相关的节日，如二月八日是释迦牟尼成道之日，此日信徒要执香花绕城一周。四月八日浴佛节，寺庙设斋作供僧，自此僧人安居禅教律寺院，不敢起单云游。佛殿起楞严会，每日早晚寺僧，行持诵经九十天，可以安单办道。七月十五日，僧尼道俗悉营盆供诸寺。这些带有浓厚的宗教色彩的节日，反映了荆楚地区的佛教文化。本书所描绘的南朝时期的荆楚风俗，为研究两湖地区的民俗学提供了系统的资料。此外，本书这种记时令与风俗合二为一的体例，也为后世所效仿，如《玉烛宝典》、《岁时广记》、《帝京岁时记胜》、《燕京岁时记》等。

8.《旧小说》 吴曾祺编。

商务印书馆 1930 年版，上海书店出版社 1985 年版。

本书是汉代至清代的文言小说集。全书共计六集二十册，选录小说近千种，按照时代先后顺序排列：甲集二册（汉魏六朝），乙集六册（唐），丙集一册（五代），丁集四册（宋），戊集二册（金元明），己集五册（清）。1957 年，商务印书馆用万有文库版重印，截至宋代（即初版本的前十三册),订成四册,分别是汉魏六朝、唐、唐五代以及宋。编者在例言中谓"是集宗旨为学文之助而辑",故某些篇目之前多载各大家之文,"以古文示人之矩镬"。本书所收范围较广泛,不限于小说,也收取若干笔记,其中多有世间所罕见者,往往辑有珍文秘典。本书校勘也颇为精良,是一部精当可读、具有较高文献价值的小说集。

9.《古小说钩沉》 鲁迅辑。

人民文学出版社 1953 年版,齐鲁书社 1997 年版。

本书是古代文言小说集。1909 年 8 月,鲁迅结束日本留学生活后回国,开始辑录已散佚的唐以前的古小说。从 1909 年秋至 1911 年底,鲁迅共从类书和其他古籍中辑得散佚的小说 36 种(先秦至隋代),分为五集。所辑小说大致按时代先后为序排列,时代难于考定的,则依照内容性质编排。所引佚文,择善而从,有异文者以夹注标示;辑录者的见解,则以按语形式出现;对佚文出处,亦一一标出,以备查考。该书的取材来源广泛,有见于《汉书·艺文志·小说家》著录者,有见于《隋书·经籍志·小说家》著录者,有见于《新唐书·艺文志·小说家》著录者,有见于上述三志"小说家"之外著录者,还有不见于史志著录者。书中引用及用以参考的古书共 80 种左右,所辑内容非常丰富。鲁迅对材料的取舍非常审慎,而且重视去伪存真,务求有科学依据,因此本书是研究中国古小说的重要参考资料。1911 年辑成,因故未印行,仅有《古小说钩沉序》一篇,于 1912 年发表于《越社丛刊》第一集,署名"起孟"。此集于鲁迅生前未整理刊行,直至 1938 年由"鲁迅先生纪念委员会"出版,编入《鲁迅全集》第八卷。单行本的版本还有:大连光华书店 1947 年版,人民文学出版社 1953 年、1973 年均有新印本,齐鲁书社 1997 年版,浙江古籍出版社 2008 年手稿影印本。

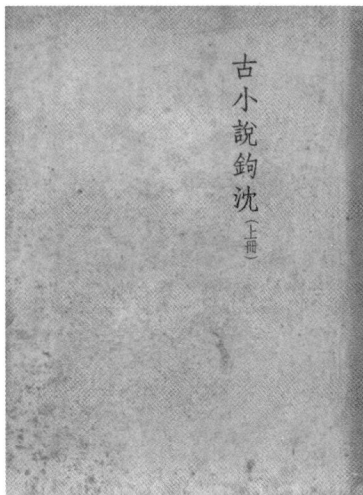

10.《唐宋传奇集》 鲁迅辑。

文学古籍刊行社 1956 年版,齐鲁书社 1997 年版。

本书是传奇小说选集。1927 年,鲁迅编成《古小说钩沉》之后,将多年来搜集整理的唐宋传奇资料,细加校勘考订,按照时代顺序分为八卷。前五卷收唐传奇,第六卷的作者和年代有疑问,后两卷收宋传奇,一共四十五篇。在选择标准上,唐人作品从宽,宋人则严格抉择,对于明清人所辑丛刊,更是严格审订,去伪存真。在材料来源上,选取明刊本《文苑英华》;清黄晟刊本《太平广记》,校以明许自昌刻本;涵芬楼影印宋本《资治通鉴考异》;董康刻土礼居本《青琐高议》,校以明张梦锡刊本及旧抄本;明翻宋本《百川学海》;明抄本原本《说郛》;明顾元庆刊本《文房小说》;清胡珽排印本《琳琅秘室丛书》等。本书专收以单篇行世的作品。对于专集中的单篇小说,即便流传甚广,名气很大,如《甘泽谣》中的《红线》,《续玄怪录》中的《杜子春》,《传奇》中的《昆仑奴》与《聂隐娘》等,一概不收。对于不同版本,则加以校勘,于卷末注明作品出处。本书以时代先后编排唐宋两朝具有代表性的传奇作品,借此可以了解传奇体小说的发展脉络,具有很高的文学价值;且校勘完善,版本精良,同时具有很高的文献价值。

11.《唐人小说》 汪辟疆校录。

上海古籍出版社 1978 年版。

本书是唐代传奇体小说选集。全书共两卷,收录六十八篇作品。上卷收录单篇唐传奇三十篇,大体与鲁迅《唐宋传奇集》中的唐传奇部分相似,选篇稍有不同。下卷选录《玄怪录》、《续玄怪录》、《纪闻》、《集异记》、《甘泽谣》、《传奇》、《三水小牍》等七部传奇专集中的作品三十八篇,可补《唐宋传奇

集》所未备。本书所收作品，大抵为思想内容、艺术技巧较佳，在后代流传和影响较广者。各篇文字，采用较可靠的本子，并以别本参校。此外，还于每篇后附加考证，列述作者经历、故事源流与后代演变等，有一些与作品有关的材料也作为附录印出，唐人小说全貌，至此可称略备。本书因贵在校订和考释，因此成为唐人小说的重要选本。

12.《全唐五代小说》 李时人编校。

中华书局 2014 年版。

本书为断代小说总集。所收作品，除现存各种单篇和成集的唐及五代的小说外，还包括从有关诸家别集、文章总集、丛书类书、佛藏道藏、稗史地书、后人纂集之小说总集和敦煌遗书中所收罗的所有唐及五代时期的小说和接近小说规制的叙事作品。所收作品起讫断限大致与《全唐诗》相同。全书共

八册，分正编与外编两部分。正编一百卷，辑录小说作品，收作品一千三百一十三篇；外编二十五卷，辑录接近小说规制的叙事作品，收作品八百零一篇。编排以时代为经，作者为纬。为方便读者翻检，本书循《全唐诗》等文学总集体例，采用分卷编排形式。或数人一卷，或一人一卷，或一人数卷，视其作品多寡而定。

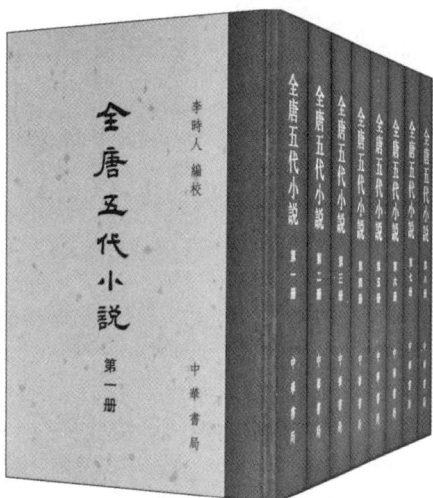

13.《京本通俗小说》 缪荃孙编。

商务印书馆 1937 年版，上海古籍出版社 1988 年版，江苏古籍出版社 1991 年版。

本书是小说家话本选集。全书收小说话本七篇，1915 年编刻于缪氏《烟画东堂小品》。缪氏跋语称，该书是他发现的元人写本，除此七篇外，"尚有'定州三怪'一回，破碎太甚；'金

主亮荒淫'两卷,过于秽亵,未敢传摹"。缪氏自称在上海亲戚妆奁中发现本书,"的是影元人写本"。本书刊行后,引起学界重视,后被认为是现存最早的话本之一,是研究宋人话本的重要资料。七篇小说中,《碾玉观音》、《菩萨蛮》、《西山一窟鬼》、《志诚张主管》、《拗相公》、《冯玉梅团圆》六篇见于《警世通言》,《错斩崔宁》一篇见于《醒世恒言》。其中《碾玉观音》、《西山一窟鬼》、《错斩崔宁》三篇,冯梦龙曾说是宋人小说。今人或以为此书实系缪氏从《警世通言》、《醒世恒言》中抄掇数篇未造而成(详见苏兴《京本通俗小说辨疑》,《文物》1978 年第 3 期)。但无论如何,本书所收多为宋人话本小说,在话本小说研究之初,本书的出现引发了人们关注宋人话本小说,并因此开始了对话本小说文体形态的研究。

14.《清平山堂话本校注》 〔明〕洪楩编,程毅中校注。

中华书局 2012 年版。

本书是小说家话本集。原名《六十家小说》,分为《雨窗》、《长灯》、《随航》、《欹枕》、《解闲》、《醒梦》六集,每集十篇。现残存二十九篇作品,是现存宋元小说家话本中最接近原貌的版本。本书收录了不少宋元话本的代表作。原书错漏很多,但恰好保存了许多民间说唱的本来面目及宋元时代的生活面貌和语言特征,是中国小说史和汉语史研究的宝贵资料。集名为《雨窗》、《长灯》、《随航》、《欹枕》、《解闲》、《醒梦》,顾名思义,作品是供人阅读消遣之用,反映了早期白话小说的审美愉悦功能。集中的大部分作品都是民间创作,只有少数几篇出自文人之手。有一部分标明"小说"或"新编小说"的,当属小说家的话本。但有些只是说话人抄录的资料,以及作为提纲式的说话底本。书中比较粗浅的语言风格,说明本书正是古代白话短篇小说由口头文学向书面文学转化的标志。

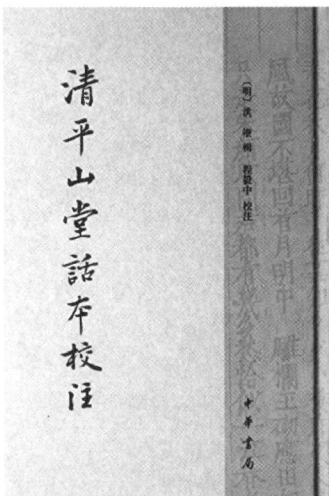

15.《中国话本大系》 刘世德主编。

江苏古籍出版社 1990—1994 年版。

本书是古代话本小说集成,原计划收录话本小说一百种,实际上收录三十八种。分别是:

(1)《宣和遗事》,江苏古籍出版社 1993 年版,收《宣和遗事》、《新编五代史平话》。

(2)《清平山堂话本》,江苏古籍出版社 1990 年版。

(3)《京本通俗小说》,江苏古籍出版社 1991 年版,收《京本通俗小说》、《张子房归山诗远》、《项囊小儿论》、《清夜钟》、《解学士诗》。

(4)《西湖佳话》,江苏古籍出版社 1993 年版,收《西湖佳话》、《豆棚闲话》、《照世杯》。

(5)《西湖二集》,江苏古籍出版社 1994 年版。

(6)《熊龙峰刊行小说四种》,江苏古籍出版社 1990 年版,收《熊龙峰刊行小说四种》、《四巧说》、《雨花香》、《通天乐》。

(7)《古今小说》,江苏古籍出版社 1991 年版。

(8)《醒世恒言》,江苏古籍出版社 1991 年版。

(9)《警世通言》,江苏古籍出版社 1991 年版。

(10)《拍案惊奇》,江苏古籍出版社 1990 年版。

(11)《二刻拍案惊奇》,江苏古籍出版社 1990 年版。

(12)《型世言》,江苏古籍出版社 1993 年版。

(13)《珍珠舶》,江苏古籍出版社 1993 年版,收《珍珠舶》、《云仙笑》、《载花船》、《人中画》。

(14)《鼓掌绝尘》,江苏古籍出版社 1990 年版。

(15)《五色石》,江苏古籍出版社 1993 年版,收《五色石》、《八洞天》。

(16)《石点头》,江苏古籍出版社 1994 年版,收《石点头》、《警寤钟》、《醉醒石》。

(17)《绣谷春容》,江苏古籍出版社 1994 年版,收《绣谷春容》、《国色天香》。

(18)《觉世名言十二楼》,江苏古籍出版社 1994 年版,收《十二楼》、《无声戏》,附《连城璧》。

(19)《施公全案》,江苏古籍出版社 1994 年版。

(20)《跻春台》,江苏古籍出版社 1993 年版。

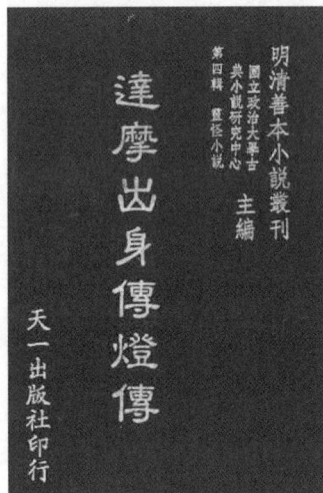

16.《明清善本小说丛刊》 (台湾)国立政治大学古典小说研究中心主编。

天一出版社 1985—1989 年版。

本书是明清小说总集。全书精装 862 册,线装 1364 四册。其中明刻本一百二十种,其余为清刻本。本书所收以明清善本小说为限,故名《明清善本小说丛刊》。明代小说,无论初刻、重刻、复刻、仿刻或抄本,均视为善本,尽量收录;清代小说则以清初为主。无原刻,或限于条件一时无法觅得原刻者,则以复刻本暂代。坊间已有影印善本的小说,如"三言"、《清平山堂话本》、嘉靖本《三国演义》以及《红楼梦》等,既已影印传世,为避免重复,本书便不复收录。各书内容有繁简之别,如《水浒传》,因而各自刊刻成系,为明源流,不分繁简,均择要重印。部分小说版本种类甚多,则刊成专集,如《西游记》、《三国演义》、《水浒传》等。

本书与《古本小说丛刊》、《古本小说集成》并称为古代小说三大文献,具有重要的研究价值。

17.《古本小说丛刊》 刘世德、陈庆浩、石昌渝主编。

中华书局 1987—1991 年版。

本书是古代小说总集。全书 41 辑,每辑 5 册,共 205 册。收古本小说 183 种,多为古代小说的珍本、善本和孤本,由中华书局影印出版。本书系郑振铎生前倡议编集,与《古本戏曲

丛刊》为姊妹篇,曾列入国务院 1982—1990 年
"古籍整理出版规划",由中国社会科学院文学
研究所组成编委会进行筹备。1988 年影印出版
第 1 辑,共 5 册。1989 年,编委会考虑到学术界
急需,决定与法国国家科学院合作,将流传海外
而国内不存或稀见的明清小说孤本、善本汇总,
从中精选出 170 余种,编为第 2 辑至第 41 辑,并
于 1991 年出版。本书以收录通俗小说为主,兼

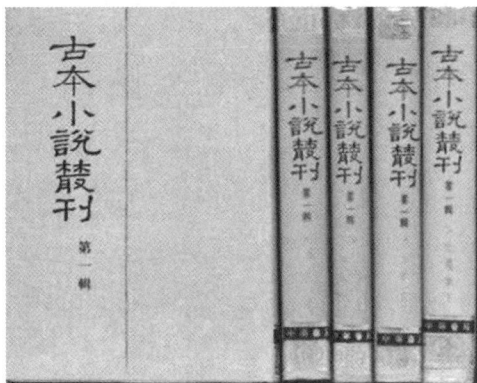

采少量文言小说和讲唱文学作品。其选目精审,版本上佳,如法国巴黎和丹麦哥本哈根所藏残
本《插增田虎王庆忠义水浒全传》、刘兴我刊本《水浒忠义志传》、《最娱情》等均为孤本;郑少垣刊
本《三国志传》、兼善堂刊本《警世通言》、《幻中游》等,亦是罕见之善本;同一版本系统的小说,则
选用原刊初刻本或卷帙最全者,如旧抄本《绿野仙踪》,原刊本《吕祖全传》、《警寤钟》等。每辑卷
首写有前言,简要介绍了所收小说之版本、藏所、流传及其主要特点,间作必要的考证。

18.《古本小说集成》〔美〕马幼垣、安平秋等主编。

上海古籍出版社 1991—1995 年版。

本书是古代小说总集。全书共 5 辑,收 428 种小说,计
693 册。用大 32 开本影印,布面精装。收辑了宋、元、明、清
四代所出现的有代表性的白话小说,兼及重要的文言小说。
举凡演义、时事、公案、武侠、言情、神怪、艳异诸类,无论长篇
短制,其作品有代表性,其作者能自成一家,其版本别具特色
者,均在收辑范围,尤其注重纲罗庋藏于海内外各类图书馆
及藏书家手中的善本、孤本、抄本、稀见本,以副"完足、系统、稀见、存真"的编辑宗旨和《集
成》之名。本《集成》是我国古籍整理工作在古代小说领域第一次大规模的、认真的尝试,为
学术界提供了一部搜罗完备、版本优良、保持原貌、考核精审的大型古代小说文库,为公私藏

书家提供宏富完整之古代小说总汇,为学术界提供真实详备之研究资料。本书最大的特点是规模宏大,搜罗完备。底本除得之于国内(包括台湾)各大图书馆、各大专院校及科研机构外,还有来自私人藏书家的。来自国外的底本,是通过各种渠道获得的,或摄胶卷,或复制原件,遍及日本、英国、美国、法国、荷兰、韩国等收藏汉籍较多的图书馆及个人。这种规模空前的向海外征集底本的活动,是历来所流失小说的一次大回归,使数百年间散失于异国他乡的文化遗产得以回归故土,是值得庆幸的。其中有相当数量的作品,是首次公之于世。本书的另一特点是全书除有一篇编辑弁言外,每书都有一篇前言,全书 428 篇前言,绝大多数出自编委及有关专家之手,于其中考订作者及其生平,记述版本源流,或从思想内容和表现艺术方面,阐发独到见解,作出适当评价,并反映该小说研究的动态和最新成果。

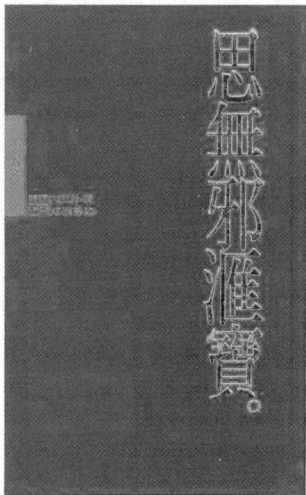

19.《思无邪汇宝》 陈庆浩、王秋桂主编,陈益源执行编辑。

法国国家科学研究中心、台湾大英百科股份有限公司 1994—1997 年版。

本书是明清两朝艳情小说总集。全书分上编、下编、外编三编。上编四十二种二十四册,依序收录了《海陵佚史》、《绣榻野史》、《昭阳趣史》、《浪史/玉闺红》、《龙阳逸史》、《弁而钗》、《宜春香质》、《别有香》、《载花船》、《欢喜冤家(上)》、《欢喜冤家(下)》、《巧缘浪史/艳婚野史/百花野史/两肉缘》、《换夫妻/风流和尚/碧玉楼/欢喜浪史》、《片情》、《肉蒲团》、《梧桐影/巫梦缘》、《杏花天/浓情秘史》、《桃花影/春灯闹》、《闹花丛/情海缘》、《巫山艳史/株林野史》、《浓情快史》、《灯草和尚传/怡情阵》、《春灯谜史/妖狐艳史/桃花艳史/欢喜缘》、《如意君传/痴婆子传/僧尼孽海/春梦琐言》等四十二种;下编三种二十一册,收录了《续金瓶梅》、《三续金瓶梅》、《姑妄言》三种;外编别名《东方艳情小说珍本》,十一种二册,收录了《游仙窟》、《赵飞燕外传》、《赵飞燕别传》、《武曌传》、《控鹤监秘记》、《大东闺语》、《三山秘记》、《春宵拆甲》、《枕藏史》、《花影隔帘录》等十种中国、日本汉文小说,并影印了美国金赛研究所珍藏的《素娥篇》原刊本。

20.《中国近代小说大系》 章培恒、王继权等主编。

百花洲文艺出版社、江西人民出版社 1988—1996 年版。

本书是近代小说总集。全书共六辑，八十卷，近 4000 万字，收录 1840 年至 1919 年 80 年间有代表性的中国近代小说 405 部，最后一卷为《中国近代小说目录》。本书规模宏大，所收作品与作家数量均超过了阿英的《晚清文学丛钞》《中国近代反侵略文学集》以及台湾广雅书局《晚清小说大系》等丛书。所用版本精良，每一部作品都尽量选用最初、最好的底本进行校勘、标点，真实地反映了近代小说的原貌。每卷卷首有本卷说明，列出了作品已有的不同版本，并说明本次标点、排印时依据的底本和参照本，有利于读者比较、考查。本书对原作中的评点文字全部予以保留，以利于研究者深入研究探讨。除少数特殊情况外，编者对原作情节基本上不作删改，且本书收录原作原有的插图以及各种版本的书影、版权页等，为研究近代小说提供了许多宝贵的资料。

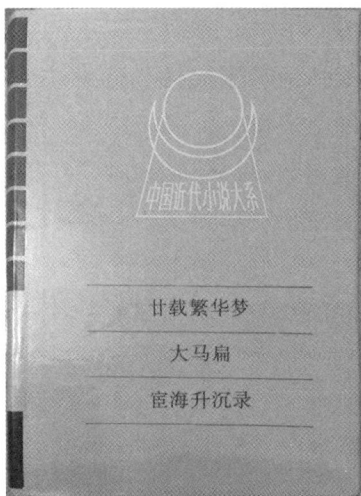

●·· 三、 小说史料

1.《小说考证》（附续编、拾遗） 蒋瑞藻编。

商务印书馆 1935 年版，古典文学出版社 1957 年版，上海古籍出版社 1984 年版，浙江古籍出版社 2016 年版。

本书是古代小说、戏曲的资料汇编。全书分正编、续编、拾遗三部分，包括自金元以来 470 余种小说、戏曲的作者事迹、作品源流和分析评价等方面的资料，也包括部分清末民初翻译小说的资料。所征引的范围颇为广博，有文集、诗话、曲话、笔记等，有数百种，其中不少为不易见之书或散见

于报刊上的文章,还有编者自著的《花朝生笔记》(未刊稿)及同时代人的稿本。书末附"书目索引"。本书资料丰富,对小说、戏曲研究而言很有价值。

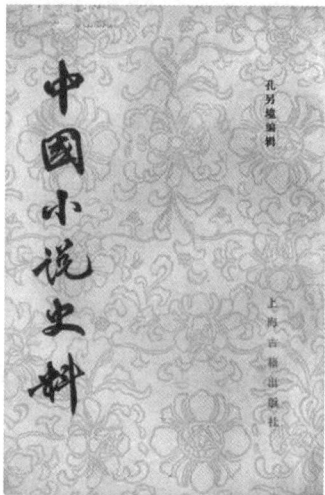

2.《中国小说史料》 孔另境编辑。

古典文学出版社 1957 年版,上海古籍出版社 1982 版。

本书吸取蒋瑞藻《小说考证》和《小说枝谈》以及鲁迅《小说旧闻钞》的研究成果,采录宋元明清笔记中有关小说之史料,以及公私书目对版本的著录,分条系于各小说书名之下。小说排列依成书时代先后为序,引用资料先举书名,再举作者。共收小说 60 余种。书后附:"清代小说之禁黜"、"批评与杂记"、"小说撰者录"、"史料引用编目"。

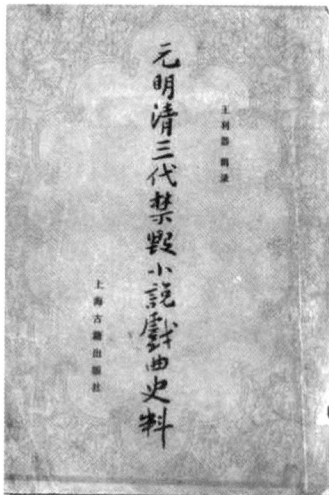

3.《元明清三代禁毁小说戏曲史料》 王利器辑录。

作家出版社 1958 年版,上海古籍出版社 1981 年版。

元明清三代,统治阶级禁毁了大量小说戏曲,使得小说戏曲的保存工作遭到严重的毁坏。王晓传(王利器)以十余年时间,从官书及私人笔记等各种书籍中收辑了大量有关禁毁小说戏曲的史料,分四编:一、中央法令;二、地方法令;三、社会舆论;四、因果报应。本书第 329 页之后系"续编",补充发稿之后发现的材料。由于书前目录对"续编"未予反映,读者很容易忽略。

4.《晚清报载小说戏曲禁毁史料汇编》 张天星编。

北京大学出版社 2015 年版。

本书从七十四种刊载小说戏曲禁毁史料的晚清中文报刊中,辑录了 2364 则(篇)禁毁史料,涉及新闻、社论、公文、广告等领域。时限起自同治八年(1869 年),迄于宣统三年(1911 年)。禁毁内容包括以下几个方面:(1)禁止小说戏曲编撰、刊售或演出的禁令、新闻和舆论;(2)认为小说、戏曲、优伶无益的舆论;(3)禁止某一类人如学生、妇女等阅小说看戏剧的禁令、新闻和舆论;(4)禁止女伶、幼伶登台或男女合演的禁令、新闻和舆论。全书分上、中、下三编。上编为禁毁令章,分为官方法令和民间约章两部分;中编为查禁报道;下编为禁毁舆论,分为论说、新闻、广告、歌曲四部分。所有内容按每则刊登时间先后为序排列,少数不能确定月日者置于相关年份之末,时间皆依据公元纪年。所收内容,均在文末注明出处,即刊名、期数和时间。书后附索引,以便读者查找相关人名、书名、剧名、曲名。

5.《小说闲谈四种》 阿英著。

这是阿英研究小说、戏曲的论文和资料札记的结集,包括《小说闲谈》、《小说二谈》、《小说三谈》、《小说四谈》。《小说闲谈》收录作者于 1933—1935 年间写的文章,良友出版公司 1936 年初版,古典文学出版社 1958 年出版修订本。其主要内容为古代小说研究、弹词小说研究和杂剧研究等。《小说二谈》收录作者于 1935—1936 年两年间写的文章,中华书局 1959 年出版,其内容与《小说闲谈》略同,多谈及近代小说。《小说三谈》收录作者于 1938—1963 年间写的文

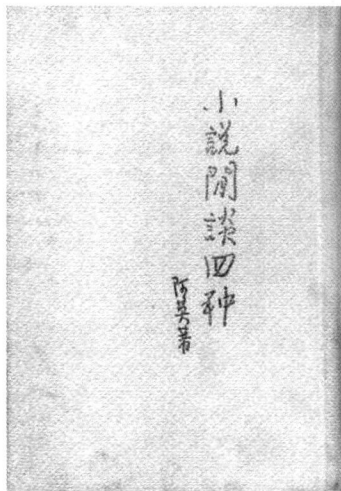

章,上海古籍出版社 1979 年出版,其主要内容为对晚清谴责小说、弹词等方面的研究。《小说四谈》收录作者于 1935—1963 年发表的二十四篇文章,上海古籍出版社 1982 年出版,其内容有《〈红楼梦〉书录》、《作为小说学者的鲁迅先生》及晚清小说的序跋、校记等。

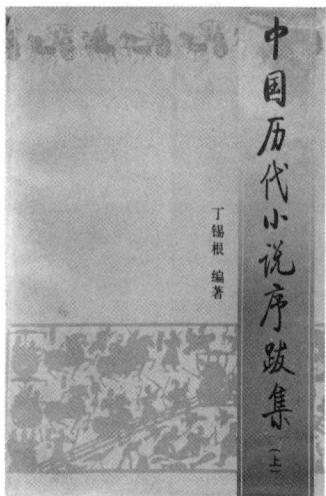

6. 《中国历代小说序跋集》 丁锡根编著。

人民文学出版社 1996 年版。

本书收录了起于秦汉、迄于现代的古代小说序跋,兼收部分论述涉及小说史、小说理论研究,如考订作者生平和创作缘起、阐述版本源流和写作背景、阐述作品内容和主题、讨论艺术构思和描写技巧的其他资料,包括题辞、总论、总评、引论、引语、引言、题识、题语、发凡、凡例、例言、弁语、源流、读法等。全书分上、中、下三册,按笔记小说、话本小说、章回小说与小说总集四类编排,共收录小说 536 种,序跋 1300 余篇。本书编排完整有序,从秦汉时期的神话传说经魏晋南北朝的志人志怪小说,再经唐宋传奇、话本,到明清章回小说,最后以小说总集、丛刊、合集作结,将小说史与小说题材、小说文体类型结合起来。编者为每种小说撰写了题解,内容包括小说作者、卷数或回数、情节内容、版本、影响等,间接涉及序跋本身的问题,起着评介作品、引导阅读的作用。序跋结尾一般注明引录原文的出处,包括朝代、年号、年份、出版者、出版方式(抄本、刊本、石印本、排印本)等信息。

7. 《中国历代小说论著选》 黄霖、韩同文编。

江西人民出版社 2000 年版。

本书收录了我国历代有关小说的理论批评文字。其选录的除专门的文学论著外,还有

历史、哲学等著作中的有关文字,包括专论、序跋、笔记、回评乃至诗歌等多种形式。全书基本上按作者所处时代编次,共分上、中、下三编。上编自汉至宋元,主要采自笔记、杂著,论及神话、传说、笔记、传奇、话本等,系我国小说理论批评的萌芽阶段;中编为明清部分,以白话长篇小说的序跋为主,主要论及各类长篇小说以及多方面的小说理论问题,系我国小说理论的发展阶段;下编自清末至五四运动时期,以单篇专论为主,论及问题更为广泛和深入,系我国小说理论的成熟阶段。鉴于我国小说理论批评在明清以前尚处滥觞时期,数量少而分散,明清以后则渐趋成熟,数量多而面广,故在选录时采取"前松后紧"原则,即前期的编选尺度适当放宽,后期则从严掌握。书中对入选的各篇,均作了注释和说明。注释的详略繁简,视具体情况而定,说明力求简明扼要,既抓住选文的主要论点,又结合选文适当阐释小说理论批评发展的前后线索。

8.《中国古典小说研究资料汇编》 朱传誉主编。

(台湾)天一出版社 1982 年版。

本书是中国古代小说研究方面的大型资料汇编,分专题辑录,包括《历代禁毁小说史料》、《宋代传奇与志怪》、《神话中的帝王世系》、《太平广记研究资料》、《封禅与昆仑文化》、《中西小说比较研究》、《研究中国小说序目》(上、下)、《红楼梦研究专辑·红学的研究方向》(上、下)、《佛教对中国小说之影响》(上、下)、《研究明清小说专著序目》(上、下)、《中国旧小说写作技术综述》、《宋话本研究资料:说话与说话人》、《研究宋元小说专著序目》、《研究中国小说序目》(上、下)、《神话、传说与文学》、《神话中的帝王世系》等系列;每个专题下又包括若干研究资料或成果,如《历代禁毁小说史料》包括谭嘉定《异族统治下的文学环境》、《明实录》中"万历三十年十二月禁以小说语入奏议"、《钦定吏部处分则例》中"禁止小说淫词"、《皇清奏议》中"康熙二十六年刑科给事中刘楷疏请琴川居士除淫书"等材料,《封禅与昆仑文化》包括凌纯声《北平的封禅文化》、《中国的封禅与两河流域的昆仑文化》,沈淑芳《封神演义中"封神"意义之探讨》等。尤其值得关注的是,本书收录了台湾地区科研院所中 20 世纪 80 年代以前中国古代小说研究的硕、博士学位论文,颇有参考价值。

部分小说名著研究资料汇编:

(1)《水浒资料汇编》,马蹄疾辑录,中华书局 1977 年版。

(2)《三言二拍资料汇编》,谭正璧编,上海古籍出版社 1980 年版。

(3)《红楼梦书录》,一粟编,中华书局 1963 年版。

(4)《古典文学研究资料汇编》(红楼梦卷),一粟编,中华书局 1963 年版。

(5)《儒林外史人物本事考略》,何泽翰著,古典文学出版社 1957 年版。

(6)《老残游记资料》,魏绍昌编,中华书局上海编辑所 1962 年版。

(7)《吴趼人研究资料》,魏绍昌编,上海古籍出版社 1980 年版。

(8)《李伯元研究资料》,魏绍昌编,上海古籍出版社 1980 年版。

(9)《孽海花资料》,魏绍昌编,中华书局上海编辑所 1962 年版。

(10)《三国演义资料汇编》,朱一玄编,南开大学出版社 2003 年版。

(11)《西游记资料汇编》,朱一玄编,南开大学出版社 2003 年版。

(12)《金瓶梅资料汇编》,朱一玄编,南开大学出版社 2002 年版。

(13)《儒林外史资料汇编》,朱一玄编,南开大学出版社 2003 年版。

(14)《水浒传资料汇编》,朱一玄、刘毓忱编,南开大学出版社 2002 年版。

••· 四、 小说辞典

1.《中国古代小说百科全书》 刘世德主编。

中国大百科全书出版社 2006 年版。

本书共分为七个单元:(一)总论;(二)上古秦汉魏晋南北朝小说;(三)唐五代小说;(四)宋辽金元小说;(五)明代小说;(六)清代小说;(七)小说理论批评。总论包括两个部分,一部分是和古代小说、小说史有关的种种名词术语,另一部分则是一些比较重要的小说总集、小说书目、小说史料等。第二单元至第六单元，是本书主要内容之所在，试图按照历史发展顺序，比较完整地勾勒出从上古神话到清末小说的面貌，向读者介绍尽可能多的中国古代小说作家和作品。时代的断限，则自上古起，至清末止。

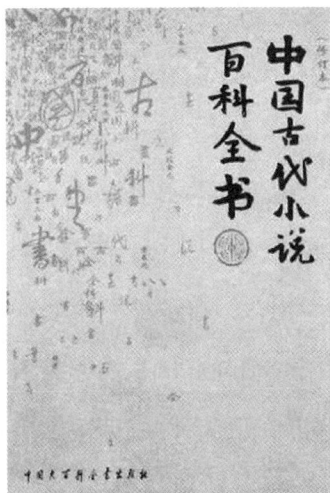

2.《中国小说大辞典》 侯健主编。

作家出版社 1991 年版。

本书是大型小说工具书。所收词条时限上自先秦，下至当代（1988），共收词条一万多个，按其知识系统，分为十六卷加以编排。各卷内容如下：一、名词术语卷，包括"小说概念、理论与学说"、"小说体裁与种类"、"小说作品的构成"、"小说的创作方法与技巧"、"传统小说的创作方法"、"小说的欣赏评论及其他"等类目；二、小说家卷，以时代先后为序，收录"汉代"、"魏晋南北朝"、"隋唐五代"、"宋代"、"金元"、"明代"、"清代"、"现当代"的小说家；三、小说理论家、研究家、评论家卷，包括"古代小说理论家、研究家、评论家"，如李贽、叶昼、袁于令、金人瑞等人，"现当代小说理论家、研究家、评论家"，如蒋瑞藻、胡适、郑振铎、孙楷第等；四、短篇小说卷，分"古代短篇小说"、"现代短篇小说"与"当代短篇小说"等类目；五、中长篇小说卷，分"宋元明中长篇小说"、"清代中长篇小说"、"现代长篇小说"与"当代长篇小说"类目；六、小说集卷，以时代先后为序，分"先秦两汉魏晋南北朝"、"隋唐"、"宋元"、"明代"、"清代"、"现代"、"当代"等类目；七、著名小说人物卷，分"唐宋元"、"清代"、"现代与

当代"等类目;八、小说理论卷,分"古代小说理论"、"现当代小说理论"与"小说理论专著";九、小说研究卷,分"古代小说研究"、"现代小说家及作品研究"、"当代小说家及作品研究";十、小说鉴赏卷,分"古代小说鉴赏"和"现当代小说鉴赏";十一、神话传说卷,收盘古、伏羲、女娲、嫦娥等神话传说;十二、民间故事卷,以民族为单位,分汉族、蒙古族、回族、藏族等进行收录;十三、小说社团、流派、论争卷,分"近代"、"现代"、"当代";十四、小说常用词语卷,分"古代"、"现代"与"当代";十五、小说工具书、资料书卷,分"综合性资料"、"作家研究资料"、"作品研究资料"、"年鉴·年表"、"传记·名录"等;十六、小说报刊卷目录,分"近代小说报刊"、"现代小说报刊"、"当代小说报刊"。本书卷帙浩繁,于中国小说研究几乎无所不包,比较有参考价值。

第六讲　古代戏曲类工具书

本讲主要介绍戏曲类工具书,包括古代戏曲书目、戏曲作品、戏曲史料、戏曲辞典等内容。

一、戏曲书目

1.《中国古典戏曲总录》　傅惜华著。

本套书原计划分为八编:初编《宋金元杂剧院本全目》,第二编《宋元戏文全目》,第三编《元代杂剧全目》,第四编《明代杂剧全目》,第五编《明代传奇全目》,第六编《清代杂剧全目》,第七编《清代传奇全目》,第八编《中国古典戏曲研究书目》。其中第三至六编已出版,初编与第二、七、八编尚未成书。各编依照戏曲历史分期,收录了各个时期存佚的戏曲曲目。所收的曲目,凡是作者姓氏生平可考的,都为其撰写了作者小传;无名氏的作品,也都记录了它们在各种曲目或藏书目录中的著录情况。对于今有传本的作品,则一一注明版本的流传情况。每编都分别附有"引用书目解题"、"作家名号索引"及"戏曲名目索引",供寻检查阅。

已出版的四编,著录古典戏曲曲目的情况如下:1.《元代杂剧全目》(作家出版社 1957 年版),著录元代杂剧曲目 737 种,包括元人杂剧作品 550 种,元明之间无名氏作品 187 种。2.《明代杂剧全目》(作家出版社 1958 年版),著录明代杂剧曲目 523 种,包括作家作品 349 种,无名氏作品 174 种。3.《明代传奇全目》(人民文学出版社 1959 年版),著录明代传奇曲目 950 种,包括作家作品 618 种,无名氏作品 332 种。4.《清代杂剧全目》(人民文学出版社 1981 年版),著录清代杂剧 1300 种,包括作家作品 550 种,无名氏作品 750 种。以

上四种《全目》体例相同：按作者时代先后为序，每个作者先系以小传，再列举其全部作品。对每一作品，著录其名称、出处、存佚、版本等项目。善本著录收藏者。书后附录引用书籍解题、作家名号索引、剧名索引。

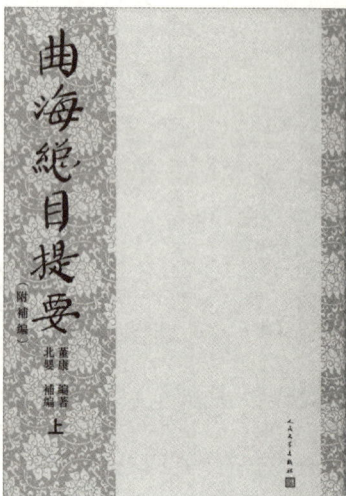

2.《曲海总目提要》（附补编） 董康编著，北婴补编。

大东书局 1928 年版，人民文学出版社 2014 年版。

本书乃董康据清代《传奇汇考》与《乐府考略》二书编纂而成，共著录戏曲作品 685 种（除去重复的《元宵闹》，实录 684 种）。本书所收剧目，有元杂剧、明清杂剧和传奇，还有一部分地方戏，其中以明传奇、杂剧作品居多。书名虽为"曲海总目"，但所收作品远非元至清初戏曲剧目的全部。尽管如此，由于撰者生于明末清初，书中提到的剧目大都为其所亲见，而其中有些作品今已失传或世所罕见，因此，今人可从该书得知那些作品的内容梗概。本书为戏曲研究提供了一些珍贵资料。全书大致以作者所处时代先后为序编排，先标出书名，次写出作者，然后介绍剧情梗概，考证故事来源，间以简短评论。例如，本书第一篇是《青衫泪》提要，先标出作品名称，后谓："元马致远撰。谓白居易裴兴奴江州相遇。其事不实。因居易琵琶行'江州司马青衫湿'，故以为名也。剧云……"下面即介绍故事本末，说明如何与原事相左，等等。对所选录的大多数作品，只举出作者名，但也对少数作品的作者简历略加说明。如为《狂鼓史》杂剧作提要时写道："明嘉隆间人徐渭所作。渭山阴诸生，字文长，自名田水月，亦时号天池生。负才不遇。作《狂鼓史》、《玉禅师》、《雌木兰》、《女状元》杂剧，总名曰'四声猿'。"本书在对作品作提要时，有时直接作出几句评语，例如，在为《杀狗记》作提要时说："作者（指《杀狗记》传奇作者，而非原杂剧作者）全仿元人，而将其中节目，复加点缀。凡宵人情状，与贤媛苦心，俱极形容，以垂劝戒……"有时又引别人的话进行评论，如介绍《狂鼓史》时，书中写道："山阴沈景麟序云：'渔阳意气，泉路难灰，世人假慈悲学大菩萨，而勤王断国之徒，多在涂脂调粉之辈。文长所为额蹙心痛也。'数言，庶窥见立言微旨矣。"

北婴（杜颖陶）从不同传本的《传奇汇考》中编辑了《曲海总目提要》所漏收或文字不同的剧目 72 种，又对《曲海总目提要》作了 200 多条补充和修正。1959 年，以《曲海总目提要补编》为名由人民文学出版社结集出版。

3.《古典戏曲存目汇考》 庄一拂编著。

上海古籍出版社 1982 年版。

戏文、杂剧、传奇书目，始于元钟嗣成《录鬼簿》，此后有明贾仲明《录鬼簿续编》、朱权《太和正音谱》、徐渭《南词叙录》、吕天成《曲品》、祁彪佳《远山堂明曲品剧品》；清徐于室《南曲九宫正始》、张彝宣《寒山堂南曲谱》、焦循《曲考》与《剧说》、董康等《曲海总目提要》、姚燮《今乐考证》；近人王国维《曲录》等。后二种为集大成之作。本书著录，主要以《今乐考证》为依据，并用《曲录》增补。其中宋元及明初戏文，以《永乐大典》、《南词叙录》、《曲品》为主，以《南曲九宫正始》、《寒山堂曲谱》等为辅；元人杂剧，以贾仲明订本《录鬼簿》及其《续编》为主，以《太和正音谱》等为辅；明清杂剧、传奇，从《今乐考证》、《曲录》，而以《曲品》、《远山堂剧品曲品》、明晁瑮《宝文堂书目》、清钱曾《也是园书目》等增补之。全书共著录戏曲 4750 余种，其中戏文 320 余种，杂剧 1830 余种，传奇 2590 余种，较之《今乐考证》、《曲录》二书所录，又增出 2600 余种，实为集大成之作。全书分三编，上编为戏文，中编为杂剧，下编为传奇，各以时代先后为次。有作者之名者在前，缺名在后。有作者之名者，以作者系作品。作者之下，考其生平事迹，系以小传。著录戏文、杂剧，均以正名立目，简称、别称著录其出处，不另立目；传奇则以传本或书目所标之名著录，异名别称附注出处，亦不另立目。著录内容，首标《今乐考证》等书目著录情况；不见于诸书目者，标明"未见著录"；次列见存之书版本，或藏书处、藏书者，标出数、折数；凡今不得之书，于最后标以"佚"字。内容大多涉及考证，或考版本情况，或考承袭源流。如卷一李景云《崔莺莺西厢记》，历引唐元稹《莺莺传》至清阙名《后西厢》，不下二十种。卷二阙名《秋胡戏妻》下谓元石君宝有《鲁大夫秋胡戏妻》杂剧;又敦煌写本有《秋胡变文》,是"以秋胡事迹为题材之最初作品"。凡有本事可考者,皆述其本事。如卷六明汪廷讷《广陵月重会姻缘》杂剧,谓其本事出唐段安节《乐府杂录》所载韦青与许永新及张红红事。卷九明卜世臣《冬青记》传奇,谓其本事见明陶宗仪《辍耕录·唐义士传》。末附"近代作品",凡 39 人 96 种。又附"征引有关戏曲资料举要"、"作家名号索引"、"戏曲名目索引"。此书著录戏曲较为齐全,然与今人傅惜华《元代杂剧全目》、《明代杂剧全目》、《明代传奇全目》、《清代杂剧全目》等相较,在书目、版本等方面,均尚多遗缺。研究戏曲者,当同时参阅以上几本书目。

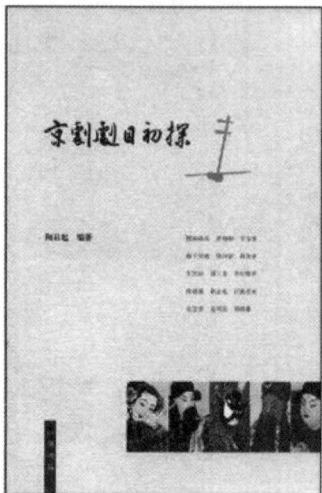

4.《京剧剧目初探》 陶君起编著。

上海文化出版社 1957 年版,中国戏剧出版社 1963 年版,中华书局 2008 年版。

本书是京剧剧目总集。全书共收录 1383 出京剧剧目的剧情提要,分甲、乙两编。甲编收传统剧目共 1288 出;乙编收录 1949 年前后新编或改编的剧目,共 95 出。全书按剧情故事发生的时代顺序排列。甲编从上古至民国十五章,朝代不明者另辟一章,共十六章;乙编按历史故事、近代历史题材和现代题材分为三章。凡剧情与小说、笔记、说唱文学、宋元明清戏曲作品,以及各主要地方剧种剧目有关者,均择要加以注明。每一剧目的异名附注于后。对一些失传或不流行的剧目,亦注明出处。对一些有影响的作品的艺术特点、主要角色以及表演上的不同流派也略作介绍。

5.《弹词宝卷书目》 胡士莹编。

古典文学出版社 1957 年版,上海古籍出版社 1984 年版。

本书是弹词、宝卷书目。弹词是一种说唱艺术,将故事编为可弹唱的韵文,表演时边弹边唱，有白有曲。宝卷是由唐代寺院中的"俗讲"发展而成的说唱艺术，题材原以佛教故事为主，明清以来，取材于民间故事的宝卷流行，如《梁山泊宝卷》等。全书收郑振铎《西谛所藏弹词目录》、凌景埏《弹词目录》以及编者本人和其他收藏者收藏的弹词目录共440种；收录编者和郑振铎等收藏的宝卷目录297种。另有附录，载清道光年间黄育楩《破邪详辨》所录宝卷68种。所载目录，记述版本情况、作者、册（集）数、回目数等。有些书目有多种版本，均予记述。如弹词《珍珠塔》，自清乾隆至光绪间，刊本达21种之多。但所载弹词书目，有些实为其他曲种的作品，如《花笺记》、《背解红罗》，属于木鱼歌，编者已注明"不类弹词"；《玉楼春》亦属小说，关德栋《胡氏编著〈弹词目〉订补》（收于关氏《曲艺论集》）有详细考证。

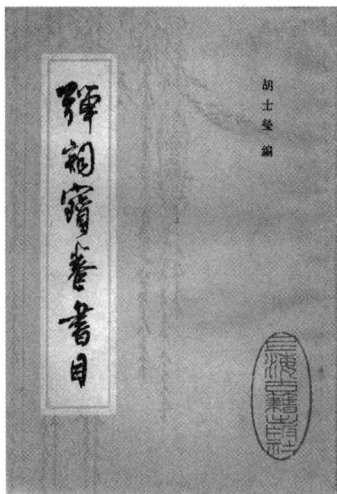

6.《弹词叙录》 谭正璧、谭寻编著。

上海古籍出版社2012年版。

本书是弹词书目。全书共叙录明清两朝弹词200多种，以弹词内容为主，兼及作者、版本、成书年代、本事来源以及同题材的其他文学作品。每一作品叙录，概依下列次序编写：（1）全书内容大要；（2）作品全称及卷回（或章）数、回目形式；（3）作品所署作者姓名或别号及作序者姓名、作序年月；（4）出书年月、出版者及版本性质（刊本或抄本）；（5）曾见著录于某书或清代查禁书目；（6）作者略历及作书主旨；（7）本事来源及其影响；（8）胪举同题材的小说、戏曲及其他说唱文学鼓词、宝卷、木鱼歌、潮州歌等作品名目，并作比较。前四项每种均备，其余各项，有则必录，无则宁缺。

7.《中国宝卷总目》 车锡伦编著。

北京燕山出版社 2009 年版。

本书是宝卷书目。全书共收录宝卷 1585 种，版本 5000 余种，宝卷异名 1100 余个，是迄今为止最为完备的宝卷书目。每种宝卷均撰有"题解"，列出编纂者、宗教归属、异名及可供"参见"的宝卷卷名、版本，并注明其出版或抄写的年代及与事者姓名、册数、序跋附录以及收藏者等情况。读者只需知道某宝卷之名（正名或异名），即可查出该宝卷流传版本及收藏等情况。书末附录二种。附录一收明清及现代 12 种文献所录之宝卷目，可供了解已佚或未被收藏宝卷的情形；附录二为宝卷卷名首字音序、首字笔画序以及宝卷异名、宝卷收藏者之索引 4 种，以便翻检。

8.《新编子弟书总目》 黄仕忠等著。

广西师范大学出版社 2012 年版。

本书是子弟书书目。子弟书是流行于北方地区的曲艺形式，旧说其创始于满族八旗子弟，故名此。子弟书属于鼓词的一个分支，只唱不说，演出时用八角鼓击节，佐以弦乐。又分东西两派：东调近弋阳腔，以激昂慷慨见长；西调近昆曲，以婉转缠绵见长。子弟书盛行于乾隆至光绪年间，长达一个半世纪左右，传世作品甚众。傅惜华先生在 1954 年刊出《子弟书总目》，第一次为此种体裁作品编制了完整的目录，并一一注明所藏之处，可知当时的收藏情况。但时隔半个多世纪之后，傅目所著录的情况已经发生了很大的变化，既有新的篇章被发现，也有旧存文本转辗散佚。同时，由于傅先生当时未能一一目验原书，故未述及故事内容及本事来源，且亦偶存讹以传讹的情况；一些同书异名或异书同名的现象，间或未能得到很多的梳理,因而有必要重新编制一份目录,以反映现存子弟书的面貌。本书著录了目前已知可见的全部子弟书存藏信息,包括子弟书的题名、故事来源及故事时代、故事梗概、用韵、回目等,也包括前人的著录情况以及目前图书馆、研究机构及个人对子弟书的收藏等信息,是迄今为止最全面的一部子弟书目录。

---

9. 《明清传奇综录》 郭英德编著。

河北教育出版社 1997 年版。

本书是现有完整存本的明清传奇剧目的汇编。剧本残缺,但《曲海总目提要》著录剧情或剧情大体可考的传奇剧目,亦酌情收录。存目而剧本已佚或未见者,及存目而仅存残曲者,概不收录。所收剧目,起自明成化初年(1465),迄于清宣统三年(1911),略以年代为序排列。本书以清阙名《曲海总目提要》(董康辑录),清姚燮《今乐考证》,近人王国维《曲录》,及今人傅惜华《明代传奇总目》、《清代杂剧总目》,庄一拂《古典戏曲存目汇考》等著作为基础,并广泛地参考、采纳近 70 年来诸多戏曲研究者的研究成果。全书共收录作家约 450 人,作品 1100 多部。所列条目以作家为纲,作品为目,阙名传奇则依其大致年代附于各卷之末。作家生平事迹可考者,尽可能准确、扼要地介绍其生卒年月、籍贯、经历、著述及传奇创作特色等,并附录其生平资料索引以备考。生平不详者,暂附缺如。作品条目包括"剧目存录"、"现存版本"、"情节梗概"、"本事流变"、"简略评价"五个部分。书末附录"引用戏曲书目举要"、"《明清传奇综录》曲家名号索引"、"现存明清传奇剧目索引",以备参考检索。

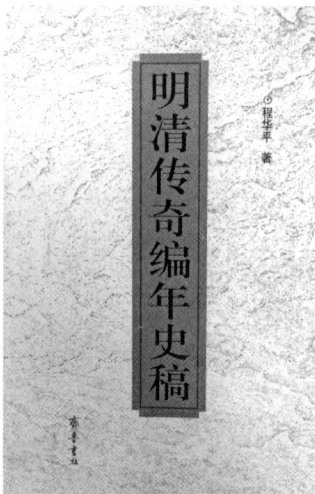

10. 《明清传奇编年史稿》 程华平著。

齐鲁书社 2008 年版。

本书是以编年形式演述明清传奇发展历程的戏曲史。所收传奇作品，起于明洪武元年（1368），迄于清宣统三年（1911）。编年部分主要包括以下内容：明清传奇作家的生平事迹、交游及著述情况，传奇作品的写作时间、内容、刊刻、评价及演出情况，对作家戏曲活动以外的有关行事酌情予以记述。史实部分主要记载明清两代与传奇发展有关的政治、文化、军事诸方面简要情况，用不同的字体放在该年作家、作品编年之前。书末附"《明清传奇编年史稿》作品索引"和"主要引用文献资料"。

11. 《日藏中国戏曲文献综录》 黄仕忠著。

广西师范大学出版社 2010 年版。

本书收录了收藏在日本的中国古代戏曲文献二百多种，基本涵盖了日本公私图书机构的全部珍本中国古代戏曲文献。所录版本的刊刻时间，大致以清末为限，但对于少数稀见的现代抄本、花部清末民初刻本、石印本等具有重要学术研究价值、国内学者难得一见者，亦酌予收录；对于中国戏曲的翻译作品，则择要列入日本刻本及明治以前的译本。本书对所收录的戏曲文献，著录其书名、卷数、册数、书版高宽及框廓尺寸、撰者、评者、刊者、刊印方式、每半叶之行数及字数、刻工、牌记等信息。对于文献中所载的重要批注、跋文等，亦择要选录。对每一文献都注明藏者及索书号，以表明其来源，间或注明入藏时间，以便使用者按图索骥查核原书。本书在著录版本信息的同时，也对现行书目著录有误者，择要进行了考证；对于特别珍贵的版本和已经影印翻刻的重要藏本等，也逐一作出说明，力求为学者的研究提供最充足的信息及最大的便利。

●·· 二、戏曲作品

1. 《元曲选》(附《元曲选外编》)　〔明〕臧懋循编选。

商务印书馆 1937 年版,中华书局 1989 年版,上海古籍出版社 2008 年版。

本书是杂剧选集。全书十集,每集十卷,共一百卷,收录一百个剧本(其中元代杂剧九十四本、明初杂剧六本)。本书所收作品丰富,现存元人杂剧一百五六十种,大部分靠此书赖以流传,是收罗最多、影响最大的元杂剧选集。选本雅俗兼顾,既有杂剧大家关汉卿的《窦娥冤》、马致远的《汉宫秋》、白朴的《梧桐雨》、康进之的《李逵负荆》、纪君祥的《赵氏孤儿》等,也收有一些不知名作者的佳作。作品风格各异,有的慷慨激昂,有的细腻含蓄,有的清秀明快,有的娓娓动听。编选者利用自家秘本和宫廷内府本互相校订,使之语言顺畅,互相增补,科白齐全,故事线索更加清晰。每折之后附有"音释",便于阅读。

本书与《元刊杂剧三十种》相比,不仅剧本增加了六十余种,而且校刊、增补相当出色。元本科白极简,有的全无科白,了解剧情很困难,本书科白相当具体、生动;元本唱词较为粗浅,本书唱词细腻、形象,有文彩;元本故事相当简略,本书故事曲折、丰满;元本错字很多,脱漏严重,语意不够连贯,本书语言相当顺畅;元本不分楔子与折数,每折套曲前很少注明宫调,本书有楔子、折数之分,每折套曲前注明宫调,对曲牌名称讹误或脱落之处,均有订正、补充。

隋树森编有《元曲选外编》(中华书局 1959 年出版),收录臧懋循《元曲选》之外的杂剧六十二种,来自近几十年陆续发现的元剧刻本和抄本,如《元刊杂剧三十种》、明刊《古名家杂剧》以及也是园旧藏明脉望馆抄校本《元明杂剧》等。《元曲选外编》作品编次,依作家年代先

后排列;作家先后则依《录鬼簿》、《太和正音谱》及不见著录者三部分的次序。《元曲选外编》也辑录明朝作家的作品,范围以《元曲选》和王季烈《孤本元明杂剧》为限。书后附录"现存全部元人杂剧目录"。

2.《六十种曲》〔明〕毛晋编辑。

文学古籍刊行社 1955 年版,中华书局 1958 年版。

　　本书是南戏、传奇戏曲总集。初刻本没有总名称,只在每帙第一种扉页上题"绣刻演剧十本",每一种又题"绣刻某某记定本",所以又称《绣刻演剧十本》或《绣刻演剧》。康熙年间,六套同时出齐。重印时,总标题为《六十种曲》。全书一百二十卷,分六套十二集,每集五剧,每剧二卷,共编录六十个剧本,其中《琵琶记》等传奇作品五十九种,杂剧《西厢记》一种。本书是我国戏曲史上最早的传奇总集,它收录了元明两代一些著名的戏曲作家的作品。其中有元明之间的"四大传奇":《荆钗记》、《白兔记》、《拜月亭》、《杀狗记》;高明的《琵琶记》;汤显祖的"临川四梦":《紫钗记》、《还魂记》、《南柯记》、《邯郸记》;以及《幽闺记》、《精忠记》、《鸣凤记》、《浣纱记》、《玉簪记》等思想艺术成就较高的剧本。编选者还注意采用善本、稿本和抄本加以刊刻。如《琵琶》、《荆钗》就是采用善本;《精忠》、《八义》、《三元》、《春芜》、《怀香》、《彩毫》、《运甓》、《鸾鎞》、《四喜》、《投梭》、《赠书》、《双烈》、《龙膏》、《双珠》、《四贤》、《牡丹》(硕园改本)等十六种,则据抄本或稿本,这些未刊剧本因之得以保存和流传。总体来说,本书是一部收罗宏富、编纂时间最早、流传广的具有较高文献价值的戏曲选集,在我国戏曲史上占有重要地位。

3.《盛明杂剧》 〔明〕沈泰编。

中国戏剧出版社 1958 年版,中国书店 2012 年版,中华书局 2015 年版。

本书是明代杂剧选集。"盛明"是对明王朝的颂扬,意谓明朝是太平盛世,并非指明朝的昌盛时期,故其书中所收的杂剧,实始于明代前期,终于明代末期,全书可视为整个明代杂剧的选集。全书分初集、二集,每集收剧本三十种,共收明朝三十一位作家的六十种杂剧,大都是嘉靖以后的作品。比较好的作品有:王九思的《曲江游春》,写杜甫厌恶时政之腐败,借游春以抒发隐遁避世之情。康海的《中山狼》取材于寓言故事,嘲讽东郭先生的温情主义。徐渭的《四声猿》(由《狂鼓史》、《雌木兰》、《玉禅师》、《女状元》四个独立的短剧合成),注意向民间学习,四个短剧都取材于民间。孟称舜的《死里逃生》和《英雄成败》、冯惟敏的《不伏老》、吕天成的《齐东绝倒》、陈与郊的《昭君出塞》等,都意在针砭时政,其在思想性、艺术性上均属上乘之作。孟称舜的《桃花人面》,描写崔护与蓁儿清明相遇,两人一见钟情,最后经过几番周折而终结良缘,剧本写得情真意切,曲词优美,在爱情剧中,堪称佳作。

4.《盛世新声》 无名氏编。

文学古籍刊行社 1955 年版。

本书是明代散曲、戏曲选集。全书共十二卷,收录了元明散曲、套数和戏曲曲文四百余套,小令五百余首,且收有不少时调小曲。实际上今存本计九宫曲九卷,收套数二百七十九

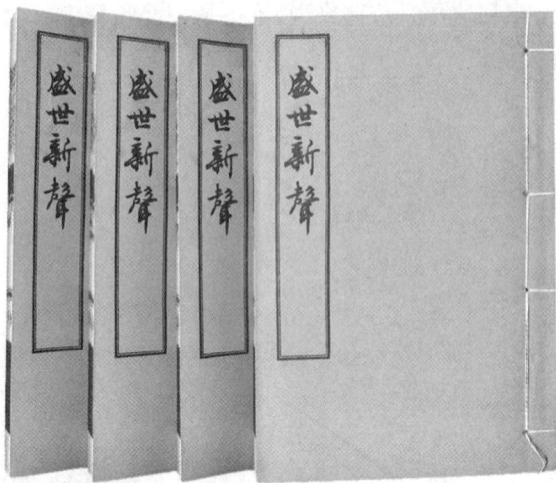

套;南曲一卷,收套数四十六套;《万花集》二卷,收套数十二套,小令五百零八阕。总计套数为三百三十七套,小令五百零八阕,与编者所言数目略有出入。本书所录皆时人演唱的名作,编选者当为梨园中人。在明人曲选之中,本书选曲数量丰富,流传甚为广泛,而且刊印时间最早。所收曲目皆为元代及明代初年已刊或未刊作品,大部分作品均为当时脍炙人口且盛行一时之作,具有十分重要的史料价值,是研究我国古代文学史和戏曲艺术沿革流变的重要参考资料。

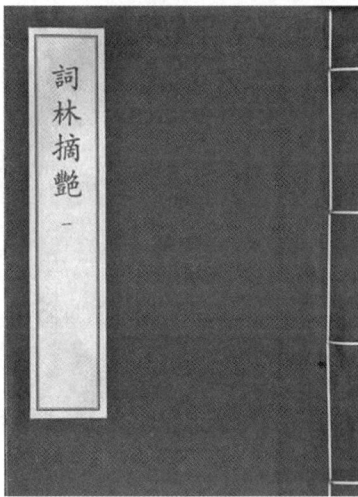

5.《词林摘艳》 〔明〕张禄辑。

文学古籍刊行社1955年版。

本书是元明散曲、戏曲选集。全书共十集,根据宫调分类编为十卷,每卷即为一集。卷之一甲集收南北小令,其中南小令一百零九首,北小令一百七十七首。卷之二乙集为南九宫,卷之三丙集为中吕,卷之四丁集为仙吕,卷之五戊集为双调,卷之六己集为南吕,卷之七庚集为双调,卷之八辛集为正宫,卷之九壬集为黄钟,卷之十癸集为越调。本书在体制上包括小令、散套、戏曲等。每集前有作者所撰小引和目录,着重介绍本集的宫调。本书受《盛世新声》影响而成,目的即在弥补《盛世新声》之不足。除增补一些时调小曲外,作者也收录了自己的部分作品。增加新调却不减于前,收录作品数量多,故谓之林;少加于后,录选作品质量较精,故谓之艳,因此书名题为《词林摘艳》。本书的价值不仅在于保留了一些元明时人的戏曲作品,而且收录了许多当时流行的新调小令,为散曲研究提供了第一手资料。本书同时也对研究时调小曲和元明戏曲的发展,以及民间小曲对戏曲发展的影响等问题有重要的参考价值。

6.《杂剧三集》 〔清〕邹式金辑。

中国戏剧出版社 1958 年版,黄山书社 1992 年版。

本书继沈泰《盛明杂剧》初集、二集而编,故称《杂剧三集》。全书共收明末清初诸家杂剧 34 种,其中不少是名家名作,如吴伟业的《通天台》、《临春阁》,尤侗的《读离骚》,孟称舜的《眼儿媚》,薛旦的《昭君梦》等。其他如茅维的《苏园翁》等 6 种,南山逸史的《中郎女》等 5 种及陆世廉的《西台记》、张源的《樱桃宴》等,都是世所罕见的作品,赖此集得以流传。这些作品都由文人创作,作者通过描写历史人物,或表达其对时世变迁、朝代更替的感慨,或抒发怀才不遇、人生坎坷的幽情。作品对于了解明清之际士人的思想状况具有一定的研究价值。在艺术上,这些作品大都具有文彩,曲词宾白极力雕琢,关目安排也各有特色,但它们一般都不适于演出,是仅供欣赏的案头之曲。

7.《缀白裘》 〔清〕玩花主人编,钱德苍增补重编。

中华书局 2005 年版。

本书是戏曲剧本选集,书名取"取百狐之腋,聚而成裘"之义。全书十二集四十八卷,收录了当时剧场经常演出的昆曲和花部乱弹的零折戏 489 出(其中昆曲 430 出),大多数是舞台演出本,可见当时苏州地区戏曲活动的兴盛和昆曲演出剧目的丰富。其中比较著名的作品有:《琵琶记》、《长生殿》、

《牡丹亭》、《荆钗记》、《占花魁》、《三国志》、《水浒记》、《翠屏山》、《一棒雪》、《西厢记》、《十五贯》、《渔家乐》、《浣纱记》、《鸣凤记》、《连环记》、《风筝误》、《狮吼记》、《红梅记》、《牧羊记》、《金锁记》、《玉簪记》、《邯郸梦》、《幽闺记》、《香囊记》等。每部作品入选的出数，多寡不等，有的只有一出，如《雁翎甲》只有《盗甲》一出；有的则多达二十六出，如《琵琶记》；其余则数出、十数出。在入选的作品中，有的是明清剧作家的创作，如李玉的《一棒雪》、李渔的《风筝误》等；有的则是明清剧作家对以前作品的改编，如所收《西厢记》共九出，即是李日华据王实甫《西厢记》改编的传奇《南西厢记》。所选昆曲剧目，题材十分广泛、丰富，既有以著名历史故事为题材的，如反映吴越两国盛衰兴亡的《浣纱记》，写三国故事的《三国志》和《连环记》，写唐明皇、杨贵妃恋爱故事的《长生殿》，以及写水浒故事的《水浒记》、《翠屏山》等，也有反映明、清时代现实斗争的，如《鸣凤记》描写爱国正直官员夏言、杨继盛等同权相严嵩的斗争；既有情节曲折、复杂的公案戏，如《十五贯》，也有情意连绵、动人心魄的爱情戏，如《西厢记》、《牡丹亭》等；既有以神仙佛道为题材的，如写吕洞宾等八仙故事的《邯郸梦》等，也有以社会现实的日常生活为题材的，如写男人惧内的《狮吼记》等。这些作品在思想倾向上比较复杂，有歌颂青年男女真挚爱情、为婚姻自由而斗争的，有赞扬反对权奸的正义斗争的，有同情下层人民的不幸遭遇的，有揭露和嘲笑社会丑恶现象的，也有宣扬忠孝节义等封建思想的，等等。本书所选剧本因为是剧场流行的演出本，大都经过艺人的加工，所以在宾白和科诨上更见特色，宾白绘声绘形，科诨风趣异常，更加适宜于舞台演出，也更能吸引观众，收到勾魂摄魄的效果。《缀白裘》所收"梆子腔"的地方戏曲，约30种50出，大都保存在现代地方剧种的演出剧目中。其所用曲调有"梆子腔"、"乱弹腔"、"西秦腔"、"吹调"、"批子"、"西调"、"秦腔"、"京腔"等；其所选剧本比较著名的有《买胭脂》、《落店·偷鸡》（即《时迁偷鸡》）、《思凡·堆罗汉》（即《尼姑思凡》）、《借妻》（即《张古董借妻》）、《猩猩》（又名《郑恩打熊》）、《面缸》（即《打面缸》）、《杀货·打店》（即《武松打店》、《十字坡》）等。清代各种地方戏曲盛行，但剧本刻印流传很少，而本书使得部分曲文得以保存，因此具有珍贵的史料价值。

———————————————— ● ————————————————

8.《孤本元明杂剧》 涵芬楼辑。

商务印书馆1939年版，中国戏剧出版社1958年版。

本书是元明杂剧选集。全书共收元明杂剧144种，全都为未见流传的孤本。1938年，郑振铎在上海发现明人赵琦美脉望馆抄校本古今杂剧 64 册 242 种（清初归钱曾，收藏于也是园，故亦称《也是园藏古今杂剧》），其中半数以上为未见流传的孤本，郑氏遂出价 9000 元代教育部购入。嗣后张元济、王季烈经过仔细校勘，从中选择 144 种未见流传的孤本排印出版，定名为《孤本元明杂剧》，1939 年由商务印书馆出版。孙楷第撰有《也是园古今杂剧考》（上杂出版社 1953 年版），王季烈撰有《孤本元明杂剧提要》（商务印书馆 1971 年版），可供参考。

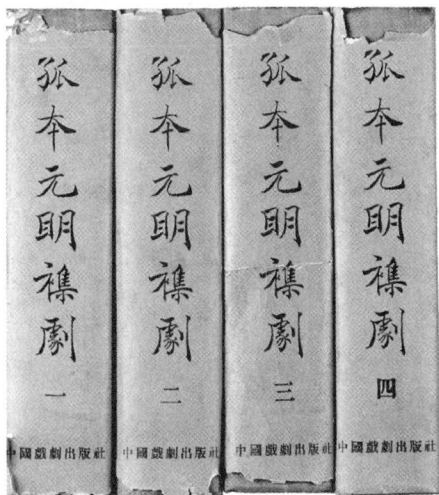

9.《古本戏曲丛刊》 郑振铎、吴晓铃主编。

商务印书馆 1954—1958 年版，中华书局上海编辑所 1964 年版，国家图书馆出版社 2016 年版。

本书是古代戏曲剧本汇集。已出第一、二、三、四、五、六、九集。

第一集收录元明两代戏文和传奇一百种。其中不仅有《西厢记》等名剧，还有许多罕见的戏文和传奇。资料极为丰富，为戏曲研究者提供了重要的参考资料。商务印书馆于 1954 年影印出版。

第二集收录明代传奇一百种。其中有流行于民间的早期剧本，除《彩楼记》、《刘秀云台记》、《范雎绨袍记》、《高文举珍珠记》和《王昭君和戎记》等十数种之外，更多的则是明末的作品。商务印书馆于 1955 年影印出版。

第三集主要收录明末清初十几位著名戏曲作家的作品。有以吴炳、范文若、沈自晋等为代表的汤显祖风格的承袭者；有以李玉、朱佐朝等人为代表的直接为剧团演出而创作的作品。这时期流传下来的传奇，以梨园抄本为最多，刻本仅占少数。编者选善本加以影印。商

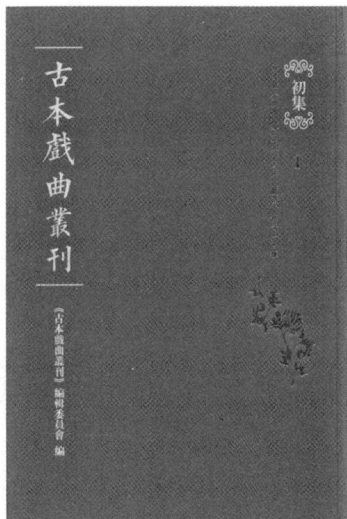

务印书馆于 1957 年影印出版。

第四集主要收录元明杂剧。其中以元人杂剧为最多,凡传世的元杂剧明刊的或传抄的,几乎网罗殆尽;明人杂剧也收了一部分。本集是供戏曲专家的参考书,编者"求全求备",其中既有反映社会现实的好作品,也有少量宫廷戏和祝贺戏。卷首有影印郑振铎亲笔前言,和赵万里受郑委托,完成此集影印工作的经过。商务印书馆于 1958 年影印出版。

第五集汇集乾嘉盛世由词臣编写的剧本。本集是供太监在内廷演出的"大戏",题材内容主要是神话传说和历史故事。这类"大戏"规模庞大,篇幅漫长,情节复杂,排场华褥,角色繁多,砌末新奇,可以说是我国戏剧文学和舞台演出史上前所未有的,对中国戏剧发展史的研究,对于挖掘和整理传统剧目,都具有文献资料价值。清代宫廷"大戏"都是异常罕见的珍本,对于历史剧的创作,有一定参考价值。中华书局 1964 年影印出版。

1958 年郑振铎先生殉职后,《古本戏曲丛刊》由中国社会科学院文学研究所继续编辑,吴晓铃先生担任主编。时隔半个世纪之后,2016 年 6 月,国家图书馆出版社出版了第六集。

第六集选录了一百一十种左右清代顺治、康熙、雍正时期的传奇作品。其中有《五伦镜》、《笠翁传奇》十种、《曲波园传奇》二种、《拥双艳》三种、《醉高歌》、《连城璧》、《昊天塔》、《埋轮亭》等作品。

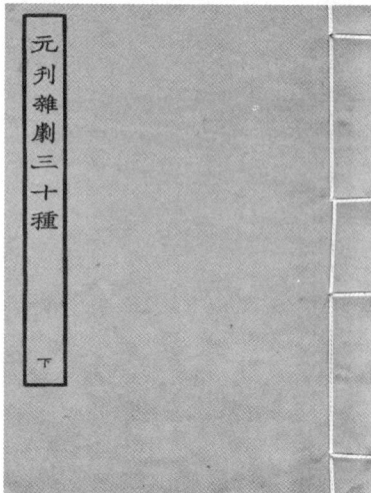

10.《元刊杂剧三十种》 编者不详。

商务印书馆 1957 年版,中华书局 1980 年版。

本书为元杂剧作品集,是现存最早的刊本。全书共收元杂剧三十种,其中十四种孤本,十六种明刻本或明抄本。本书原为明李开先所藏,清归黄丕烈,题为《元刻古今杂剧乙编》,但甲编至今未见。近人罗振玉于 1914 年从日本借得原本,复刻后题为《覆元椠古今杂剧三十种》。1924 年,上海中国书店将此本照像石印,题为《元刻古今杂剧三十种》。王国维为石印本重排次序,撰《元刊杂剧三十种序录》。

本书收录了关汉卿、高文秀、郑廷玉、马致远、尚仲贤、纪君祥、石君宝等杂剧作家的作品。从内容上看,有历史剧,如《西蜀梦》、《单刀会》、《气英布》、《赵氏孤儿》、《夜追韩信》、《博望烧屯》;有爱情剧,如《拜月亭》、《调风月》;有谴责剧,如《冤家债主》;有宣扬王权天授的,如《陈抟高卧》;有宣扬禁欲主义的,如《三度任风子》;有反映王位之争的,如《三夺槊》;还有传说故事,如《火烧介子推》、《铁拐李还魂》等等。

由于刊刻较早,所收剧本带有元杂剧鲜明的早期形态,比如大都只载唱词,科白极不完整,有的只录曲文,不分楔子、折数,每折套曲前很少注宫调。《西蜀梦》、《楚昭王疏者下船》、《赵氏孤儿》只录曲文,科白全无。《单刀会》说白极简。《调风月》只有少数科白。《赵元遇上皇》、《紫云亭》科白简略。《三夺槊》关目极简,宾白不全。《李太白贬夜郎》、《七里滩》科白极少。《周公摄政》,残缺。《霍光见鬼》、《东窗事犯》、《夜追韩信》、《张千替杀妻》、《焚儿救母》科白不全。科白是叙述故事的主要手段,由于科白残缺或极少,读者难于明了故事。张国宾《汗衫记》"混江龙"与"闷葫芦"之间,仅有只言片语,线索模糊;而《元曲选》此剧同二曲之间,有四百余字科白,陈述情节。这说明后人在不断增补,使其完善。从考察元杂剧演变过程来看,本书具有重要价值。

11.《善本戏曲丛刊》 王秋桂主编。

台湾学生书局 1984 年版。

全书分为三辑。第一辑收录明代诸声腔的戏曲作品选集 9 种,依次为《乐府菁华》、《玉谷新簧》、《摘锦奇音》、《司林一枝》、《八能奏锦》、《大明春》、《徽池雅调》、《尧天乐》、《时调青昆》。第二辑收录昆腔等戏曲作品选集 8 种,依次为《乐府红珊》、《吴歈萃雅》、《珊珊集》、《月露音》、《词林逸响》、《怡春锦》、《万锦娇丽》、《歌林拾翠》(初集、二集)。第三辑收录明清曲谱 5 种,依次为《旧编南九宫谱》、《增定南九宫曲谱》、《南词新谱》、《九宫正

始》、《新订十二律京腔谱》。所收各书,俱采用影印的方式,保持其原本旧貌。其第一、二辑中,大多数是极为罕见的珍藏于海外的孤本文献,如《乐府红珊》藏于伦敦大英图书馆,《词林一枝》藏于日本内阁文库等,具有极高的文献价值。第三辑中所收作品,则相对容易见到。各书之前,俱加有编者的说明,以介绍此书的一般情况;戏曲选集之前,并补排有目录。

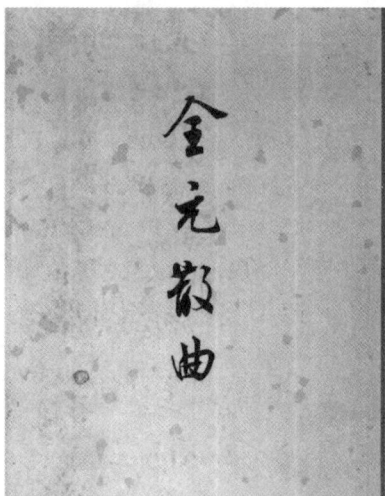

12.《全元散曲》 隋树森编。

中华书局 2000 年版。

本书是元代散曲全集。全书分上、下两册,收录自金元之交的元好问,直至元明之交的汤式、谷子敬等 213 家的散曲,以及元代与元末明初之无名氏散曲,共计小令 3853 首,套数 457 套,残曲尚不在此数。编辑体例以作者为经,以时代为纬,生卒年代不可知而姓名见于《录鬼簿》者,皆据其时代先后排列。而《阳春白雪》、《太平乐府》中时代难考之作者,概置选集者杨朝英之前。凡略知生平者,编者均为之撰写小传,置于其名下,材料来源主要根据《录鬼簿》、《录鬼簿续编》、《元史》及《元诗选》等,凡有近人可信之考证者,则采用之,并订旧缺与原误。每家之曲,均先列小令,后列套数;宫调曲牌次第,北曲皆依李玉《北词广正谱》,附录南曲皆依沈璟《南曲谱》。所收散曲,于曲尾一一注明出处。关于作者、异说、题目差异、字句不同等,附有详细校勘记。本书较全面地反映出了元朝散曲创作的源流和演变,是治元曲者不可或缺的重要典籍。

13.《全明散曲》 谢伯阳编。

齐鲁书社 1994 年版。

全书共收作者 406 家(无名氏不计),辑录作品包括小令 10606 首,套数 2064 套。收录作者以殁于明代者为主,包括三部分群体:一是在元代出生,卒于明洪武元年(1368)以后的人;二是生于明洪武元年以后,卒于明崇祯十七年(1644)以前的人;三是生于明洪武元年以后,殁于清朝的明代遗民。作品编排以作者为经,以时代为纬,依作者出生年代的先后顺序排列。无法考证年代的作者,则依其作品的序跋、科名录、笔记、曲话、曲目等可资佐证的材料排列。对于同一作者的作品,先列小令,后列套数;如有专集传世者,编次一仍其旧;对于不知道作者的作品,则先列别集,再杂录散见的曲子;先列南曲,后列北曲;先列小令,后列套数。每个作者皆附小传。

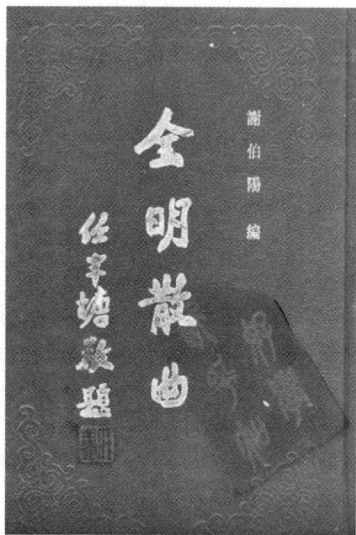

14.《全清散曲》 凌景埏、谢伯阳编。

齐鲁书社 2013 年版。

本书是清代散曲总集。全书共三册,收录清代散曲作者 342 家,小令 3214 首,套数 1166 篇。所收录作家,上自生于明代而卒于清顺治元年(1644)后者,下至生于清代而卒于宣统三年(1911)后者,附编收录生于清代而活动于民国者。全书按时间顺序编排,以作者为经,时代为纬,以作家生卒年代的先后顺次排列。年代难考者,按作者的仕履、交游、撰述刊印等方面的时代为序。无名氏曲,则附于编末,也按作品所出书的成书年代为序。各家散曲,均缀作者小传,有的还收录了有关序跋及作品评语。各家曲目编排,先列小令,后列套曲。原有专集传世者,编次不变。重排者,按宫调牌名归类,宫调次第,南曲依沈自晋《南词新谱》,北曲按李玉《北词广正谱》排列。各曲源,皆标明书名出处。各曲均作新式标点。书前附"引用书目",书后附"作家姓名字号籍贯索引"、"曲牌及使用此曲牌之作者索引"等。

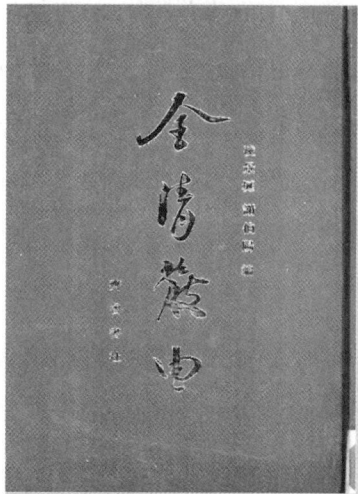

三、戏曲史料

1.《乐府古题要解》 〔唐〕吴兢撰。

中华书局 1991 年版,齐鲁书社 1997年版。

本书是一本专门讨论乐府的音乐著作,作者采录传记与诸家文集中有关乐府古题本义及命名缘起的文献,以解读乐府古题。全书共二卷。上卷记《江南曲》、《度关山》、《长歌行》、《陌上桑》、《短歌行》、《燕歌行》、《苦寒行》、《东门行》、《步出夏门行》、《雁门太守行》、《白头吟》等相和歌二十六曲;《殿前生桂树》、《白鸠篇》、《碣石篇》、《淮南王篇》及《白伫歌》等舞曲五篇;《上之回》、《战城南》、《巫山高》、《君马黄》、《有所思》、《临高台》等短箫铙歌九曲;横吹曲一曲即《刘生》;《王昭君》、《子夜》、《乌夜啼》、《莫愁》等清商曲七曲。下卷记《艳歌行》、《怨歌行》、《饮马长城窟行》、《从军行》、《出自蓟北门行》、《苦热行》、《白马篇》、《独不见》、《夜夜曲》、《阳春曲》、《关山月》、《行路难》、《蜀道难》、《悲哉行》等杂曲四十六曲;《思妇分》、《雊期飞》、《走马引》、《别鹤操》、《水仙操》、《公无渡河》等琴曲六曲;又有《长门怨》、《婕好怨》、《铜雀台》、《四愁》、《七哀》等相和歌,《同声歌行》、《定情篇》、《合欢诗》等杂曲及"建除体"、"字谜"等与乐府无关的诗题。本书材料丰富,考证翔实,对研究汉魏六朝音乐有一定的参考价值,同时也深为研究乐府诗者重视。

2.《太和正音谱》 〔明〕朱权著,姚品文笺评。

中华书局 2010 年版。

《太和正音谱》是一本戏曲曲谱。全书共二卷,卷上包括"乐府体式"、"古今英贤乐府格势"、"杂剧十二科"、"群英所编杂剧"、"善歌之士"、"音律宫调"、"词林须知"七章;卷下标题"乐府",包括335首乐府作品。"乐府体式"记述了杂剧的各种体式,包括丹丘体、宗匠体、黄冠体等十五种;"古今英贤乐府格势"列举了元明时期的主要杂剧作家共353人,其中一些还附有代表性词作及评语;"杂剧十二科"根据杂剧之内容进行分类,包括"神仙道化"、"隐居乐道"、"忠臣烈士"等十二类;"群英所编杂剧"列举了元明时期主要杂剧作家的主要作品,其中元代共535本,明朝33本,另有划入娼夫而不入群英的4人之作11本;"善歌之士"共列举了36位善歌者之名,并附籍贯,且说明不含娼夫;"音律宫调"列举了"五音"、"六律"、"六吕"、"六宫"、"十一调"之名称,并对五音之属性作了说明,如"宫,属土,性圆,为君","商,属金,性方,为臣"等。"词林须知"分为三节,第一节列举了古代帝王知音者的名单和其所创作的作品;第二节提出了五位古代善歌者,即秦青、薛谭、韩秦娥、沈古之和石存符;第三节论述了有关戏曲声乐理论、唱法、脚色源流等问题。末尾列举了335首北杂剧曲谱之名,并按其宫调分类。卷下"乐府"即这335首曲名的曲谱。

《太和正音谱》是现存唯一的最早的北杂剧曲谱,在我国戏曲论著中占有很重要的地位。清代《九宫大成南北词宫谱》即在此基础上扩编而成。

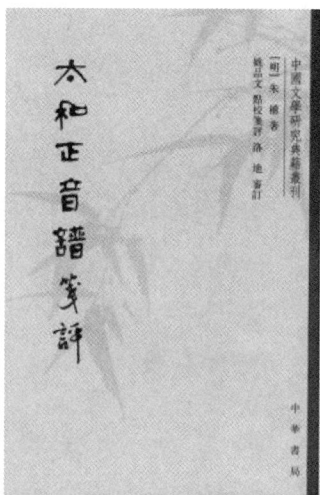

3.《南词叙录》 〔明〕徐渭撰。

上海六艺书局1932年版,中国戏剧出版社1989年版。

本书是我国最早的南戏论著,是宋、元、明、清唯一专论南戏的著作。全书一卷,论述南戏的源流发展、风格特点、声律音韵等,对作家、作品有评论,对术语方言有考释。本书对许多问题见解独特,如不

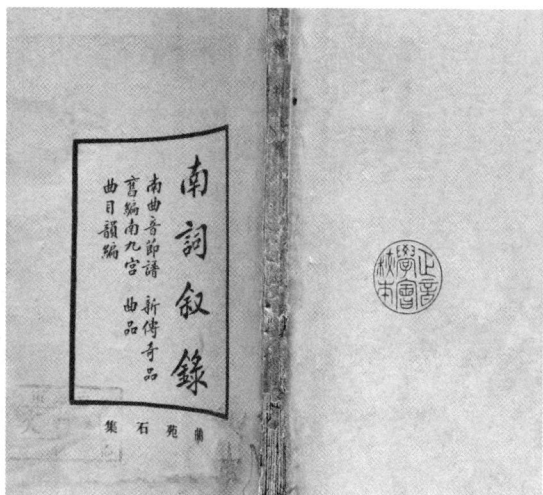

同意南戏产生于元杂剧之后，认为"南戏始于宋光宗朝……或云宣和间已滥觞，其盛行则自南渡"，永嘉人作《赵贞女》、《王魁》是创始之作，盛赞《琵琶记》如"山珍"；认为南曲本市里谈笑，"固无宫调，然曲之次第，须以声相邻以为一套，其间亦自有类辈，不可乱也"；认为弋阳腔出于江西，余姚腔出于会稽，海盐腔则嘉、湖、温、台用之，昆山腔止于吴中；认为南曲特色为"句句本色"，倡导通俗，"曲本取于感发人心，歌之使奴、童、妇、女皆喻"；认为晚唐五代填词最高，是由于"浅近"，元人学唐诗，浅近婉媚，"去词不甚远，故曲子绝妙"；认为凡唱，最忌乡音，吴人不辨清、亲、侵三韵，松江人不辨支、朱、知等等，"皆先正之而后唱可也"；认为北曲、南曲风格各异，听北曲使人神气鹰扬，毛发洒淅，足以作人勇往之志，南曲则纤徐绵眇，流丽婉转。本书还对戏曲术语作了诠释，对生、旦、外、贴、丑、净、末、传奇、题目、宾白、科、介、诨、打箱、开场等，都有说明；对曲中方言字义，亦多有阐释。书末附录宋元剧目《赵贞女蔡二郎》等 65 本，明戏曲《崔莺莺西厢记》、《贾云华还魂记》等 48 种，均属珍贵戏曲史料。

明中叶前，有些士大夫推崇北曲，轻视南戏，本书驳斥了这种观念，为南戏争得应有地位。明代南戏曾出现追求用典、注重辞藻风气的现象，此书认为这是"南戏之厄"，主张作品要使妇幼明白，句句本色。这些都有一定意义。

---

4. 《曲品》 〔明〕吕天成撰，吴书荫校注。

中华书局 2006 年版。

本书是戏曲理论专著。作者仿钟嵘《诗品》体例，品评戏曲作家与作品。全书分上、下卷，上卷记载明天启以前传奇、散曲作家 115 人和作品 192 种，对嘉靖以前作家、作品分为四个品级：神品、妙品、能品、具品；隆庆以后作家作品分成九个品级：上之上、上之中、上之下、中之上、中之中、中之下、下之上、下之中、下之下。作者认为高则诚"特创调名，功同仓颉"，其作品"勿亚于北剧之《西厢》，且压乎南声之《拜月》"；沈璟"运斤成风，乐府之匠石；游刃余地，词坛之庖丁"；汤显祖乃"绝代奇才，冠世博学"。下卷为传奇定品，定品的标准兼顾内容与形式："第一要事佳，第二要悦目（关目好），第三要搬出来好，第四要按宫调，协音律，第五要使人易晓，第六要词采，第七要善敷衍，淡处做得浓，闲处做得热闹，第八要各角色派得匀妥,第九要脱套,第十要合世情、关风化。"作者将旧传奇分为神品、妙品、能品、具品;将新传奇分为上上品、上中品、上下品、中上品、中中品、中下品、下上品、下中品、下下品;又将南戏按题材分为六类:忠孝、节义、风情、豪侠、功名、仙佛。作者认为《琵琶》"其词之高绝处,在布景写情",《拜月》"天然本色之句,往往见宝",《荆钗》"以真切之调,写真切之情",《白兔》"词极质,味亦恬然",《杀狗》"事俚,词质",《还魂》"杜丽娘事,甚奇。而着意发挥,怀春慕色之情,惊心动魄。且巧妙叠出,无境不新,真堪千古矣"。本书收罗丰富,品评作家作品系统、深入,可供研究戏曲史参考。

本书与王骥德《曲律》被誉为明戏曲理论"双璧",具有多方面的价值:首先保存了珍贵而丰富的戏曲史料,品评了元末至万历间南戏与传奇的作者,又专论"人格"的传奇;其次阐明了十条品曲标准,对创作思想、风格流派不同的作家作品,作出了较为公允的评价;最后对有争论的"当行"、"本色"作出了诠释。

此外,清高奕《传奇品》(上海古典文学出版社 1957 年版)继吕天成《曲品》之后,著录明代及清初 27 家所撰传奇 209 种,可补《曲品》的不足。

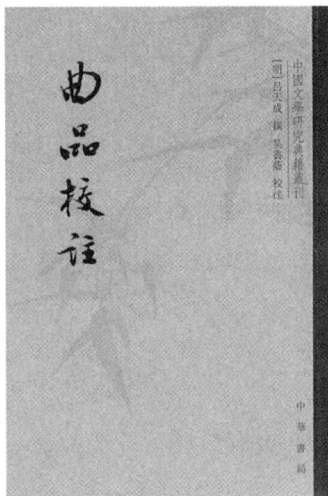

5.《曲律注释》 〔明〕王骥德著,陈多、叶长海注释。

湖南人民出版社 1983 年版,上海古籍出版社 2012 年版。

本书是戏曲理论专著。全书共四卷,分为四十节。一卷:论曲源,总论南、北曲,论调名;二卷,论宫调、论平仄、论阴阳、论韵、论闭口字、论务头、论腔调、论板眼、论须识字、论须读书、论家数、论声调、论章法、论句法、论字法、论衬字、论对偶;三卷:论用事、论过搭、论曲禁、论套数、论小令、论咏物、论俳谐、论险韵、论巧体、论剧戏、论引子、论过曲、论尾

声、论宾白、论插科、论落诗、论部色、论讹字、杂论(上);四卷:杂论(下)、论曲亨屯。本书对戏曲源流、音乐、声韵、曲词特点、作法都有阐述,还评论了元、明一些作家、作品。第一、二节具有绪论性质,阐述曲的渊源及其流变过程。第三至第三十八节,包括声律、修辞、曲词、剧戏四部分。关于声律,认为其涉及有关音韵与声乐的理论。论调名,介绍曲牌来历、构成方式,认为曲牌或取古人诗词,或取地名,或以时序,或以人物,或以花鸟,或以寄托。关于声律,认为古乐先有诗,后有律,今乐先有律,后有词。关于修辞,主张戏曲家继承各方面遗产,"博搜精采,蓄之胸中"。论章法,强调整体构思,力戒"逐句凑拍,掇拾为之"。论句法,倡导曲句以"机熟"、"音调"为贵,还论述了炼字眼、用衬字、作对句、引故实等修辞手法。关于曲词,论述曲调衔接应注意的问题,反对陈腐、生造、俚俗、粗鄙、错乱、蹈袭、拗嗓、语病、太文语、太晦语、学究语、书生语等弊病,还说明了套数、小令作法等等。关于戏剧,论证戏剧特点,从结构、选材、音律、文辞等方面提出对戏曲创作的要求,提出"词格俱妙,大雅与当行参间,可演可传"的标准。第三十九节主要阐述戏曲史、戏曲批评和作品作家评论。第四十节记载作者的艺术情趣。

本书极具学术价值。明吕天成认为其"功令条教,胪列且备,真可谓起八代之衰,厥功伟矣"(《曲品自序》),朱东润认为"明代之论曲者,至于伯良(王骥德字),如秉炬以入深谷,无幽不显矣"(《中国文学批评史大纲》)。

────────────── ● ──────────────

6.《花部农谭》〔清〕焦循撰。

广陵书社 2008 年版。

本书是花部戏曲论著。清中叶,有人把地方戏分为"雅部"、"花部"两类。"雅部"即昆山腔;"花部"为京腔、秦腔、弋阳腔、梆子腔,统称为"乱弹"。文人谈戏多讲南北曲,鄙视地方戏曲,而焦循独具慧眼,对当时扬州流行的民间戏曲给以充分肯定。本书即对演出"花部"剧目进行考证和评论。

本书认为"花部"原本于元剧,"其事多忠、孝、节、义,足以动人;其词直质,虽妇孺亦能解;其音慷慨,血气为之动荡",又对"花部"剧《两狼山》、《清风亭》、《赛琵琶》一一进行评述。

《两狼山》演杨业死事,作者认为"全归狱于美","潘之害贤,寇之嫉恶,淋漓慷慨,毫发毕露","宋之于辽,自潘而弱,自准而振",此戏"与史笔相表里"。《清风亭》描写弃婴忘恩负义故事:张处士夫妇抚育弃婴,婴儿长大,生母相认携去。张家夫妇沦为乞丐,闻当年弃婴今已中状元返里,赶往清风亭相见。状元反目不认,二老撞死亭前。风雨大作,雷殛状元。本书评论说"(此剧)始无不切齿,既而无不大快。铙鼓既歇,相视肃然,罔有戏色;归而称说,浃旬未已。彼谓花部不及昆腔者,鄙夫之见也"。《赛琵琶》写陈世美弃妻事。陈有父母儿女,入京登第,入赘之后,弃其前妻,不顾父母。作者认为"此剧自三官堂以上,不啻坐凄风苦雨中,咀茶啮檗,郁抑而气不得申,忽聆此快,真久病顿苏,奇痒得搔,心融意畅,莫可名言",认为剧作"真是古寺晨钟,发人深省。高氏《琵琶》,未能及也"。作者很喜欢上述地方戏,"每携老妇、幼孙,乘驾小舟,沿湖观阅"。在农事之余,人们便在柳荫、豆棚之下盛谈"花部"戏曲故事。上述见解来自乡间,故取名"农谭(谈)"。

7.《乐府传声译注》 〔清〕徐大椿原著,吴同宾、李光译注。

中国戏剧出版社 1982 年版。

本书是一本戏曲音乐论著,比较系统地论述了昆曲演唱所应遵循的原则和方法。全书共一卷,三十五节。"源流"和"元曲家门"主要论述了南北曲的流变关系和元曲的风格特征。"出声口诀"和"声各有形"主要讨论了昆曲演唱中声与形和气息的关系。作者提出音乐之声乃"有形之声",形从喉、舌、齿、牙、唇五音和开、齐、撮、合四呼中来,故"欲辨真音,先学口法";"五音"、"四呼"、"喉有中旁上下"和"鼻音闭口音"主要探讨了各种唱法中的技术应用。作者在喉、舌、齿、牙、唇五层位置基础上又提出五音之中各有五音之说,此乃前人所未曾提出之观点。"四声各有

阴阳"、"北字"、"平声唱法"、"上声唱法"、"去声唱法"、"入声派三声法"、"入声读法"各节主要探讨了唱词的四声阴阳的各种处理方法。作者主张四声皆分阴阳之法,而反对只平声分阴阳,其余之声不分阴阳的观点。"归韵"和"收声"两节论述了出声后的归韵和结束方法。"交代"中论及了一字之音必须讲求首腹尾,这样才能使字字清楚。"宫调"、"阴调阳调"、"字句不拘之调亦有一定格法"等节,是讲叙曲之宫调和曲之阴阳问题。阴阳本字之分法,作者创造性地提出了曲之阴阳,亦即人声之阴阳,"则逼紧其喉,而作雌声者,谓之阴调;放开其喉,而作雄声者,谓之阳调","夫堂堂男子,唱正大雄豪之曲,而逼紧其喉,不但与其人不相称,即字面断不能真"。"曲情"是论述唱曲应遵循的美学原则,以符合传统的道德规范;起调"、"断腔"、"顿挫"、"轻重"、"徐疾"、"重音叠字"、"高腔轻过"、"低腔重煞"、"一字高低不一"、"出音必纯"、"句韵必清"、"定板"、"底板唱法"等章节主要论述了语音和行腔的关系及高低腔的用气发声经验和板式的处理等。

本书在继承魏良辅、沈宠绥等各家之说的基础上,提出了"正字音,审口法,别宫调,重曲情,松喉咙"的唱曲原则和非常具体的各种唱曲方法,时人有"溯本追源,传声示法,融合贯通,无微不显,度曲宗之。可谓尽善尽美"之誉(见无我道人《乐府传声序》)。

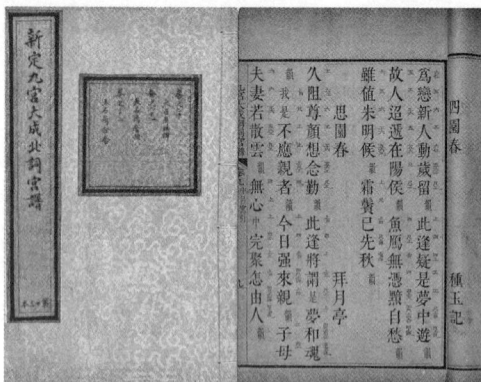

8.《九宫大成南北词宫谱》〔清〕允禄等编纂。

天津古籍出版社 1998 年版,香港中文大学出版社 2009 年版。

本书是一本南北曲曲谱。编者根据清代的戏曲宫调理论,将曲按宫调排列,共包括五宫四调,即正宫、中吕宫、南吕宫、仙吕宫、黄钟宫、大石调、双调、商调、越调,合称"九宫"。每宫调之内又以南曲的引曲、正曲、集曲和北曲的只曲、套曲进行分类,卷首标题"南词宫谱"或"北词宫调",故合称《九宫大成南北词宫谱》。本书共包括南北曲牌 2094 首,其中南曲 1113 曲,北曲 581 首,再加上各种变体,共 4466 个曲调。另有散套 185 套和南北合套 36 套。曲牌有唐宋诗词、大曲、杂剧、南戏、金元清宫调、元明散曲、明清传奇等,并详举各种体式、分别正字、加衬、标明工尺、板眼、句读、韵格内容。曲调中有些来自民间,有些则来自宫廷。

本书有如下几个特点:一、编纂人力众多。本书由乾隆皇帝谕旨和硕庄亲王负责编纂,在人力调配方面有着极其便利的条件;又因南北曲流传历史悠久,涉及的艺术门类众多,且地域很广,非少数人所能胜任,故参加的人数之多为其他书所不及。二、内容丰富。本书属集成性质,编纂时以求全为导向,故所收集文献之大为其他书所不及。三、收录变体。本书不仅收录曲谱的母体,而且还收录变体,这不但能丰富音乐内容,而且能够有助于研究曲牌流变的特点和在实际应用中的情况。

9.《青楼集》〔元〕夏庭芝撰。

商务印书馆 1939 年版,中华书局 1985 年版,中国戏剧出版社 1990 年版。

本书是古代戏曲史著作。全书一卷,共记载了元代大都、金陵等地一百一十多个妓女的生活片断。她们多为杂剧、院本、说唱、诸宫调、舞蹈等著名艺人,有"歌舞谈谑"的梁园秀,"能诗词,善谈笑,艺绝流辈"的张怡云,"赋性聪慧色艺俱绝"的曹娥秀,"善诸官调"的赵真真,"善歌舞"的刘燕歌,"姿态闲雅,杂剧为闺怨最高"的顺时秀,"善小唱,能曼词"的小娥秀,"金陵佳丽"的杜妙隆,"艺绝一时"的喜春景,"姿色妩媚,歌韵清圆"的聂檀香,"京师旦角,姿艺并佳"的周人爱,"长于绿林杂剧"的国玉第,"色艺无双"的王金带,"端丽巧慧,歌舞谈谐"的玉莲儿等。书中旁及男艺人三十多人和戏曲家、散曲家、诗人等五十余人事迹。本书为区区艺人立传,《录鬼簿》为低微作家树碑,二书相互辉映,是研究元杂剧的珍贵资料,对研究戏曲沿革、演员行迹、时尚风俗等有一定的价值。

10.《中国古典戏曲论著集成》 中国戏曲研究院编。

中国戏剧出版社 1959 年版。

本书是古代戏曲论著总集。全书共十册,选录了唐、宋、元、明、清五个朝代的重要戏剧理论专著四十八种,是目前所收古典戏剧论著最完备的一部丛书。本书内容包括古典戏曲的编剧、制曲、歌唱和表演方面的理论,戏剧源流的考察,作家、演员的传记和掌故、史料方面的记载,对研究中国古典戏曲理论有重要价值。这四十八种著作包括:唐代二种,宋代一种,元代四种,明代十七种,清代二十四种,大体反映了我国戏曲理论从萌芽、发生到发展、完善的基本面貌。唐代的两部著作《教坊记》(崔令钦撰)和《乐府杂录》(段安节撰),记述了当时"俗乐"(歌舞百戏)的情况,对于研究当时的音乐、歌舞、杂戏、伎艺等有重要史料价值。宋代王灼撰写的《碧鸡漫志》,论及上古至汉、魏、晋、唐歌曲的衍变,考证了唐代乐曲命名的原因及其与宋词的关系,并品评了宋代词人的风格、流派。以上三部著作,反映了我国戏曲理论刚刚产生时的水平和状态。

元代燕南芝庵的《唱论》、周德清的《中原音韵》、夏庭芝的《青楼集》、钟嗣成的《录鬼簿》,是对我国戏曲产生后第一个繁荣期元代的杂剧艺术实践的理论把握。其中,《唱论》是关于我国古典戏曲的较早的一部声乐专著,其内容除简约列举古代著名音乐家、歌唱家、作曲家以及古典戏曲主要体制之外,大部分是关于古典戏曲的声乐理论和歌唱方法的。《中原音韵》、《青楼集》前面已有专门介绍。《录鬼簿》记述了元代的书会才人、"名公士夫"等戏曲、散曲作家的生平事迹和作品目录,有一百五十二位作家的小传,还有作品名目四百余种,为研究古典戏曲提供了宝贵资料。后来明初无名氏的《录鬼簿续编》是《录鬼簿》的增补,记述了元末明初戏曲、散曲作家的事迹和作品目录,所记作家七十一人,杂剧作品七十八种,又失载名氏的杂剧作品七十八种,是研究这一时期北曲杂剧的重要史料。

明清是我国古典戏曲发展的第二个繁荣期,戏曲理论也更加发展、完善,这不仅表现在论著蜂起,而且表现在其理论色彩越来越浓、系统性越来越强。《太和正音谱》、《南词叙录》前面已有专门介绍。与徐渭同时或稍后,有李开先的《词谑》、何良俊的《曲论》、王世贞的《曲藻》、魏良辅的《曲律》。明后期,戏曲理论更为深入、细密。其中,沈宠绥的《弦索辨讹》和《度曲须知》专门论述戏曲的音乐和歌唱问题。前者专论北曲弦索歌唱的规则和方法,指明歌唱者应用的字音和口法,并且列举北西厢和当时盛行的十来套曲子,逐字注音,以示规范;后者则兼论南曲,说明南北戏曲歌唱中念字的格律、技巧、方法。王骥德的《曲律》专论作曲方法,全书共四卷四十款,从宫调音韵、家数、章法、咏物、用事,乃至于科诨、部色等等,门类详备,议论精湛,是我国明代最有系统性的一部关于南北曲作曲的著作。徐复祚的《曲论》、吕天成的《曲品》、祁彪佳的《远山堂曲品》和《远山堂剧品》品评、研究明代戏曲(包括传奇和杂剧)作家、作品,著录作品名目,对研究明代戏曲史很有帮助。沈德符的《顾曲杂言》对南、北曲及乐器、歌舞、小曲有关问题的论述和考证,对后人亦有启示。

清代是我国古典戏曲理论思想集大成的时期,其戏曲论著数量超过了历代戏曲论著总和,并形成了富有中华民族特色的戏曲理论体系。本丛书辑录清代戏曲论著二十四种:高奕《新传奇品》、无名氏《古人传奇总目》、李渔《闲情偶寄》、黄周星《制曲枝语》、毛先舒《南曲入声客问》、黄图珌《看山阁集闲笔》、徐大椿《乐府传声》、无名氏《传奇汇考标目》、笠阁渔翁《笠阁批评旧戏目》、黄文旸《重订曲海总目》、黄丕烈《也是园藏书古今杂剧目录》、李调元《雨村曲话》、李调元《剧话》、焦循《剧说》、焦循《花部农谭》、梁廷枏《曲话》、黄幡绰《梨园原》、王德晖和徐沅澄《顾误录》、刘熙载《艺概》、支丰宜《曲目新编》、平步青《小栖霞说稗》、杨恩寿《词余丛话》、杨恩寿《续词余丛话》、姚燮《今乐考证》。其中最值得重视的是李渔的《闲情偶寄》。本书不仅是清代,而且是整个中国古典戏曲理论史上的代表作,在继承前代戏曲理论思想的基础上,全面总结了中国戏曲艺术的丰富经验,建立起了一套完整的戏曲理论体系。

11.《清代燕都梨园史料》 张次溪编辑。

台湾学生书局 1986 年版,中国戏剧出版社 1988 年版,上海书店 1996 年版。

本书是戏剧史料丛书。全书共二册,分正编与续编。正编前有伦明、顾颉刚、郑振铎、黄复、宗威、郑裕孚、程砚秋、王芷章的序,以及张次溪的自序、题辞等。正编共收录清人著述三十八种,依次为《燕兰小谱》、《日下看花记》、《片羽集》、《听春新咏》、《莺花小谱》、《金台残泪记》、《燕台鸿爪

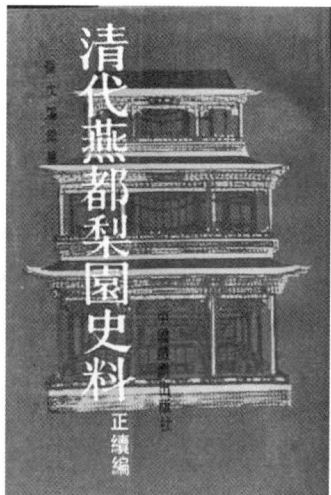

集》、《辛壬癸甲录》、《长安看花记》、《丁年玉笋志》、《梦华琐簿》、《昙波》、《法婴秘笈》、《明僮合录》、《增补菊部群英》、《评花新谱》、《菊部群英》、《群英续集》、《宣南杂俎》、《撷华小录》、《燕台花事录》、《凤城品花记》、《怀芳记》、《侧帽余谭》、《菊台集秀录》、《新刊菊台集秀录》、《瑶台小录》、《情天外史》、《越缦堂菊话》、《异伶传》、《哭庵赏菊诗》、《鞠部丛谈》、《宣南零梦录》、《梨园旧话》、《梨园轶闻》、《旧剧丛谈》、《北京梨园掌故长编》、《北京梨园金石文字录》。续编前有夏仁虎、赵景深序和张次溪自序,以及云史、赵元礼等题词,续编共收著述十三种,即《云郎小史》、《九青图咏》、《消寒新咏》、《众香国》、《燕台集艳》、《燕台花史》、《檀青引》、《鞠部明僮选胜录》、《杏林撷秀》、《闻歌述忆》、《北平梨园竹枝词荟编》、《燕都名伶传》、《燕归来簃随笔》。其中最后三部为张次溪自撰,余多为各代隐去真名的文人所撰。

　　本书的特点与价值主要有以下几点:一、保存了大量难得的史料。此前,除《燕兰小谱》曾入《双梅景暗丛书》,《金台残泪记》、《长安看花记》、《辛壬癸甲录》、《丁年玉笋志》、《梦华琐簿》曾入《清人说荟》,《怀芳记》曾入《古今说部丛书》和《香艳丛书》外,余皆或为抄本,或为孤本,属编者于"冷摊搜觅",遍访京都书肆所得,甚为可贵。二、丛书所辑著述上起明末清初(冒家水绘园事),经康熙、雍正、乾隆、嘉庆、道光、咸丰、同治、光绪、宣统各朝,直抵民国初年,囊括各朝梨园之事。各著述内容又丰富驳杂,不论体例,凡诗词、传记、琐忆、碑文、品评、序跋等,只要有关演艺之事,一概辑入,可从各个方面观察当时剧坛风貌。三、辑入著述所涉的内容,多为撰者亲历或亲闻之事,撰者多是那些与艺坛、艺人关系密切者,因而提供的大都是第一手材料,翔实可靠。

•·· 四、 戏曲辞典

1.《中国戏曲剧种大辞典》　《中国戏曲剧种大辞典》编辑委员会编。

上海辞书出版社 1995 年版。

　　本书收录了中国近代以来流布各地的戏曲剧种共 395 个。以各地通用的剧种名称为词目,释文按源流沿革、剧目概况、艺术特点、音乐唱腔等栏目进行全面介绍,并附其主要唱腔的曲谱（简谱）。词目根据剧种的形成地或流布地域，按省（自治区、直辖市）为单位编排。其跨省（自治区、直辖市）者，根据情况作适当归属。某些同出一源或历史上曾互相交流的剧种，如因各地所据资料互有出入而在释义交叉中难以统一的，一般取几说并存的办法解决。有些专用名词、术语，凡同一事物而异名的，则各取本剧种习用者，不求统一。本书随文插图有演员、剧作家肖像照、剧照和道具、乐器、书影、碑刻等照片 790 幅。另有彩色插页、截图 120 余幅。书末附录"木偶戏和皮影戏"、"中国戏曲剧种流行地区一览表"。

2.《中国曲学大辞典》 齐森华等主编。

浙江教育出版社 1997 年版。

本书共收词目 9670 余条，内容涵盖中国戏曲、散曲、曲艺、民间小曲等与曲学有关的诸领域。全书按曲学、曲源、曲种、曲家、曲派、曲目、曲集、曲律、曲伎、曲论等分类编排，所分类别，多从内容考虑，不一定有严格界限；有些门类条目过多，则再设若干分类。各类词条，凡有时序可循者，按时间先后排列；无时序关系者，按一定的逻辑关系排列。但"曲目"类之"花部"剧目，则按剧中故事发生的时代前后排列。释文力求简洁、准确，有可靠的史料依据，并尽可能反映当代的研究成果。对有争议的学术问题，采用一般说法为主，间或兼述他说。一词多义，用"①、②……"分项叙述。其中词义分属两个以上门类者，则该词在各门类词目表中互见。书末附"南、北曲词例释"、"二十世纪曲学研究书目"、"词目笔画索引"。

第七讲　现当代文学类工具书

本讲主要介绍 20 世纪以来的文学书目、文学作品、文学史料以及文学辞书等内容,部分书目的收录范围涉及晚清。

●●· 一、文学书目

1.《中国近代期刊篇目汇录》 上海图书馆编。

上海人民出版社 1965—1984 年版。

本书汇录了 1857—1918 年我国出版发行的重要期刊篇目,内容以哲学社会科学为主。全书共收录期刊(包括附录的《湘报》简目)495 种,11000 余期,大体按创刊年月先后排列,并依次著录刊名、创刊及停刊时间、刊期、编辑者、发行者、出版地点、卷次、期次及出版年月日、分栏标题、篇名、著译者等信息。全书所录期刊按时段分为三卷六册,第一卷(一册)为 1857—1899 年段;第二卷(上、中、下三册)为 1900—1911 年段;第三卷(上、下两册)为 1912—1918 年段,各册依次编号。如第一卷收录了《六合丛谈》、《中西闻见录》、《瀛寰琐记》、《万国公报》(上海)、《四溟琐记》、《格致汇编》、《寰宇琐记》、《侯鲭新录》、《中西教会报》、《万国公报》(北京)、《中外纪闻》、《强学报》、《时务报》等期刊。

2.《中国现代文学总书目》 贾植芳、俞元桂主编。

福建教育出版社 1993 年版。

本书辑录了中国现代文学书籍 13500 余种,分诗歌、散文、小说、戏剧、翻译文学五卷,收录时段为 1917 年 1 月 1 日至 1949 年 9 月 30 日。诗歌卷辑录新诗书目,包括白话诗、自由诗、新格律诗、散文诗和诗剧等。其中,散文诗和诗剧作为"两栖"文体处理,即在诗歌卷存目,由散文卷辑录散文诗集细目,由戏剧卷辑录诗剧细目。散文卷辑录美文、杂文、随笔、小品文、散文诗、报告文学、传记文学、日记、书简等书目。与小说交叉、难以界定的某些纪实性作品集,采用与小说卷互见的办法辑录。小说卷以新小说为主,包括中长篇小说、短篇小说、童话故事等,也包含用白话撰写的通俗小说。戏剧卷以话剧文学为主,包括多幕剧和独幕剧,兼及诗集中的诗剧篇目,并附录歌剧书目。翻译文学卷辑录我国翻译出版的外国文学作品,亦以"四分法"界定文体,以 1917—1949 年间的书目为正文,并附录 1882—1916 年间的书目。所收书目按照出版年月先后顺序排列,条目内容包括书名、著者、译者、编者、出版状况、目次等信息。书前有"书目分类目录",书后有"书名笔画索引"和"著译编者书目索引",附录为"书目补遗"。

3.《中国现代文学期刊目录新编》(全三册) 吴俊等主编。

上海人民出版社 2010 年版。

本书在《中国近代期刊篇目汇录》和《中国现代文学期刊目录汇编》的基础上,收录了 1919 至 1949 年间出版的中外文学期刊及与文艺有关的综合性期刊 657 种,并以原刊目录为基础,参照原刊正文,进行

了必要的校勘、补正和整理,编制了馆藏索引和注释。每种期刊后附有简介,对该刊的历史沿革,基本倾向,主要特色,重要或有影响的作者、作品和活动等,包括主办者、编辑者、出版发行者及相关的变动,如创刊、停刊、复刊、终刊的时间,卷期号,出刊地点,开本,版式,定价等等,都有扼要的说明。所收期刊以刊名的汉语拼音顺序排列,同名期刊以创刊时间先后为序排列。

•••二、文学作品

1.《中国近代文学大系》(1840—1919)

《中国近代文学大系》总编辑委员会编著。

上海书店 1991—1996 年初版,32 卷;2012 年再版,30 卷。

本书由上海书店组织编纂,具体工作由范泉负责。全书根据近代文学的特点分门别类,各设专集,分卷编纂。每集前有主编撰写的长篇导言,每卷都有珍贵的书影、作家照片或手迹等插页。选篇以初版为依据。

第 1—2 卷　文学理论集,徐中玉主编

第 3—9 卷　小说集,吴组缃、端木蕻良、时萌主编

第 10—13 卷　散文集,任访秋主编

第 14—15 卷　诗词集,钱仲联主编

第 16—17 卷　戏剧集,张庚主编

第 18—19 卷　笔记文学集,柯灵、张海珊主编

第 20—21 卷　俗文学集,范伯群、金名主编

第 22 卷　民间文学集,钟敬文主编

第 23—24 卷　书信日记集,郑逸梅、陈左高主编

第 25 卷　少数民族文学集,马学良主编

第 26—28 卷　翻译文学集,施蛰存主编

第 29—30 卷　史料索引集,魏绍昌主编

2.《中国近代文学丛书》

本书出版历经多年,从 20 世纪 80 年代至 21 世纪前期,由中国社会科学出版社、华东师范大学出版社与上海古籍出版社等多家出版机构陆续出版,包括如下作品集:

(1)《苏曼殊小说诗歌集》,苏曼殊著,裴效维校点。中国社会科学出版社 1982 年版。

(2)《柳亚子诗文选》,柳亚子著,李昌集选注。华东师范大学出版社 1995 年版。

(3)《散原精舍诗文集》(全二册),〔清〕陈三立著,李开军校点。上海古籍出版社 2003 年版。

(4)《江山万里楼诗词钞》,杨圻著,马卫中、潘虹校点。上海古籍出版社 2003 年版。

(5)《海藏楼诗集》,郑孝胥著,黄珅、杨晓波校点。上海古籍出版社 2003 年版。

(6)《范伯子诗文集》,〔清〕范当世著,马亚中、陈国安校点。上海古籍出版社 2003 年版。

(7)《琴志楼诗集》(全二册),易顺鼎著,王飚校点。上海古籍出版社 2004 年版。

(8)《柏枧山房诗文集》,〔清〕梅曾亮著,彭国忠等校点。上海古籍出版社 2005 年版。

(9)《曾国藩诗文集》,〔清〕曾国藩著,王澧华校点。上海古籍出版社 2005 年版。

(10)《偶斋诗草》(全二册),〔清〕宝廷著,聂世美校点。上海古籍出版社 2005 年版。

(11)《越缦堂诗文集》,李慈铭著,刘再华校点。上海古籍出版社 2008 年版。

(12)《樊樊山诗集》(全三册),〔清〕樊增祥著,涂晓马、陈宇俊校点。上海古籍出版社 2004 年版。

(13)《翁同龢诗集》,〔清〕翁同龢著,朱育礼、朱汝稷校点。上海古籍出版社 2012 年版。

(14)《苍虬阁诗集》,陈曾寿著,张寅彭、王培军校点。上海古籍出版社 2012 年版。

(15)《伏敔堂诗录》,〔清〕江湜著,左鹏军校点,上海古籍

出版社 2012 年版。

(16)《觚庵诗存》,〔清〕俞明震著,马亚中校点,上海古籍出版社 2012 年版。

(17)《吕碧城集》,吕碧城著,李保民校点。上海古籍出版社 2015 年版。

3.《中国新文学大系》系列

《中国新文学大系》(1917—1927)

赵家璧主编。上海良友图书公司 1935—1936 年版,上海文艺出版社 1981—1982 年影印。

本书是介绍中国新文学运动中"第一个十年"的相关理论和作品的选集。全书分十集,按文学理论建设、文学论争、小说、散文、诗歌、戏剧、史料索引分类编选,蔡元培作总序,编选人作各集导言。本书已成为中国新文学的经典文献,是对我国五四运动以后第一个十年的新文学运动的全面总结,兼有文学史的性质。后来良友图书公司于 1940 年将总序和各集导言汇编成《中国新文学大系导论集》,上海书店 1982 年将其影印。

第 1 集　建设理论集,胡适编选

第 2 集　文学论争集,郑振铎编选

第 3 集　小说一集,茅盾编选

第 4 集　小说二集,鲁迅编选

第 5 集　小说三集,郑伯奇编选

第 6 集　散文一集,周作人编选

第 7 集　散文二集,郁达夫编选

第 8 集　诗集,朱自清编选

第 9 集　戏剧集,洪深编选

第 10 集　史料·索引,阿英编选

《中国新文学大系》(1927—1937)

上海文艺出版社 1984 年版。

本书选录了中国新文学运动中"第二个十年"(1927—1937)的文学理论和文学作品。共

20 集：

　　第 1—2 集　文学理论集,周扬序

　　第 3—5 集　小说集·短篇卷

　　第 6—7 集　小说集·中篇卷

　　第 8—9 集　小说集·长篇卷,巴金序

　　第 10—11 集　散文集,吴组缃序

　　第 12 集　杂文集,聂绀弩序

　　第 13 集　报告文学集,芦焚序

　　第 14 集　诗集,艾青序

　　第 15—16 集　戏剧集,于伶序

　　第 17—18 集　电影集,夏衍序

　　第 19—20 集　史料·索引

《中国新文学大系》(1937—1949)

上海文艺出版社 1990 年版。

本书选录了中国新文学运动中"第三个十年"(1937—1949)的文学理论和文学作品。共

20 集：

　　第 1—2 集　文艺理论卷,王瑶序

　　第 3—5 集　短篇小说卷,康濯序

　　第 6—7 集　中篇小说卷,沙汀序

　　第 8—9 集　长篇小说卷,荒煤、洁泯序

　　第 10—11 集　散文卷,柯灵序

　　第 12 集　杂文卷,廖沫沙序

　　第 13 集　报告文学卷,刘白羽序

　　第 14 集　诗卷,臧克家序

　　第 15—17 集　戏剧卷,陈白尘序

第18—19集　电影卷,张骏祥序

第20集　史料·索引

《中国新文学大系》(1949—1976)

上海文艺出版社1997年版。

本书选录了自新中国成立至"文化大革命"结束的近三十年的文学理论和文学作品。共20集:

第1—2集　文艺理论卷,冯牧主编

第3—5集　长篇小说卷,王蒙主编

第6集　中篇小说卷,王蒙主编

第7—8集　短篇小说卷,王蒙主编

第9—10集　散文卷,袁鹰主编

第11集　杂文卷,罗竹风主编

第12—13集　报告文学卷,徐迟主编

第14集　诗卷,邹荻帆、谢冕主编

第15—16集　戏剧卷,吴祖光主编

第17—18集　电影卷,陈荒煤主编

第19—20集　史料·索引

《中国新文学大系》(1976—2000)

王蒙、王元化总主编。上海文艺出版社2009年版。

本书收录了"文化大革命"结束后至二十世纪末的文艺理论和文学作品,共30集:

第1—3集　文艺理论卷,陈思和主编

第4—8集　长篇小说卷,雷达主编

第9—12集　中篇小说卷,孙颙主编

第13—15集　短篇小说卷,李敬泽主编

第16集　微型小说卷,汪曾培主编

第17—18集　散文卷,吴泰昌主编

第19集　杂文卷,朱铁志主编

第20—21集　纪实文学卷,李辉主编

第 22 集　诗卷,谢冕主编

第 23—24 集　儿童文学卷,秦文君主编

第 25—26 集　戏剧卷,沙叶新主编

第 27—28 集　电影文学卷,吴贻弓主编

第 29—30 集　史料·索引,杨扬、郏宗培主编。

4.《中国现代文学补遗书系》 孔范今主编。

明天出版社 1990—1991 年版。

　　本书收录了建国后从未再版过的部分有代表性的现代作家的代表作品,大多数篇目可补《中国新文学大系》前三辑在收录作品方面的不足。全书 4 卷 14 册,包括小说卷 8 册、诗歌卷 2 册、散文卷 2 册和戏剧卷 2 册。

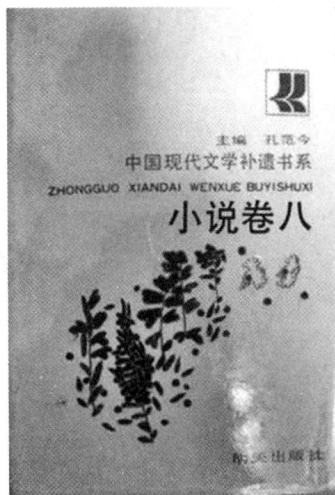

5.《光复前台湾文学全集》 钟肇政、叶石涛等主编。

台湾远景出版社 1979 年起出版。

　　全书共 12 卷。第 1—8 卷为小说,由钟肇政、叶石涛主编,叶石涛作序。各卷依次为《一杆秤仔》、《一群失业的人》、《豚》、《薄命》、《牛车》、《送报夫》、《植有木瓜树的小镇》、《阉鸡》,共 160 篇。最后一卷附有《日据时期台湾小说

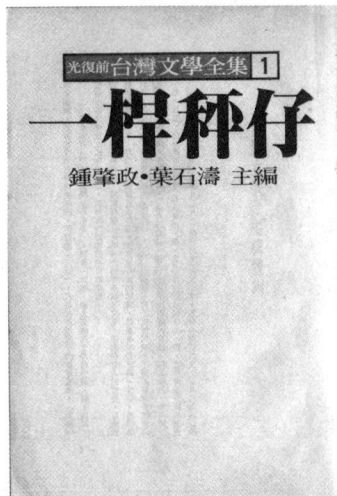

年表》(1895—1945)。第 9—12 卷为新诗,由羊子乔、陈千武主编,羊子乔作序。各卷题名依次为《乱都之恋》、《广阔的海》、《森林的彼方》和《望乡》,近 400 首。

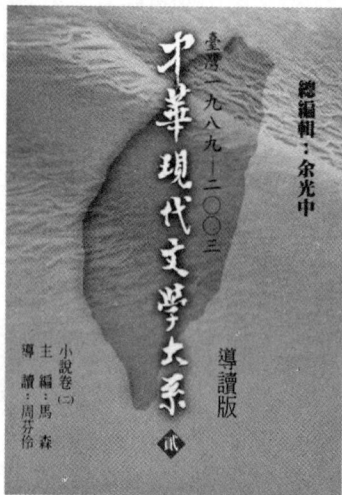

6.《中华现代文学大系》(台湾 1970—1989) 余光中总编辑。

台北九歌出版社 2003 年版。

全书共 5 卷 15 册,收录了中国台湾地区公开发布且有代表性的现代文学作品(含评论),包括诗歌卷 2 册(张默主编),散文卷 4 册(张晓风主编),小说卷 5 册(齐邦媛主编),戏剧卷 2 册(黄美序主编),评论卷 2 册(李瑞腾主编)。入选作家皆附有小传和近照。

7.《中国抗日战争时期大后方文学书系》 林默涵总主编。

重庆出版社 1989 年版。

本《书系》选收自 1937 年 7 月至 1945 年 8 月(个别作品延至 1946 年 5 月)期间,曾居住在大后方——重庆、成都、昆明、贵阳、西安、迪化(今乌鲁木齐)、兰州、沦陷前的上海、武汉、桂林以及福建、广东等省的部分地区的作家在大后方发表或出版的作品和文章;抗战爆发后至太平洋战争爆发前,在香港发表或出版的作品和文章亦选收。全书分十编,共二十卷:第一编一卷,选收文学运动史料,楼适夷主编;第二编两卷,选收文学理论、论争文章,蔡仪主编;第三编四卷,选收中、短篇小说(长篇存目),艾芜主编;第四编三卷,选收报告文学,碧野主编;第五编两卷,选收散文、杂文,秦牧主编;第六编两卷,选收诗歌,臧克家主编;第七编三卷,选收戏剧,曹禺主编;第八编一卷,选收电影,张骏祥主编;第九编一卷,选收通俗作品,钟敬文主编;第十编一卷,选收外国人士作品,戈宝权主编。第一编、第二编将选收的文章依发表或出版的时间先后编次;其余各编均按文学样式以作家为单位编次,作家的排列以姓氏笔划为序。每编在每篇作品或文章之末,详细注明了原出处和发表或出版的时间;无法查明时间者,则尽可能依其内容作大概的判定。

8.《中国解放区文学书系》 林默涵总主编。

重庆出版社 1992 年版。

本书系收录了 1936 至 1949 年间解放区——陕甘宁、晋绥、晋察冀、晋冀鲁豫以及山东、华中、华南、东北部分地区的作家及其作品,包括部分曾经到过解放区的作家写的反映解放区生活的作品。编纂分类以《中国抗日战争时期大后方文学书系》为参照系,分为九编二十二卷。全书设总序,综论解放区文学的地位和成就。每编设分序和编后记,概述该编内容和特点,并予以适当的评价。第一编两卷,选收解放区文学运动资料和文学理论文章,胡采主编;第二编四卷,选收中、短篇小说(重要长篇小说存目),康濯主编;第三编三卷,选收报告文学,黄钢主编;第四编两卷,选收散文、杂文,雷加主编;第五编三卷,选收诗歌,阮竟章主编;第六编四卷,选收话剧、歌剧、秧歌剧、戏曲,胡可主编;第七编一卷,选收民歌、故事传说,贾芝主编;第八编一卷,选收说唱文学,贾芝主编;第九编两卷,选收外国人士作品,爱泼斯坦主编。资料和理论文章基本上分题排列;作品除第三编(报告文学)按历史时期为序外,一般以作者的姓氏笔画为序排列;如一编之中一位作者有多篇作品,则以所选作品发表的时间先后为序排列。

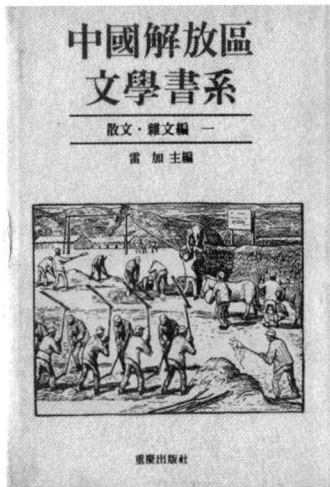

9.《中国沦陷区文学大系》 钱理群主编。

广西教育出版社 1998 年版。

所谓"沦陷区文学",是指第二次世界大战期间日本占领地区的中国文学,其主要部分是 1931 年"九一八"事变后东北沦陷区文学,1937 年"七七"事变后以北京、天津为中心的华北沦陷区文学,1937 年"八一三"事变后以上海、南京为中心的华中沦陷区文学。此外,本书对华南沦陷区的文学活动也有所涉及。台湾日据时代的文学与上海"孤岛文学"均不在本书收录范围之内。收录时间为自 1931 年"九一八"事变起至 1945 年日本投降。全书分为 7 卷 8 册:《新文艺小说卷》上、下册(上册为短篇,下册为中长篇)、《通俗小说卷》、《散文卷》、《诗歌卷》、《戏剧卷》、《评论卷》、《史料卷》。各卷书前有编者撰写的总序与导言,论述了中国沦陷区文学的特殊社会环境、作家心态及由此形成的文学特征,各文体概况及其发展脉络、在文学史上的地位及对它应有的认识,并说明了有关选编的事宜,以期能起到导读的作用,对读者了解、理解沦陷区文学整体面貌及各文体概况有所帮助,弥补正文因篇幅限制而产生的不足。

10.《新文学碑林》

人民文学出版社影印出版。

本书选择在现代文学史上有影响、有地位的作品原集汇编而成,每一本书都力求保持初版原貌,并内附原版封面与插图,对中国文学史的教学与研究具有极大的参考价值。本书每辑十种,现已出版:

1998 年影印:蒋光赤《少年漂泊者》,朱湘《草莽集》,丁玲《在黑暗中》,沉樱《喜筵之后》、《某少女》,叶永蓁《小小十

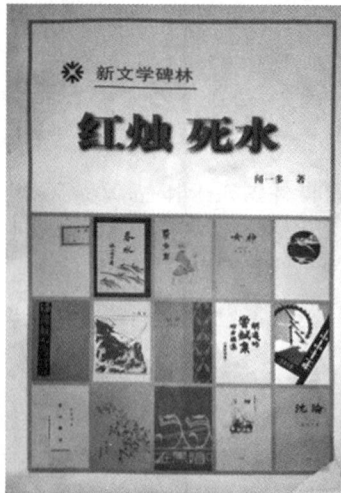

年》，落华生《缀网劳蛛》，凌叔华《花之寺》，漠华、雪峰等《湖畔》，落花生《空山灵雨》，周作人《自己的园地》，闻一多《红烛》、《死水》，王鲁彦《柚子》等。

2000 年影印：萧乾《栗子》，杨振声《玉君》，林语堂《翦拂集》，朱自清《踪迹》，台静农《地之子》，柔石《二月》，李金发《微雨》，冯至《昨日之歌》，陈西滢《西滢闲话》，徐志摩《巴黎的鳞爪》，艾青《大堰河》、《北方》，何其芳《画梦录》，艾芜《南行记》，梁遇春《春醪集》等。

2001 年影印：雪峰《乡风与市风》、《灵山歌》，端木蕻良《憎恨》，穆时英《南北极》，李季《王贵和李香香》，阮章竞《漳河水》，芦焚《谷》，李广田《画廊集》，张天翼《速写三篇》，李西渭《咀华集》，萧红《呼兰河传》，陈敬容《盈盈集》，聂绀弩《蛇与塔》，穆旦《穆旦诗集》，姚雪垠《差半车麦秸》，胡风《文学与生活》、《密云期风习小记》等。

11.《中国新诗总系》 谢冕主编。

人民文学出版社 2009 年版。

本书收录了 20 世纪的中国新诗，即自 1917 年新诗诞生起至 20 世纪 90 年代末，中国（包括台湾、香港和澳门）的新诗。全书共十卷，第一卷收 1917—1927 年的作品，姜涛主编；第二卷收 1927—1937 年的作品，孙玉石主编；第三卷收 1937—1949 年的作品，吴晓东主编；第四卷收 1949—1959 年的作品，谢冕主编；第五卷收 1959—1969 年的作品，洪子诚主编；第六卷

收 1969—1979 年的作品,程光炜主编;第七卷收 1979—1989 年的作品,王光明主编;第八卷收 1989—2000 年的作品;第九卷收新诗理论,吴思敬主编;第十卷收新诗史料,刘福春主编。全书有总序,各卷有导言。《总系》在编选原则、体例上有统一的要求,但各分卷又有相对的独立性,表现出分卷主编对新诗史和该时期诗歌的相对独立的理解。这种理解,既体现在入选的诗人、诗作上面,也体现在每卷的导言中。各分卷的导言,是《总系》的重要组成部分,它采用史、论结合,以史的描述为主的方式,主要概述了本时期诗歌文化语境,诗坛重要事件,重要诗歌社团、流派、刊物,诗歌艺术、体式因革,以及重要诗人的艺术特征等方面的内容。因此,在《中国新诗总系》由人民文学出版社出版的同时,编者另将《总系》的各分卷导言抽出集合,编为《百年中国新诗史略》,2010 年由人民文学出版社出版,它也可以看作是集体创作的一部简明的中国新诗史。

●··三、 文学史料

1.《中国近代文学研究资料丛书》

本书收录了近代文学研究的资料汇编与已有的研究成果(以论文为主)。包括如下书目:

(1)《秋瑾研究资料》,郭延礼编,山东教育出版社 1987 年版。

(2)《成兆才研究资料》,王乃和编,中国文联出版公司 1989 年版。

(3)《严复研究资料》,牛仰山、孙鸿霓编,海峡文艺出版社 1990 年版。

(4)《王鹏运研究资料》,张正吾等编,漓江出版社 1996 年版。

(5)《范紫东研究资料》,苏育生编,三秦出版社 1992 年版。

(6)《中国近代文学论文集(1919—1949)概论·诗文卷》,牛仰山编,中国社会科学出版社 1988 年版。

(7)《中国近代文学论文集(1919—1949)小说卷》,王俊年编,中国社会科学出版社 1988 年版。

(8)《中国近代文学论文集(1949—1979)小说卷》,中国社科院文学研究所近代文学研究组编,中国社会科学出版社 1988 年版。

(9)《中国近代文学论文集(1949—1979)戏剧·民间文学卷》,中国社科院文学研究所近代文学研究组编,中国社会科学出版社 1982 年版。

2.《中国新文学运动史资料》 张若英(阿英)编。

上海光明书局 1934 年版,上海书店 1982 年版。

本书收入五四运动至五卅惨案期间的文学运动论文四十七篇。全书共八编:第一编"绪论",收陈独秀《新文化运动是什么》、胡适《文学革命运动》;第二编"新文学建设运动",收胡适《文学改良刍议》、《历史的文学观念论》、《建设的文学革命论》,陈独秀《文学革命论》,钱玄同《关于文学革命的两封信》,刘半农《我的文学改良观》;第三编"对旧作家的论争",收林纾《论古文白话之相消长》、《致蔡元培书》,蔡元培《复林琴南书》、《国文之将来》,严复《书札六十四》,王敬轩《致新青年编者书》,刘复《复王敬轩书》;第四编"对学衡派的论争",收梅光迪《评提倡新文化者》、《评今人提倡学术之方法》,吴宓《论新文化运动》,罗家伦《驳胡先骕君的中国文学改良论》;第五编"整理国故问题",收胡适《国学季刊宣言》,郑振铎《新文学之建设与国故之新研究》,顾颉刚《我们对国故应取的态度》,成仿吾《国学运动的我见》,郭沫若《整理国故的评价》,周作人《古文学》;第六编"对甲寅派的论争",收章行严(章士钊)《评新文化运动》、《评新文学运动》,高一涵《新文化运动的批评》,徐志摩《守旧与玩旧》,吴稚晖《章士钊——陈独秀——梁启超》,成仿吾《读章氏〈评新文化运动〉》,唐擘黄《文言文的优劣》、《告恐怖白话文的人们》;第七编"文学研究会与创造社",收周作人《新文学的要求》,沈雁冰《新文学研究者的责任与努力》、《文学与人生》、《什么是文学》,郑振铎《新文学观的建设》,郭沫若《我们的文学新运动》、《文艺之社会的使命》,成仿吾《新文学之使命》、《艺术之社会的意义》、《写实主义与庸俗主义》;第八编"革命文学运动",收郭沫若《文艺家的觉悟》、《革

命与文学》，成仿吾《革命文学与它的久远性》、《从文学革命到革命文学》。本书是研究新文学运动最初十年历史的重要史料集。

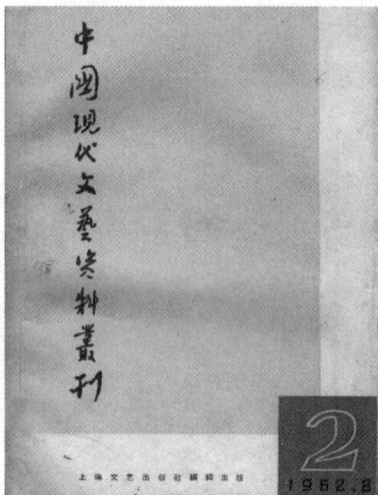

3.《中国现代文艺资料丛刊》

上海文艺出版社编辑出版，1962 年 5 月创刊。

本刊发表了有关中国现代文艺运动、思想斗争、作家作品等各个方面的回忆、访问、调查、整理、选辑、编目、考证等资料，及与此有关的文章。共出过八辑，其中前三辑于 1966 年前出版；后五辑于 1975 年后出版。关于文艺运动的重要资料有：《中国左翼作家联盟史料选刊》、《关于参加中国左翼作家联盟成立大会的盟员名单》、《中国左翼作家联盟组织机构资料汇录》、《抗日战争时期桂林文艺史料选辑》等。关于作家作品的重要资料有：《〈鲁迅全集〉未印著作》、《〈鲁迅全集〉未收书简》、鲁迅未刊讲义《小说史大略》、《鲁迅、茅盾选编〈草鞋脚〉的文献》、《沫若文集》未收佚文《自然的追怀》、《闻一多集外诗》、《李求实小说两篇》、《柔石小说两篇》、《胡也频遗稿八篇》、《冯铿诗三首》、《〈孩儿塔〉未刊稿三十首》等。《丛刊》还发表了某些影响较大的文学刊物的编目，如《创造社期刊目录》、《〈抗战文艺〉总目》、《〈文艺阵地〉总目》、《〈文艺战线〉目录》、《〈中华日报·动向〉总目》等，为现代文学研究者翻检报刊提供了很大的便利。该刊还发表了作家的回忆录及有关的日记、书信、著译编目多篇，如郑伯奇的《创造社后期的革命文学活动》、冯至的《鲁迅与沉钟社》、赵铭彝的《左翼剧联成立前的几件史料》、凌鹤的《三十年代左翼戏剧运动及其他〉》、吴似鸿的《蒋光慈回忆录》、王瑶整理的《朱自清日记选录》、《胡适、刘半农、陈独秀、钱玄同、郑振铎、傅斯年、陈望道、吴虞、孙伏园书信选》、《鲁迅著译系年目录》等。本刊向读者奉献了大量的文艺史料，特别是一些关于左翼文艺运动的珍贵资料。

4.《中国现代文学史参考资料》

上海书店 1981 年影印出版。

本书是现代文学著作汇集，辑录了现代文学史上各社团、流派、著名作家的流传较为稀少的著作，以及作家传记、作品评论、文学论争集，皆依原样复印。其中有张若英（阿英）编的《中国新文学运动史资料》、蔡元培等著的《中国新文学大系导论集》、苏汶编的《文艺自由论辩集》、陈梦家编的《新月诗选》、陈从周编的《徐志摩年谱》、郑振铎编的《我与文学》、李何林编的《中国文艺论战》等，为现代文学研究提供了许多颇有价值的资料。

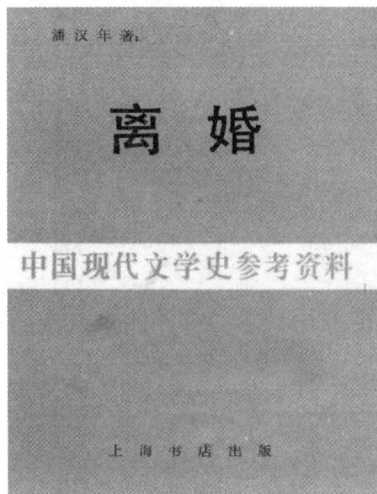

5."左联"研究资料

《三十年代左翼文艺资料选编》，马良春、张大明编，四川人民出版社 1980 年版。

《左翼文艺运动史料》，陈瘦竹主编，南京大学学报编辑部 1980 年印行。

《左联回忆录》，中国社会科学院文学研究所编，中国社会科学出版社 1982 年版。

《"左联"纪念集》(1930—1990)，上海鲁迅纪念馆编，百家出版社 1990 年版。

《三十年代上海的"左联"作家》，上海社科院文学研究所编，上海社会科学出版社 1988 年版。

6.《上海"孤岛"文学资料丛书》

上海社科院文学研究所编。

目前已出版3种：

《上海"孤岛"文学回忆录》(二册)，中国社会科学出版社1984年版。

《上海"孤岛"文学作品选》(三册)，上海社会科学院出版社1986年版。上册为短篇小说，中册为散文、杂文和报告文学，下册为诗歌、戏剧和儿童文学。

《上海"孤岛"文学报刊编目》，上海社会科学院出版社1986年版。收录了上海孤岛时期(1937年11月—1941年12月)出版发行的报刊文学副刊、文学期刊和丛刊目录，附应国靖的《"孤岛"时期报刊文艺副刊概述》和《"孤岛"时期文学刊物出版概况》两篇专文。

7.《国统区抗战文学研究丛书》

四川教育出版社出版。

已出八种：

《国统区抗战文学运动史稿》，文天行著，1988年版，附"国统区抗战文学运动纪事"。

《文学理论史料选》，苏文光编选，1988年版。

《小说研究史料选》，黄俊英编选，1988年版。

《诗歌研究史料选》，龙泉明编选，1989年版。

《戏剧研究史料选》，单耆凤编选，1989年版。

《大后方的通俗文艺》，杨中著，1990年版。

《大后方散文论稿》，尹鸿禄著，1990年版。

《战火中的文学沉思》，吴野著，1990年版。

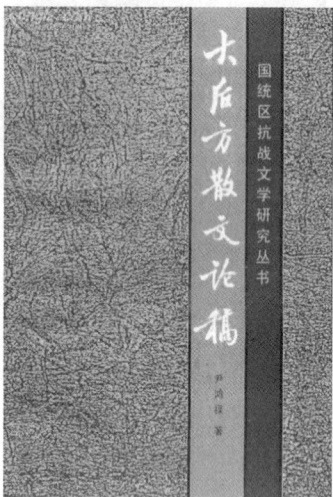

8.《中国解放区文学研究资料丛书》 田仲济主编。

包括以下六种：

《晋察冀文学史料》，张学新、刘宗武编，天津社会科学院出版社 1989 年版。

《晋鲁豫文学史料》，中共冀鲁豫党史工作组文艺组编，河北教育出版社 1989 年版。

《冀鲁豫文学作品选》，中共冀鲁豫党史工作组文艺组编，河北教育出版社 1989 版。

《冀南文学作品选》，刘艺亭、宋复光编，河北教育出版社 1989 年版。

《福建革命根据地文学史料》，万平近主编，海峡文艺出版社 1993 年版。

《湖南苏区文艺运动 湘籍作家在解放区》，王驰、胡光凡主编，天津社会科学院出版社 1992 年版。

9.《中国现代文学序跋丛书》(1919—1949) 柯灵主编。

海南人民出版社 1988 年版。

本书辑录了从 1919 年五四运动到 1949 年中华人民共和国成立的 30 年间现代文学书籍的序跋 5000 余篇，分散文、小说、戏剧、诗歌、译文、理论以及期刊前言后语等卷。已出版《散文卷》(2 册)，萧斌如编，海南人民出版社 1988 年版，共收录 1920—1949 年间出版的现代散文集序跋 600 余篇；《小说卷》(2 册)，杨正中等编，共收录 1919—1949 年间出版的现代小说集序跋近 600 篇。

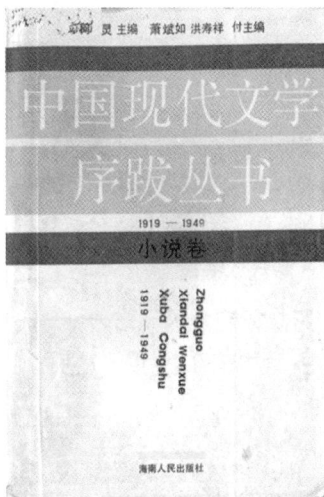

10.《中国现代文学社团流派》 贾植芳主编。

江苏教育出版社 1989 年版。

本书是一部研究论文集,分上、下两卷。上卷包括 15 篇论文,论述了新青年和新潮社、文学研究会、创作社、鸳鸯蝴蝶派、学衡派、甲寅派、浅草社、沉钟社、弥洒社、狂飚社、语丝社、莽原社、现代评论派、新月派、太阳社等 15 个社团流派;下卷包括 18 篇论文,论述了中国左翼作家联盟、三民主义文艺和民族主义文学、自由人和第三种人、三十年代的"现代派"、论语派、七月派、战国策派、晨光社和湖畔诗派、象征诗派、中国诗歌会、"九叶"诗派、春柳社、民众戏剧社、南国社、"鲁迅风"和"野草"、抗日民主根据地和解放区的文学社团、上海和华北等沦陷区的文学社团、东北沦陷时期的文学社团等 18 个社团流派。每篇论文以翔实的史料为基础,追溯社团或流派的历史渊源,考察其发展演变,阐述其本身的思想倾向、文学观点、艺术特色,并对社团或流派成员的文学创作、理论主张以及译介、编辑出版等活动予以分析、评价。

11.《日本研究中国现当代文学论著索引》
（1919—1989） 孙立川、王顺洪编。

北京大学出版社 1991 年版。

本书收录了 1919—1989 年 70 年间日本学者研究中国现当代文学的文献目录 8000 余条,分成"文学史研究"、"文学运动、论争、社团、流派、思潮研究"、"作家作品研究"以及"其他相关目录"四个部分,书后附"人名索引"(作家作品研究部分)。本书涉及了中国作家、评论家 284 位,大体上以时代先后为序排列,同一时代的作家、评论家则又按照姓氏笔画排序。其中对部分作家如鲁迅、郭沫若、茅盾、老舍、巴金等,因日本学界的研究成果相对较多,便以专题形式集中呈现,其余作家未作更细的分类。为了方便读者查阅原来的文献资料,凡原始出处是用日本假名书写的,本书在译成中文的同时,均附上了原来的假名。例如:

王安忆

女作家王安忆琐记　杉山叶子　季节 12 期　1983.12

下乡一代的青春群像《王安忆中短篇小说集》　杉山叶子　邬其山 3 号　1984.3

佳作《障壁》等——王安忆中短篇小说集　饭塬容　东方 39 号　1984.6

王安忆文学的原点——雯雯　中山文　野草 34 期　1984.9

王安忆的长篇小说《69 届初中生》　井口晃　中国语 299 期　1984.12

谈王安忆作品中的自我实现　中山文外国语、外国文学研究 8 期　1984.12　大阪外大大学院硕士生会

特集:现代中国的小说　佐伯庆子(译)　早稻田文学 4 月号　1985.4

【附有"关于王安忆"的解说。】

王安忆的弄堂——关于这个美人作家的创作源泉　高岛俊男　季刊中国 1986.12

红卫兵一代的文学——王安忆的《69 届毕业生》　进田正雄　新时期文学的十年(作家与作品)　1987.6

王安忆的中短篇小说《小鲍庄》　松井博光　东方 80 号　1987.11

12.《中国文学史资料全编·现代卷》 中国社科院文学研究所主编。

知识产权出版社 2010 年版。

本书是在《中国现代文学史资料汇编》甲、乙、丙三种的基础上扩展而成,包括 81 种文学史资料:

1.《冰心研究资料》,范伯群编;2.《沙汀研究资料》,黄曼君、马光裕编;3.《王西彦研究资料》,艾以等编;4.《草明研究资

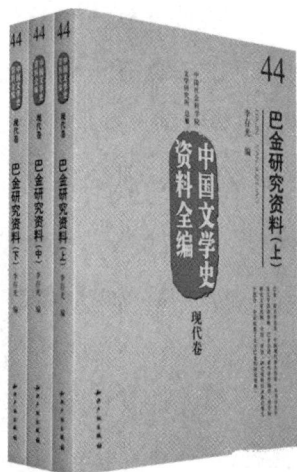

料》，余仁凯编；5.《葛琴研究资料》，张伟等编；6.《荒煤研究资料》，严平编；7.《绿原研究资料》，张如法编；8.《李季研究资料》，赵明等编；9.《郑伯奇研究资料》，王延晞、王利编；10.《张恨水研究资料》，张占国、魏守忠编；11.《欧阳予倩研究资料》，苏关鑫编；12.《王统照研究资料》，冯光廉、刘增人编；13.《宋之的研究资料》，宋时编；14.《师陀研究资料》，刘增杰编；15.《徐懋庸研究资料》，王韦编；16.《唐弢研究资料》，傅小北、杨幼生编；17.《丁西林研究资料》，孙庆升编；18.《夏衍研究资料》，会林等编；19.《罗淑研究资料》，艾以等编；20.《罗洪研究资料》，艾以等编；21.《舒群研究资料》，董兴泉编；22.《蒋光慈研究资料》，方铭编；23.《王鲁彦研究资料》，曾华鹏、蒋明玳编；24.《路翎研究资料》，杨义等编；25.《郁达夫研究资料》，王自立、陈子善编；26.《刘大白研究资料》，萧斌如编；27.《李克异研究资料》，李士非等编；28.《林纾研究资料》，薛绥之、张俊才编；29.《赵树理研究资料》，黄修己编；30.《叶紫研究资料》，叶雪芬编；31.《冯文炳研究资料》，陈振国编；32.《叶圣陶研究资料》，刘增人、冯光廉编；33.《臧克家研究资料》，冯光廉、刘增人编；34.《李广田研究资料》，李岫编；35.《钱钟书、杨绛研究资料》，田蕙兰等编；36.《郭沫若研究资料》，王训诏等编；37.《俞平伯研究资料》，孙玉蓉编；38.《六十年来鲁迅研究论文选》，李宗英、张梦阳编；39.《茅盾研究资料》，孙中田、查国华编；40.《王礼锡研究资料》，潘颂德编；41.《周立波研究资料》，李华盛、胡光凡编；42.《胡适研究资料》，陈金淦编；43.《张天翼研究资料》，沈承宽等编；44.《巴金研究资料》，李存光编；45.《阳翰笙研究资料》，潘光武编；46.《"两个口号"论争资料选编》，中国社会科学院文学研究所现代文学研究室编；47.《"革命文学"论争资料选编》，中国社会科学院文学研究所现代文学研究室编；48.《创造社资料》，饶鸿兢等编；49.《文学研究会资料》，苏兴良等编；50.《鸳鸯蝴蝶派文学资料》，芮和师等编；51.《左联回忆录》，中国社会科学院文学研究所《左联回忆录》编辑组编；52.《中国现代文学总书目·散文卷》，俞元桂等编；53.《中国现代文学总书目·诗歌卷》，刘福春、徐丽松编；54.《中国现代文学总书目·小说卷》，甘振虎等编；55.《中国现代文学总书目·戏剧卷》，萧凌、邵华编；56.《中国现代文学总书目·翻译文学卷》，贾植芳等编；57.《中国现代文学期刊目录汇编》，唐沅等编；58.《抗日战争时期延安及各抗日民主根据地文学运动资料》，刘增杰等编；59.《老舍研究资料》，曾广灿、吴怀斌编；60.《文学的"民族形式"讨论资料》，徐廼翔编；61.《陈大悲研究资料》，韩日新编；62.《刘半农研究资料》，鲍晶编；63.《曹禺研究资料》，田本相、胡叔和编；64.《成仿吾研究资料》，史若平编；65.《戴平万研究》，饶芃子、黄仲义编；66.《丁玲研究资料》，袁良骏编；67.《冯乃超研究资料》，李伟江编；68.《柯仲平研究资料》，刘锦满、王琳编；69.《李辉英研究资料》，马蹄疾编；70.《梁山丁研究资料》,陈隄等编;71.《马烽、西戎研究资料》,高捷等编;72.《邵子南研究资料》,陈厚诚编;73.《沈从文研究资料》,邵华强编;74.《司马文森研究资料》,杨益群等编;75.《闻一多研究资料》,许毓峰等编;76.《萧乾研究资料》,鲍霁等编;77.《徐志摩研究资料》,邵华强编;78.《袁水拍研究资料》,韩丽梅编;79.《周瘦鹃研究资料》,王智毅编;80.《苏区文艺运动资料》,汪木兰、邓家琪编;81.《文艺大众化问题讨论资料》,文振庭编。

13.《中国当代文学研究资料》

本书是中国当代文学研究的大型参考资料,由茅盾、周扬、巴金、陈荒煤、冯牧担任顾问,中国社会科学院文学研究所与苏州大学、复旦大学、杭州大学等 30 多个单位协作编纂,福建人民出版社、江苏人民出版社、浙江文艺出版社、解放军文艺社等 20 多家出版社出版。资料收录范围上起 1949 年中华人民共和国成立,下迄各专集成书之日。对跨代作家,本丛书辑录其全部活动资料,以保持全貌。丛书有以下六类专集:1.作家研究专集,包括作家的生平和创作、评论文章选辑、作家著译系年目录、评论文章目录索引;2.按文体编辑的综合研究资料专集,包括综合评论文章选辑、重要作品作者简介、评论文章选辑、各种文体作品目录索引和有关评论文章目录索引;3.文艺运动和文艺论争研究资料专集;4.建国 30 年文学大事年表;5.文学期刊目录索引;6.中国当代作家作品总目索引和中国当代作家作品评论文章总目索引。全套丛书共 200 余种,从 1978 年开始筹划,1986 年编辑完毕,现已陆续出版。现列举部分专集:

《艾青专集》,海涛、金汉编,江苏人民出版社 1982 年版。

《茹志鹃研究专集》,孙露西、王凤伯编,浙江人民出版社 1982 年版。

《陈白尘专集》,卜仲康编,江苏人民出版社 1983 年版。

《孙犁研究专集》,刘金镛、房福贤编,江苏人民出版社 1983 年版。

《陈学昭研究专集》,丁茂远编,浙江文艺出版社 1983 年版。

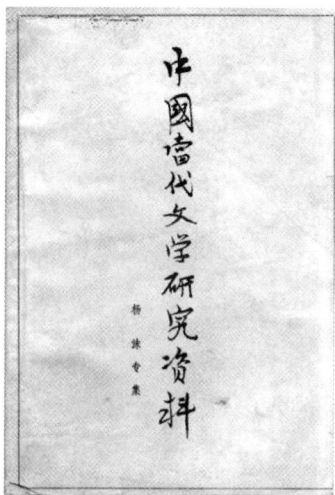

《胡可研究专集》，陆文璧、王兴平编，解放军文艺出版社1984年版。

《王汶石研究专集》，金汉编，陕西人民出版社1984年版。

《王蒙专集》，徐纪明、吴毅华编，贵州人民出版社1984年版。

《田间研究专集》，唐文斌编，浙江文艺出版社1984年版。

《玛拉沁夫研究专集》，周作秋编，内蒙古人民出版社1984年版。

《周民震、韦其麟、莎红研究合集》，周作秋编，漓江出版社1984年版。

《李英儒研究专集》，吴开晋编，解放军文艺出版社1984年版。

《陆柱国研究专集》，刘金镛、陆思厚编，解放军文艺出版社1984年版。

《谌容研究专集》，何火任编，贵州人民出版社1984年版。

《吴祖光研究专集》，陈公仲、吴有生编，江西人民出版社1985年版。

《曹禺研究专集》（上、下册），王兴平、刘思久、陆文璧编，海峡文艺出版社1985年版。

《李广田研究专集》，梁理森编，云南人民出版社1985年版。

《蹇先艾、廖公弦研究合集》，宋贤邦、王华介编，贵州人民出版社1985年版。

《茅盾专集：第一卷》（上下册），唐金海、孔海珠编，福建人民出版社1983年版。

《茅盾专集：第二卷》（上下册），唐金海、孔海珠编，福建人民出版社1985年版。

《傅铎研究专集》，石明辉、王凤伯、匡启镛编，解放军文艺出版社1986年版。

《沈西蒙研究专集》，王新民编，解放军文艺出版社1986年版。

《何其芳研究专集》，易明善编，四川文艺出版社1986年版。

《梁信研究专集》，何寅泰编，解放军文艺出版社1986年版。

《胡奇研究专集》，李达三、何沪玲编，解放军文艺出版社1987年版。

《吴伯箫研究专集》，康平编，广西人民出版社1987年版。

《李若冰研究专集》，浦伯良编，陕西人民出版社1988年版。

《陈伯吹研究专集》，张黛芬、文秀明编，少年儿童出版社1990年版。

《雷加研究专集》，康平编，湖北教育出版社1990年版。

《夏衍研究专集》（上下册），巫岭芬编，浙江文艺出版社1990年版。

《林淡秋研究专集》，钱文斌编，浙江文艺出版社1991年版。

《铁依甫江·艾里耶夫克里木·霍加艾里坎木·艾合坦木研究合集》，耿金声编，新疆人民出版社1991年版。

　《张志民研究专集》，李泱、李一娟、张洪、李大林编，新疆人民出版社1991年版。

《张洁研究专集》，何火任编，贵州人民出版社1991年版。

《袁鹰研究专集》，李浃编，浙江文艺出版社1992年版。

《李英敏研究专集》，周作秋、王敏之编，广西师范大学出版社1992年版。

《老一辈革命家诗文研究专集》（上下册），丁茂远编，陕西人民出版社1992年版。

《余上沅研究专集》，张余编，上海交通大学出版社1992年版。

《严文井研究专集》，胡汉祥编，少年儿童出版社1994年版。

《于伶研究专集》，孔海珠编，学林出版社1995年版。

《晓雪专集》，云南教育出版社编，云南教育出版社1997年版。

《庞瑞垠研究专集》，朱子南编，江苏教育出版社1997年版。

《贺敬之专集》，王宗法、张器友编，江苏人民出版社1982年版。

《柳青专集》，孟广来、牛运清编，福建人民出版社1982年版。

《赵树理专集》，复旦大学中文系赵树理研究资料编辑组编，福建人民出版社1981年版。

《巴金专集》（1），贾植芳编，江苏人民出版社1981年版。

《巴金专集》（2），贾植芳、唐金海、周春东、李玉珍编，江苏人民出版社1982年版。

《崔德志专集》，王忠舜编，沈阳出版社1996年版。

《马加专集》，长青、徐国伦编，辽宁民族出版社1996年版。

《聂华苓研究专集》，李恺玲、谌宗恕编，湖北教育出版社1990年版。

《柯岩研究专集》，李浃编，少年儿童出版社1990年版。

《长篇小说研究专集》（全三册），牛运清主编，山东大学出版社1990年版。

《扎拉嘎胡研究专集》，吴重阳、李连生编，内蒙古人民出版社1988年版。

《徐怀中研究专集》，刘金镛、陆思厚、房福贤编，解放军文艺出版社1983年版。

《魏巍研究专集》，宋贤邦编，解放军文艺出版社1982年版。

《刘心武研究专集》，朱家信、黄裳裳、朱育颖，贵州人民出版社1988年版。

《杨啸研究专集》，董之林编，内蒙古人民出版社1988年版。

《萧乾研究专集》，傅光明、孙伟华编，华艺出版社1992年版。

《马识途专集》，陆文璧编，四川文艺出版社1988年版。

《曹靖华研究专集》，林佩云、乔长森编，黄河文艺出版社1987年版。

《刘以鬯研究专集》，梅子、易明善编，四川大学出版社1987年版。

《武玉笑、赵燕翼、高平研究合集》，党鸿枢、季成家、张明廉编，甘肃人民出版社 1986 年版。

《梁斌研究专集》，刘云涛、郭文静、倪宗武、李杰波、唐文斌编，海峡文艺出版社 1986 年版。

《洪深研究专集》，孙青纹编，浙江文艺出版社 1986 年版。

《李季研究专集》，张器友、王宗法编，海峡文艺出版社 1986 年版。

《高士其研究专集》，李惠芳、朱美士编，少年儿童出版社 1986 年版。

《艾芜研究专集》，毛文、黄莉如编，四川文艺出版社 1986 年版。

《苗延秀、包玉堂、肖甘牛研究合集》，蒙书翰、白润生、郭辉编，广西人民出版社 1986 年版。

《丛维熙研究专集》，刘金镛、房福贤编，重庆出版社、贵州人民出版社 1985 年版。

《敖德斯尔研究专集》，吴重阳编，内蒙古人民出版社 1985 年版。

《姚雪垠研究专集》，姚北桦编，黄河文艺出版社 1985 年版。

《刘绍棠研究专集》，崔西璐编，重庆出版社 1985 年版。

《碧野研究专集》，杜秀华编，长江文艺出版社 1985 年版。

《徐迟研究专集》，王凤伯、孙露茜编，浙江文艺出版社 1985 年版。

《陆地研究专集》，蒙书翰编，漓江出版社 1985 年版。

《田汉专集》，柏彬编选，江苏人民出版社 1984 年版。

《王愿坚研究专集》，何寅泰编，解放军文艺出版社 1983 年版。

《黎汝清研究专集》，庞守英编，解放军文艺出版社 1983 年版。

《李瑛研究专集》，李泆、李一娟编，解放军文艺出版社 1983 年版。

《沙汀研究专集》，金葵编，浙江文艺出版社 1983 年版。

《杜鹏程研究专集》，陈纡、余水清编，福建人民出版社 1983 年版。

《李准专集》，卜仲康编，江苏人民出版社 1982 年版。

《刘白羽研究专集》，孟广来、牛运清编，解放军文艺出版社 1982 年版。

《闻捷专集》，贾植芳编，福建人民出版社 1982 年版。

《秦牧专集》，林湮编，福建人民出版社 1981 年版。

《郭沫若专集》(1)，肖斌如等编，四川人民出版社 1984 年版。

《郭沫若专集》(2)，肖斌如等编，四川人民出版社 1984 年版。

《关沫南研究专集》，周玲玉编，北方文艺出版社 1989 年版。

《郭风研究专集》，王玉芝编，海峡文艺出版社 1990 年版。

《云照光研究专集》，吴重阳、李连成编，内蒙古人民出版社 1988 年版。

14.《中外文学关系史资料汇编》（1898—1937）

贾植芳、陈思和主编。

广西师范大学出版社 2004 年版。

本书原名《外来思潮与理论对中国现代文学的影响资料》，收录了与 1898 至 1937 年近 40 年间外国文化、文学思潮与理论在中国的译介与传播相关的资料。全书分为三编：第一编，外国社会科学思潮和理论评介文选；第二编，外国文学思潮、流派和理论评介文选（上、下）；第三编，各国文学史、文学运动与作家评介文选。书末附"本书存目文献原刊出处一览表"。

15.《中国新时期文学研究资料汇编》（甲种十二册，乙种九册）

山东文艺出版社 2006 年版。

甲种十二册，属于宏观研究，包括：

《中国新时期文学思潮研究资料》（上中下），孔范今、施战军编

《中国新时期小说研究资料》（上中下），吴义勤编

《中国新时期诗歌研究资料》，常文昌编

《中国新时期新文学史研究资料》，孔范今、施战军编

《中国新时期散文研究资料》，程金城编

《中国新时期报告文学研究资料》,赵学勇编

《中国新时期戏剧研究资料》,雷达编

《中国新时期儿童文学研究资料》,胡健玲编

乙种九册,属于作家研究,包括:

《韩少功研究资料》,吴义勤编

《莫言研究资料》,孔范今、施战军编

《陈忠实研究资料》,雷达编

《王安忆研究资料》,吴义勤编

《贾平凹研究资料》,雷达编

《张炜研究资料》,孔范今、施战军编

《苏童研究资料》,孔范今、施战军编

《铁凝研究资料》,吴义勤编

《路遥研究资料》,雷达编

16.《新文学史料》　本刊为当代文学期刊,人民文学出版社《新文学史料》编辑组编辑。

人民文学出版社出版。1978 年 11 月创刊于北京,初为丛刊,1980 年第 1 期起定为季刊。

本刊以发表五四运动以来我国作家的回忆录、传记为主,也刊登这个时期有关文学论争、文艺思潮、文艺团体、流派、刊物、作家、作品等的专题资料,刊登有关的调查、访问、研究、考证,还选登一些过去发表过的比较重要但现在不易看到的材料和文物图片,以及当前有关文学史工作的动态、报道和对已出版的中国现代文学史的介绍、意见等。本刊设有"访问记"、"回忆录"、"传记·评传"、"日记·书简"、"轶闻轶事"等栏目;辟有"鲁迅研究"、"作家研究"(偏重于资料性的,如对一些问题和事实的发现、考证与分析)、"作品研究"(关于作品的成因、背景等)、"中国戏剧运动"(有关五四以来我国戏剧运动

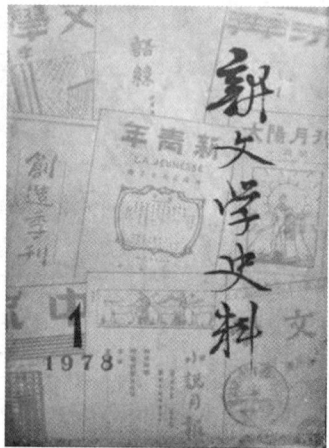

的资料、研究、介绍和回忆）、"出版史话"（介绍五四运动以来比较重要的文艺书店和出版社）、"翻译史话"（介绍五四运动以来的文学翻译工作）、"文学社团"（介绍五四运动以来的文学社团的形成、演变与活动等）、"文学史简介"（对已出版的中国现代文学史的介绍、意见）、"参考资料"（介绍国外对我国五四文学的研究和国内外一些有参考价值的材料）等专栏。此外还经常开辟如"关于'两个口号'问题"、"关于《活的中国》"等一些专题性史料的介绍和考证的栏目，在收集与保存我国新文学史料方面作出了宝贵的努力。

●·· 四、文学辞书

1.《中国现代文学作品书名大辞典》（三册）　周锦编著。

台湾智燕出版社 1986 年出版。

本书收录了自新文学运动以来至 1985 年（1949 年以后只收录台湾地区的作品）出版的现代文学作品8476种，每部作品著录书名、作者、类别、出版时间、出版地点、出版机构、内容简介及作品评价。书中条目按照书名首字的笔画数量排列。书后附"人名索引"，依据作者姓的首字笔画排列；"编年索引"，依据作品出版的时间先后排列；"分类索引"，依据"诗歌"、"长篇小说"、"短篇小说"、"散文"、"戏剧"、"评论"六类编排。例如：

【《春雨缤纷》】舫歌的长篇小说，一九七九年四月台北环球书社初版。

这部小说除了司徒卫的"舫歌初唱"（序一）和区雅伦的"写你——我的好友毛味"（序二）外，共约二十二万字，分为三十六节。是借由两对年轻人的曲折爱情——于欣茹与彭宜达，于绍祖与关佩佩为引子，描写三个家庭——于家、彭家和关家的关系牵连，以及喜乐哀愁和恩恩怨怨，这些症结终因相互的宽容与关爱而化解。

题材虽然真挚感人，但是情节的安排，人物的处理，以及遣词用字，都只是以作者"年轻的心与手"来处理，不是依凭丰富的生活经验，而想象得又不够深，所以内容贫乏了些。虽然这部小说"足以代表她（作者）这一阶段年轻的心情"，但描写的技巧也流于"年轻人式"的青涩，不够圆融纯熟，而所描写的爱情，也仍是一见钟情的断绝人间烟火。

本来是印得相当漂亮的一本书，却用了两种不同批号的纸，使色泽深浅有着截然差别，减低了出版和印刷的水准。

2.《中国现代文学简明词典》 蒋心焕等编。

山东教育出版社 1987 年版。

本书共收词目 960 条，内容包括中国现代文学史上有代表性的作家、作品、社团、流派、期刊（包括报纸副刊）、文学大事和现代文学史上特有的专门词语等。此外还收录了一些台湾新文学发展中有影响的作家、作品和社团方面的词目。词目按汉语拼音顺序编排，正文后附分类索引。

3.《中国现代文学手册》（上、下册） 刘献彪主编。

中国文联出版公司 1987 年版。

本书内容分为八个部分：(1)中国现代重要作家生平著作年表，收作家 100 余名；(2)中国现代文学作品介绍,选作品百部左右;(3)中国现代文学史家介绍,选 20 余名;(4)中国现代文学史论著,收录五四运动以来到中华人民共和国成立后出版的现代文学史专著及参考资料;(5)名词解释,内容包括文学社团、文学思潮流派、报纸杂志、文学运动、论争、哲学历史、文学体裁及其他等;(6)港台地区现代文学研究及现代文学发展概况;(7)国外中国现代文学研究概况,主要介绍了日本、欧美等国研究中国现代文学的基本面貌和动态;(8)中国现代文学史大事年表。

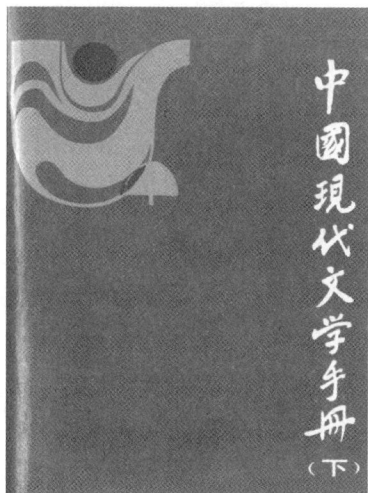

---

4. 《简明中国当代文学辞典》 申殿和等编。

河北人民出版社 1988 年版。

本书共收词条 2203 条,选收范围上起 1949 年 7 月,下讫 1985 年底。内容包括 36 年间比较重要的作家、作品、作品集和丛书,典型性较强的人物形象,国家和省、市、自治区一级的文学刊物,重要的文艺事件、论著、组织和习惯用语等。港台地区及海外华人的重要作家、作品、期刊和社团等,也酌情选录。全书按汉语拼音音序排列。书后附有分类目录索引。

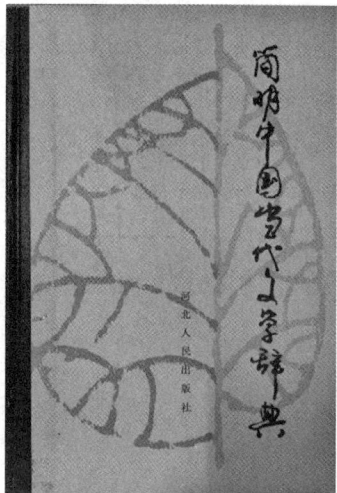

---

5. 《中国当代文学手册》 武汉大学中文系当代文学教研室编。

湖北教育出版社 1988 年版。

本书内容分为九个部分:(1)当代文学概略;(2)文艺社团和期刊;(3)重要会议和文献;

(4)重大文艺思想论争;(5)创作理论研究;(6)作品与争鸣;(7)重要作家和评论家;(8)重要作品;(9)名词简释。书末附录"中国当代文学大事年表(1949—1966)(1979—1984)"、"中国当代文学获奖作品一览表"。

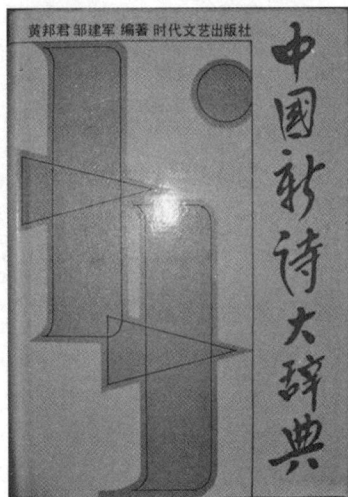

6.《中国新诗大辞典》 黄邦君、邹建军编著。

时代文艺出版社 1988 年版。

本书收录了自 1917 年 2 月《新青年》第 2 卷第 6 期首次发表白话诗歌以来至 1987 年 2 月的 70 年间有关中国新诗的词条近 4000 条,分为《新诗理论、术语》、《新诗名著、名篇》、《新诗诗人、诗评家》、《新诗论著》、《新诗诗刊、社团》、《新诗佳句类编》等六编,书后收录"新诗集编目",并酌情收录了部分中国古典诗歌和外国诗歌的理论、术语。书前设"《中国新诗大辞典》词目分类顺序索引",卷后各编笔画索引。例如:

【诗学】本是古希腊哲学家亚里士多德在欧洲最早阐述文艺理论的一部著作。后来欧洲历史上相沿成习,将一切阐述文艺理论的著作统称诗学。现在有些国家有时专称研究诗歌原理的著作为诗学,以区别于一般阐述文艺理论的著作。如我国当代诗论家李元洛有《诗学漫笔》(花城出版社 1983 年版),台湾地区诗论家黄永武有《中国诗学》四卷(台湾巨流图书馆公司 1981—1982 年出版)等。

7.《台湾新文学辞典》(1919—1986) 徐迺翔主编。

四川人民出版社 1989 年版。

本书收录词目的时限为 1919—1986 年，主要包括台湾日据时期及光复后 40 余年的文学，也包括与文学有密切关系的文化和艺术方面的内容。本书共收词目 2603 条，包括作家，作品集（小说、散文、诗歌、戏剧、评论和史著），重要作品（中短篇小说、散文、新诗、评论）简介，期刊，丛书与辞书，社团、流派，文学运动、论争、思潮、重要事件，文学奖等。所有词目按内容分八类编排，书前列有分类词目表，书后附词目笔画索引，查检方便。例如：

王方曙(1916.5.21—)

剧作家。原名王静芝。黑龙江佳木斯人。早年毕业于私立北平辅仁大学国文系。去台后历任东海大学副教授，台湾辅仁大学教授兼国文系主任、台湾辅仁大学国文研究所所长等职。50 年代开始戏剧创作，后转向影视文学创作，共发表了二十余部剧本。主要创作有话剧剧本《樊笼》(1951 年台湾"中央"出版社)、《收拾旧河山》(1951 年台北文艺创作社)、《愤怒的火焰》(1952 年台北文艺创作社)、《鬼世界》(1952 年台北文艺创作社)、《心魔》(1953 年台湾"中央"出版社)、《万世师表》(1962 年台北正中书局)，电影剧本《原来如此》(1952 年台湾农教公司)、《梅岭春回》(1955 年台湾"中央"电影公司)、《歧路》(1956 年台湾"中央"电影公司)、《锦绣前程》(1956 年台湾"中央"电影公司)、《夜尽天明》(1957 年台湾"中央"电影公司)，电视剧本《一代暴君》(1974 年台湾中视公司)、《一代红颜》(1975 年台湾中视公司)、《一代霸王》(1976 年台湾中视公司)、《战国风云》(1980 年台湾中视公司)等。

8.《二十世纪中华文学辞典》 秦亢宗主编。

中国国际广播出版社 1992 年版。

本书收录了 1900 至 1990 年间的作家、作品、论著、文集、人物形象、名词术语、事件

与论争、社团与期刊等词目共 3933 条,涉及近 1000 位作家和近 2000 部作品,分 20 世纪中华文学的主体与 20 世纪中国台湾文学两大部分。"主体"部分除大陆文学外,包括港澳文学和海外华文文学。两大部分分别编纂"文学大事记"两种。所收词条除名词术语条目外,均按时间先后排序,其中作家条目以生年先后为序,作品和论著条目以写作或发表时间先后为序,文集条目除总集外均以作家生年先后为序,人物形象条目以所属作品发表年代先后为序,事件与论争条目以发生时间先后为序,社团与期刊以形成时期与出版年月先后为序。"中国台湾文学"中的部分作家,凡其文学活动主要在 1949 年以前者均列入"主体部分"介绍,仅列其名于台湾作家栏目,并注明页码,不作重复介绍。

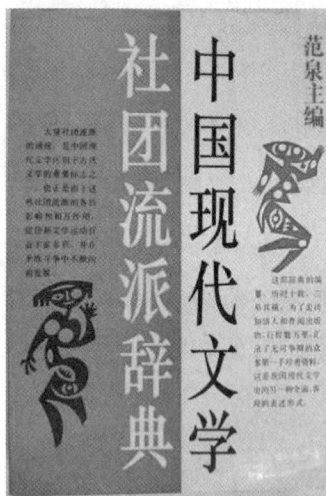

9.《中国现代文学社团流派辞典》 范泉主编。

上海书店出版社 1993 年版。

本书收录了中国现代文学社团流派辞目 1082 条,其中社团 1035 条,流派 47 条。凡资料较为完整者列入正目,详细介绍其成立的时间、地点、参与的人物以及相关的文学活动,共 667 条;资料不够完备者列入参考目,共 415 条。所收词条涉及 1919 年至 1949 年间在中国(包括香港、台湾)以及在日本、美国、菲律宾、印度尼西亚、新加坡、马来西亚等域外地区成立的中国现代文学流派,并按照笔画多少排序。

10.《二十世纪中国文学大典》 陈鸣树主编。

上海教育出版社 1994—1996 年出版。

本书辑录了 1897 年至 1994 年近百年间中国文学史上的相关事件。凡三卷,第一卷为 1897—1929 年,第二卷为 1930—1965 年,第三卷为 1966—1994 年。内容包括创作、理论批评、译文、作家活动、文坛纪事、文化要录、社会背景等栏目,分类记载,较为全面、详细地反映了百年来中国文学发展的状况。

11.《中国现代文学大辞典》 陆耀东等主编。

高等教育出版社 1998 年版。

本书收录了中国现代文学词条近 4000 条,所收条目时限为 1919 年五四运动前夕新文学运动发端至 1949 年 9 月 30 日,按照内容分为作家,作品,报刊,社团、流派,文学运动、文学思想论争、文学事件及中国现代文学专业词语五个部分,所有条目按笔画多少排列。

作家部分包括诗人、小说家、散文家、戏剧家、文学理论批评家,共 693 个条目,释文说明作家生年(已逝世者加卒年)、原名、主要笔名、籍贯、生平简历、创作情况、主要社会任职及主要作品。作品部分内容包括新诗、小说、散文(包含杂文和报告文学)、戏剧、文学理论批评的单行本和极少数选集、文集、合集,共 2563 个条目。释文说明作者、出版时间、出版机构、有无序跋、主要篇目、内容及艺术特色。戏剧除话剧外,均标明剧种。报刊收录以发表文学作品、文学理论批评文章为主的文学报刊或发表有关文学的文章的影响较大的综合性报刊,共 582 个条目。释文说明了创刊及终刊时间,出版期数,编辑者与主要撰稿人,办刊宗旨,所载主要文章的内容、倾向。社团、流派部分共 132 个条目。社团释文说明了成立时间、主要成员、所办刊物、文学主张及共同的创作特色。流派部分选择较为学术界所共识者加以介绍,释文说明了主要作家姓名、流派的代表作品、思想倾向及相近的艺术风格。文学运动、文学思想论争、文学事件及中国现代文学专业词语部分共 76 个条目。"文学运动"释文说明了时间、主要倡导者、理论主张与实践;"文学理论论争"释文说明了发生时间、各方代表人物、重要文章、争论的问题;"文学事件及中国现代文学专业词语"择取现代文学史上源于重要事件或现象的专门词语并加以说明,主要介绍史实。书末附录"中国现代文学大事年表"。

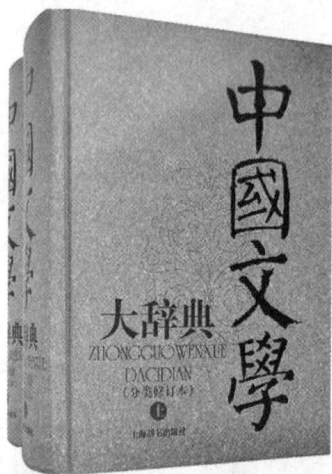

12. 《中国文学大辞典》(分类修订本)　钱仲联等主编。

上海辞书出版社 2007 年版。

本辞典共收录中国文学学科词目一万八千余条,分"作家"(包括有文学影响的其他人物)、"流派社团"、"作品"(包括其他有文学价值的著作)、"名词术语"、"研究著作"、"报纸"、"刊物"、"文学人物"等大类。作家原则上以本名为正条,少数重要人物的别名、笔名、字号、帝王庙号列有参见条;作品一般列全名,历来以简名行世者(如明清杂剧、传奇等)则以简名列条,少数有影响作品的异名、简称,酌列参见条;其他条目以通行名列条。名同而内容不同的词目按类分,个别情况例外。释义以科学、准确、简明为原则,以学术界定评为主。如有异说则酌采众说或以较有代表性的一说为主,一般不作详细考证。直接引用前人论述均注明出处。古代作家条目,释文末均提供生平事迹原始资料线索,无从考查者则予以说明。

全书词目依次编为:先秦两汉文学、魏晋南北朝文学、隋唐五代文学、宋辽金文学、元代文学、明代文学、清及近代文学、现代文学、民间文学、少数民族文学、文学理论批评、文学史通论、(跨三代以上通代性)总集及其他(包括类书、工具书及文学人物等)。每个单元词目以类相从,每类词目一般按时间先后编排,年代无从查考或界限不明的置同类之末,以见其文学发展脉络。正文后附有"中国文学大事记"、"本辞典主要征引参考书目"等两个附录。书前有按单元顺序编排的词目分类索引,书末附有全部词目的笔画索引。

第八讲　文艺理论类工具书

这一讲主要介绍文艺理论与外国文学类工具书。我们将文艺理论分为中国文艺理论与西方文艺理论两部分,其中西方部分只介绍中译本,我们建议有条件的同学直接查阅原著。

●·· 一、 中国文艺理论

1.《历代诗话》〔清〕吴景旭著。

中华书局 1958 年版,京华出版社 1998 年版。

本书是诗话丛书。全书共八十卷,分十集,以天干编目,收录了先秦到明代的诗话。甲集六卷,是《诗经》的专论;乙集六卷,是《楚辞》的专论;丙集九卷,专论赋体;丁集六卷,主要是对乐府诗的论述;戊集六卷,是对汉魏六朝诗歌的论述;己集十二卷,全部围绕杜甫展开,前九卷论诗歌,后三卷录《杜陵谱系》;庚集九卷,论述除杜甫以外的唐人诗歌;辛集七卷,论宋诗;壬集十卷,前三卷论金人诗歌,后七卷论元人诗歌;癸集九卷,是对明代诗歌的专论。编排体制为:先立所论述或考辨的题目,再引原诗(赋)句,列旧说于次,然后发表自己的见解,俱标明"吴旦生曰",非常醒目。全书重在考订名物,诠释字句。列为条目者,多为诗中疑难或有争议的问题,约计一千条,涉及典章制度、地理历史、礼仪风俗乃至难字俗语等各个方面的问题,内容十分广泛。以前的诗话,虽也有以辨析典事、字句为主的(如杨慎《升庵诗话》),但卷帙如此之大者,实未多见。本书引证博洽,并善于融会贯通,且时有精辟见解。

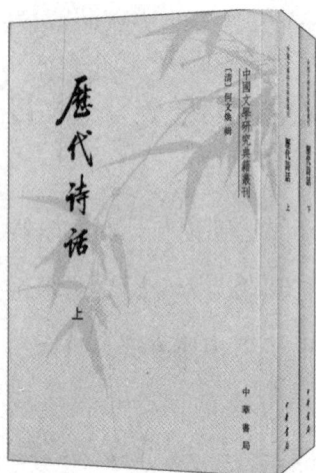

2.《历代诗话》(附《历代诗话续编》) 〔清〕何文焕辑。

中华书局 2004 年版。

本书是诗话丛书。全书共收诗话 27 种,起自萧梁,迄于明代。内容包括梁代钟嵘《诗品》1 种;唐代皎然《诗式》、司空图《二十四诗品》共 2 种;宋代尤袤《全唐诗话》、欧阳修《六一诗话》、司马光《温公续诗话》、刘攽《中山诗话》、陈师道《后山诗话》、魏泰《临汉隐居诗话》、周紫芝《竹坡诗话》、吕本中《紫微诗话》、许顗《彦周诗话》、叶少蕴《石林诗话》、强幼安《唐子西文录》、张表臣《珊瑚钩诗话》、葛立方《韵语阳秋》、周必大《二老堂诗话》、姜夔《白石诗说》、严羽《沧浪诗话》共 16 种;元代蒋正子《山房随笔》、杨载《诗法家数》、范梈《诗学禁脔》共 3 种;明代徐祯卿《谈艺录》、王世懋《艺圃撷余》、朱承爵《存余堂诗话》、顾元庆《夷白斋诗话》共 4 种;末附何氏自撰《历代诗话考索》1 种。

近代丁福保辑有《历代诗话续编》(中华书局 2006 年版),收唐、宋、金、元、明诗话 28 种。

●

3.《明诗话全编》 吴文治主编。

凤凰出版社 1997 年版。

本书是明代诗话总集。全书收录了明代诗话七百二十二家,其中原已单独成书的明代诗话一百二十余种;新辑录的明人散见诗话六百余万字,约占全书的四分之三。六百多家原先无诗话辑本传世的诗论家,从此有了辑本;一百余家原先有诗话专著传世的诗论家,经补充辑录散见诗话后,其诗论著述更臻完备。然而本书在排印时校勘不够精细,错误之处比比皆是,影响了其使用价值。

4.《全明诗话》 周维德集校。

齐鲁书社 2005 年版。

本书是明代诗话总集。全书共收明代诗话 103 种,大部分是善本和孤本,有极高的文献价值。其中不见于《明诗话全编》的共有 12 种,即:朱权《西江诗法》、怀悦《诗法源流》、朱奠培《松石轩诗评》(又名《懒仙诗评》)、杨慎《闲书杜律》、田艺蘅《阳关三叠图谱》、王世贞《文章九命》、郝敬《读诗》、冒愈昌《诗学杂言》、陈懋仁《藕居士诗话》、谈迁《枣林艺箦》、汪彪《全相万家诗法》、钟惺《词府灵蛇二集》。其中《藕居士诗话》原本为清抄本,藏于国家图书馆;《松石轩诗评》为明成化刊本,为天一阁和北京大学图书馆收藏;《诗学杂言》为明末刊本,现仅存孤本,藏于复旦大学图书馆。至于《全相万家诗法》,原本藏于浙江省图书馆,未见任何明清书目文献著录,当是作者爬梳所得。

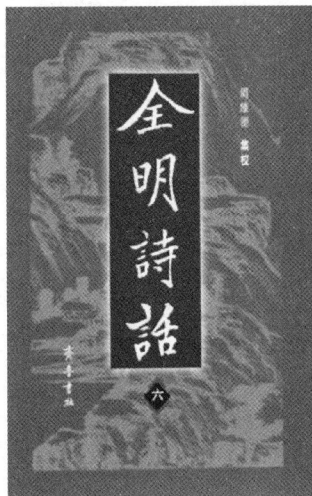

5.《晚晴簃诗汇》 徐世昌著。

中国书店 1988 年版,华东师范大学出版社 2009 年版。

本书是清诗总集。全书共二百卷,模仿黄之振《宋诗钞》、顾嗣立《元诗选》、钱谦益《列朝诗集》及朱彝尊《明诗综》规模,选录了全清诗歌二万七千余首,诗人六千一百余家。其编次为:皇帝、亲王作品居前,然后依科甲次第编排各时期诗人作品,没有科甲可依的,则大略依据作者生卒年先后来编排。后一部分从王夫之、顾炎武、黄宗羲等明末遗民起,至严复、周蕃、李逊、周曾锦、朱联沅等人。之后是闺秀、释道诗。最后是所谓"属国"的诗人之作。本书《凡例》称"不分异同,荟萃众长,旨尚神思,务屏伪体。自大名家外,要皆因诗存人,因人存诗,二例并用,而搜逸阐幽,尤所加意",要求做到"一代之中,各家俱存;一家之中,各法俱在"。本书选录了

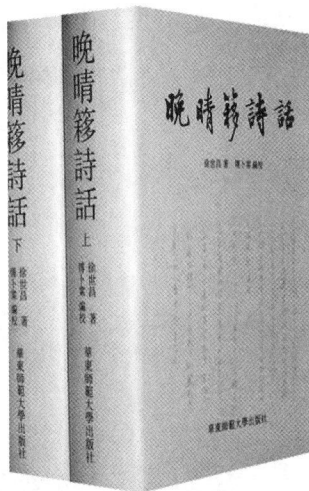

清代几乎全部著名诗人的一些代表作,保存了一些流传不广的难见作品,和一些不知名诗人的资料。每位诗人皆有小传,小传下附各家诗话,选择颇精,对研究清代诗人诗作很有参考价值。

6.《清诗话》 丁福保辑。

上海古籍出版社 2015 年版。

本书系补《历代诗话续编》之遗。全书收录清代诗话四十余种:《姜斋诗话》、《答万季埜诗问》、《钝吟杂录》、《江西诗社宗派图录》、《梅村诗话》、《寒厅诗话》、《茗香诗论》、《律诗定体》、《然镫记闻》、《师友诗传录》、《师友诗传续录》、《渔洋诗话》、《王文简古诗平仄论》、《赵秋谷所传声调谱》、《五言诗平仄举隅》、《七言诗平仄举隅》、《七言诗三昧举隅》、《谈龙录》、《声调谱》、《声调谱拾遗》、《蠖斋诗话》、《漫堂说诗》、《而庵诗话》、《诗学纂闻》、《莲坡诗话》、《说诗晬语》、《原诗》、《全唐诗话续编》、《一瓢诗话》、《拜经楼诗话》、《唐音审体》、《辽诗话》、《秋窗随笔》、《野鸿诗的》、《履园谭诗》、《说诗菅蒯》、《秋星阁诗话》、《贞一斋诗说》、《汉诗总说》、《山静居诗话》、《岘傭说诗》、《消寒诗话》、《续诗品》。

7.《清诗话续编》 郭绍虞编选,富寿荪校点。

上海古籍出版社 2015 年版。

本书系补《清诗话》之遗。全书收录清诗话 34 种:《诗辩坻》、《春酒堂诗话》、《抱真堂诗话》、《诗筏》、《载酒园诗话》、《围炉诗话》、《古欢堂杂著》、《诗义固说》、《西圃诗说》、《兰丛诗话》、《茧斋诗谈》、《小瀛草堂杂论诗》、

《龙性堂诗话》、《剑谿说诗》、《瓯北诗话》、《诗学源流考》、《石洲诗话》、《雨村诗话》、《读雪山房唐诗序例》、《葚原诗说》、《静居绪言》、《国朝诗话》、《石园诗话》、《老生常谈》、《小清华园诗谈》、《三家诗话》、《辍锻录》、《退庵随笔》、《养一斋诗话》（附《李杜诗话》）、《竹林答问》、《白华山人诗说》、《问花楼诗话》、《筱园诗话》、《诗概》。本书所录诗话版本精良，所用底本除《静居绪言》一种为未刊稿外，其余均为原刻本。校点者对原书引诗引文脱误之处多有补正，对论述谬误之处也经考证核实作出了校订，附有校记3000余条。上海古籍出版社2015年版增加了张寅彭教授为全部34种诗话撰写的提要，提要辨析版本源流、作者生平，概述诗话精要，更有利于读者学习与使用。

8.《清诗话三编》 张寅彭编选，吴忱等点校。

上海古籍出版社2015年版。

本书上承丁福保《清诗话》、郭绍虞《清诗话续编》两部经典之作，精选近百种清代诗话，精心标校，根据各诗话成书之年代按时序编排，并为每种诗话撰写提要。其所收范围由论评之作进一步扩大至论评、记事、诗法之作，尤详于乾隆以后学者之著作。本书于版本尽力求精，收入了一批极为难得的未刊稿本、抄本及罕见刊本。全书共10册，选录了97种诗话，与前两编的77种相加，总计174种，大致可涵括有清三百年来诗话之精华。

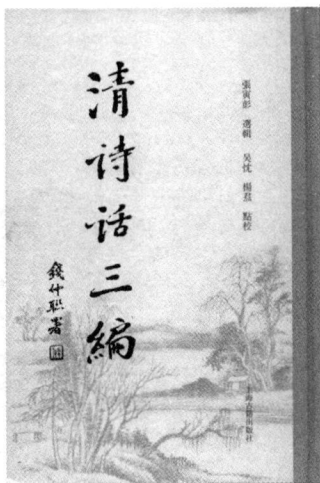

9.《清诗话考》 蒋寅撰。

中华书局2005年版。

本书由两部分构成，上编为目录，下编为提要。上编"清诗话见存书目"，将已知的967种

清诗话以类相从,分为五类:(一)以诗话为名之书;(二)不以诗话为名之论诗笔记;(三)专讲诗格诗律之诗法;(四)专门题材之诗话;(五)丛刊、汇纂诗话。这一分类并不完善,但可以显示清诗话撰写的总体格局、清代诗论家的著作兴趣和数量的分布,便于读者了解清诗话的全貌。各书备注所知版本,凡珍善本均注明庋藏单位,俾读者执为手鉴,就近访求。下编"清诗话经眼录",为作者经眼 464 种清诗话的叙录,仿《四库提要》的体例,记载卷数、版本,考证作者生平与诗话写作年月,评介书中主要内容及观点,摘引前人评论,同时就管见所及,揭其疏误不实之处。诸书大多无整理本,相当一部分是珍稀罕见的稿抄本,凡珍善之本、难见之书,多摘录其序跋文字,省读者翻检之劳。"索引"为所有诗话书名和作者、人物编了音序检索。

10.《词话丛编》(附《词话丛编补编》)

唐圭璋编。

中华书局 1986 年版。

本书是词话总集。原编一百八十二卷,辑录了自宋王灼《碧鸡漫志》至近代潘飞声《粤词雅》共六十种词话著作。所据本子多为精校本、增补本、注释本及少见的珍本。唯印刷时错讹不少。1934年由南京词话丛编社刊行。初版仅印线装二百部,且无标点。上世纪 50 年代末,编者又对此书加以校订标点并加小标题,并增辑宋人词话及晚清诸家词话二十五种,共计八十五种,于 1986 年由中华书局出版。

《词话丛编》初版辑印词论著作六十种,后增收二十五种,合八十五种,几乎囊括了由宋至近现代的所有词学论著。编者所收词话并非仅有单行本,有的采自全集,如王世贞《艺苑卮言》采自他的《弇州山人四部稿》,张侃的《拙轩词话》采自四库珍本《拙轩集》;有的采自丛书，如周密《语然斋雅谈》采自"武英殿聚珍版丛书"，陆辅之《词旨》采自"百尺楼丛书"；有的采自词选，书中所录张惠言、周济的词论分别见于两人的《词选》和《宋四家词选》；有的还采自报章杂志，如朱孝臧的《彊村老人评词》见于《词学季刊》，冒广生的《小三吾亭词话》见于《国学萃编》；对于没有正式刊印的词论亦不摒弃，杜文澜的《憩园词话》、沈曾植的《菌阁琐谈》，采自抄本。《词话丛编》所选用的底本多为善本、足本，有的还是罕见之珍本。所收词论著作"大抵以言本事、评艺文"为主，有关词乐、词律、词韵、词谱以及词作评论、词集笺注等书，则一概不收。有的理论著作兼涉诗与词，也弃置不录。本书大致按著者时代先后依次排列，总目中标明词论著作的名称、卷数，并用小字注明著者姓名、著作版本以及出处，让人一目了然。每一论著前列出了该书目录，书中每条内容也标上了序号，并添注标题，言简意赅地概括了本条的主要内容，方便读者查找。书末附"词话丛编索引"。

此外，葛渭君编有《词话丛编补编》（中华书局 2013 年版），共六册。其体例遵循《词话丛编》惯例，"大抵以言本事、评艺文为主"，收录词话著述六十七家，总计近三百万字。

11.《历代词话》（附《历代词话续编》）　张璋等编纂。

大象出版社 2002 年版。

本书汇辑了历代词话共一百二十余篇。上起唐宋，下迄清末。全书按时间顺序排列，采取汇编体，不作分类编组。作者生于清末而卒于辛亥革命以后者，无论其著作写于何时，均不收入。所辑词话，以讲词学理论、体制、风格、流派、品评、作法为主，对格律、音韵、考辨、版本诸方面之论述，亦适当兼顾。所辑词话以内容为主，有些著作在体裁上虽不以词话形式出现，如序跋、题咏、札记、书函等，但凡具有词话性质之诗文，亦酌情选录。但对文学史中之论词章节和词谱、词韵及词书目录等之专著，概不收录。本书还收录了一批"谈词话"之作，为词话发展史研究提供了许多宝贵见解及资料。此外，本书还收录了一批"论词绝句"，其中不少精辟之言，对历代名家、名作意象之体察，颇得其妙。

此外，张璋编有《历代词话续编》（大象出版社 2005 年版），汇辑历代词话一百一十八篇。上起民国初年，下迄新中国建国前夕。体例承袭《历代词话》之旧。

12.《历代文话》（附《历代文话续编》） 王水照编。

复旦大学出版社 2007 年版。

本书是我国第一部大规模全面整理文章理论的资料总集，其地位可与《历代诗话》、《词话丛编》比肩，成鼎立之势。全书共收录了自宋代以来至 1916 年问世的文话类著作 143 种，其中宋代 20 种，元代 8 种，明代 31 种，清代 54 种，民国初 30 种。另附日本作者文话 2 种、《知见日本文话目录提要》30 种，计 600 余万字。所收内容以论古文的论著为主，酌情选收论评骈文、时文的集成性著作，按照作者生卒年月的先后顺序排列。每书撰写提要，简介作者生平、作品内容以及版本情况。所选版本精良，质量可靠；提要言简意赅，精当允切。

此外，余祖坤编有《历代文话续编》（凤凰出版社 2013 年版），分上、中、下三册，收录了明清和民国时期的文话共计 27 种。这些著作，或融会前代理论，或批判前人陈说，具有鲜明的总结性、反思性和创新性。

13.《历代曲话汇编》 俞为民、孙蓉蓉编。

黄山书社 2009 年版。

本书是迄今为止最为完备的曲话类书。全书以人立目，按时代分编，共四编：唐宋元编、明代编（3集）、清代编（8集）、近代编（4集），收录了自唐代以来 376 位曲论家的 175 部曲话专著（含辑录）和 700 多篇单篇评论，涵盖了中国古典戏曲理论产生及发展的整个历史过程。内容主要包括：记录作家水平事迹，品评其创作特色；记载演员水平事迹，品评其演唱技艺；记载戏曲史料，论述戏曲的形成及其发展；记载曲目，并加以评述；论述戏曲创作方法与技巧；论述戏曲演唱方法与技巧；考辨史料、品评剧作、论述创作方法；论述戏曲格律谱与戏曲韵谱。此外，本书还包含了一些评点、序跋、尺牍、小品和日记中的有关资料。所收版本力求精良，有不同版本者以善本为底本，同时补充与吸收发现的曲论著作。

本书刊行以来，随着新材料的发现，有不少学者对其进行增补，如周琪《〈历代曲话汇编〉订补》（《中国古代小说戏剧研究》2013 年（第九辑））与叶天山《〈历代曲话汇编〉（唐宋元明）正补》（《中国古代小说戏剧研究》2014 年（第十辑））都补充了不少新的材料。

───────────────── ● ─────────────────

14.《中国历代文论选》（上、中、下） 郭绍虞主编。

上海古籍出版社 1980 年版。

本书所选篇目以理论性的作品为限，取其能够阐明某种文学思想和主张，在文学理论的发展历史上具有一定形式的代表意义。全书分上、中、下三编，上编起于周、秦，迄于隋、唐；中编宋、元、明；下编清代。每篇正文大都是反映某一时期或某一流派的文学思想和主张，或者从理论上提出了新的问题，或者较为全面地总结了前人的意见，每篇作品皆有注释和说明。正文之后，各有附录。附录或解说正文，有所阐发；或义有异同，可资印证；或论旨相同，后人引伸，有所发展。作者在其他文章中提出的理论，可帮助读者全面地理解其主

张的，均附辑正文后。正文按照作者所在时代的先后排列，有时亦按照问题性质以类相从；附录位于正文之后，亦尽可能以时代为序。从全书的结构编次安排上，可以略见我国古代文学理论发展的历史概况；从所选的篇目上，又可以较为全面地了解每一个时代入选的理论家对文学发展提出的主张。

15.《中国文论选·近代卷》（上、下册） 邬国平、黄霖编著。

江苏文艺出版社 1996 年版。

该书选录了 1840—1919 年间中国文学批评的代表著作，并大致以作者生年先后为序排列。入选论著版本均注明出处。各篇文字，均加有注释。

本书所选篇目为 1840 年至 1919 年中国文学理论批评的代表著作，以作者生平年代为序排列，不知生年者，以其文章发表年代作适当安排。发表时用笔名字号者（以字行者例外），在目录中用括号标出，并在正文中加以注明。入选各篇均有注释、说明，简明扼要地阐述了选文的主要观点和文论史上的线索与问题。

16.《中国古代文论类编》 贾文昭主编。

海峡文艺出版社 1988 年版。

本书收集了古代文论中的精华，按条归入创作论、文源论、因革论、鉴赏论和作家论等编。每编再分列细目，如"意境"、"风骨"等。每部分之前有说明，对其内容作了简要评述。所收录资料的时限为上古到鸦片战争；所收录资料的范围基本上限于文学，酌情收录部分近代文论

新编中文工具书

以及对文论有影响的乐论与画论。材料按问题分类，按论点编排，以时间为序。如关于"诗言志"、"意境"、"形神"、"含蓄"、"赋比兴"等的资料，按照以类相从的方法编排，并按朝代顺序收入各自所属的编次，读者可以一目了然。例如"创作论——文学的形象性"便收录与"形象"一词相关之论文76条：

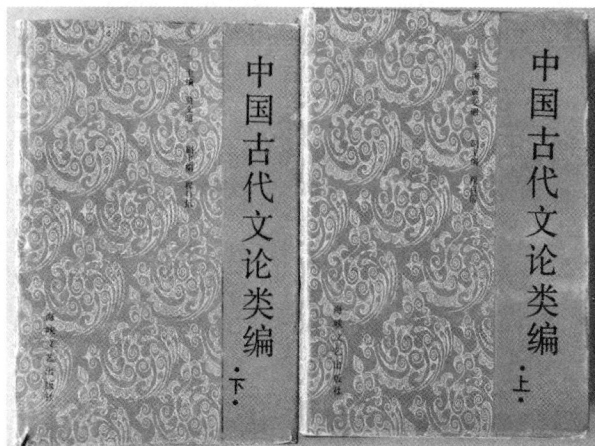

1. 形象

形……象……形象……物象……意象……兴象

一　圣人有以见天下之赜，而拟诸其形容，象其物宜，是故谓之象。《周易·系辞上》，四部丛刊本

二　参伍以变，错综其数。通其变，遂成天地之文。极其数，遂定天下之象。非天下之至变，其孰能与于此？《周易·系辞上》，四部丛刊本

三　易者，象也；象也者，像也。《周易·系辞上》，四部丛刊本

四　道之为物，惟恍惟惚。惚兮恍兮，其中有象；恍兮惚兮，其中有物。老子《道德经·虚心第二十一》，四部丛刊本

五　盖帝尧长，帝舜短；文王长，周公短；仲尼长，子贡短。……长短大小，美恶相形，岂论也哉！《荀子·非相》，《荀子集解》，中华书局

……

17.《先秦文论全编要诠》　赵逵夫主编。

人民文学出版社 2010 年版。

本书对先秦时期的文学理论、文学批评和文学思想等资料进行了较全面的挖掘、整理、

注释和辨析，内容包括《尚书》、《易经》、《诗经》、《逸周书》、《穆天子传》、《国语》等。每书先概述其时代背景、成书经过、版本沿革等基本情况，再详述其中的重点篇目与重要命题。例如：

尧典（节录）

【说明】《尧典》为《尚书》的第一篇。东晋晚出《古文尚书》析后半部分为《舜典》，今依《今文尚书》之旧，作为《尧典》。近人多对《尚书》中虞夏书部分持怀疑态度，以为是后人所伪撰。但据竺可桢《论以岁差定尚书尧典四仲中星之年代》一文用现代科学方法推算，"以鸟、火、虚三星而论，至早不能为商代以前之现象。惟星昴则为唐尧以前之天象"，论定《尧典》写成于殷末周初。那么，它应是虞夏时所传材料，后人根据文字语言的发展，易以训诂语及当时通行字体，也有所补充和修改。

《尧典》中提出的"诗言志"，如朱自清先生所说，为我国历代诗论的"开山的纲领"（《诗言志辨》）。所提出"直而温，宽而栗，刚而无虐，简而无傲"的原则，虽是就音乐的风格而言，但对后来的诗教、文论，有很大影响。"诗言志，歌永言"及"声依永，律和声，八音克谐，无相夺伦"反映了上古人们对诗、乐关系的认识及我国早期音乐理论所达到的水平。"击石拊石，百兽率舞"也反映了上古时代诗、乐、舞结合的情况。

舜对龙的一段话，反映了在我国国家形成阶段中，部落联盟首领对于言论的社会作用的重视。对公文等应用文所提出的"惟允"的原则，也有重大的意义。（《尚书·尧典》）

前言洋洋洒洒四万余字，引经据典，纵横捭阖，阐述的先秦文艺理论与文学理论，既有对前人研究成果的总结概述，又有作者自己的心得与发明，同样具有重要的参考价值。

18.《中国古代文艺理论资料目录汇编》 山东大学中文系古代文艺理论史编写组编。

齐鲁书社 1981 年版。

本书是编者撰写《古代文艺理论史》的副产品。卷首序称"本书所选资料,大部分经过同原书核实,但有少数论著,限于本校藏书,未能核对原著。凡时代大致可定的资料,都分类按历史先后编列;少数论著的具体年代难定,版本不详,便附于各个时期的最后"。全书包括六个方面的内容:(1)文论、诗论、小说评论;(2)乐论;(3)画论;(4)戏曲理论;(5)书法理论;(6)篆刻理论。每部分所收资料包括专书、专篇和某些篇目中的有关内容。所录资料一般注明出处及其版本。例如:

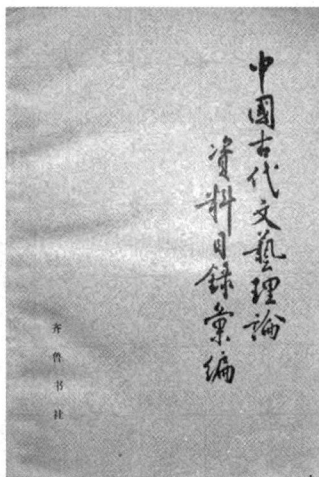

画论:

魏晋南北朝

曹植　画赞序　中国画论类编

陆机　士衡论画　中国画论类编

王廙　平南论画　中国画论类编

顾恺之　魏晋胜流画赞　画史丛书

画云台山记　　中国画论类编

孙畅之　述画记　画史丛书

宗炳　画山水序　画史丛书

王微　叙画　中国画论类编

刘义庆　世说新语　巧艺(钟会是荀济北从舅、顾长康画裴叔、顾长康好写起人形、顾长康画人)　诸子集成本

谢赫　古画品录　说郭卷九十,宛委山堂本　美术丛书三集第六辑,王伯敏标点注释本,人民美术出版社出版

梁元帝　山水松石格　美术丛书三集第九辑《画论丛刊》

姚最　续画品　丛书集成本　美术丛书三集第六辑,王伯敏标点注释本,人民美术出版社

19.《宋代文艺理论集成》 蒋述卓等编著。

中国社会科学出版社 2000 年版。

本书为宋代诗文、绘画、书法、音乐理论的汇编，所选资料主要为宋人总集、别集中的序跋、题记、书信、小品、论文、诗歌，以及诗话、词话、文话、笔记和书画乐的专著等。所录作者一律按生年先后排列，其时间包括南北两宋和金代。因金代作者人数较少，只有赵秉文、王若虚、元好问等，故不单独列出金代，而是包括在宋代之内。入选作者均简介其姓名、字号、生世、籍贯、著述以及文艺观点等；篇目简述其理论内涵与影响，并注明版本。例如：

【说明】吴道子(？—792)为唐代著名画家，擅画佛道人物。苏轼在这篇跋中盛称其笔法技巧，并指出他能"出新意于法度之中，寄妙理于豪放之外"。这种把自由与法度、率意与巧思结合起来的艺术辩证法，对文艺创作具有普遍性的指导意义。

智者创物，能者述焉。非一人而成也。君子之于学，百工之于技，自三代历汉至唐而备矣。故诗至于杜子美，文至于韩退之，书至于颜鲁公，画至于吴道子，而古今之变，天下之能事毕矣。道子画人物，如以灯取影，逆来顺往，旁见侧出，横斜平直，各相乘除，得自然直数，不差毫末，出新意于法度之中，寄妙理于豪放之外，所谓游刃有余，运斤成风，盖古今一人而已。

余于他画，或不能必其主名，至于道子，望而知其真伪也。然世罕有真者。如史全叔所藏，平生盖一二见而已。元丰八年十一月七日书。

（中华书局排印本《苏轼文集》卷七十苏轼《书吴道子画后》）

20.《中国古代文学理论名著题解》 吴文治主编。

黄山书社 1987 年版。

本书介绍了我国古代文学理论名著 146 部，包括文论、诗话、词话、戏曲理论、小说理论等各类著作，大体按时代先后顺序排列，以见中国古代文学理论发展的概貌。本书主要介绍了名著的基本内容并略加分析评论，对原著作者和版本亦作了必要的介绍。与大多数名著题解由作者一人撰写不同的是，本书乃集体编撰的结果，所撰条目由古代文论研究不同领域的学者完成，体现了术业有专攻的学术特色。

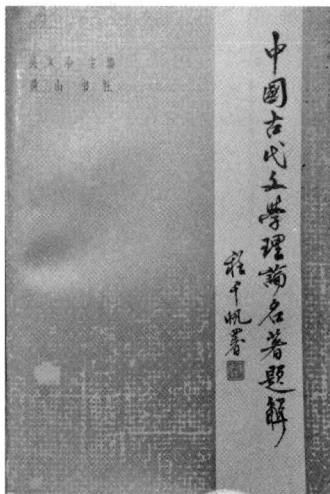

21.《中国文学论著集目正编》 "国立编译馆"主编。

台北五南图书出版有限公司 1996 年版。

本集目分正、续两编，各有七单元。正编包括中国通代文学、先秦两汉文学、魏晋南北朝文学、隋唐五代文学、两宋文学、辽金元明文学、清代文学。所收书目以有关中国文学研究的论著为主，兼及翻译、校注、索引、书志、资料汇编及其他相关参考资料。各单元以朝代为限，按文体及其性质分类，如分通论、诗、文、小说、戏曲等；每类又分中文、日文、韩文、西文四个部分，每个部分包括论著、翻译、校注、书志、索引、资料汇编等项，按年月排列。所收论著篇目包括发表于杂志的论文与未公开出版的硕士、博士论文，专书与报章文史周刊中的论著篇目亦有选录。每单元附引用书目、西文期刊全名缩写对照表、著译者索引与姓氏笔画检字表。

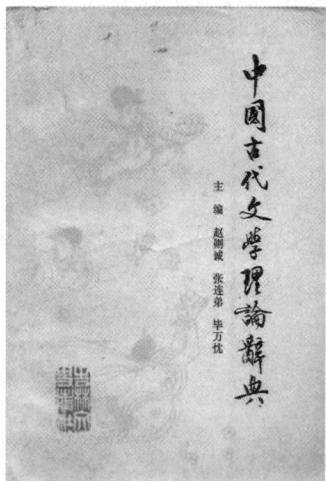

22.《中国古代文学理论辞典》 赵则诚等主编。

吉林文史出版社 1985 年版。

本书收词目近 1000 条,时间上起先秦,下迄清末。所收词目按内容分类编排,分历代理论家、理论著作、文体流派和名词术语四大类,每类依据年代先后排序,均力图搜罗备至。释义较有特色,如"名词术语"部分,释义时先引出处,然后分析阐述,许多条目的释义实为一篇小小的论述文字,对初学中国古代文学理论者理解原文有一定的帮助。书后附列"笔画索引",供读者检索。

23.《文艺美学辞典》 向峰主编。

辽宁大学出版社 1987 年版。

本书收词目 1200 多条,共分五类:一、文艺美学基本理论;二、文艺美学一般问题;三、文艺审美分类创造;四、中国文艺美学要略;五、外国文艺美学要略。其内容涵盖了文艺学美学的一般理论,以及中外古今的有关代表人物、论著、观点、流派等,并扩延到了生活应用美学领域,如商品美学、技术美学、环境美学、建筑美学等。释义较注意吸收当代的研究成果。

24.《中国现代作家论创作丛书》 上海文艺出版社编。

上海文艺出版社 1982—1986 年版。

本丛书第一辑是鲁迅、郭沫若、茅盾、叶圣陶、冰心、巴金、老舍、夏衍、丁玲、田汉、曹禺、张天翼、艾青、赵树理14位著名作家论创作的专集,共收入 14 位作家论创作的文章 1300 余篇,合计 540 余万字。各集内容大致上包括三部分:(1)谈自己创作历程和创作经验的文章;(2)评论他人创作的文章;(3)泛论文艺创作问题的文章。本丛书具有非常高的史料价值,既是我们研究现代作家不可或缺的重要资料,又为我们研究现代文学理论提供了重要的参考依据。如《冰心论创作》第一辑收录了《自传》、《童年杂忆》(节录)、《回忆"五四"》、《从"五四"到"四五"》四篇文章,为我们研究冰心的家世背景以及政治事件对作家创作的影响提供了非常重要的材料。

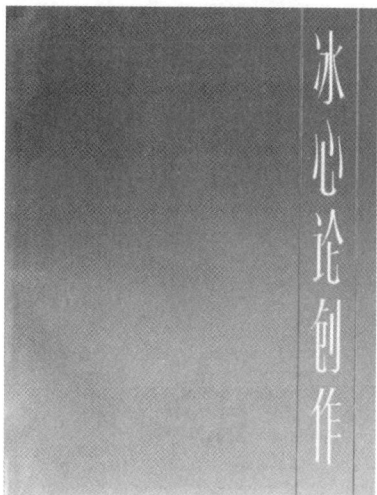

25.《新时期文艺学论争资料》(1976—1985)

复旦大学中文系资料室编。

复旦大学出版社 1988 年版。

本书所收资料时限为 1976 年 10 月至 1985 年 10 月,所有资料按专题分类编排,每一专题内分讨论综述、文章索引两项。索引项内诸条均以时序排列。上册所收专题:一、关于文艺与政治;二、关于现实主义;三、关于艺术典型;四、关于文艺的真实性;五、关于歌颂与暴露;六、关于革命的现实主义与革命的浪漫主义相结合的创作方法。下册所收专题:七、关于异化论、人性论、人道主义;八、关于艺术生产与物质生产发展不平衡关系;九、关于形象思维;十、关于创作"灵感";十一、关于"共同美";十二、关于"人民性";十三、关于题材和主题;十四、关于"深入生活";十五、关于"写新人";十六、关于爱情描写;十七、关于悲剧;十八、关于"朦胧诗";十九、关于"新的美学原则";二十、关于"自我表现";二十一、关于文艺批评标准;

二十二、关于西方现代派文学；二十三、关于文艺研究方法论。

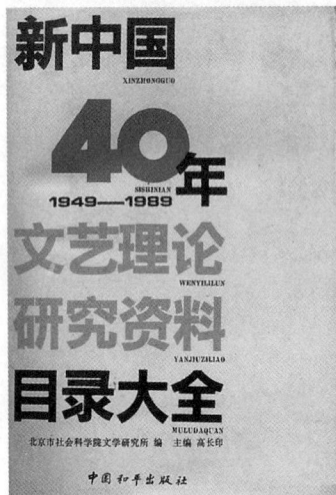

26.《新中国 40 年文艺理论研究资料目录大全》(1949—1989) 高长印主编。

中国和平出版社 1992 年版。

本书收录了自 1949 年 10 月至 1989 年 12 月的四十年间出版的文艺理论研究资料。全书分为 36 个专题，有些专题又分若干细目，所有目录均以年、月或期刊、丛刊号为序排列。其内容包括马克思主义文艺理论研究、文学理论概论、文学语言问题、文艺和政治的关系问题、我国古代近代文学理论批评及美学思想研究、外国文学思想研究等 36 个专题。

27.《二十世纪中国古典文艺理论研究论文索引》 叶农编。

花城出版社 2005 年版。

本书收录了自 1900 到 2000 年一百年间中国古典文艺理论研究领域的研究论文 12300 余篇。全书分通论、断代两大部分，通论收跨代研究的论文篇目，包括综述、诗歌、散文、戏曲、小说、音乐、舞蹈、绘画、书法等内容；断代收按朝代研究的论文篇目，自先秦以迄近代。附录包括著者索引、出处索引与主要参考书目。

28. 《中国少数民族文艺理论集成》 彭书麟等主编。

北京大学出版社 2005 年版。

本书辑录了我国 112 位少数民族知名文论作家和 53 位佚名作者共 370 篇（部）作品，时限上自远古，下迄 1949 年，纵贯近两千年。其内容包括专门的文艺理论著述和在哲学、宗教学、伦理学、语言学，以及文学作品（诗歌、散文、民间传说故事等）中所发之文论，按古代民族和当代少数民族先后为序；当代少数民族则按《新华字典》"附录"之"我国少数民族简表"排列的先后为序。总体上以民族为单元，按文学、音乐、舞蹈、绘画、篆刻等类别先后顺序排列；同一民族中，以作者的生平年代先后为序。代表作家作品有元结《〈补乐歌〉序》、慕容彦逢《为陈秀才题墨妙堂》、元好问《论诗三十首》；刘禹锡《献权舍人书》、《答柳子厚书》；法拉比《诗论》、《论诗人艺术的规律》；辛文房《唐才子传》；哈斯宝《新译〈红楼梦〉回批》、萧乾《我与文学》；萨都剌《〈武夷诗集〉序》、李贽《童心说》、蒲松龄《〈聊斋志异〉自序》；沈从文《我的写作与水的关系》等。

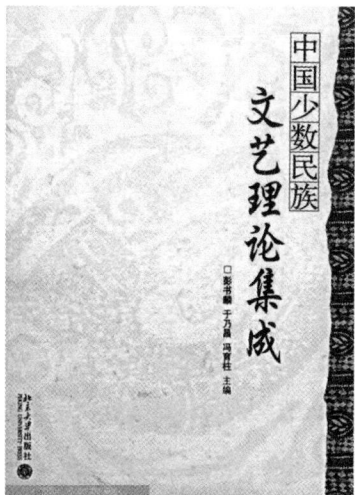

---

29. 《文学理论批评术语汇释》 王先霈、王又平主编。

高等教育出版社 2006 年版。

本书是文艺学系列教材的配套工具书，释义对象为文艺学学科专门术语。全书分为马克思主义文学理论批评、中国古代文学理论批评、西方现代文学理论批评三大部分，共收词目 1300 余条。此外，本书还适当收入了一些与文艺学密切相关、并常见于文学理论批评著述中的哲学、语言学、心理学、社会学、人类学、传播学等学科的术语，并从文学理论批评的角度予以释义。

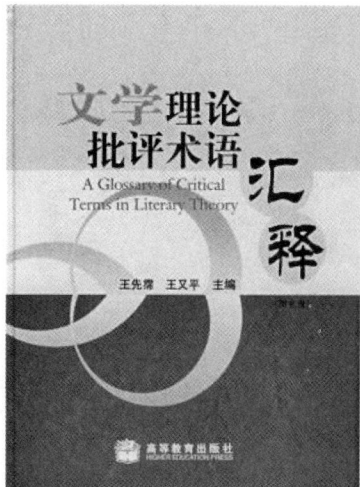

马克思主义文学理论批评术语按理论体系的构架归类排列；中国古代文学理论批评术语按问题与出现的年代次序排列；西方现代文学理论批评术语按问题或学派归类后，再依据理论体系的构架排列。术语解释侧重于介绍其提出时和流行中有代表性的阐述，力求贴近原意。中国古代文学理论批评术语每一词目的释文中，人名第一次出现时均注明朝代，西方现代文学理论批评术语的词目采用通行译法并附外文。例如：

白描

本是中国传统绘画术语，指纯用墨线勾描，不着颜色的表现手法。古代文学批评论词常使用这一术语。清沈谦《填词杂说》："白描不可近俗，修饰不得太文。"清沈祥龙《论词随笔》："词不宜过于设色，亦不宜过于白描。设色则无骨，白描则无采。如粲女试妆，不假珠翠而自然浓丽，不洗铅华而自然淡雅，得之矣。"清金圣叹更早用于小说批评，其《第五才子书施耐庵水浒传》第九回夹批曰："真是绘画高手，龙眠白描，庶几有此！"张竹坡《批评第一奇书金瓶梅》大量选用白描这一术语。其中的《金瓶梅》"读法"曰："读《金瓶》当看其白描处，子弟能看其白描处，必能自做出异样省力巧妙文字来也。"第一回批道："一路纯是白描勾挑。写妇人，写武松，毛发皆动。""描写伯爵处，纯是白描追魂摄影之笔。……俨然纸上活跳出来，如闻其声，如见其形。"第二十六回批道："直讲人情，妙。白描中化工手也。"第三十回批道："白描入骨。""总是现妒妇身说法，故白描入化也。"

30.《二十世纪中国小说理论资料》（五卷）

第一卷，陈平原、夏晓红编，北京大学出版社1989年版。

本卷所收录的新小说资料，始于1897年，迄于1916年，按照时间先后顺序排列，于篇末注明最早刊发或出版的处所及时间。收录范围包括论文、序跋、发刊词、杂评、笔记、广告、书信等，并有个别作品的片断及评语，凡能反映此一时期小说创作面貌及小说观念变化的，均予选录。选录重点，一是与此一时期重要的作家、作品有关的材料；二是小说杂志

发刊词;三是对西方小说的介绍及对传统小说的重估。卷末附"1897—1916年中国小说理论资料编目"。

第二卷,严家炎编,北京大学出版社1997年版。

本卷所收录的小说理论资料,始于1917年,迄于1927年,按照时间先后顺序排列,于篇末注明最早刊发或出版的处所及时间。收录范围包括有关小说的理论、评论、序跋、专著、创作谈、书信、杂论等。凡能反映此一时期小说的观念变化、理论建树与创作面貌的,均予选录。着重收录文学革命后新文学各社团、各流派和重要作家、评论家的小说理论文字,同时也注意收录学衡派、鸳鸯蝴蝶派等不同于新文学阵营的作家、评论家的代表性小说理论主张及文章。卷末附"1917—1927年中国小说理论资料编目"。

第三卷,吴福辉编,北京大学出版社1997年版。

本卷所收录的现代中国小说理论资料,始于1928年,迄于1937年,按照时间先后顺序排列,于篇末注明最早刊发或出版的处所及时间。个别当年未及正式发表却实际产生影响者,收入附录。收录范围包括论文、序跋、杂评、笔记、书信、讲演辞、专著等,长篇选文则适当节录。选录重点为重要作家关于小说文体、技巧的理论文字,大致纯理论文章选择略宽,其他则从严从简。卷末附"1928—1937年中国小说理论资料编目"。

第四卷,钱理群编,北京大学出版社1997年版。

本卷所收录的小说资料,始于1937年7月,迄于1949年9月,按照时间先后顺序排列,于篇末注明最早刊发或出版的处所及时间。收录范围包括论文、序跋、书评、创作经验谈、座谈记录、广告、书信等,并有个别作品片断,凡能反映这一时期小说创作面貌及小说观念变化的,均予选录。选录重点,一是此时期小说理论、形式的探讨;一是重要作家作品有关的材料;一是对西方小说理论、作品的评介,以及对传统小说的重估;也收录了一部分反映与小说创作有关的时代文学思潮的代表性论述。卷末附"1937—1949年中国小说理论资料编目"。

第五卷,洪子诚编,北京大学出版社1997年版。

本卷所收录的小说理论资料,起于1949年,迄于1976年,按照时间先后顺序排列,于篇末注明最早刊发或出版的处所及时间。收录范围包括作家作品论、作品集序跋、创作经验谈、关于小说创作和理论问题的论争、小说阅读的调查,以及个别小说作品的片断等。重点收录对本时期小说创作在题材、主题、人物创造和艺术形式的变异、发展状况的重要性上的论述,以及有关小说发展方向、文体特征、"民族化"道路和小说创作上"雅"与"俗"关系的材料。卷末附"1949—1976年中国小说理论资料编目"。

31.《中国新时期小说理论资料汇编》 周新民主编。

武汉大学出版社2013年版。

本书所收录的小说理论资料,起于1980年,迄于2007年,按照时间先后顺序排列。资料收录范围主要是报刊等出版物上有关这一时期小说的评论文字,以及能显示这一时期小说风貌和小说观念的材料,包括作家作品论、作品集序跋、创作经验谈、关于小说创作和理论问题的论争等。其中重点收录对本时期小说创作在题材、主题、人物创造、艺术形式的变异、发展状况等方面有较大意义的资料,尤其关注小说发展方向、文体特征、小说理论译介等方面的材料。

32.《中国历代小说批评史料汇编校释》 黄霖、罗书华编撰。

百花洲文艺出版社2009年版。

本书选录了自先秦至近代具有代表性的小说批评文献近200种,包括小说序跋、题辞、评点、杂论、笔记、小说话、书信以及小说文本等多种形式,并按照作者生平时代的先后顺序排列。每篇文献包括作者简介、正文、注释和评释等内容。选文大多以早期抄刻本为底本,少数采用今人整理本。除底本较为精良以外,本书注释非常详尽,有助于读者阅读原文。评释乃作者对选文主要观点或关键概念术语的解读,虽为编者一家之言,但仍然具有相当的参考价值。

33.《中国古代小说文体文法术语考释》 谭帆等著。

上海古籍出版社 2012 年版。

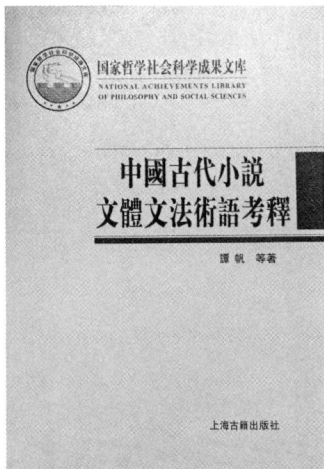

本书既是一部颇具学术含量的研究专著,又是一部有关小说文体理论的工具书,兼具学术性与资料性二者之长。全书分绪论和正文两大部分。绪论部分以较大篇幅详细分析了中国古典小说文体术语和文法术语的基本情况和价值,包括《术语的解读:小说史研究的特殊理路》和《文法术语:小说叙事法则的独特呈现》两篇专论。正文分上下两卷,考释了 27 个在中国古代小说史上影响深远的小说术语。上卷考释了"小说"、"寓言"、"志怪"、"稗官"、"笔记"、"传奇"、"话本"、"词话"、"平话"、"演义"、"按鉴"、"奇书"、"章回"、"说部"、"稗史"15 个小说文类、文体术语;下卷考释了"草蛇灰线"、"羯鼓解秽"、"狮子滚球"、"背面铺粉"、"横云断山"与"山断云连"、"水穷云起"、"斗笋"、"大落墨法"、"加一倍法"、"章法"、"白描"、"绝妙好辞"等 12 个小说文法术语。每篇考释之体例大体相同,考镜源流,梳理内涵,抉发意旨,评判价值,做到了资料与考释并重。每篇大都提供相关的阅读篇目。书末附"中国古典小说文体术语研究论著总目",可供读者延伸阅读和查询。本书通过对中国传统小说文体之清理,为中国小说研究和小说创作的未来发展提供了合理的借鉴。

34.《中国当代文学批评大系:一九四九—二〇〇九》 王尧、林建法主编。

苏州大学出版社 2012 年版。

本书收录了新中国成立后至 2009 年的论文共 200 余篇,按发表时间分为六卷。为全面

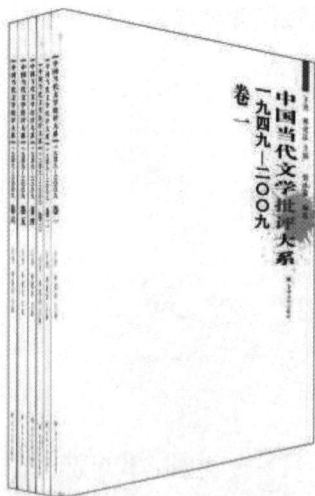

体现当代文学批评的发展全貌,本书还收录了一些特殊历史时期有过重大影响的负面文论。为保留当时文章原貌,除对明显文字舛误、漏字和衍字分别用"()"、"【】"进行括改外,对在相关规范出台前出现的异形词、异译词等,全予保留。标点写法、数字写法、时间写法、文献著录格式以及详略等,亦尽量保持原貌,以体现历史真实。对一些特殊作者以及当时冠署非常见笔名的作者,略加简介和括注;原稿署有写作地点以及有时间、作者附记的,也予以保留,以便揭橥实况。每卷卷末设编后记,概述编录思想,以便读者更好把握要义。

35.《中国古代文艺理论专题资料丛刊》

徐中玉编撰。

中国社会科学院出版社 2013 年版。

本书辑录了先秦至近代的中国古代文艺理论资料(包括一般原理、创作经验、批评鉴赏等),内容包括诗、文、词、曲、小说、戏剧、绘画、音乐、雕塑、书法等,分《本原》、《情志》、《神思》、《文质》、《意境》、《典型》、《艺术辩证法》、《风骨》、《比兴》、《法度》、《教化》、《才性》、《文气》、《通变》、《知音》十五编。每编下边又分专题,如《本原》编包括"文艺的来源"与"文艺的特性",《教化编》包括"文艺的地位"、"文艺的作用"、"诗教"、"文以载道"、"真善美"、"文艺的感染力"等专题。专题下再分细目辑录相关资料。全书按问题分类,按论点安排。每一论点的资料均按时代顺序排列,个别无法查考年代而又具有重要理论价值的资料,排列于该论点的资料之后。

●·· 二、 西方文艺理论

1.《文艺辞典》(正续编) 孙俍工编。

1928 年上海民智书局出正编,1931 年出续编。

正编收外国文学艺术重要名词术语约三千条,内容包括文学(诗歌、戏剧、小说)、绘画、雕刻、建筑、工艺美术、装饰、音乐、作家、作品等。收西方作家、作品条目甚多,其中作家条目介绍了其生平和代表作;作品条目介绍了梗概,并略作评论。每个词条下附注英文、法文或德文,按首字汉字笔画多少排列,有插图。续编收中国文学、佛学、艺术名词术语,并附中国文艺年表。例如:

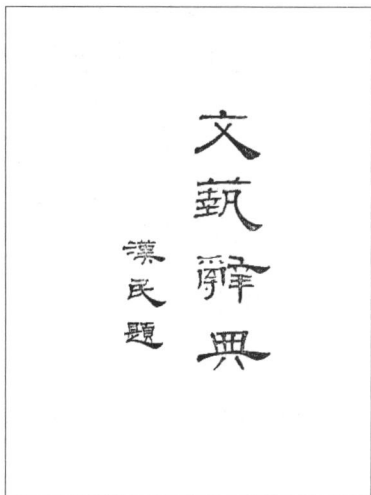

三一律(Three Unity)

或作"三一致"。

戏剧上的用语。在戏剧里的时间、处所、动作三者必要一致。这种戏剧底形式在希腊时代底古代剧是奉为金科玉律的,其后因莎士比亚出现通行打破,十九世纪浪漫主义得胜,更藐视这种形式。但到了易卜生剧,又渐渐使用这种方法了。

2.《文学术语辞典》 戴叔清编。

上海文艺书局 1931 年版。

本书是一部专门解释文艺理论名词术语的辞典,介绍了近四百个词条,包括一般审美范畴(如"优美"、"滑稽")、文学思想(如"泛神论"、"温情主义")、文学潮流(如"实验派小说"、

"新古典主义")、文学批评（如"印象批评"、"归纳的批评"）、文学类编（如"小说"、"剧诗"）以及文学创作方法（如"模拟"、"隐喻"）等类别，以汉字笔画为序排列。条目的撰写以中文为主，后附外文名称，但条目的内涵基本上源自西方。本书反映了19世纪末到20世纪初中西文学文化交流过程中，中国人对西方文学理论的接受过程。例如：

小说（fiction）

所谓小说，简单地说就是人及其生活状态的反映，换言之，即人间生活的表现。彼的形式常是自由的散文，彼的起源可以说是与叙事诗同样的古。因为叙事诗的特色是在叙说故事，而小说也是一种的故事的缘故，所以在小说里的故事的要素是与叙事诗一样的古。小说，以外，古来说得极高，现在举其重要的数说于次：（1）小说不单是把大事缩小，而且欲把小事变得有趣味的。换言之，即是一篇有名的小说不单是人间生活的缩写，却是捉住人生的一断片而深刻的描写出来的。——（叔本华）（2）小说不是模仿或者人生的适确的典型，却是把读书、观察、经验中之所抽出来的性行，事实加以选择而编成一种全然新奇的谈话。——"Knowlson, I. S."（3）小说是实际生活和风习的绘画，又是其时代的绘画。——"Reeve Clara"（1725—1803）——（英女小说家）（4）在想象的事件当中把人生的真性具体化就是小说的目的——"Hamiton, Willion,"（1788—1856）（英哲学家）

3.《外国理论家作家论形象思维》 中国社会科学院外国文学研究所《外国文学研究资料丛刊》编委会编。

中国社会科学出版社1979年版。

本书分上、下两编，收录了古希腊罗马时期至20世纪70年代西欧、俄苏和美国有影响的文艺理论家、批评家和作家有关"想象"、"形象思维"的言论资料。上编包括三个部分：第一部分收入自古希腊罗马以来至 19 世纪初的英、法、德、意等国古典理论批评家和作家的有关言论,第二部分收入 19 世纪俄国革命民主主义批评家及其他作家的一些言论,第三部分收入苏联十月革命前后的马克思主义批评家和作家的言论。这三个部分在时间上彼此衔接,据此可以看到"形象思维"这个概念及其有关见解在欧洲文艺理论史上发展过程的一个轮廓。下编是现代部分,分西欧及美国和苏联两个部分。前者选的是上世纪初至上世纪 50 年代西方有影响的现代资产阶级理论家和作家的材料,他们探讨的主要是创作中的想象问题;苏联部分始于上世纪 30 年代,下迄上世纪 70 年代。所选篇目,均由名家选译,如钱锺书、杨绛、柳鸣九、吴元迈等人。

4.《欧美古典作家论现实主义和浪漫主义》

中国社会科学院外国文学研究所《外国文学研究资料丛刊》编委会编。

中国社会科学出版社 1980 年版。

本书选录了欧美有代表性、有影响的作家以及个别艺术家论现实主义与浪漫主义的相关文章、言论的全文或片断,尽可能地提供了比较全面的资料。在编排次序上,先按国别,次按作家生年,同一作家的文章则以发表时间为先后。对作家的生平、主要成就及选文的论点,均在脚注中作了简要说明。作家姓名索引则附在书末。

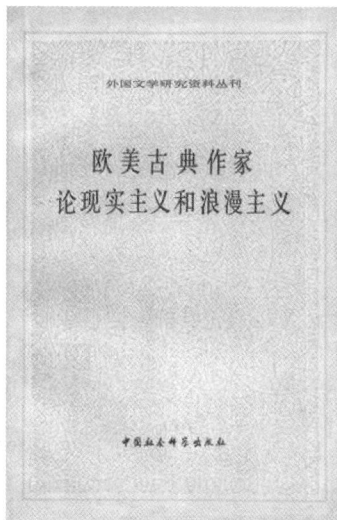

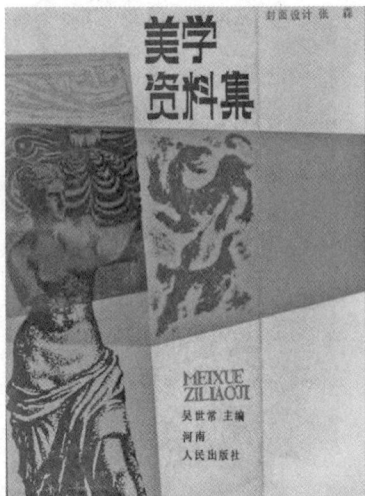

5.《美学资料集》 吴世常主编。

河南人民出版社 1983 年版。

本书是从 970 多种书刊、750 多篇文章中筛选出有关资料编辑而成,分为"美学的由来"、"美学研究"、"美"、"美感"、"一般美学范畴"、"美育"六大部分。除"美学的由来"外,其余五个部分都有详细的分类。如"一般美学范畴",又分成"崇高"、"委婉"、"悲剧"、"喜剧"四大类,并附有中国古代美学概念中的虚实、动静、风骨、形神、意境、气韵、含蓄、自然、清绮、古淡、雄奇等 11 个条目。本书对古今中外有代表性的美学观点,一般均有介绍。附有"美学论著索引"(时间下限为 1981 年 9 月)。

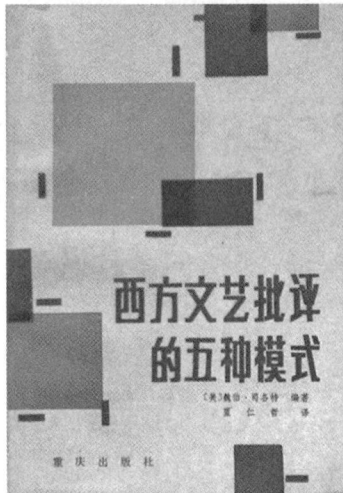

6.《西方文艺批评的五种模式》 〔美〕魏伯·司各特编著,蓝仁哲译。

重庆出版社 1983 年版。

本书介绍了 20 世纪西方文艺批评的五种模式:道德批评、社会批评、心理批评、形式主义批评、原型批评。这些批评模式中,道德批评反映了文艺批评的悠久传统,活跃于上世纪 20 年代的"新人文主义"是这类批评的典型代表。社会批评表明了文艺是现实生活的反映的信念,在理论上它与文艺创作的现实主义,尤其是批评现实主义有着密切关系,在上世纪 30 年代最为活跃。心理批评反映了上世纪心理学的发展对文学产生的广泛影响,利用弗洛伊德等心理学家的理论来分析作家的创作动机和剖析作家塑造的人物,在一定程度上是有用的,但简单套用或牵强附会就会脱离文学分析的本质。形式主义批评是 20 世纪最出风头的文艺批评流派,强调把作品视为独立自足的整体,避开个人或社会的因素,集中分析作品结构与语言。在英美两国,新批评运用于诗歌评论,并取得了很大成功。原型批评在 20 世纪是一种全新的批评模式,其理论依据是心理分析学家荣格的集体意识理论,批评家确信现代人身上仍然保留着神话中的原始意识,希望从作品中发现某种神话意识的涵义或象征,加拿大批评家弗莱是原型批评的典型代表。在每种模式的评介后,均附有从属于该模式的评介文章 1—2 篇,读者可以从中大体了解西方现代文艺批评的理论和实践。

7.《西方文论家手册》 杨荫隆著。

时代文艺出版社 1985 年版。

此书介绍了出生于 19 世纪末以前,上溯到古希腊时期的 173 位欧美文艺理论家、哲学家、作家和艺术家的文艺理论观点和见解,并对每个人物的生平、论著、理论建树及其影响,作了简要的介绍和评价。书末附有人名索引。

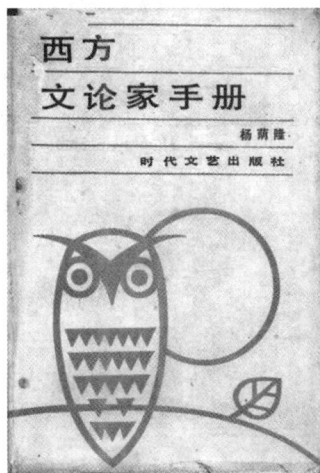

8.《现代西方文学批评术语词典》 〔英〕罗吉·福勒著,袁德成译。

四川人民出版社 1987 年版。

本书收录了现代西方文学批评术语词条 137 条,包括"文学思潮、流派及风格"、"文学的种类和体裁"、"文学批评流派"、"有关文学批评及文学技巧的术语"四部分内容。在写法上采用了叙议结合的方式,既较客观地给术语作出了定义,并指出其来源与发展,又提出了编者自己的见解。每

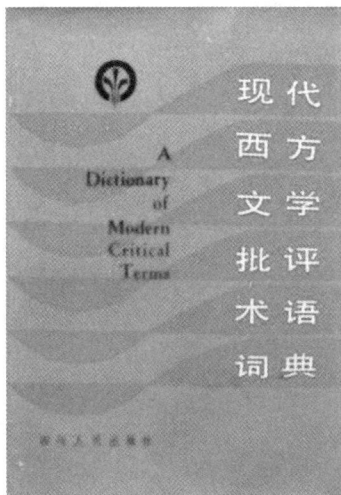

一词条都是一篇独自成章的文章，合起来构成一幅现代西方文论的完整图案。考虑到中国读者的实际需要，本书删去了原书中极个别过于繁复的词条，而增译了"未来主义"等原书未收的词条。增加的条目均取自卡登(J. A. Cuddon)所著的《文学术语词典》。书后附"英、美、法等国主要文学奖"及"词目索引"。

9.《美学百科辞典》〔日〕竹内敏雄主编，池学镇译。

黑龙江人民出版社 1987 年版。

本书包括"美学艺术论史"、"美学体系"、"美术学"、"音乐学"、"文艺学"、"戏剧学"、"电影学"、"艺术教育"、"增补"九个大部。每个大部下再分若干分部，如"美学体系"又包括"美学与艺术学"、"美与艺术"、"审美意识"、"审美对象"、"美学范畴"、"艺术类型"等六个分部。每个分部下又分列若干子目，如"审美意识"下列有"审美意识"、"审美直观"、"审美情感"、"审美理念"、"审美享受"、"审美关照"、"审美静观"、"移情作用"等十几个条目。每个条目介绍一个美学名词、概念或术语，简明扼要地介绍了其产生、内涵及影响。

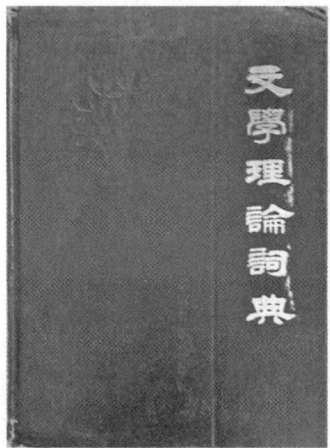

10.《文学理论词典》 郑乃臧、唐再兴主编。

光明日报出版社 1989 年版。

本书共收词目 2400 余条，分"基本理论概念"、"思潮流派社团"、"分类体裁技法"、"理论家批评家"、"理论批评著作"五大部类。"基本理论概念"、"分类体裁技法"两部分的词目，原则上按学科、专题编排；另外三个部分则大体上依据从中国到外国、从古代到当代的顺序编排，适当兼顾学科。书后附有"词目音序检索"和"笔画检索"。词目如在分类上有交叉现象，一般采用择善而从的办法，其中重要词目则注明参见有关部分，以便查阅。考虑到文学理论研究领域出现的多学科交叉渗透综合发展的趋势，本书又收入了几门邻近学科的部分相关词目。本书在内容上力求有所开拓，广征博收，其中包括文艺学、马列主义文论、美学、文艺心理学、方法论、分类、体裁、技法、民间文学、地方戏曲、曲艺等众多方面的知识，尤其注意对新的概念和新的研究成果的吸收。理论家、批评家部分，凡新中国建国以后涌现的大批专家，因其学术思想还在发展中，本词典暂不收入，待以后增补。

11.《文艺心理学大辞典》 鲁枢元、童庆炳等主编。

湖北人民出版社 2001 年版。

本书收录了古今中外关于文艺心理学的辞目 1656 条，分为八编：文艺心理学一般、学科·学派·学说、主体心理、创作心理、作品心理、接受心理、中国文艺心理学史和外国文艺心理学史。第一编至第六编收录了文艺心理学的概念、范畴和有关的名词、术语辞条，其中第一编收录比较一般的概念、术语辞条。第七编和第八编专收文艺心理学史上比较重要的人物、著作辞条。各编所收中国古代有关文艺心理学的概念术语大致按时代先后排列；其他概念术语则根据文艺心理学的惯例和辞目的主题性质，综合参照一般到特殊、现象到实质、古代到现代的走向排列，以便循序渐进、分门别类地阅读检索。同一辞条的异名以带"＊"的辞目附后，不在正文中另立辞条。中国文艺心理学史和外国文艺心理学史的人物辞条各按其生年排列，著作辞条随其作者人物的辞条接排；未收作者辞条的著作大致各按其出版先后排列。附录包括"部分文艺心理学著论索引"和"辞目笔画检索表"两部分。例如：

弑父情结

精神分析学用语。指儿子恋母忌父甚至企图杀父的潜意识心理。弗洛伊德认为，人幼小时是自恋，男孩度过自恋期后，会对抚养自己、同自己接触最多的母亲产生具有性色彩的感情。这种情感有着排他性、独占性,因而对占有母亲的父亲怀有敌意,有取而代之的欲望。一般来讲,此欲望一滋生就被抑制,并潜入心底深处成为无意识的情结。弗洛伊德在《梦的解析》中分析了索福克勒斯的《俄狄浦斯王》和莎士比亚的《哈姆雷特》,认为这种情结在这些作作品中都有直接间接的反映。这种思想在他以后的著作中曾多次加以发挥和发展,如《图腾与禁忌》中把弑父视为人类及个人的一种基本的和原始的罪恶。

12.《中国现代美学论著译著提要》 蒋红等编著。

复旦大学出版社 1987 年版。

本书收录了自五四运动以来的美学论著、译著两百多种,所撰提要按照著作出版年代的先后顺序排列,同一年中的各篇提要,则以书名笔画为序。每篇提要除列出书名外,还列出了作者名、译者名以及出版单位名称。附录包括"1919—1983 美学论著、译著出版目录"和"1919—1982 美学论文要目索引"、"1919—1982 美学译文索引"。

13.《二十世纪外国美学文艺学名著精义》 赵宪章编。

江苏文艺出版社 1987 年版。

本书精选了 20 世纪外国美学文艺学名著 175 种,并阐述其体系架构和主要观点。所选录的著作大多在世界范围内产生过一定影响,有的则是某流派、某名家的代表作;尤其注意收录对中国读者产生过相当影响的著作。除了简要介绍著作内容外,对作者的身份、家世、生平、代表作品、思想观念及其影响也有所交代。附有"汉译外国美学文艺学著作目录"和"中国台港地区美学文艺学著作目录"。二者收录时间下限均为1985年,并注明了著者、译者、书名和出版地、出版者、出版日期等。

14.《西方美学名著提要》 朱立元主编。

江西人民出版社 2000 年版。

本书收集了从古希腊到 20 世纪末西方 90 余位著名美学家的 90 部(篇)代表性论著,其中包括柏拉图《大希庇阿斯篇》、亚里士多德《诗学》、贺拉斯《诗艺》、朗吉努斯《论崇高》、普罗提诺《九章集》、但丁《论俗语》、布瓦洛《诗的艺术》(1674年)、维柯《新科学》(1730 年)等,将其主要内容写成提要,并介绍了这些名家论著的精彩之处、重要观点、创新之见,以及警句、格言等,使读者不用花太多的时间即可领略整个西方美学思想的概貌和精粹。

15.《现代外国文艺理论译丛》 王春元、钱中文主编。

三联书店 1984 年起出版。

此丛书分辑刊行,每辑包括有四部译本。如《法国作家论文学》一书,分 1914—1939、1939—1945、1945—1982 三个时期,大体上把上世纪法国文学中有代表性的作家文论都收录进去了,反映了法国近 70 年来的各种文学观。《美国作家论文学》,收 19 世纪末到 20 世纪 60 年代末美国著名作家谈论

文学的论文,绝大多数尚未在国内编译发表。本丛书已出版:

《法国作家论文学》,王忠琪等译,三联书店 1984 年版

《英国作家论文学》,刘保端等译,三联书店 1984 年版

《文学理论》,〔美〕韦勒克、沃伦著,刘象愚等译,三联书店 1984 年版

《文学原理》,〔苏〕波期彼洛夫著,王忠琪等译,三联书店 1985 年版

《英国作家论文学》,汪培基等译,三联书店 1985 年版

《现实中和艺术中的审美》,〔苏〕斯托洛维奇著,凌继光、金亚娜译,三联书店 1985 年版

《艺术形态学》,〔苏〕卡冈著,凌继光、金亚娜译,三联书店 1986 年版

《俄国文艺学史》,〔苏〕尼古拉耶夫等著,刘保端译,三联书店 1987 年版

《二十世纪文学理论》,〔荷〕佛克马、易布恩著,林书武等译,三联书店 1986 年版

《弗洛伊德主义与文学思想》,〔美〕霍夫曼著,王宁等译,三联书店 1986 年版

《陀思妥耶夫斯基诗学问题:复调小说理论》,〔苏〕巴赫金著,白春仁、顾亚玲译,三联书店 1988 年版

16.《当代外国文艺理论译丛》 中国社会科学院外国文学研究所文艺理论室组织编译,吴元迈主编。

中国社会科学出版社 1988 年起出版。

本丛书主要编译介绍了当代世界各国文艺理论批评领域中具有新特点和新倾向的著作。编者的目的是"尽可能做到比较全面地反映世界文艺理论发展的趋向"。本丛书分辑出版,现已出版:

《现代资产阶级美学批评文集》,〔苏〕奥符相尼科夫、萨莫欣编,牟萍等译,中国社会科学出版社 1988 年版

《论小说的社会学》,〔法〕戈尔德曼著,吴岳添译,中国社会科学出版社 1988 年版

《当代西方文学理论》,〔英〕伊格尔顿著,王逢振译,中国社会科学出版社 1988 年版

《文学思潮和文学运动的概念》,〔美〕韦勒克著,刘象愚选编,中国社会科学出版社 1989 年版

《镜与灯——浪漫主义理论批评传统》,〔美〕艾布拉姆斯著,袁洪军等译,中国社会科学出版社 1991 年版。

《批评的实践》,〔英〕凯瑟琳·贝尔西著,胡亚敏译,中国社会科学出版社 1993 年版

《叙事学　叙事理论导论》,〔荷〕米克·巴尔著,谭君强译,中国社会科学出版社 1995 年版

●

17.《文学术语词典》(中英对照)(第 10 版)

〔美〕艾布拉姆斯(Abrams, M. H.)、〔美〕哈珀姆(Harpham, G. G.)著,吴松江等编译。

北京大学出版社 2014 年版。

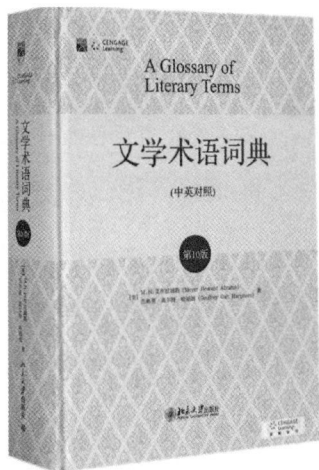

本书自 1957 年出版以来,迄今已是第 10 版。关于本书的内容、体例及特点,作者在前言里说得非常详细:"本书所有的条目都经过了重新修订,其中多数都做了改写。目的是使所有的论述尽可能做到明晰、精确、富有生气,但最重要的是,尽量扩大范例和参考文献的范围。新版增加了 30 个条目,对下列每个术语分别编写了实质性的新条目:认知文学研究、侦探故事、图像小说、奇异艺术风格、唯心主义、浪漫小说。现在书中讨论的文学术语超过 1175 个。一些非英文出版物也按其英译版列出。我们避免参阅网站,因为网上的术语内容不够稳定,经常变来变去。本书解释和论述一些常用于分类、分析、诠释以及著述文学作品史的术语、批评理论和视角。所收录的条目和大部分条目中所列出的与之相关的深入阅读书目,主要面向英美文学和其他文学专业的大学本科学生。不过,几十年的实践证明,对高年级学生和喜爱文学的普通读者来说,这同样是一部实用和受欢迎的参考读物。本书按标题词或用语的字母顺序排列,提供了一系列简明的论说文。一些相关但是附属的术语,或被认为是次类的术语,会在主要或总称术语的标题下予以解释,同样,常常一同出现或互为解释的一些条目,则会在同一条目中一同予以论述。以简明论说文的形式解释术语,有助于说明一个术语随时间变迁其意义的变化及其当前用法的多样性,为读者

梳理出一些与之相应的参考文献并使其了解到其在文学应用中内在的一些歧义。另外,以更广阔的视野讨论文学术语,有利于作者把条目论述得既清晰可用又易懂可读。"例如:

Affective Fallacy:情感谬误(又译感受谬误)

W·K·维姆萨特和门罗·C·比尔兹利在他们 1946 年共同发表的论文中,把"情感谬误"解释为根据读者的感受,特别是感情上的效果,来评价诗歌的错误做法。这种谬误致使"作为深究细品之物的诗歌趋于埋没",而对诗的批评则"流于印象主义和相对主义"。这两位批评家对 I·A·理查兹在其颇有影响的《文学批评原理》(1923)一书中提出的观点作出了直接回应,理查兹认为诗歌的价值可以通过其在读者心中激发起的心理反应加以衡量。后来,比尔兹利改变了其原有主张,承认"看来并非只有凭借美的事物赋予欣赏者的种种感受才能对它进行评价"。这种修正后的文学批评学说主张客观批评,即批评家不应绘声绘色于作品给自己的感受,而是要着重分析作品取得艺术感染力的特征、手段和形式。1970 年代发展起来的读者反应批评对情感谬误学说进行了激烈的抨击。

参阅:维姆萨特与比尔兹利合写的文章"情感谬误",重印收入 W·K·维姆萨特所著的《语像》(1954,又译《词语偶像》);门罗·C·比尔兹利所著的《美学:批评哲学中的问题》(1958)第 491 页及第 11 章。也请参阅维姆萨特和比尔兹利的相关概念:意图谬误。

18.《批评关键词:文学与文化理论》〔美〕于连·沃尔夫莱著,陈永国译。

北京大学出版社 2015 年版。

本书共探讨了文学与文化理论中的四十多个概念、术语和主题,涉及精神分析学、哲学、语言学、女性主义、马克思主义、后殖民主义以及"身份政治"等领域。每一词条除了解释其来由、含义、价值等内容外,还附有解释性和文献性注释、深入思考的问题以及拓展性阅读篇目介绍,引导读者了解、运用

该理论并深入研究相关的其他问题。例如：

美学

AESTHETICS

美学派生于希腊词 aistetikos，指知觉可感知的东西；对文学的审美研究基本关注作品的美和形式，而非政治或语境等文本外的问题。对文学和美术中的美和本质进行探讨的美学涉及两个理论方法：(1)对美的本质和定义进行哲学研究；(2)对美的认知、起源和主观效果进行心理检验。随着以政治为指向的批评、对身份政治的兴趣，以及认为美学话语必然是形式的和诠释的，因此是非政治的观点的出现，在一些领域中，美学这个观念本身似乎贬值了，而在另一些领域中，美学的价值成了人们争论的话题。

......

解释性和文献性注释

[1]诠释学(hermeneutics)：阐释的科学。

[2]启蒙运动：(略)

[3]认识论(epistemology)：(略)

[4]本体论(Ontology)：(略)

[5]先验(*a priori*)：(略)

......

深入思考的问题

1. 为什么关于审美价值的问题一般都是用抽象的形式提出的，而不是以单一的客体、实例或艺术品提出的？

2. 审美范畴独立于或有别于意识形态的考虑吗？

3. 在哪些方面审美快感有别于其他形式的快感？ 怎样来说明这些区别？

拓展性阅读

(略)

第九讲　外国文学类工具书

本讲主要介绍外国文学类工具书。因中译本较少，所以本讲内容中有不少是外文原著，在此为了方便介绍，将部分文字译成了中文。我们建议有条件的同学尽量阅读原著。

•• 一、书目类

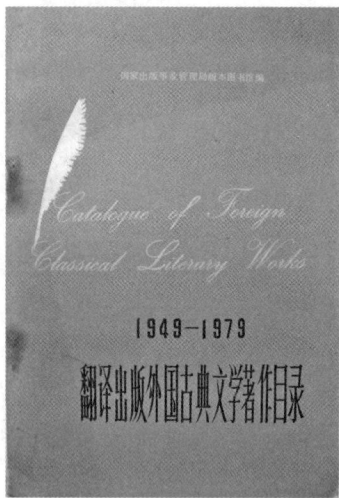

1.《1949—1979 翻译出版外国古典文学著作目录》 国家图书馆编。

中华书局 1980 年版。

本书共收录了 1949—1979 年我国翻译出版的五大洲 47 个国家 276 位作家的作品 1250 多种，较为全面地反映了我国自建国以来翻译出版外国古典文学名著的情况。著作按地区排列，先按洲再按国家。同一国家的作品按作者的生卒年先后排列；同一作者的作品按小说、剧本、诗歌、儿童文学、散文、文艺理论等分类排列；同一类书按中译本出版时间的先后顺序排列；同一书的不同译本和不同版本排在一起，并在后一种书的附注中加以说明；两个以上作者的作品，列入"诸家作品综合集"，排于个人作者之后；未注明作者的作品，列为"作者不明"，排在"诸家作品综合集"之后；一本书包括两个以上国家的作品的，列入"多国别作品综合集"。书后附"作者索引"，以便检索。

2.《世界文学名著总解说》 黄舜英译。

台北远流出版事业股份有限公司 1981 年版。

本书分上下两册,上册包括世界古典文学、法国文学、英国文学、美国文学四篇,下册包括德国文学、俄国文学、中国文学、其他国文学、世界儿童文学以及世界推理/科幻小说六篇。每篇选取本范围内杰出的作家及其代表作品,如世界古典文学篇选取了荷马的《伊利亚特》、《奥德赛》,伊索的《伊索寓言》,欧里庇得斯的《美狄亚》,索福克勒斯的《俄狄浦斯王》,紫式部的《源氏物语》等。在解说时,先简介其基本情况,再概述其内容,如介绍荷马两部作品时说:

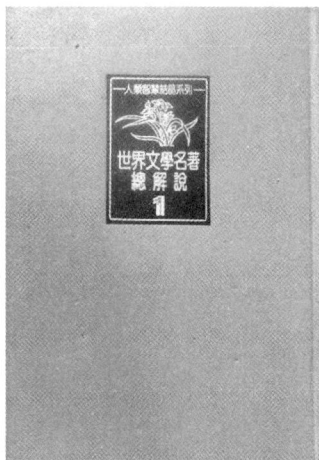

《伊利亚特》以特洛伊战争的五十一天为叙述焦点,《奥德赛》也以同一战争为背景,但焦点集中在战后奥德修斯临到家前四十一天的生活。霸权和疆土横跨欧、亚、非三洲的亚历山大帝,将《伊利亚特》视为至宝,睡不离身,爱不释手。有人认为《伊利亚特》是甲胄碰击的金属声音,《奥德赛》是大海变化万端的私语与颤抖。

3.《外国文学名著题解》 中国青年出版社编。

中国青年出版社 1983 年版。

本书分上下两册,介绍了欧洲、北美洲、南美洲、大洋洲 32 个国家的 371 位作家的 726 部作品。作家和作品按照地区、国家分别排列,同一国家的作家以生年先后为序。书中先介绍每位作家的生平及创作概况,然后再对其主要代表作品的内容概要、艺术特点作简要说明并略作评价。书后附作家和作品索引,以便查阅。

4.《外国文学作品提要》 郑克鲁等编。

上海文艺出版社 1980—1993 年版。

　　本书分四册,收录了约 70 个国家和地区近 600 名作家的 1000 余种文学作品,包括小说、剧本、诗歌等体裁。每书撰写提要时,除著录书名原文,标明作品体裁、发表年代、作者国别、姓名及生卒年外,还简述了作品内容,通过对主要人物和主要情节的介绍,反映了作品的主题和倾向。每册书前刊有《目录》,以供检索。

5.《民国时期总书目·外国文学卷》(1911—1949)
北京图书馆编。

书目文献出版社 1987 年版。

　　本书收录了民国时期全部汉译外国文学作品 4400 余种,并附有简略提要,注明出版时间、版次等。

6.《1949—1979 翻译出版外国文学著作目录和提要》 国家版本图书馆编。

江苏人民出版社 1986 年版。

　　本书收录了国内自新中国成立后 30 年间翻译出版的外国文学作品 5677 种(包括 503 种不同译本和版本)。体例与前书大致相同。

7.《1980—1986 翻译出版外国文学著作目录和提要》 国家版本图书馆编。

重庆出版社 1989 年版。

本书是上本书的续编，收录了上世纪 80 年代翻译出版的 80 多个国家中 1600 多位作家的 3300 余种作品（包括同一著作的不同译本）。每种书都有内容提要和版本情况介绍等。

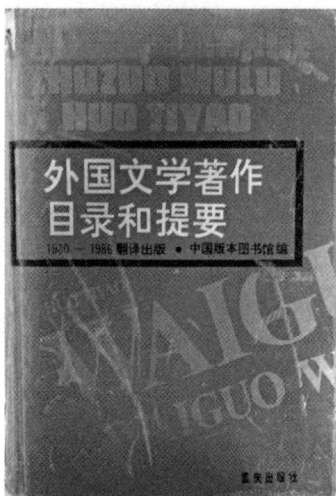

8.《名著概要大全》（修订本） 弗兰克·梅基尔主编。

Masterplots-Revised Edition，Frank N. Magill ed.，Salem Press，New Jersey，1976 12vols，7336 pp，Library of Congress Catalog Card Number 76‐5606.

本书是美国出版的一本较有影响的世界文学名著指南，主编弗兰克·N·梅基尔是美国著名学者。本书自 1949 年以 4 卷本问世后，屡经修订补充，至 1976 年已成为 350 万字 12 卷本的大型文学工具书。全书共介绍了 1000 余位作者，2010 种名著，如卷 5 莎士比亚的《哈姆雷特》、卷 9 马克·吐温的《王子与贫儿》等，皆属世界文学宝库中的珍品。其中 1300 种除介绍故事梗概之外，还附上由著名作家或评论家执笔的评论文章。全书按照作品名字首字母顺序编排，故事梗概平均 1200—1500 字，文辞优美；同一作者的其他作品均见于评论文章之中。自 1954 年始，每年出版 1 册年鉴（masterplots annual），介绍上一年在美国出版的 100 种世界名著。其内容包括小说与非小说作品，如诗歌、戏剧等，1959 年出版的年鉴中，就收录有 1958 年在美国出版的中国名著《红楼梦》。

9.《名著概要大全Ⅱ——英国与英联邦小说丛书》

Masterplots Ⅱ *—British and Common welth fiction series.*

New Jersey: Salem, 1988. 4vols.

这是继《名著概要大全》(*Masterplots*)的第2部文学系列丛书。本书共收录了英国及英联邦成员国1900—1986年的400多部小说。全书共分3个类目:(1)英国及爱尔兰作家的小说,有些作家已在*Masterplots*中出现过,也有20世纪六七十年代新的崛起者。(2)所收录的作品,不仅包括20世纪头10年加拿大、澳大利亚、印度等国的作家的作品,还包括二战后一些有名作家的著作,同时也包括部分不太著名的拉丁美洲作家的著作。(3)重收曾在《名著概要大全》(*Masterplots*)中收录过的一些著名作家的作品,如弗吉尼亚·伍尔芙(Virgnia Woolf)、D·H·劳伦斯(D. H. Lawrence)等的一些著名作品。本书共4卷,卷4有著者、书名索引和参考书目。

●··二、作品类

《外国文学名著丛书》

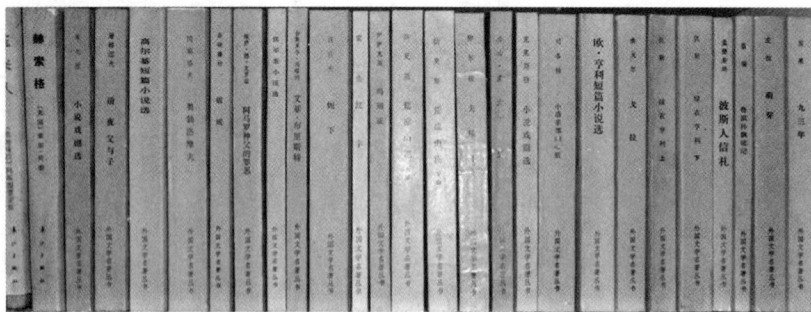

本书由人民文学出版社、上海译文出版社和中国社会科学院外国文学研究所三方及有关专家组成编委会,负责制订选题计划与编审,收录外国古代到第二次世界大战前后各个时期有代表性的、有定评、有影响的文学名著。由人民文学出版社与上海译文出版社出版,自1958年至2000年,已出版150种。因封面设计为网格状,故又称为"网格本"。现以书名、国(洲)别、作者、译者、出版时间为序排列,将目录展示如下,未标明出版单位者皆为人民文学出版社出版,括号内为其他版本。

（一）亚洲（14 种）

1.《万叶集选》,日,李芒译,1997

2.《破戒》,日,岛崎藤村,柯毅文、陈德文译,1982

3.《二叶亭四迷小说集》,日,巩长金、石坚白译,1985

4.《社会毒瘤》,菲律宾,黎萨尔,陈饶光等译,1987（又译《不许犯我》）

5.《摩诃婆罗多插话选》,仳耶什,金克木等译,1987

6.《五卷书》,季羡林译,1964（1981 重印）

7.《沙恭达罗》,印,迦梨陀梁,季羡林译,1959

8.《戈拉》,印,泰戈尔,刘寿康译,1984

9.《泰戈尔诗选》,石真、冰心译,1980（浙江文艺）

10.《蔷薇园》,波斯,萨迪,水建馥译,1980（英文转译）

11.《蕾莉与马杰侬》,波斯,内扎米,卢永译,1988（俄文转译）

12.《列王纪选》,波斯,菲尔多西,张鸿年译,1991

13.《波斯古代诗选》,张鸿年译,1995

14.《阿拉伯古代诗选》,仲济昆译,2000

（二）古希腊罗马（10 种）

15.《奥德修纪》,古希腊,荷马,杨宪益译,1979（上海译文）

16.《伊索寓言》,古希腊,伊索,周启明译,1963

17.《埃斯库罗斯悲剧二种》,古希腊,罗念生译,1961

18.《索福克勒斯悲剧二种》,古希腊,罗念生译,1961

19.《欧里庇得斯悲剧二种》,古希腊,罗念生译,1959

20.《古希腊抒情诗选》,水建馥译,人民文学,1986

21.《埃涅阿斯纪》,古罗马,维吉尔,杨周翰译,1984

22.《变形记》,古罗马,奥维德,杨周翰译,1984 节译、2000 全本

23.《金驴记》,古罗马,阿普列乌斯,刘黎亭译（上海译文）

24.《古罗马戏剧选》,杨宪益、杨周翰、王焕生译,1991

（三）英国（26 种）

25.《坎特伯雷故事》,英,乔叟,方重译,1983（上海译文）

26. 《莎士比亚悲剧四种》，卞之琳译，1988（全集，朱生豪等）

27. 《莎士比亚喜剧五种》，方平译，1986（全集，朱生豪等）

28. 《失乐园》，弥尔顿，朱维基译，1984（上海译文）

29. 《鲁滨孙飘流记》，笛福，徐霞村译，1959

30. 《格列佛游记》，斯威夫特，张健译，1962

31. 《汤姆·琼斯》，菲尔丁，张谷若译，1993（上海译文）

32. 《多情客游记》，劳伦斯·斯特恩，石永礼译，1990

33. 《彭斯诗选》，英，彭斯，王佐良译，1985

34. 《中洛辛郡的心脏》，司各特，章益译，1981

35. 《傲慢与偏见》，英，奥斯丁，王科一译，1985（上海译文）

36. 《唐璜》，英，拜伦，查良铮译，王佐良注，1985

37. 《雪莱抒情诗选》，雪莱，查良铮译，1987（人民文学）

38. 《玛丽·巴顿》，盖斯凯尔夫人，荀枚、佘贵棠译，1962（上海译文）

39. 《名利场》，萨克雷，杨必译，1959（湖南文艺精装本）

40. 《董贝父子》，狄更斯，祝庆英译，1994（上海译文）

41. 《大卫·考坡菲》，狄更斯，张谷若译，1980（上海译文）

42. 《荒凉山庄》，狄更斯，黄邦杰等译，1979（上海译文）

43. 《巴塞特郡纪事（一、二）》，英特罗洛普，主万等译，1986（上海译文）

44. 《简·爱》，夏洛蒂·勃朗特，祝庆英译，1980（上海译文）

45. 《呼啸山庄》，艾米莉·勃朗特，方平译，1986（2003插图本）

46. 《米德尔马契》，乔治·艾略特，项星耀译，1987

47. 《德伯家的苔丝》，哈代，张谷若译，1984（2007插图本）

48. 《福尔赛世家》，高尔斯华绥，周煦良译，1980（上海译文）

49. 《英国诗选》，王佐良译，1988（上海译文）

50. 《萧伯纳戏剧三种》，黄雨石等译，1963

（四）法国（30种）

51. 《罗兰之歌》，杨宪益译，1980（上海译文）

52. 《特利斯当与伊瑟》，贝蒂耶编，罗新璋译，1991（人民文学）

53. 《高乃伊戏剧选》，高乃伊，张秋红等译（上海译文）

54.《拉辛戏剧选》,拉辛,齐放等译,1985(上海译文)

55.《莫里哀喜剧六种》,李健吾译,1980(上海译文)

56.《拉封丹寓言选》,拉封丹,远方译,1985

57.《吉尔·布拉斯》,勒萨日,杨绛译,1958

58.《波斯人信礼》,孟德斯鸠,罗大冈译,1962

59.《伏尔泰小说选》,傅雷译,1979

60.《忏悔录(一、二)》,卢梭,黎星等译,1980(人民文学)

61.《博马舍戏剧二种》,吴达元译,1962

62.《巴黎圣母院》,雨果,陈敬容译,1982

63.《九三年》,雨果,郑永慧译,1982

64.《雨果诗选》,雨果,程曾厚译,1986

65.《恶之花,巴黎的忧郁》,波德莱尔,钱春琦译

66.《木工小史》,乔治·桑,齐香译,1983(上海译文)

67.《红与黑·司汤达》,郝运译(人民文学,闻家驷译)

68.《巴马修道院》,司汤达,郝运译,1979(上海译文)

69.《欧也妮·葛朗台　高老头》,巴尔扎克,傅雷译(人民文学 1994)

70.《幻灭》,巴尔扎克,傅雷译,1979(人民文学 1978)

71.《农民》,巴尔扎克,陈占元译,1979(上海译文)

72.《巴尔扎克中短篇小说选》,郑永慧等译,1997(漓江)

73.《包法利夫人》,福楼拜,李健吾译,(译林版 1992)

74.《萌芽》,左拉,黎柯译,1982

75.《金钱》,左拉,金满成译,1980

76.《一生　漂亮朋友》,莫泊桑,盛澄华等译

77.《莫泊桑中短篇小说选》,郝运等译,1981(人民文学等)

78.《法朗士小说选》,郝运等译,1992(上海译文)

79.《约翰·克利斯多夫》,罗曼·罗兰,傅雷译,(人民文学 1980)

80.《都德小说选》,都德,郝运译,1999(上海译文)

(五) 德语国家(15种)

81.《莱辛戏剧二种》,德,莱辛,梦海等译(上海译文)

82.《绿衣亨利》,瑞士,凯勒,田德望译

83.《维廉·麦斯特的学习时代》,德,歌德,关惠文译,1988

84.《维廉·麦斯特的漫游时代》,德,歌德,关惠文译,1988

85.《席勒诗选》,德,席勒,钱春绮译,1984

86.《雄猫穆尔的生活观》,德,霍夫曼,韩世钟译,1986(上海译文)

87.《克莱斯特小说戏剧选》,德,克莱斯特,商章孙等译,1985(上海译文)

88.《格林兄弟童话选》,施种等译(人民文学1990)

89.《艾菲·布里斯特》,德,冯塔纳,韩世钟译,1980(上海译文)

90.《霍普特曼戏剧二种》,德,章鹏高等译,1986(上海译文)

91.《臣仆》,德,亨利希·曼,傅惟慈译,1981(上海译文)

92.《亨利四世》,德,亨利希·曼,傅惟慈译(上海译文)

93.《布登勃洛克一家》,德,托马斯·曼,傅惟慈译(上海译文)

94.《托马斯·曼中短篇小说选》,钱鸿嘉等译,1987(上海译文)

95.《德国诗选》,钱春绮译,1993(上海译文)

(六) 意、西、葡、丹、冰(15 种)

96.《神曲·地狱篇》,意,但丁,田德望译,1990

97.《十日谈(选)》,意,卜迦丘,方平等译,1981(上海译文)

98.《耶路撒冷的解放》,意,塔索,王永年译,1993

99.《哥尔多尼喜剧三种》,意,万子美等译(上海译文)

100.《约婚夫妇》,意,曼佐尼,吕同六译,2000(上海译文)

101.《斯巴达克斯》,意,乔迈尼奥里,李俍民译,1982(上海译文)

102.《皮蓝德娄戏剧两种》,意,吴正仪译,1984

103.《熙德之歌》,西,赵金平译,1994(上海译文)

104.《堂吉诃德》,西,塞万提斯,杨绛译,1979

105.《维加戏剧选》,西,朱葆光译,1983(上海译文)

106.《卡尔德隆戏剧选》,西,周访渔译,1997(上海译文)

107.《阿马罗神父的罪恶》,葡,克洛兹,瞿象俊、叶扬译,1984(上海译文)

108.《安徒生童话选》,丹麦,叶君健译,1958(人民文学)

109.《易卜生戏剧四种》,潘家洵译,1958

110.《卡勒瓦拉》,冰岛,伦洛特编,孙用译,1980

(七) 东欧俄苏(26 种)

111.《傀儡》,波兰,普鲁斯,庄瑞源译,1982(上海译文)

112.《十字军骑士》,波兰,显克维支,陈冠商译,1981(上海译文)

113.《鲵鱼之乱》,捷,恰佩克,贝京译,1981(人民文学)

114.《裴多菲诗选》,匈,裴多菲,兴万生译,1990(上海译文)

115.《金人》,匈,约卡伊·莫尔,柯青译,1980

116.《轭下》,保,伐佐夫,施蛰存译

117.《克雷洛夫寓言集》,俄,辛未艾译(上海译文)

118.《死魂灵》,俄,果戈理,满涛等译,1983

119.《果戈理小说戏剧选》,满涛译

120.《奥勃洛摩夫》,俄,冈察洛夫,齐蜀夫译,1979(上海译文)

121.《莱蒙托夫诗选》,俄,余振译(上海译文)

122.《当代英雄》,俄,莱蒙托夫,草婴译(上海译文)

123.《安娜·卡列尼娜》,俄,列·托尔斯泰,周扬等译(人民文学)

124.《复活》,俄,列·托尔斯泰,草婴译,1988(上海译文)

125.《托尔斯泰中短篇小说选》,草婴译,1986(上海译文)

126.《猎人笔记》,俄,屠格涅夫,丰子恺译,1962

127.《前夜 父与子》,俄,屠格涅夫,巴金等译,1991(人民文学)

128.《怎么办》,俄,车尔尼雪夫斯基,蒋路译,1984(人民文学)

129.《谁在俄罗斯能过好日子》,涅克拉索夫,飞白译

130.《罪与罚》,俄,陀思妥耶夫斯基,岳麟译(上海译文)

131.《亚·奥斯特洛夫斯基戏剧选》,臧仲伦等译,1987

132.《谢德林童话集》,俄,张孟诙译,1983(上海译文)

133.《契诃夫小说选》,俄,契诃夫,汝龙译,1962

134.《母亲》,苏,高尔基,夏衍等译,1958

135.《高尔基短篇小说选》,巴金等译,1980

136.《谢甫琴科诗选》,俄,戈宝权等译,1983(上海译文)

(八) 南北美洲(14 种)

137.《最后的莫希干人》,美,库柏,宋兆霖译,1987

138.《红字》,美,霍桑,侍洐等译,1981(上海译文)

139.《朗费罗诗选》,美,杨德豫译,1985

140.《汤姆大伯的小屋》,美,斯陀夫人,黄继忠译,1982(上海译文)

141.《瓦尔登湖》,美,梭罗,徐迟译,1993(上海译文)

142.《白鲸》,美,麦尔维尔,曹庸译,1982(上海译文)

143.《草叶集》,美,惠特曼,赵萝蕤译,1991(上海译文)

144.《哈克贝里·芬历险记》,美,马克·吐温,张万里译

145.《一位女士的画像》,美,亨利·詹姆斯,项星耀译,1984(人民文学)

146.《欧·亨利短篇小说选》,美,欧·亨利,王仲年译,1986

147.《章鱼》,美,诺里斯,吴劳译,1984(上海译文)

148.《马丁·伊登》,美,杰克·伦敦,吴劳译

149.《癞皮鹦鹉》,墨,利萨尔迪,周末等译,1986(人民文学)

150.《玛丽亚》,哥,伊萨克斯,朱景东等译,1985(人民文学)

•••三、 史料类

1.《外国名作家传》 张英伦等主编。

中国社会科学出版社 1979 年至 1980 年版。

本书共收外国古今著名作家 438 名，并简介其生平，评述其作品。附有"历届诺贝尔文学奖获得者简介（1901—1980）"。

———————————●———————————

2.《外国文学研究资料丛书》 中国社会科学院外国文学研究所外国文学研究资料丛刊编辑委员会编。

中国社会科学出版社 1980 年版。

本丛刊主要编译世界各国古代、中世纪、近代和现代的重要文学资料。分辑出版。一般为资料汇编，个别也选收专著。丛刊内容包括：马克思主义经典作家文艺思想研究资料；文艺理论问题研究资料；文学史上重要的流派和思潮研究资料；现当代各国文学流派研究资料；重要作家和批评家及重要作品研究资料；其他资料。目录如下：

《奥斯丁研究》，朱虹编选，中国文联出版公司 1985 年版

《小说美学经典三种》：《小说技巧》、《小说面面观》、《小说结构》，〔英〕珀西·卢伯克、〔英〕爱·摩·福斯特、〔英〕埃德温·缪尔等著，方土人、罗婉华译，上海文艺出版社 1990 年版

《莎士比亚评论汇编》（上），杨周翰编选，中国社会科学出版社 1979 年版

《莎士比亚评论汇编》（下），杨周翰编选，中国社会科学出版社 1981 年版

《古希腊三大悲剧家研究》，陈洪文、水建馥选编，中国社会科学出版社 1986 年版

《普鲁斯特和小说：论〈追忆逝水年华〉中的小说形式与技巧》，〔法〕让-伊夫·塔迪埃著，桂裕芳、王森译，上海译文出版社 1992 年版

《表现主义论争》，〔匈〕格奥尔格·卢卡契等著，华东师范大学出版社 1992 年版

《意识流：文学手法研究》，〔美〕弗里德曼著，申雨平译，华东师范大学出版社 1992 年版

《俄苏形式主义文论选》，〔苏〕茨维坦·托多罗夫编选，蔡鸿滨译，中国社会科学出版社 1989 年版

《现代主义》，〔英〕布雷德伯里、〔英〕麦克法兰著，胡家峦译，上海外语教育出版社 1992 年版

《伍尔夫研究》，瞿世镜著，上海文艺出版社 1988 年版

《文学中的自然主义》，朱雯等编选，上海文艺出版社 1992 年版

《论卡夫卡》，叶廷芳编，叶廷芳等译，中国社会科学出版社 1988 年版

《勃朗特姐妹研究》，杨静远著，中国社会科学出版社 1983 年版

《陀思妥耶夫斯基的现实主义》，〔苏〕格·弗里德连杰尔著，陆人豪译，安徽文艺出版社 1994 年版

《社会学批评概论》，〔奥〕彼埃尔·V·齐马著，吴岳添译，广西师范大学出版社 1993 年版

《欧美古典作家论现实主义和浪漫主义》（一），中国社会科学出版社 1980 年版

《欧美古典作家论现实主义和浪漫主义》（二），中国社会科学出版社 1981 年版

《福克纳评论集》，李文俊编选，中国社会科学出版社 1980 年版

《布莱希特研究》，张黎编选，中国社会科学出版社 1984 年版

《艺术心理学》，〔苏〕列·谢·维戈茨基著，周新译，上海文艺出版社 1985 年版

《拉丁美洲当代文学论评》，陈光孚选编，漓江出版社 1988 年版

《梅耶荷德论集》，华东师范大学出版社 1994 年版

《卢卡契文学论文集》（一），中国社会科学出版社 1980 年版

《卢卡契文学论文集》（二），中国社会科学出版社 1981 年版

《外国现代剧作家论剧作》，中国社会科学出版社 1982 年版

《狄更斯评论集》，罗经国编选，上海译文出版社 1981 年版

《弗洛伊德主义》，〔苏〕巴赫金、〔苏〕沃洛希诺夫著，佟景韩译，上海文艺出版社 1988 年版

《易卜生评论集》，外语教学与研究出版社 1982 年版

《欧美作家论列夫·托尔斯泰》，陈燊编选，中国社会科学出版社 1983 年版

《现代主义文学研究》（全两册），袁可嘉等编选，中国社会科学出版社 1989 年版

《哈代创作论集》，陈焘宇编选，中国社会科学出版社 1992 年版

《论无边的现实主义》，〔法〕罗杰·加洛蒂著，吴岳添译，上海文艺出版社 1986 年版

《海明威研究》，董衡巽编著，中国社会科学出版社 1980 年版

《弥尔顿评论集》，〔英〕蒂里亚德等著，殷宝书选编，上海译文出版社 1992 年版

《文艺学中的形式主义方法》，〔苏〕巴赫金著，李辉凡、张捷译，漓江出版社 1989 年版

《印度两大史诗评论汇编》，季羡林选编，中国社会科学出版社 1984 年版

《劳伦斯评论集》,蒋炳贤编选,上海文艺出版社1995年版

《俄国作家批评家论列夫·托尔斯泰》,倪蕊琴编,中国社会科学出版社1982年版

《马克思主义和美学:马克思、恩格斯和列宁的美学理论》,〔德〕科赫著,佟景韩译,漓江出版社1985年版

《雨果评论汇编》,程曾厚编选,安徽文艺出版社1996年版

《泰戈尔传》,〔印〕克里希那·克里巴拉尼著,倪培耕译,漓江出版社1984年版

《艺术中的现实主义》,〔美〕芬克斯坦著,赵澧译,上海文艺出版社1985年版

《西方马克思主义美学文选》,陆梅林选编,漓江出版社1988年版

《果戈理评论集》,袁晚禾、陈殿兴编选,复旦大学出版社1993年版

《乌尔都语文学史》,〔巴基斯坦〕西迪基著,山蕴编译,中国社会科学出版社1993年版

《德莱塞评论集》,龙文佩、庄海骅编,上海译文出版社1989年版

《印度现代文学研究:印地语文学》,刘安武编选,中国社会科学出版社1980年版

《法国作家、批评家论左拉》,谭立德编选,安徽文艺出版社1994年版

《认识罗曼·罗兰》,罗大冈编选,中国社会科学出版社1988年版

《司各特研究》,文美惠编选,外语教学与研究出版社1982年版

《十月革命前后苏联文学流派》(共二册),翟厚隆编选,上海译文出版社1998年版

《无产阶级文化派资料选编》,白嗣宏编选,中国社会科学出版社1983年版

《"拉普"资料汇编》(上下),张秋华编选,中国社会科学出版社1981年版

《俄国革命民主主义者美学中的现实主义问题》,〔苏〕布尔索夫著,刘宁、刘保译,中国社会科学出版社1980年版

《继往开来——论苏联文学发展中的若干问题》,〔苏〕阿·梅特钦科著,石田、白堤译,中国社会科学出版社1983年版

《杰克·伦敦研究》,李淑言、吴冰编选,漓江出版社1988年版

《普希金评论集》,冯春编选,上海译文出版社1993年版

《马克·吐温画像》,董衡巽编选,上海文艺出版社1991年版

《肖洛霍夫研究》,孙美玲编选,外语教学与研究出版社1982年版

《列宁和俄国文学问题》,〔苏〕梅拉赫著,臧仲伦等译,中国社会科学出版社1982年版

《巴尔扎克评传》,〔俄〕德·奥布洛米耶夫斯基著,刘伦振译,中国社会科学出版社1983

年版

《马克思恩格斯和文学问题》,〔苏〕乔·采·弗里德连杰尔著,郭值京等译,上海译文出版社 1984 年版

《艺术创造的本性》,〔保〕利洛夫著,郭家申译,华东师范大学出版社 1992 年版

《西欧美学史论集》,陈燊著、郭家申编选,中国社会科学出版社 1989 年版

《列宁文艺思想论集》,张耳编选,中国社会科学出版社 1986 年版

《惠特曼研究》,李野光编选,漓江出版社 1988 年版

●●·四、辞书类

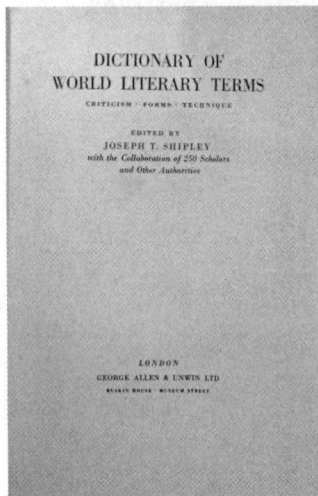

1. *Dictionary of World Literary Terms*(《世界文学术语词典》)

Boston: the Writer Inc. ,1970.

本书内容分为三个部分:(1)词典,包括文学词汇、体裁、概念、艺术特色、类型等。条目按字母顺序编排。(2)详细综述美国、英国、法国、德国、希腊、意大利、俄罗斯、西班牙等国的文学,对各国文学的发展阶段及状况给予评价,并简述各阶段的代表人物及代表作。(3)简要列举其他国家的文学名著及评论文章,如中国、荷兰、日本等国。本书无索引。

2. *Dictionary of the Theatre*(《戏剧词典》)

Paris: Patrice Pavis, 1980.

本词典专门介绍戏剧艺术方面的概念性术语,收有约 500 个条目,主要限于西方戏剧,包

括四个主要内容:(1)希腊悲剧;(2)17至18世纪欧洲经典戏剧;(3)19世纪现实主义传统戏剧及其现代流派;(4)当代舞台实践。另有若干条目专门论述戏剧艺术的发展。在选择条目时,作者较注重以下七个方面:(1)对戏剧语言和表演的研究;(2)观众和演出效果;(3)对政治、道德和观众之间的冲突的评价;(4)报章对重大演出和主要演员的评论;(5)对剧本在实际演出中如何理解的分析;(6)戏剧符号学;(7)戏剧美学。附录有人名录和索引,还有法文、英文和德文词汇对照表。

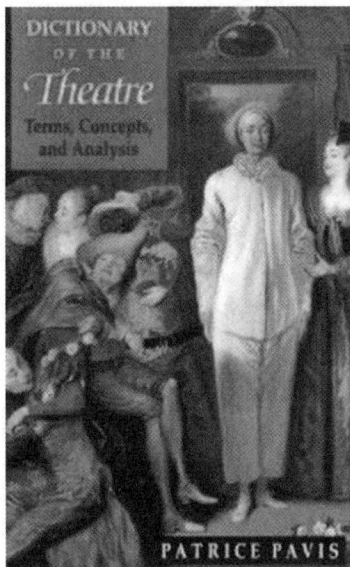

3. A Dictionary of Literary Terms(《文学术语词典》)

Cudden, J. A., Basil Blackwell Ltd., First edition, 1977.

本词典是一本既有实用价值又极有趣味的参考书,出版于1977年。词典收有各种文学术语2000余条,包括已经形成流派的各种文学术语以及不被人熟知的专门术语和外来语词条。词典对诸如颓废派诗人、黑色喜剧、训诫书、荒岛小说、讥讽文学、游记、日本木偶剧作、土耳其皮影戏、轻松诗、多语诗、朦胧诗、科幻小说、侦探小说、荒诞派戏剧、未来主义旋涡派等术语均列有专门条目加以解释。本书对词条的释义力求简洁,并附摘自世界各国古典名著以及现代文学著作中的语录和例句。

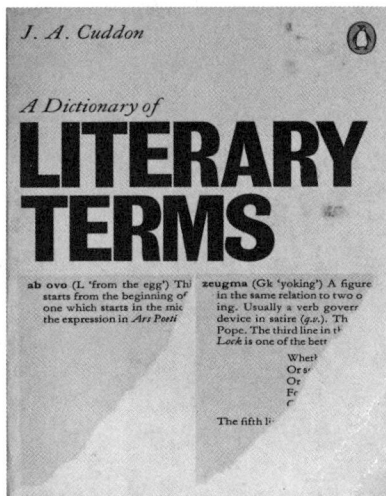

4. An Illustrated Companion to World Literature(《插图本世界文学指南》)

London:Orbis, 1986.

本书是一本图文并茂的世界优秀文学指南,同时也是世界著名文学家的传略工具书。首版于 1981 年,1986 年由英国作家及批评家 Peter Quennell 改写成本编。本书选收了全世界 500 多名最有影响的文学家及其主要作品梗概,还附有作者简略传记、时代背景及社会状况。作家中有些是大家所熟悉的,如莎士比亚、伏尔泰、高尔基、孔子、老子、李白、杜甫、老舍、巴金等人,还收录了作为诗人的毛泽东。所介绍的作品都是经典作品,如李白的《静夜思》、曹雪芹的《红楼梦》、劳伦斯的《查泰莱夫人的情人》等。本书还有一个最大的特点,即书中有大量插图,共 540 幅,其中 300 幅是彩色的。这些图为作家肖像、照片和与其著作有关的雕塑、油画、壁画以及素描等,还有根据文学著作改编成的戏剧的公演海报。许多名著的封面及插图,大多出自名家巨匠之手,具有极高的艺术价值。本书具资料性、文学性与艺术性,是一部颇有价值的工具书。

——●——

5.《中国大百科全书·外国文学卷》 中国大百科全书出版社编。

中国大百科全书出版社 1982 年版。

本书较系统地介绍了世界各国文学发展的历史和现状,以及各国著名作家的生平和作品、重要的文学思潮和流派等,并附有条目汉字笔划索引和条目内容索引。后者具有多种功能,有很大使用价值,如:可从著名作家查其所属国家的文学概况、所属文学流派;从某一流派或团体查其代表作家;从作家查作品、从作品查作家;从作品中人物查作品及其作家;从情节查同类作品;从同一概念查其在不同国家中的不同情况等。其引目多达 12000 多条,是全书条目总数的 4 倍,囊括了全书的主要内容。

6.《希腊罗马神话词典》 鲁刚、郑述谱编译。

中国社会科学出版社 1984 年版。

本书以古希腊、罗马神话人物和神话故事的讲述为主要内容，共收词条 1200 余条，包括古希腊、罗马神话中绝大部分神和英雄的故事以及和他们有关的典故。编撰时参考了英文《牛津古典词典》、《小古典词典》、俄文版《神话词典》以及《希腊的神话和传说》。词条目录按汉译名词的音序排列，读音相同的字的排序以《现代汉语词典》为准，同一神话人物的不同名称，若开头的字母相同或读音相近，则并列在同一条目下，最通用的排列在前，其余排列在后，并放在圆括号内。其对应的拉丁字母拼写放在方括号内。读音、拼写完全相同但所指不同的译名，作不同的条目处理，并在右上方标上阿拉伯数字，以示区别。尖括号内注出该词条源出的国家，如〈希〉代表希腊，〈罗〉代表罗马，还有〈埃及〉、〈叙利亚〉等。少数难以确定者，暂阙如。正文后附"译名对照表"和"古希腊语、拉丁语译音表"。

7.《西方文学典故词典》

谢金良主编。展望出版社 1986 年版。

本书共收事典和语典一千余条，包括文学名著中的重大事件、著名人物、文学形象等等，涉及神话、寓言、民间传说、莎士比亚剧作及圣经。每条先注明本义和引申义，再阐述其语源及演变，最后注明出处。其中部分重要典故配了插图，共五十多幅。为了便于查阅，事典及语典分别编排。语典，本版只收录了莎士比亚剧作及圣经中的语词。词目为英汉对照，并有汉语释文。词目分两部分编排，第一部分为事典，第二部分为语典，各部分均按英语字母顺序排列，人名、地名采用新华社编辑出版的统一译名。正文后附有"重要名词英汉对照

表"、"圣经新旧约全书篇名及简称"、"莎士比亚剧作篇名及简称"。书有全文索引。

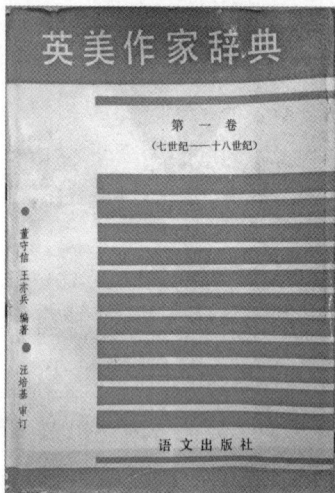

8.《英美作家辞典》 董守信、王亦兵编著。

语文出版社 1987 年起出版。

本书分三卷。第一卷收 7 世纪至 18 世纪英美作家;第二卷收 19 世纪英美作家;第三卷收 20 世纪的英美作家。共收作家 6000 余人,涉及的作品近 20 万种。除介绍作家生卒年、籍贯和经历外,还叙述其文学上的主要成就和贡献、成名作、代表作等。每位作家及其作品,均附有英文原名和原书名。本书采用编年的办法,还可帮助读者探究英美文学的历史源流、继承和发展,了解各历史时期不同学派、作家的相互关系和影响。

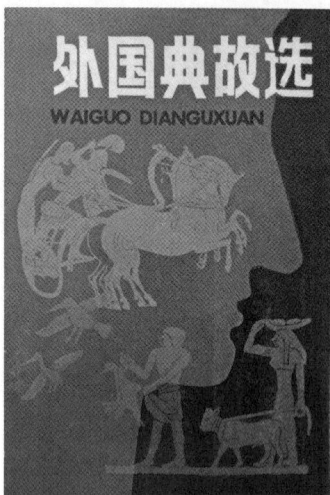

9.《外国典故选》 张纪鸣编著。

广东人民出版社 1987 年版。

本书收外国典故 818 条,其中包括希腊、罗马神话典故,《圣经》典故,英国典故,俄苏典故,美国典故,阿拉伯典故,印度典故等。条目的安排以地区和时间为序,并将内容上有联系的条目安排在一起。正文后有"条目笔画索引",附"希腊、罗马神话重要译名对照表"。

10.《汉英中国文学词典》 思马得学校主编。

南京大学出版社 2005 年版。

本书是介绍中国文学词汇的工具书,主要供外国学生查阅中国文学术语用。本书所选词条包括文学作品、作家、文学形象、重要作品中涉及的地名、文学流派思潮、文学专用语以及文学常用语等文学术语 13200 多例,对其分别加以注音,并给出相应的英语词汇或英语解释,并以汉语拼音字母顺序排列。每一词条都包括"中文原文"、"汉语拼音"、"英译"或"英文解释"。对作家与评论家有简要介绍,包括生卒年、身世背景、主要作品。附录部分收录了拉丁拼写和汉语拼音对照表。本书有助于外国学生了解学习中国文学,对中国学生向海外介绍中国文学,或作中外文学比较研究,也有重要的参考价值。例如:

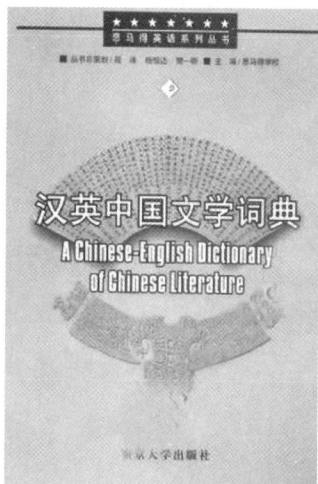

巴金(Ba Jin)(1904—)famous modern and contemporary writer,his original name was Li Yaotang. Works:*Cold Night*,*Family*,*Spring*,*Autumn*,etc.

《霸王别姬》(ba wang bie ji) *The Conqueror Bidding Farewell to His Favorite Convubine* →李碧华(Li Bihua)

主要参考书目

吴小如、吴同宾编著:《中国文史工具资料书举要》,中华书局 1982 年版。

吴国宁编:《文史工具书选要》,陕西人民出版社 1983 年版。

潘树广著:《古曲文学文献及其检索》,陕西人民出版社 1986 年版。

朱一玄等编著:《文史工具书手册》,辽宁教育出版社 1989 年版。

祝鸿熹、洪湛侯主编:《文史工具书辞典》,浙江古籍出版社 1990 年版。

盛广智等主编:《中国古今工具书大辞典》,吉林人民出版社 1990 年版。

黄卓越主编:《中国大书典》,中国书店 1994 年版。

钱仲联等主编:《中国文学大辞典》,上海辞书出版社 2000 年版。

刘凌、吴士余主编:《中国学术名著大词典》,汉语大词典出版社 2001 年版。

潘树广等主编:《中国文学史料学》,华东师范大学出版社 2012 年版。

杨琳著:《古典文献及其利用》,北京大学出版社 2014 年版。

附一：学生习作

白蛇传说探微

（江满琳　华东师范大学中文系2012级本科生）

摘　要：作为中国古代流传最广的传说故事之一，白蛇传说经历了近千年的民间集体创作，有着多种多样的表现形式，其中又以小说、戏曲为主。本文对白蛇传说的现存文本进行了收集与整理，并在此基础上对这一故事的源流及发展状况作出了梳理。由于白蛇传说的故事到《雷峰塔》传奇已臻成熟，因此本文在故事情节的文本分析中，以方本《雷峰塔》之前的作品为主。通过对白蛇传说进行现代解读，尝试以向来被读者冷落的青蛇形象为中心，从古代文学、戏剧学、文化人类学的角度出发，探寻青蛇"雌雄同体"的设定在文本表现力和戏剧舞台表现力层面的审美意义，以及其对"雌雄同体"这一神话思维的文本化显现。

关键词：白蛇传说；演变；青蛇；雌雄同体

绪论

作为一个经典民间传说故事，白蛇传说可谓家喻户晓。这一传说在其流传过程中产生了许多别称，如《雷峰塔》、《白娘子》、《白蛇传》等，本文为方便起见均称其为"白蛇传说"，指的是以白蛇、青蛇、许宣（仙）、法海这几个人物为中心，以白蛇幻化为女子与市井俚人许宣（仙）相恋，后又遭法海拆散为主要情节的民间传说故事。

对于白蛇传说这一流传时间长、范围广的民间故事，不同时期的学者都对其进行过研究与探讨。

上世纪二三十年代，以鲁迅《论雷峰塔的倒掉》[①]、《再论雷峰塔的倒掉》[②]等文章为先导，各大报刊开

---

① 鲁迅著.鲁迅全集 编年版 第2卷 1920—1924[M].北京：人民文学出版社,2014：738—740.
② 鲁迅著.鲁迅全集 编年版 第3卷 1925[M].北京：人民文学出版社,2014：166—170.

始围绕着这白蛇传说发表评论文章。其中,秦女、凌云的《白蛇传考证》①是对与白蛇传说相关研究资料的整理;德煌的《平剧故事研究》②是对白蛇传说的考证;赵景深的《白蛇传本事考》③和霭庭的《白蛇传故事起源之推测》④则是对白蛇故事起源的考证与探讨。访秋的《白蛇传故事的演变》⑤则主要叙述了白蛇传说这一故事的演变形式。

上世纪50年代,戴不凡的《试论〈白蛇传〉故事》⑥、胡士莹的《白蛇故事的发展》⑦等文章均对白蛇传说的演变过程作了梳理;在黄裳《关于白蛇传》⑧一文中,作者除了对白蛇传说的源流演变作出考证外,还对其中的白蛇和许宣(仙)的人物性格进行了分析;傅惜华编的《白蛇传集》⑨则大量辑录了白蛇传说的故事和论文,还特别收录了各种地方戏形式,如华北地区的马头调、八角鼓、子弟书等,以及传奇和宝卷等四十八种,并附有白蛇传说的清代木刻本、抄本图片;阿英的《雷峰塔传奇叙录》⑩一书分七部分对《雷峰塔传奇》各旧抄本进行研究。

上世纪80年代以来,白蛇传说的研究论作层出不穷,引起了海内外学者的重视。其中,台湾学者潘江东在《白蛇故事研究》⑪中探讨了白蛇故事的演变发展,并提出了"初型"、"进展"、"成型"三个阶段的分期。该书同时收录了各个时期有关白蛇传说的影印资料,并探讨了白蛇传说与宗教的关系等新颖问题。

80年代中期,中国民间文艺研究会浙江分会主持开展了一定规模的白蛇传说故事收集活动,这一活动取得了一定的理论成果。《白蛇传论文集》⑫收录当时最新的研究文章。与此同时,关于白蛇故事中宗教与传说、民间文艺与民俗等方面的研究文章不断出现,《民间文艺集刊》第7期⑬就收录了一系列相关文章。

90年代以来,罗永麟的《论白蛇传》⑭较系统地探讨了白蛇传说的演变、故事结构、人物性格、主题思想和艺术特色。在张庚、郭汉城主编的《中国戏曲通史》⑮第四编清代地方戏中,对《雷峰塔》传奇的三种抄本的故事情节、人物性格、主题思想作了比较。在王骧的《白蛇传说故事探源》⑯一文中,作者从宋话本、唐传奇、魏晋志怪小说上溯到有关的古代神话、民俗,甚至上古的图腾崇拜和民俗信仰,是一篇突破传统思维模式的文章。此外,谭正璧编的《三言两拍资料》⑰与上文所提赵景深的《白蛇传本事考》一文

① 秦女、凌云.白蛇传考证[J].中法大学月刊 第二卷 第三、四册,1933.
② 德煌.平剧故事研究[J].民间文艺 第三卷第一期,1935.
③ 赵景深.白蛇传本事考[J].晨报 国剧周刊 第4期,1935.
④ 霭庭.白蛇传故事起源之推测[J].天地人"中国民间文艺专号" 第一卷第十期,1936.
⑤ 访秋.白蛇传故事的演变[J].晨报 学园副刊 第1022期,1936.
⑥ 戴不凡.试论《白蛇传》故事[A].苑利主编.二十世纪中国民俗学经典·神话卷[C].北京:社会科学文献出版社,2002:72—88.
⑦ 胡士莹.白蛇故事的发展[J].浙江日报 副刊"钱塘江",1956.
⑧ 黄裳.西厢记与白蛇传[M].上海:平明出版社,1953:66.
⑨ 傅惜华.白蛇传集[M].上海:上海出版公司,1955.
⑩ 阿英.雷峰塔传奇叙录[M].北京:中华书局,1951.
⑪ 潘江东.白蛇故事研究[M].台北:台湾学生书局,1981.
⑫ 中国民间文艺研究会浙江分会编.白蛇传论文集[M].杭州:浙江古籍出版社,1986.
⑬ 中国民间文艺研究会浙江分会编.民间文艺集刊 第7期[M].上海:上海文艺出版社,1985.
⑭ 罗永麟.论白蛇传[A].罗永麟.论中国四大民间故事[C].北京:中国民间文艺出版社,1986.
⑮ 张庚、郭汉成主编.中国戏曲通史[M].北京:中国戏剧出版社,1981:334.
⑯ 中国民间文艺研究会研究部编.民间文学论文选[M].长沙:湖南人民出版社,1982.
⑰ 谭正璧编.三言两拍资料[M].上海:上海古籍出版社,1980.

新编中文工具书

就白蛇传说的源流考证,观点基本相同;郭英德在《明清传奇史》①中对《雷峰塔》传奇的演变过程也作了一定梳理,并对人物形象进行了分析;陈建宪的《蛇神·蛇妖·蛇女》②则探讨了白蛇传与宗教的关系。关于白蛇传说对异文化的影响,顾晓辉的《〈拉米亚〉与〈白蛇传〉之比较论》③、罗海鹏的《拉米亚与白蛇传中的蛇女原型比较》④论文中均提出白蛇传说与《拉米亚》是东西方文学中以"蛇女"为原型的最具代表性的作品。而严绍璗、王晓平的《中国文学在日本》⑤以及李树果的《日本读本小说与明清小说》⑥则对《白娘子永镇雷峰塔》与日本物语小说《雨月物语》中的《蛇性之淫》进行了比较研究。与此相同的还有日本学者寺尾善友的《〈雨月物语〉与〈白蛇传〉》⑦、刘凤娟的《日本的"白蛇传"——〈蛇之淫〉赏析》⑧等文章。此外,台湾学者蒋勋的《舞动白蛇传》⑨对白蛇传说进行了文学性的再阐释,并分析了白蛇故事的发展的始末以及其文化渊源;蔡春华的《中日文学中的蛇形象》⑩则对流传于中日两国的人蛇恋故事作了历史与文化内涵上的比较分析。

至于白蛇传说中的青蛇形象,学界现有的研究如刘郝娇《另类的言情——从〈青蛇〉看李碧华笔下的女性意识》⑪从女性主义的角度出发阐释青蛇在当代文本中地位攀升的原因,还论及了从以往白蛇传说的第三人称叙事结构到当代李碧华《青蛇》的第一人称叙事结构的变迁;黄烨祁《〈青蛇〉中的新女性视角》⑫则主要从女性主义着眼,论述故事中存在的男女不平等现象及原因,并将青蛇当作有别于白蛇的能够洞察世情的另类女子;严红《颠覆与重构——评李碧华的小说〈青蛇〉》⑬则从李碧华的《青蛇》入手进行分析;吕冰心《饶有新意的重写——我看李碧华的〈青蛇〉》⑭就青蛇谈到了被古老男权压制和漠视的女性欲望,同时将青白二蛇视为现代职业女性形象的象征,从而表达了作者对现代女性困境的思考,揭露了当代"女权神化"的虚妄性;姜川子《〈白蛇传〉人物形象浅析》⑮则研究了青蛇的转变过程,并指出了其演变的作用,同时也指出青蛇在现代作品中的反客为主的现象,但对于个中原由,该文缺少理论论述;朱秀锋《青蛇形象塑造的演变及其意义》⑯则主要引证不同文本阐释了青蛇形象的塑造和完善,同时也讨论了人们对于青蛇形象演变的评论。

在近千年的民间集体创作中,白蛇传说产生了许多变体,不同版本的文本之间虽然有一个固定的结构(人妖恋),相互之间也能看出一定的继承关系,但是一些细节上的差异还是值得细细推敲。当这一故事被搬上舞台后,更是因表演形式(戏剧、弹词等)的不同而产生了不一样的效果。即使是一样的表演

① 郭英德. 明清传奇史[M]. 南京:江苏古籍出版社,1999.
② 陈建宪. 蛇神·蛇妖·蛇女[J]民间文艺季刊,1987(1).
③ 顾晓辉.《拉米亚》与《白蛇传》之比较论[J]. 徐州师范大学学报,2006(2):16—21.
④ 罗海鹏.《拉米亚》与《白蛇传》中的蛇女原型比较[J]. 飞天,2009(8):54—56.
⑤ 严绍璗、王晓平. 中国文学在日本[M]. 广州:花城出版社,1990:157—172.
⑥ 李树果. 日本读本小说与明清小说[M]. 天津:天津人民出版社,1998.
⑦ 寺尾善雄、乔福生.《雨月物语》与《白蛇传》[J]. 文化译丛,1985(5):24—25.
⑧ 刘凤娟. 日本的"白蛇传"——《蛇之淫》赏析[J]. 安徽文学(下半月),2007(1):22.
⑨ 蒋勋. 舞动白蛇传[M]. 桂林:广西师范大学出版社,2004.
⑩ 蔡春华. 中日文学中的蛇形象[M]. 上海:三联书店,2005.
⑪ 刘郝姣. 另类的言情——从《青蛇》看李碧华笔下的女性意识[J]. 安徽文学(下半月),2007(2):6—8.
⑫ 黄烨祁.《青蛇》中的新女性视角[J]. 写作,2008(15):8—12.
⑬ 严虹. 颠覆与重构——评李碧华小说《青蛇》[J]. 文教资料,2008(3):32—34.
⑭ 吕冰心. 饶有新意的重写——我看李碧华的《青蛇》[J]. 开封大学学报,2004(2):43—46.
⑮ 姜川子.《白蛇传》人物形象浅析[J]. 商业文化(学术版),2009(3):222.
⑯ 朱秀锋. 青蛇形象塑造的演变及其意义[J]. 新余高专学报,2006(3):26—28.

形式,也会因剧种和版本的不同而有所区别。这虽说是民间俗文学的发展特点,但其中故事和人物的演变与发展十分值得研究。对不同版本的白蛇传说进行比对,梳理白蛇传说中的主要情节和人物形象及其源流演变便是本文的主要工作之一。

在以往的研究中,作者通常将重点放在白蛇和许宣(仙)身上,而对于白蛇的侍女——青蛇,则采取一种漠视的态度。但在方成培的《雷峰塔》中,有这么一个值得玩味的细节:在第五出《收青》的最后,青蛇行当本为"丑",下场后再上场时却变成了"贴",这一行当的变化暗示了青蛇性别的变化。这种变化中是否含有深意?通过对不同剧种的了解,发现在川剧和清末京剧(已失传)中也有青蛇"男变女装"的描写,甚至有"男女互变"的情节(川剧),这样的设定又有什么意义?我们认为可以从这一点切入来对青蛇形象进行分析。另一方面,在文化人类学中有一种"双性同体"(Androgyny)的神话思维,用以表达人类对克服性别差异、从两性互补中达到强大力量的渴望。考虑到戏剧与宗教仪式的关系,以及神话与人类心理的关系,这一思维与白蛇传说中"雌雄同体"的青蛇形象可能有关。鉴于此,本文的另一个主要工作便是从古代文学、戏剧学、文化人类学的角度出发,试图探寻青蛇"雌雄同体"的设定在文本表现力和戏剧舞台表现力层面的审美意义,以及其对"雌雄同体"这一神话思维的文本化显现。

一、白蛇传说的现存文本

自古以来,以白蛇传说为题材原型的作品数量众多,形式多样,有话本小说、杂剧、传奇、弹词、宝卷、民间故事、歌谣等等。现依体裁列举如下:

(一) 小说

1.《李黄》,唐谷神子撰,载《博异志》。

2.《西湖三塔记》,明洪楩编,载《清平山堂话本》。

3.《孙知县妻》,南宋洪迈编,载《夷坚志》支戊卷第二。

4.《白娘子永镇雷峰塔》,明冯梦龙编纂,载《警世通言》第二十八卷。

5.《西湖怪迹》,清代古吴墨浪子辑,刊《西湖佳话·古今遗迹》。

(二) 传奇

1.《雷峰塔传奇》,清黄图珌作,《看山阁全集》本,清乾隆三年刊(1738),分上下卷。

2.《雷峰塔传奇》,清署帕云词逸改本,海棠巢客点校,即方成培据淮商祝暇本改编。乾隆三十六年(1771),水竹居刻本,四卷三十四出。

(三) 南词

1.《白蛇传》,清乾隆三十七年(1772)嘉一堂本,即后来《义妖传》的祖本。

2.《白蛇传》,别本,清光绪三年,苏州钞本。

3.《白蛇传》,清光绪三年,杭州乐本白雪余闲卷上,共有湖塘遇妖、端阳现行、取仙草三回。

4.《义妖全传》,清陈遇乾作,嘉庆十四年(1809)刻本,后版本甚多。共五十四回。

5.《西湖缘》,清陈遇乾作,浦左退居野人校订,光绪十九年(1893)上海印书局石印本,分四卷,共五十三回。

6.《白蛇传》,清马如飞著,载马如飞《南词小引初集卷下》,共六回。

(四) 弹词

1.《后白蛇全传》,清,又名《后本白氏全传续姻缘》,共十六卷,叙白娘子镇压雷峰塔后故事。

（五）宝卷

1.《白蛇宝卷》，清无名氏作，光绪年间刻本，又名《雷峰古迹》，共二卷十三回。

2.《雷峰宝卷》，清无名氏作，光绪十三年(1887)杭州景文斋刻本，分上下两集，傅惜华将其编入《白蛇传集》中编。

（六）马头调

1.《雷峰塔》，清，收于道光八年刻本《白雪遗音》卷一中。

2.《白蛇传》，清，收于嘉庆年间北京钞本《马头调杂曲集》。

3.《白蛇传》，别本，1947年河南排印本鼓子词。

4.《合钵》，清咸丰年间(1851—1861)，北京钞本马头调十种。

5.《合钵》，别本，清咸丰六年，北京钞本马头调百万句全第二册。

6.《合钵》，别本，光绪1875—1908年，北京钞本马头调八角鼓杂曲卷一。

（七）八角鼓

1.《游西湖》，清道光年间(1821—1850)，北京百本张钞本。

2.《搭船借伞》，清末北京钞本。

3.《盗灵芝》，清末北京钞本。

4.《水斗》，清光绪年间(1875—1908)，北京别埜堂钞本。

5.《金山寺》，清光绪三十二年(1906)，北京抄本杂牌岔曲卷五。

6.《断桥》，清道光年间(1821—1850)，北京百本张钞本。

7.《合钵》，清道光年间(1821—1850)，北京百本张钞本。

（八）子弟书

1.《合钵》，一回，清嘉庆年间，北京文萃堂刻本。

2.《合钵》，别本，二回，清光绪年间，北京别埜堂钞本。

3.《哭塔》，二回，清同治年间，北京别埜堂钞本。

4.《祭塔》，一回，清光绪年间，北京钞本。

5.《出塔》，二回，清咸丰年间，北京百本张钞本。

6.《雷峰塔》，光绪三十一年(1905)，盛京老会文堂刻本，共三卷。

（九）鼓子曲

1.《收青儿》，1947年河南排印本鼓子曲存。

2.《借伞》，1947年河南排印本鼓子曲存。

3.《盗灵芝》，1947年河南排印本鼓子曲存。

4.《水漫金山》，1947年河南排印本鼓子曲存。

5.《合钵》，1947年河南排印本鼓子曲存。

6.《塔前寄子》，1947年河南排印本鼓子曲存。

7.《探塔》，1947年河南排印本鼓子曲存。

8.《祭塔》，1947年河南排印本鼓子曲存。

（十）鼓词

1.《白蛇借伞》，光绪年间1875—1908，北京刻本。

2. 《白蛇借伞》,别本,清光绪间北京刻本。

3. 《游湖借伞》,清宣统年间,北京钞本零金碎玉卷三。

4. 《雄黄酒》,清光绪年间 1875—1908,北京刻本。

5. 《水淹金山寺》,清光绪年间 1875—1908,北京刻本。

(十一)小曲

1. 《白蛇山歌》,光绪年间 1875—1908,杭州刻本。

2. 《合钵》,光绪三年,杭州钞本《白雪余音》卷下。

3. 《白娘娘报恩》,1933 年上海石印本《沪谚外编》卷下。

(十二)滩簧

1. 《化檀》,光绪年间(1875—1908)作品,上海石印本清韵阁校正滩簧。

2. 《断桥》,光绪年间(1875—1908)作品,上海石印本清韵阁校正滩簧。

3. 《合钵》,光绪年间(1875—1908)作品,上海石印本清韵阁校正滩簧。

除此之外,昆曲、京剧、川剧、滇剧、越剧、粤剧、评剧、黄梅戏、秦腔等地方戏都有以白蛇传说为素材的曲目,由于篇幅所限,在此不作一一列举。

二、白蛇传说的历史源流

蛇在中国古代文化中"发迹"极早。上古便有蛇精崇拜,中华民族的始祖伏羲和女娲,均是人首蛇身的神灵。这可以从一些出土文物中得到印证,如湖南长沙马王堆一号墓中的帛画、山东曲阜灵光殿、河南洛阳卜千秋墓室壁画、河南唐河电厂画像石、河南唐河针织厂画像石等,在这些图案中,伏羲女娲多为人首蛇身形象,且采取两尾相交的姿势。

除伏羲、女娲之外,上古还有不少神的形象与蛇有关,闻一多先生《伏羲考》中按方位对《山海经》中出现的人蛇结合的蛇神作过统计,如《中山经》中的"首山至丙山诸神",《南山经》的"天吴之山至南禺之山诸神"、"延维",《西山经》的"鼓",《海外西经》的"轩辕",《海内东经》的"雷神"等等①。郭璞在为《大荒西经》作注时也提到"共工人面蛇身朱发"。

到了魏晋时期,"蛇"开始走下神坛,向人间靠拢。上古的蛇神崇拜发展成了志怪小说中的蛇精、蛇怪故事。这时蛇的形象开始趋于多样化,《太平广记》第四五六至第四五九诸卷即收录了百余条有关蛇的故事。② 其中有的形象丑陋、行为猥琐,如《续搜神记·太元士人》;有的心地善良,知恩图报,如《搜神记·随侯珠》、《搜神记·邛都老母》等;有的与人友好,预示吉祥,如《搜神记·冯绲》、《王子年拾遗记》等。

但在魏晋的蛇精故事中,"美女蛇"的故事还没出现,换句话说,白蛇传说还没有出现。

(一)白蛇传说的文本演变

白蛇传说的原型,最早可以追溯到唐谷神子《博异志》中的短篇《李黄》③,写的是陇西男子李黄与容貌美丽的白衣女子同居三日,回家后只觉满身腥气,"身重头旋"、"口虽语,但觉被底身渐消尽。揭被而

新编中文工具书

---

① 闻一多. 伏羲考[M]. 上海:上海古籍出版社,2009.

② 〔宋〕李昉等编. 太平广记 9[M]. 哈尔滨:哈尔滨出版社,1995:4059—4107.

③ 《太平广记》卷四五八收入此篇,然今本《博异志》中不见此篇。又明陆揖《古今说海》中此篇题作《白蛇记》。

视,空注水而已,惟有头存"①。家人吃惊之下,寻找到了白衣女子的住所,只见空荡的园子中只有一棵树,向邻居打听,方得知树下经常有一大白蛇出入。而在这篇故事的末尾还附有另一个故事,说的是官宦子弟李琯和一素衣女子交往,回家后脑裂而死。家人到他之前留宿的地方查看,只见一枯槐树中有大蛇盘曲的痕迹,砍断大树后看到得小白蛇数条。这两个故事已经初见白蛇传说的影子,但仍显单薄。

宋元时期,白蛇传说开始与西湖风物发生联系,此时白蛇传说真正的雏形《西湖三塔记》②出现。

《西湖三塔记》见于明人晁瑮《宝文堂书目》,清人钱曾《也是园书目》将其列为"宋人词话"类,辑存于《清平山堂话本》中。该文讲的是宋孝宗淳熙年间,临安府官宦子弟奚宣赞与白衣妇人亲近,但又几次差点被其所害,幸得侍女卯奴多次相救,后来奚宣赞的叔叔,即道士奚真人作法将白衣妇人、卯奴、婆婆捉获,原来卯奴是一只乌鸡,婆婆是一只獭,白衣妇人是一条白蛇。奚道人将三怪装入铁罐,放在湖心,又造了三座石塔来镇住它们。话本中的男主人公是临安人,可看作是许宣(仙)的原型,白衣妇人是白蛇所变,且有同伴,且故事发生地又在西湖,与后来的白蛇传说有着明显的渊源关系。

除了《西湖三塔记》之外,南宋时期还有几篇"蛇妻"的故事,与白蛇传说也有着些许的联系,分别为《孙知县妻》、《衢州司户妻》、《历阳丽人》和《钱炎书生》,均收录在南宋洪迈的《夷坚志》③中。与之前蛇女幻化人形害人的故事相比,这里的蛇女大多善良多情。以《孙知县妻》为例,孙知县偷窥妻子洗澡,发现她竟是一条大白蛇,而妻子知道后反而劝他"我固不是,汝亦错了。切勿生他疑,今夜归房共寝,无伤也",并没有伤害他的意思,最后反而是孙知县心存忌惮,"快快成疾,未逾岁而亡"。其余几篇故事虽然情节不同,但都是蛇女幻化人形,却没有丝毫害人之意,可以看作是白蛇传说变化的过渡时期。

南宋到明中叶,白蛇传说没有较大变化。明人贾仲明《录鬼簿续编》也著录有同名杂剧,相传是元末遗民郑经所作,剧本现已不传,但内容应与《西湖三塔记》相似。万历时期的吴从先《小窗自记》中有"法师钵贮蛇,覆于雷峰塔下"的记载,陈芝光《南宋杂事诗》有"闻道雷峰覆蛇怪"的诗句,但这都是后人追述前朝遗事,不足为证。④

白蛇故事的进一步发展是在明代。明末冯梦龙《警世通言》中所辑录的话本《白娘子永镇雷峰塔》⑤,讲述的白蛇的故事比以前复杂得多,也丰富得多。有了游湖借伞、订盟赠银、庭讯发配、赠符逐道等情节,同时塑造了众多的人物形象,白蛇、许宣(仙)等主要人物的性格开始变得鲜明,这些角色、情节的设置多为后来的戏曲作品所沿用。可以说,此时的白蛇故事已基本成型,话本的故事情节和人物形象已经相当完整,构成已后来白蛇传故事的基本框架,所缺乏的只是更细致的艺术处理。

清康熙癸丑刊古吴墨浪子所作《西湖佳话》⑥是有关西湖的话本集,其中第十五卷《雷峰怪迹》就是关于白蛇的传说,后来这一篇又被陈树基收入乾隆辛亥年间刊刻的《西湖拾遗》中,这就是卷二十一的《镇妖七层建宝塔》⑦,但基本上是《白娘子永镇雷峰塔》的简本或改写。至于嘉庆年间玉山主人的《雷峰

———————————

① 〔宋〕李昉等编.太平广记 9[M].哈尔滨:哈尔滨出版社,1995:4091—4092.

② 程毅中辑注.宋元小说家话本集 上[M].济南:齐鲁书社,2000:295—306.

③ 〔宋〕洪迈著,杨名标点.夷坚志[M].重庆:重庆出版社,1996.上文所提《孙知县妻》见《夷坚志》戊卷第二;《衢州司户妻》见《夷坚志》戊卷第九;《历阳丽人》见《夷坚志》辛卷第五;《钱炎书生》见《夷坚志》补卷第二十二。

④ 赵景深.弹词考证[M].台北:台湾商务印书馆,1937:1—44.

⑤ 〔明〕冯梦龙编.警世通言.北京:作家出版社,1956:420—448.

⑥ 〔清〕古吴墨浪子.西湖佳话[M].北京:华夏出版社,1995:1544—156.

⑦ 〔清〕陈树基辑.西湖拾遗 古代白话小说集 卷二十一[M].杭州:浙江古籍出版社,1985.

塔奇传》（共十三回）①，以及民国文人托名梦花馆主所作的《白蛇传前后集》②，都只是对前代文本的改写。到这时，白蛇传说在故事的演化和写作技巧上都没有什么进展，可以说已经成型了。

（二）白蛇传说的场上改编

关于白蛇传说的场上改编，最早可以追溯到与冯梦龙同时的陈六龙所撰的《雷峰记》传奇，这个剧本虽已失传，但晚明戏曲评论家祁彪佳的《远山堂曲品》对其有过评论："相传雷峰塔之建，镇白娘子之妖也。以为小剧则可，若全本则呼应全无，何以使观者着意？且其词亦欲效肇华瞻，而疏处尚多。"③可见明朝天启、崇祯之际就已经有了以白娘子为题材的戏曲了，这一剧本比今天我们所能见到的乾隆三年刻的黄图珌看山阁刻本《雷峰塔》传奇要早一百年左右。

现今可见的最早的白娘子故事的戏曲创作，是清代乾隆三年的黄图珌看山阁刻本《雷峰塔》传奇，分上、下两卷，共三十二折，故事情节与《警世通言》里的完全一致。黄本一出现，便受到了伶人们的追捧，伶人在黄本基础上进行修改和润色，其中最重要的改动是让白蛇生子且子中状元。经过这样一番改造，戏曲受到了观众的热烈欢迎，一度盛行吴越，直达燕赵。

大约在黄本搬上舞台的二十年后，伶人陈嘉言父女根据黄本改编成梨园抄本，对黄本作了不小的改动，使其更符合舞台演出，但陈本只在梨园中传抄而没有刻印，因此今天叫它"梨园抄本"或"旧抄本"。陈本的主要成就，除增补了《端阳》《盗草》《水斗》《断桥》《指腹》《祭塔》等重要场次外，更在于洗涤了黄本中白蛇身上的妖气，使之更具有人情味和反抗性。

乾隆三十六年辛卯，水竹居本即方成培对于梨园抄本的改编本《雷峰塔传奇》④出现，署名"帕云词逸改本，海棠巢客点校"。此本参考梨园本而增加《端阳》《求草》《水斗》《断桥》《合钵》诸出戏，深化了人物形象。客观上说，方本是诸多《雷峰塔》戏曲中比较完整和优秀的一个本子，也是流传最广的本子，该本各个人物形象的塑造较黄本、旧抄本更加具体细致。直到今天，昆曲中经常上演的《盗草》《水斗》《断桥》等折子戏，和方本几乎完全相同。白蛇传说的情节到此有了一个比较稳定的结构。

虽然清朝时皇室中仍坚持以昆曲为雅曲，但却阻止不了民间的戏曲流行，这一时期的民间艺术如弹词、宝卷、地方戏、鼓子词等当中亦有白蛇传说的身影。

傅惜华在《白蛇传集》序中说白蛇传说的演出遍及"昆曲，戈阳腔，秦腔，梆子，京剧，以及全国各省的地方戏，鼓词，南词等……"⑤，可见白蛇故事在当时的演出范围之广，受观众喜爱的程度之深。该书收录了华北和东北地区民间流行的马头调、八角鼓、子弟书、各种鼓词，河南省地方曲艺鼓子曲，流行在华东地区的民间小曲山歌、南词，以及地方剧如苏剧、沪剧、锡剧等剧的前身滩簧、传奇、宝卷等共四十八种。通过对这些作品情况进行分析，可以发现这些剧作流行的时间多在清朝中后期。

乾嘉之后出现的地方戏《白蛇传》对旧抄本和方本的宿命论和妥协思想，都作了不同程度的删除，并增加不少突出白娘子与青儿斗争的情节，使剧作思想更富有战斗性。以当时上演次数较多的秦腔为例，阿英《雷峰塔传奇叙录》⑥一书中收录了秦腔《白蛇传》的曲目共十七出。与梨园旧抄本或方本比较，

① 〔清〕玉山主人著，丁琼校注. 雷峰塔奇传[M]. 北京：华夏出版社，1995.
② 梦花馆主编. 白蛇传前后集[M]. 北京：中国书店，1988.
③ 〔明〕祁彪佳著，黄裳校注. 远山堂曲品[M]. 上海：古典文学出版社，1957.
④ 〔清〕方成培撰，徐凌云等校点. 皖人戏曲选刊·方成培卷[M]. 合肥：黄山书社，2008.
⑤ 傅惜华. 白蛇传集[M]. 上海：上海出版公司，1955.
⑥ 阿英. 雷峰塔传奇叙录[M]. 北京：中华书局，1951.

秦腔本中保留了冲突性较强的曲目,如《盗草》、《水淹》、《探塔》等。

此外,晚清时期的《雷峰宝卷》,第一次将前代各个话本或传奇中所说的宿缘解释明白:只因一千七百年前,一条小白蛇在将死于乞丐刀下时,被许宣的前生买来放了生,白蛇因此要以身相许报答恩人。释迦牟尼逼白蛇发誓,若有差池,愿受镇压之苦。宝卷增加这个开端,让人在一开始就感觉到冥冥之中有一股神奇的力量操纵着白蛇和许宣的悲剧命运。而除了这种因果报应思想外,还蕴含着一种伦理因素在其中,宝卷上卷写夫妻之情,下卷写孝子之情,完整有力地体现了家庭人伦。

今天的戏曲剧本《白蛇传》主要是由现代著名戏剧家田汉先生依据方成培的戏曲剧本《雷峰塔》整理改编的。这一工作一共进行了三轮:1944年在桂林完成创作了《金钵记》;1950年对《金钵记》进行了重新整理,删除了其中因果迷信的内容,并改戏名为《白蛇传》;1953年再次对《白蛇传》进行修改,最终于同年在第一届全国戏曲观摩大会上由北京实验戏曲学校首演这一修改本。

在田汉的《白蛇传》中,开端去掉了清末戏剧中白蛇和许宣的宿缘、青蛇和白蛇相遇的情节,直接让白蛇和青蛇来到人间。末尾删去了"许士麟祭塔"、"白素贞皈依佛门"等情节,只在尾声中暗示雷峰塔倒掉,白娘子获救。在"开生药铺"一节,交代了白娘子坐堂行医,治病救人,去掉了"盗府库银两"、"盗衣物"等有损白娘子形象的内容。现在的白蛇戏曲多以田汉的《白蛇传》为蓝本。

三、白蛇传说中人物形象的演变

白蛇传说从唐代一则简单的笔记小说变为家喻户晓的民间故事,随着白蛇传说由粗糙向细致的演变,其中的人物形象也从平面模糊逐渐变得立体丰满,主要人物白蛇这一形象的前后转变甚至可以用天壤之别来形容。在这一部分,笔者拟就白蛇传说中的主要人物,即白蛇、许宣(仙)、法海、青蛇进行简单分析。

(一) 白蛇形象的演变

从唐传奇《李黄》到方成培的《雷峰塔传奇》,白蛇的形象经历了从蛇妖到蛇妻再到蛇仙的转变,其兽性不断削减,人性逐渐增加,从色诱杀人到为爱牺牲,白蛇身上承担的社会意义、文化意义也更加厚重。

唐《博异志·李黄》中记载的白蛇,外表美艳,"素裙粲然,凝质皎若,辞气闲雅,神仙不殊"[①],却有着蛇蝎心肠,幻化为人性引诱男子,与之交好后又夺其性命。包括篇末所附《李琯》的故事,这里的白蛇都只是用来说明妖魅害人的主题。这里的白蛇虽已化身为美女,但其身上固有的蛇的一面仍是明显的,兽性的一面远大于人的一面。而在宋人话本《西湖三塔记》中,奚宣赞与白蛇幻化的妇人同居了半月后,妇人就心生厌倦,想取他的心肝为食,若非他以前救助的卯奴相助,且后来又有叔父奚真人施法,他必定难逃一死。与《李黄》一样,白蛇在这里也是以狠毒的蛇妖形象出现的,靠美艳的外表引诱凡间男子,内里依旧存有原始的残忍兽性。美丽的外貌和丑陋的灵魂融于一体,温柔的女子竟然是残忍的妖怪,说教目的自不待言。

从南宋洪迈《夷坚志》的几篇蛇妻故事开始,白蛇身上的兽性都有所减弱,人性开始增强,由蛇妖逐渐向蛇妻转变,主要描写的是白蛇作为妻子的美丽贤淑、忠诚善良。这一特点被很好地延续到了冯梦龙编写的《警世通言》第二十八卷《白娘子永镇雷峰塔》中,在这里我们可以看到,白蛇嫁给许宣之后不仅

---

① 〔宋〕李昉等编. 太平广记 9[M]. 哈尔滨:哈尔滨出版社,1995:4091—4092.

负责家里的杂务,而且还要为丈夫的事业奔走筹划,如果不是白蛇传说所固有的神话背景,我们几乎可以把她看作是一个贤惠精明的市井商妇,在商业经营方面,她甚至比丈夫更有眼光和才能,许宣的幸福生活几乎全靠她的帮助。若非外力的介入,他们的生活其实与市井百姓无异。而且白蛇身上虽然还有妖气,但那也是为了维护家庭,对于许宣,她可以说是尽心尽力地维护与帮助。

而当这一传说搬上戏曲舞台,即到了黄本、旧抄本、方本的《雷峰塔传奇》时期,她身上更多表现的是普通的人性,甚至可以说是一种接近完美的人性。尤其是方本的《雷峰塔传奇》,在方本中,白蛇的身份是西池王母蟠桃园中的一条仙蛇,因偷食蟠桃被贬,于峨眉山连环洞中修炼千载,号曰“白云仙姑”,这样的安排使得白蛇身上的妖气大大地被削减,甚至有由“蛇妻”向“蛇仙”转变的倾向。由于方本《雷峰塔传奇》可视为白蛇传说的定型,在此后的文学形式中,白蛇一般都被赋予温柔、聪明、勇敢和坚贞不移的性格,相对于前期人们对蛇妖的厌恶与憎恨,此时的白蛇由于她的善良多情却又屡遭不幸尤其令观者怜惜。

(二) 许宣(仙)形象的演变

这里说的许宣(仙)其实指的是白蛇传说中的男主人公,尽管在不同的时期,男主人公的名字会有变化,但是这一角色所承载的内容都是相似的,即都是与幻化成人形的白蛇结为夫妇。

《李黄》里的男主人公是一个名叫李黄的贵族子弟,虽然家有娇妻,但仍不改风流本色,一见白衣女子有几分姿色就主动出钱为女子“货诸锦绣”,“又愿出三千钱为她偿债”[①],最后被白蛇所利用,并遭惨死。短短一则故事,刻画的是一个好色轻佻的纨绔子弟的形象。但这里的人物形象还十分扁平单一。

《西湖三塔记》中男主人公奚宣赞的身份是一个小官吏,虽然他也是被蛇女的美色所迷,但由于之前他有相助白卯奴的善举,读者多少会觉得他有点无辜。可能也是因为这一点,作者最后安排了一个奚真人做法伏妖,将他救出蛇口。虽然这里的人物形象仍然平面化,只是一个借以宣传戒色远祸思想的载体。但“无辜”这一点对后来许宣(仙)这个人物的塑造仍有一定的启发,甚至在许宣身上得到进一步的放大和延展。另一方面,奚宣赞的名字与许宣(仙)也有一定关联,可以说是许宣(仙)这一人物形象的雏形。

到了《白娘子永镇雷峰塔》里,许宣(仙)这个角色开始变得丰富起来了。一方面,他的身份不再是贵族子弟或官府小吏,而是一个一贫如洗的市井百姓,他对妻子身份的质疑和对法海的信任其实也是正常人的反应,是整个故事中最贴合现实的一个人物;但另一方面,他性格懦弱,摇摆不定又缺少男子汉气概,如在妻子受到李员外侮辱时,他只说了一句“既不曾奸骗你,他是我主人家,出于无奈,只得忍了”[②],在话本结尾,他不仅像是一个“善补过”的传统文人形象般亲手用法钵收服了自己的妻子,而且四处募化修建了雷峰塔来镇压白娘子。这不得不让人对白蛇产生一种同情,对许宣(仙)的负心薄幸感到愤恨。

而到了以方本为代表的《雷峰塔传奇》中,许宣(仙)的善良与软弱被凸显,他的背叛也被归为性格的缺憾——法海只是利用了他的缺乏主见和是非不分才能成功对其施压,最后成功拆散他与白蛇的姻缘。剧本中多次刻画了他在逼迫之下身不由己的矛盾心情,这些处理与改动,使得许宣(仙)的形象与前相比有了一定转变,由一个帮凶、薄情郎转化为一个受骗上当无以解脱的悲剧人物。观众在恼恨他的

① 〔宋〕李昉等编. 太平广记 9[M]. 哈尔滨:哈尔滨出版社,1995:4091.
② 〔明〕冯梦龙编. 警世通言. 北京:作家出版社,1956:438.

动摇的同时,也会顾虑到他本身性格的缺陷与人性的弱点,从而给他的行为以某种程度上的谅解。这种情节处理,被其后的许多地方戏普遍采用和认可。

(三) 法海形象的演变

在早期的白蛇传说中,并没有与法海相对应的角色存在,这一角色应该说是从《西湖三塔记》中的奚真人脱化而出的。奚真人是龙虎山一个降妖除魔的道士,为了救回侄子奚宣赞的命,他施法擒获三妖,并将其镇压在西湖中三个石塔下面,可谓是一个除恶惩奸的正义使者。

而到了《白娘子永镇雷峰塔》,法海由除恶惩奸的正义使者一变而为佛法礼教的坚定护卫者,他既是人世理智伦常的代表,同时也成了一个冷酷的毁人姻缘的卫道者。从捉妖道人到得道高僧,法海禅师的出现,使得原来一个粗糙的捉妖故事掺杂了宗教的内容,教化意义大大加强。

尽管白蛇没有害人之心,但在佛教教义中,蛇作为女色的化身,是要坚决远离的。在话本《白娘子永镇雷峰塔》的结尾,有这么一首诗:"奉劝世人休爱色,爱色之人被色迷。心正自然邪不扰,身端怎有恶来欺。但看许宣因爱色,带累官司惹是非。不是老僧来救护,白蛇吞了不留些。"[①]可见这一话本的主要目的在于宣传教义,使人远离色欲。所以尽管此时的白蛇形象已经不再残暴可怖,但故事仍是以传统的劝人远离色欲作结。而本该是具佛门慈悲心怀的高僧法海,其实却更象一个冷酷无情的阴谋家,蛮横霸道。

而在《雷峰塔传奇》里,法海的地位有了极大的提高,如果说《白娘子永镇雷峰塔》中的法海是多管闲事,那么这里的法海便是师出有名——他受佛祖法旨,奉法宝收伏蛇妖。这一冠冕堂皇的理由使其成为代表礼法与宗教威严的正统卫道者。相比《西湖三塔记》中扶正祛邪的奚真人,他的身上深深打上了世俗礼法的烙印。

(四) 青蛇形象的演变

青蛇是成熟后的白蛇传说中的侍女,但这一侍女角色并不是一直都由青蛇来担任。在传说流传过程中,白蛇的形象经历了从最开始害人性命的蛇妖到坚贞痴情的蛇妻的转变,这一转变在冯梦龙的《白娘子永镇雷峰塔》中就已基本完成。相比白蛇,此时的青蛇连真身都尚未确定,且面目模糊,性格扁平,作为白蛇的随从,与一般的侍女形象没有什么区别。从《李黄》中的"小蛇数条"到《西湖三塔记》中的乌鸡变成的"卯奴",再到冯梦龙拟话本及黄图珌看山阁刻本中的青鱼,其真身一直在变化,直到方本的《雷峰塔》,"青蛇形象"才名副其实地由青蛇来担当,并脱离了助纣为虐的妖孽本性,和白蛇一样变得充满人情味。

在方本《雷峰塔传奇》之前,青蛇都一直是个陪衬角色,作者对她着墨也不多。到了《雷峰塔传奇》里,青蛇开始摆脱对白蛇的依附,变得有勇有谋且忠心护主,被作者塑造成了一个光彩夺目的女性形象。

在许白相遇的初期,青蛇担任的是红娘的角色,处处给二人制造话题与良机。而在白蛇有难时,她又忠心护主,与白蛇同进共退。在《断桥》一出中,面对背妻忘义的许宣(仙),青蛇表现了强烈的憎恨。可以说,对于许白之间的纠葛,她从始至终都是旁观者与见证人,局外人的地位使得她的眼光比身陷情网的白娘子更加敏锐,也更加理智,身为义仆与姐妹,她的忠心与侠义堪比金石。

除了人物形象的丰富之外,青蛇这个角色在方本《雷锋塔传奇》中还发生了一个有趣的变化,颇耐

① 〔明〕冯梦龙编.警世通言.北京:作家出版社,1956:445.

人寻味,那就是男变女身。这一设定对后来的戏剧亦有影响,此处暂且按下不表,留于后文作详细分析。

四、白蛇传说的现代解读(以青蛇为中心)

在传统的白蛇传说的研究中,重心都会放在白蛇这一形象或许白之恋上,而白蛇的侍女——青蛇——则多处于一种边缘的地位。由于现代一些文学作品如香港作家李碧华的《青蛇》对白蛇传说进行了再创造,将青白两蛇之间的感情定位为同性之爱,由此启发了影视、舞蹈、话剧等创作者对白蛇传说的内涵主题及角色设置作出更加大胆的深入解析和思考,这个故事本身所具有的开放性与普世性也受到了海内外研究者越来越多的重视,但关于青蛇形象的研究主要是集中在当代影视或通俗文本中,将青蛇与白蛇置于对等身份的叙事结构研究或叙事方法进行探讨。笔者在翻阅白蛇传说的现存文本时,发现了方本白蛇传中对青蛇的角色设定颇耐人寻味,甚至可以与文化人类学中"双性同体"的思维进行大胆勾连。

(一)"双性同体"的神话思维

"双性同体"(Androgyny),又称"雌雄同体"、"雌雄兼体"。该词由希腊词根 ando(男)和 gyn(女)组合形成。在生物学范畴指自然界里的植物雌雄同株或者现实中某些罕见的生理畸形者。进入心理学范畴后,则指同一个体既有明显的男性人格特征,又有突出的女性人格特征,且这两种特征会根据个体的不同而产生不同的表象。挪威女性主义文学批评家陶丽·莫依(Toril Moi)所说的"同一个个体身上清楚地呈现为雌雄两性特征的现象"大概可以作为"双性同体"的心理学定义。

神话在一定意义上折射着人类的隐秘心理,而其中塑造的神话形象又能看作人类的一种文化原型。在这些文化原型里,超越性别的"双性同体"形象起源久远。这一形象最早多是通过早期的雕塑和绘画得以展现,比如现在收藏在罗浮宫里的赫墨芙罗蒂德雕像就以一个沉睡着的双性人形象流传于世。而后来,一些文学作品和宗教故事里也开始出现"双性同体"的人物形象,如柏拉图《会饮篇》中就曾讲述一个双性人的故事,又如在古希腊神话中,畜牧之神赫尔墨斯(Hermes)和美神阿佛洛狄忒(Aphrodite)的孩子赫墨芙罗蒂德(Hermaphrodite)就是双性同体的一个林中仙女。在这些叙述中,"双性同体"的形象"表达了想超越表面上是不可通约的存在境域及达到一种完全的生存方式的强烈而本质的宗教欲望"①。

"双性同体"的神话思维源于人类对克服性别差异、从两性互补中达到强大力量的渴望。这种对"终极力量"和"最高存在"不断进行追求的"集体无意识"心理不断地在后世的作品中得到文本化显现,但由于这一形象的特殊性,多被使用在非凡角色、超凡英雄等正面人物上,以达到增加其"神性"的目的。但是,我们可以看到,在成熟定型后的白蛇传说中,这一普遍性特点被打破,承担"双性同体"形象的不是男女主角,而是主角的侍女——青蛇。可不可以说,这样的设定决定着,青蛇可以是白蛇的婢女,但却不是白蛇的配角?

(二)"双性同体"的青蛇

如前文所说,方本《雷峰塔传奇》中出现了一个值得玩味的细节,可看作是青蛇"双性同体"的端倪所在,即方成培对青蛇出场的设计:在第五出《收青》中,青蛇先以丑行,因法力不敌被白蛇收伏,于是自愿

① 胡志毅. 神话与仪式:戏剧的原型阐释[M]. 上海:学林出版社,2001:254.

变作女身(由丑变贴)随侍白蛇,二人名为主婢,实为姐妹。方成培虽没有对性别转换的过程进行明确描写,但通过角色行当的变化,对这一变化作了暗示:

......

[战介][丑跌旦欲斩介]

[丑]小畜有眼不识大仙,望乞饶命。

[旦]既如此,姑饶汝命。

[丑起介]请问大仙何来?

[旦]贫道从峨眉山到此,欲度有缘之士,只是少一随伴,你可变一侍儿,相随前往,不知你意下如何?

[丑]愿随侍左右。

[旦]既如此,你且变来我看。

[丑]但俺更变便了。[下]

[贴上]欲觅有缘士,悄变有谁知。大仙,可变得好么?

[旦]好,今后主婢相称,换名青儿便了。你在此多年,必知何处游人最盛。

......①

这一个细节后来在不少地方戏剧中被放大凸显,其代表是清末京剧《雷峰塔》,在第一折《双蛇斗》中,白蛇为峨眉山得道仙姑,青蛇为清风山青蛇大仙,青蛇为雄,白蛇为雌,青蛇欲与白蛇成婚,白蛇不允,双蛇斗法,青蛇不敌,最后甘愿化为侍女随行,打斗之后两人有一番对话:

......

青 蛇(白)且慢,白蛇仙子果然道法非凡,望乞慈悲,饶恕于我,情愿跟随仙子,侍奉左右,一同修炼,求得正果。我若口不应心,定遭五雷之劫。

白素贞(白)这……你既发誓,快快请起。

青 蛇(白)多谢仙子慈悲。

白素贞(白)青蛇仙翁,你可知阴阳有别,你我怎能一路同行?

青 蛇(白)这个,俺情愿化一女身,侍奉仙子终生。

白素贞(白)既然如此,就请仙翁变来。

青 蛇(白)献丑了。(西皮散板)口念真言翻身变,(四凤旗遮青蛇同下,遮青蛇化身同上。)(西皮散板)变一个青春女婵娟。(白)白蛇仙子,你看我变得如何?

白素贞(白)果然法术高强。我有意与你结为姐妹,生死与共,不知你意如何?

......

① 〔清〕方成培撰,徐凌云等校点. 皖人戏曲选刊·方成培卷[M]. 合肥:黄山书社,2008:14.

该剧是清末名演员余玉琴（饰白蛇）、李顺德（饰青蛇）的拿手好戏。戏中有对双剑、走旋子、大开打等技艺，还置有砌末，并配火彩，今已失传。后来田汉改编《白蛇传》时将《双蛇斗》这一折删去，但同样的剧情在现在的川剧《白蛇传》中还有保留，在《阻途收青》一场中，以武生应工的青蛇对白蛇一见钟情，双方定下赌约，白蛇打输，便与青蛇成亲，反之则青蛇终生为奴，伺候白蛇。结果，青蛇被白蛇打败，成亲不成。青蛇一言九鼎，马上由武生"化变"奴旦上场，且有这样的唱词：

> 白素贞（唱）既变成桃腮杏脸，切不可粗鲁横蛮。
> 青　　蛇（唱）望娘娘细加指点，男变女行动艰难。（帮）"要耐烦！"①

如果说在京剧中，青蛇在被收伏之后一直以女身出现，其男性人格并没有得到明显表现的话，川剧《阻途归青》中的这两句唱词就为后文青蛇的"男女互变"埋下伏笔。如早年的川剧《断桥亭》一戏中，青蛇的角色由武生应行，并多次使用彩头变脸手法，塑造出一个可怖、狰狞的雄性青蛇形象。"当青、白二妖遇许于'断桥亭'时，青儿一见即欲噬之。幸得白娘子数数呵斥将护，许始得免于难去。……二上场时，似加以胶汁或油类之物，当怒气上冲，欲吞噬许仙时，右手猛捕，方持许背，忽为挣脱，此际二人同翻一倒提。只此一刹那间，再视青儿已面如血盆，满罩赤色，并张开大口，怒目视许，其狰狞之状，殊为惊人。与头场扭捏作态令人发噱之状，完全不同"②。青蛇的蛇性、野性在这一瞬间得到复苏，不再是之前的曼妙婢女，其雄性形象大放异彩。

（三）"双性同体"青蛇形象的审美意义

不管方成培当年在创作《雷峰塔》时是否有意，青蛇的"双性同体"都为后文的许多关键情节打下了伏笔。青、白两人需要一路同行，若为异性必有诸多不便。而且，在方本第六出《舟遇》中，青蛇为许宣介绍白蛇时说的身份是"原任杭州白太守家的小姐"，又说"姑爷去世了"，作为为大户人家的遗孀，身边带有侍女才符合人们的想象。再者，青蛇在《舟遇》《定盟》这两出中还要承担红娘的角色，自《莺莺传》始，牵红线的工作多由侍女完成，青白二人的主婢关系符合人们对传统爱情传说的期待，若青蛇仍为男身，岂非可笑？这样的变化显然更适合许白之恋的展开。

除此之外，书中的一些细节也可以从最开始的这一人物设定找到原因。如在方本第二十六出《断桥》中，相比于白蛇对许宣又气又恼但仍痴心爱怜的暧昧态度，青蛇的态度更加激烈，既有对许宣忘恩负义的愤恨，又有对白蛇在关键时刻旧情难舍的不满。她指责许宣"也该念夫妻之情，亏你下得这般狠心"，对许宣的道歉作"不应介"，又劝慰白蛇"你看官人，总是假慈悲，假小心"。而在京剧《雷峰塔》相应情节中，青蛇更是举起宝剑直指许宣："姐姐，贤姐姐虽然是真心不变，那许仙已不是当时的许仙。叫天下负心人吃我一剑！"在许宣求得白蛇原谅后，青蛇心结还是未能解开："他夫妻依旧是多情眷，反显得小青我性情忒偏。罢！倒不如辞姐姐天涯走远，姐姐，多多保重，小青拜别了！"在这里，青蛇的愤怒以及对白蛇的忠诚和回护早已超过一个侍女的范围，甚至相对于传统女性形象的温柔、隐忍，青蛇显得更为正直、豪放。可以说，青蛇在这里有着浓重的男子气概。相比于身为男子的许宣的首鼠两端、懦弱虚假，青蛇更为忠贞不二、刚毅勇敢，他对白蛇是近乎无条件的忠诚，"娘娘请放心，凡事有青儿帮衬，断不决撤"

① 郭铭彝、阳荣秀编. 一代桐凤——阳友鹤文存［M］成都：四川文艺出版社，1993.
② 徐慕云. 中国戏剧史［M］. 上海：上海古籍出版社，2001：108.

（方本十三出《夜话》），但如果结合青蛇的出身，这些看似逾矩的行为就能得到合理的解释。

青蛇的"双性同体"不仅在文本上有其独特作用，当它作为戏剧艺术登上舞台时，这一设定也为整出戏加强了戏剧性冲突，增加了其舞台观赏性。过去京剧中就有将青蛇脸谱化成"旦净同体"的，由旦角应工，右面俊扮，左面勾脸，左脚穿靴，右脚踩跷，亦有人称之为"无双谱式"，以突出青蛇双重性别的矛盾。而在川剧中，则直接以奴旦与武生"双角交替应工"的处理方式对青蛇的男性形象进行保留。雌性青蛇热情爽快、娇憨可爱，是促成许、白之恋的红娘，具有诙谐的喜剧意味；而雄性青蛇刚毅勇敢、嫉恶如仇，还怀有对白蛇隐秘的爱慕，具有无奈的悲剧色彩。如果说女性的青蛇还没有脱离传统侍女的影子，依旧是白蛇的附庸，那么男性的青蛇就彻底地摆脱了这一地位，成了独立的主体。以川剧《扯符吊打》、《水漫金山》两场为例，"此剧第一主要人，端在青儿"[①]，这里的青蛇依旧以男身出现，与白蛇并肩作战，同进同退，大量的武打动作非武生不能应行。如在《水漫金山》一折中，有一"站肩"的动作——白蛇为"找"躲在法海身边打着"迷魂伞"的许仙，需要跃身站在青蛇的肩上，再由男青蛇快步走圆场，在凄婉的昆腔的"帮腔"声中，白蛇悲呼："官人夫……"青蛇帮腔："许姑爹……"若此时仍以女身出现，不免诸多不便，最终的舞台效果也会大打折扣。

（四）"双性同体"青蛇形象的人类学因素

如果仅从《白蛇传》故事演变的文本层面以及戏剧的舞台表现力层面来对青蛇"双性同体"的艺术形象进行说明，所侧重的仅是这一形象带来的审美意义。然而我们必须承认，戏剧的起源与宗教仪式密切相关，王国维先生在《宋元戏曲考》中就说："后世戏剧，当自巫、优二者出。"[②]而"双性同体"则是上古神话仪式的一个重要的原始公式，美国的卡莫迪就指出："古代人通常将神圣者描绘为两性兼体的，即它既是男的又是女的。……事实上，两性兼体是古代人表示全体、力量以及独立自存的普遍公式。人们似乎觉得，神圣性或神性如果要具备终极力量和最高存在的意义，它就必须是两性兼体的。"[③]且不说其他民族中的神灵，就汉族所崇拜的始祖女娲、伏羲来说，从出土的多处汉代石室画像上的二人人首蛇身且相互缠绕交尾的图像来看，"双性同体"的神话思维仍然被执着地贯彻着。

所以从原型批评的角度看，既然"双性同体"的人物形象的产生可以说是一种集体无意识的潜在心理借助图腾、诗歌、巫术的等远古文化载体的文本化呈现，那么白蛇传说中青蛇的身份设定，在其表层审美意义的背后，便残留有隐秘的、植根于"集体无意识"的人类学因素，可以说是古老的神话思维的再次显现。

就这一故事现在的舞台形式而言，仅川剧中还保留并放大着青蛇的"双性同体"形象，在其他戏种中都对这一形象设定做了淡化或去除的处理，这与蜀地特殊的文化思维有关。作为一种封闭的盆地文明，川蜀一带的文化中仍然保留着原始的野性与蛮力。另一方面，川蜀是道教文化的集中地，而道教又将自己的源头与道家联系在一起，相比于儒家传统对等级秩序、伦常观念的重视，道家更为崇尚顺应自然和生命的本来状态。另外，在道家的思想中，自老子起就有"抱雄守雌"、"抱阳守阴"的命题，强调阴阳共存、刚柔并济，而不是把阴阳作为对立的两极来处理。青蛇"双性同体"的形象的设定正是对这一文化传统思维的顺承，体现着对阴阳对立的性别秩序的颠覆。这一颠覆行为在川剧《水漫金山》一折体现得最为明显，喷火、变脸、舞蹈、翻筋斗、钻火圈……各种杂技绝活在此时同时登上舞台，在展示川剧繁复精彩的技艺之外，更是渲染出一种原始生命的狂欢与混沌的氛围，仿佛回到了戏剧的源头，回到了模仿"仪式"的时期。青蛇穿梭在这些迷乱的意象之中，忽而为男，忽而为女，在迷离的火焰的遮盖下反映出强大的自由生存意志对秩序和规则的冲撞。他的反抗和斗争精神表现得极为尖锐，最终以毫不妥协的姿态收场。

而撇开戏剧与仪式的关系，就"蛇"本身的形象来说，这种爬行类动物因其特殊的外形和奇异的能力（包括顽强的适应性与致命的毒性）让人在对其恐惧、厌恶的同时又产生一种莫名的敬畏。因此，在许多民族的先民文化中，蛇占有一席之地，"蛇"的形象也成为各民族原始文化中最常见的充满神异色彩的图案，在各民族的原始图腾崇拜中也多处出现。而其在中国古代文化中的地位也不低，中国人自称"龙的传人"，闻一多却在《伏羲考》中作出了"龙文化"源于"蛇文化"的考证，他认为，"龙"最初是一种大蛇的名字，后来成为因部落的兼并而混合的图腾，吸收了兽类的四脚、马的头、鬣的尾、鹿的角、狗的爪、鱼的鳞和须从而幻化成龙①。在定型后的白蛇传说中，小青的真身形象选择固定为青蛇。而在原始图腾崇拜中，"蛇"无足而行，无翼而飞，本身就是一种"异化"的动物。"'蛇'没有脚，蛇身以鳞片滑动前行，像'女性身体'(female body)的去阳具化/'被阉割情结'(castration complex)的隐喻。然而，整条'蛇'又像男性性器官，体现了'阳物神话'(phallic mystique)的矛盾性。所以，'蛇'可能是远古在'想象期'(imaginary stage)中'雌雄同体'(hermaphroditism)的'性欲景象'(sexual spectacle)。"②青蛇幻化成人形已经是第二次"异化"，而在第二次异化时又舍弃了本身雄性的性别定位，托身白蛇的婢女，这已经可以看作是第三次"异化"，这样复杂的异化过程注定了她不是一般的丫鬟形象，相比于《牡丹亭》的春香、《西厢记》的红娘，青蛇要承担的东西也必定更沉重。

一方面，身为雌性的青蛇，她的身份是白蛇的婢女，需要时刻恪守职责，照顾白蛇的日常起居，在这一方面，她的所做所思与春香、红娘相似；但是，另一方面，潜伏在她身体中的雄性的青蛇也注定了她不会和春香、红娘一样单纯轻松，他要时刻维护着白蛇，在她被情欲蒙住双眼的时候提醒她背后的危险，并在危险来临的时候与白蛇共同进退。也就是说，青蛇时刻处于一种矛盾的分裂状态，他没有一开始就既定好的性别属性，选择以什么性别出现，完全是由白蛇所处的环境以及需要来决定的。

因此，青蛇附带的"双性同体"的身份属性，表达的应该是人类对原始性别的一种理解，"性"(sex)与"性别"(gender)本来就是一场没有"原本"(original)、只有"摹本"(copy)的操演(performance)，是社会人为的文化建构。③既然性别不过是一场模拟的操演，那青蛇的"雌雄互变"、"双性同体"不正是对原始性别的一种模拟么？其对性别意识的打破，使得全剧蒙上了一层神秘的原始色彩。

而这打破性别意识的做法，即戏剧文学中青蛇的"双性同体"的内蕴，在严歌苓的小说《白蛇》中以现代人的故事得到复苏。小说中以文革为背景，讲述了少女徐群珊女扮男装（变装后名徐群山）搭救川剧女演员（在川剧中饰演白蛇）孙立坤，并且两人产生特殊感情的故事。其中的少女徐群珊有着模棱两可的性别："原来我在熟人中被看成女孩子，在陌生人中被当成男孩。"④对于性别的归属性问题，她自己

① 闻一多. 伏羲考[M]. 上海：上海古籍出版社，2009：22.
② 陈家乐.《白蛇传》的图腾文化、女性书写、变形与现形的性别权力[J]. 电影新作，2013(1)：24—27.
③ Judith Butler, "Subversive Bodily Act." *Gender Trouble*：*Feminism and the Subversion of Identity*. New York：Routledge，1990，pp. 136—139.
④ 严歌苓. 严歌苓作品集 7：白蛇[M]. 西安：陕西师范大学出版社，2008：22.

也在苦苦探寻："我是否顺着这些可能性摸索下去？有没有超然于雌雄性恋上的生命？在有着子宫和卵巢的身躯中，是不是别无选择？……我轻蔑女孩子的肤浅，我鄙夷男孩子的粗俗。"①在写到她迷恋孙立坤的白蛇的时候，严歌苓有这么一段描写：

> ……台上正演到青蛇和白蛇开仗。青蛇向白蛇求婚，两人定好比一场武，青蛇胜了，他就娶白蛇；白蛇胜了，青蛇就变成女的，一辈子服侍白蛇。青蛇败了，舞台上灯一黑，再亮的时候，青蛇已经变成了个女的。变成女的之后，青蛇那么忠诚勇敢，对白蛇那么体贴入微。要是她不变成个女的呢？……②

这段描写无疑使对川剧《白蛇传》中"双性同体"的青蛇形象的一个呼应与肯定，而徐群珊正是青蛇形象的化身，当"白蛇"孙丽坤遇难的时候，徐群珊女扮男装接近去她，给予她力所能及的帮助，并上演了一场虽然荒诞却惹人同情的"戏剧"。因此可以说，"双性同体"的青蛇形象在某种意义上已经得到了认可，具备了类似于原型的艺术特征，以及在其基础上进行艺术再造的潜能。

结语

白蛇传说历经千年而弥久不衰，众多版本的经典演绎，都是民间文学长生不息的见证。

通过对白蛇传说的溯源和演变的整理，我们发现，从短短的一则唐传奇到多种多样的戏曲方式，白蛇传说虽然是难登大雅之堂的俗文学，但其中蕴含的文化底蕴实则是非常厚重的。实际上，文学作品虽然存在着雅俗之别，但并没有绝对的高下之分。

而对于青蛇这一形象，虽然她是白蛇的侍女，但并不是可有可无，在她身上，作家依旧倾注了许多心血。笔者大胆地将其与"双性同体"的神话思维连接，试图说出自己的一管之见。虽然无法知晓青蛇的形象还会如何转变，但民间文学蕴含的宝贵资源将永远是推动故事发展的不竭源泉。

参考文献

[1] 秦女、凌云. 白蛇传考证[J]. 中法大学月刊 第二卷 第三、四册,1933.
[2] 德煌. 平剧故事研究[J]. 民间文艺 第三卷第一期,1935.
[3] 赵景深. 白蛇传本事考[J]. 晨报 国剧周刊 第 4 期,1935.
[4] 霭庭. 白蛇传故事起源之推测[J]. 天地人"中国民间文艺专号" 第一卷第十期,1936.
[5] 访秋. 白蛇传故事的演变[J]. 晨报 学园副刊 第 1022 期,1936.
[6] 赵景深. 弹词考证[M]. 台北:台湾商务印书馆,1937.
[7] 阿英. 雷峰塔传奇叙录[M]. 北京:中华书局,1951.
[8] 黄裳. 西厢记与白蛇传[M]. 上海:平明出版社,1953.
[9] 傅惜华. 白蛇传集[M]. 上海:上海出版公司,1955.
[10] 胡士莹. 白蛇故事的发展[J]. 浙江日报 副刊"钱塘江",1956.
[11] 〔明〕冯梦龙编. 警世通言. 北京:作家出版社,1956.
[12] 〔明〕祁彪佳著,黄裳校注. 远山堂曲品[M]. 上海:古典文学出版社,1957.
[13] 谭正璧编. 三言两拍资料[M]. 上海:上海古籍出版社,1980.
[14] 潘江东. 白蛇故事研究[M]. 台北:台湾学生书局,1981.

---

① 严歌苓. 严歌苓作品集 7:白蛇[M]. 西安:陕西师范大学出版社,2008:22.
② 严歌苓. 严歌苓作品集 7:白蛇[M]. 西安:陕西师范大学出版社,2008:17.

［15］张庚、郭汉成主编.中国戏曲通史［M］.北京:中国戏剧出版社,1981.

［16］中国民间文艺研究会研究部编.民间文学论文选［M］.长沙:湖南人民出版社,1982.

［17］中国民间文艺研究会浙江分会编.民间文艺集刊 第7期［M］.上海:上海文艺出版社,1985.

［18］寺尾善雄、乔福生.《雨月物语》与《白蛇传》［J］.文化译丛,1985(5).

［19］〔清〕陈树基辑.西湖拾遗 古代白话小说集 卷二十一［M］.杭州:浙江古籍出版社,1985.

［20］中国民间文艺研究会浙江分会编.白蛇传论文集［M］.杭州:浙江古籍出版社,1986.

［21］罗永麟.论白蛇传［A］.罗永麟.论中国四大民间故事［C］.北京:中国民间文艺出版社,1986.

［22］陈建宪.蛇神·蛇妖·蛇女［J］民间文艺季刊,1987(1).

［23］梦花馆主编.白蛇传前后集［M］.北京:中国书店,1988.

［24］D·L·卡莫迪著,徐均尧等译.妇女与世界宗教［M］.成都:四川人民出版社,1989.

［25］Judith Butler, "Subversive Bodily Act." *Gender Trouble*: *Feminism and the Subversion of Identity*. New York: Routledge, 1990.

［26］严绍璗、王晓平.中国文学在日本［M］.广州:花城出版社,1990.

［27］郭铭彝、阳荣秀编.一代桐凤——阳友鹤文存［M］成都:四川文艺出版社,1993.

［28］〔宋〕李昉等编.太平广记 9［M］.哈尔滨:哈尔滨出版社,1995.

［29］〔清〕古吴墨浪子.西湖佳话［M］.北京:华夏出版社,1995.

［30］〔清〕玉山主人著,丁琼校注.雷峰塔奇传［M］.北京:华夏出版社,1995.

［31］〔宋〕洪迈著,杨名标点.夷坚志［M］.重庆:重庆出版社,1996.

［32］李树果.日本读本小说与明清小说［M］.天津:天津人民出版社,1998.

［33］郭英德.明清传奇史［M］.南京:江苏古籍出版社,1999.

［34］程毅中辑注.宋元小说家话本集 上［M］.济南:齐鲁书社,2000.

［35］胡志毅.神话与仪式:戏剧的原型阐释［M］.上海:学林出版社,2001.

［36］徐慕云.中国戏剧史［M］.上海:上海古籍出版社,2001.

［37］王国维撰,叶长海导读.宋元戏曲史［M］.上海:上海古籍出版社,2001.

［38］戴不凡.试论《白蛇传》故事［A］.苑利主编.二十世纪中国民俗学经典·神话卷［C］.北京:社会科学文献出版社,2002.

［39］吕冰心.饶有新意的重写——我看李碧华的《青蛇》［J］.开封大学学报,2004(2).

［40］蒋勋.舞动白蛇传［M］.桂林:广西师范大学出版社,2004.

［41］蔡春华.中日文学中的蛇形象［M］.上海:三联书店,2005.

［42］顾晓辉.《拉米亚》与《白蛇传》之比较论［J］.徐州师范大学学报,2006(2):16—21.

［43］朱秀锋.青蛇形象塑造的演变及其意义［J］.新余高专学报,2006(3).

［44］刘凤娟.日本的"白蛇传"——《蛇之淫》赏析［J］.安徽文学(下半月),2007(1).

［45］刘郝姣.另类的言情——从《青蛇》看李碧华笔下的女性意识［J］.安徽文学(下半月),2007(2).

［46］严虹.颠覆与重构——评李碧华小说《青蛇》［J］.文教资料,2008(3).

［47］黄烨祁.《青蛇》中的新女性视角［J］.写作,2008(15).

［48］〔清〕方成培撰,徐凌云等校点.皖人戏曲选刊·方成培卷［M］.合肥:黄山书社,2008.

［49］严歌苓.严歌苓作品集7:白蛇［M］.西安:陕西师范大学出版社,2008.

［50］姜川子.《白蛇传》人物形象浅析［J］.商业文化(学术版),2009(3).

［51］罗海鹏.《拉米亚》与《白蛇传》中的蛇女原型比较［J］.飞天,2009(8).

［52］闻一多.伏羲考［M］.上海:上海古籍出版社,2009.

［53］陈家乐.《白蛇传》的图腾文化、女性书写、变形与现形的性别权力［J］.电影新作,2013(1).

［54］鲁迅.鲁迅全集 编年版 第2卷 1920—1924［M］.北京:人民文学出版社,2014.

［55］鲁迅.鲁迅全集 编年版 第3卷 1925［M］.北京:人民文学出版社,2014.

新编中文工具书

附二：教师点评

学术论文的撰写——以《白蛇传说探微》为例

这是一篇课程作业，乃作者江满琳同学在大三第一学期修读"中文工具书"课程时所作。当时我正在讲授类书，课后布置作业，要求学生就《太平广记》中的某类题材或某个故事作详尽梳理，从诗文或小说、戏曲等角度探究其渊源流变，并选择某一议题作具体分析。作业要求写成规范的学术论文，具备标题、摘要、关键词、注释、参考文献等基本要素。选择江满琳同学的这篇作业作为范文，并不是说它有多么完美（事实上它还存在许多不足），而是因为它在很多方面能给我们的本科生同学带来启发。下面我将对这篇论文进行点评，并借此谈谈本科学生该如何撰写学术论文。需要说明的是，除了个别字句略有修改外，我基本上保留了论文的原貌。其优劣得失，同学们也可以评说。

首先谈谈论文的选题。选题是撰写论文的第一步，一步走错，全盘皆输。对于学生论文来说，题目的得来一般有两种途径。一种是自己在阅读的过程中发现了问题，遂产生了解决问题的欲望，于是带着问题继续查阅资料，最后解决问题，于是这个问题便提炼成了论文的题目。另一种是在听老师讲课时（也可能是在其他场合中，比如和同学聊天时）对某个话题感兴趣并受到启发，课后便动手翻阅资料，上下求索，最后将问题凝练成选题。两种方式都有问题意识，都是可取的，当然相对而言第一种更好，自己发现问题、解决问题，会更有成就感。也有同学希望另辟蹊径，即不动脑筋，不假思索，径直要求老师给定题目。说实话，这是一种懒惰的表现。之所以会要求老师给定题目，一是因为读书太少，不足以发现问题；二是因为读书太粗，不能够发现问题。老师给定题目，写作时会存在很大的风险，一是老师在这个领域的知识储备比你多，他的题目你不一定能驾驭得了；二是老师发现了问题之后才得出题目，你跳过了发现问题的前提，就无法把握题目的关键，因此这种"捷径"最不可取。江满琳同学这篇论文的选题应该说来源于第一种途径。她在阅读《太平广记》的过程中发现了问题（《太平广记》第 456 至 459 卷记载了大量与蛇相关的故事），于是产生了兴趣，便带着问题继续探索，搜集材料，形成思路，最后拟定了这个题目。从题目的设置与论文的容量来看，应该说还是比较合适的。论文涉及的问题比较多，包括现存文本的梳理、历史源流的探究、人物形象的演变与青蛇的现代解读四个方面，因此作者设定了一个比较笼统的题目——《白蛇传说探微》，用"白蛇传说"这个核心词组统摄上述四个主题，用"探微"一词谦逊地表明写作的意图。其实这四个问题中的任意一个都可以单独形成一篇论文的选题，且独立成篇，能够得到更加深入的挖掘。就我个人而言，我比较倾向于建议同学们写小题目，一是材料容易搜集，二是方向容易把握。当然本文作为一篇课程作业，洋洋洒洒近二万言，旁征博引，已经非常难得。

其次谈谈论文的资料搜集。有了题目就有了方向，但对于论文写作来说，还远远不够。这好比是建造房屋，只是对房屋的功能、面积、风格等有了初步设想，要想把房屋建起来，最重要的工作是准备建材，如钢筋、水泥、砖石、木材等。学术论文的撰写，资料的搜集与解读最耗功夫，也最见功力。论文资料的搜集，一般来说也有两种主要的方式。一种是借助于工具书，如书目、提要、目录、索引等，围绕研究对象，一本一本地查阅，一条一条地摘抄，这是"笨功夫"，但也是真功夫。另一种是利用信息化技术，如网络数据库、电子文本等，输入关键词进行检索。这种方式最大的优点是能够在最短的时间内获得最大的信息量，甚至能够在一定程度上穷尽所需资料。但它的缺点也同样明显，比如可能会因技术因素等造成文本失真以至于材料不可靠，可能会因具体语境的丧失而误读、误用材料，甚至可能会因信息量过大而迷失在材料之中。坦率地说，在当今的学术环境下，利用信息化技术搜集材料已成研究者必备的技能，它不能成为惟一依靠，但应当是重要手段。需要强调的是，在利用数据库与电子文本搜集到所需材料之后，要尽可能地利用纸质文本进行核对，否则很有可能产生错误。江满琳同学在写作过程中显然综合应用了两种手段，这从参考文献可以看出。秦女、凌云《白蛇传考证》(《中法大学月刊》1933 年第二卷第三、四册)、德煌《平剧故事研究》(《民间文艺》1935 年第三卷第一期)、赵景深《白蛇传本事考》(《晨报·国剧周刊》1935 第 4 期)等发表在民国期刊上的文章，如今在一般图书馆中很难找到，但利用"民国时期期刊全文数据库"，输入关键词"白蛇"进行检索，却很容易查到原文。黄裳《西厢记与白蛇传》(平明出版社 1953 年版)、傅惜华《白蛇传集》(上海出版公司 1955 年版)等解放初期出版的图书，如今也很难在图书馆借到，但利用"读秀学术搜索"和"CADAL 百万册电子书"，同样容易看到图书的电子版。这些材料应当是利用了信息化技术的结果。而古吴墨浪子《西湖佳话》、郭英德《明清传奇史》、程毅中《宋元小说家话本集》等著作中的材料，则应当是批阅书本，一条一条摘录的结果。该文在文献搜集方面花了很大气力，但还有进一步努力的空间。比如利用石昌渝《中国古代小说总目》与刘永文《晚清小说目录》，可基本穷尽白蛇故事在古代小说中的流布；利用傅惜华《古典戏曲总录》与董康《曲海总目提要》，可大致掌握古代戏曲中的白蛇故事。依据我个人的看法，同学们在确定题目之后，可以尝试着编制一份参考书目，以关键词为中心，包括两类文献：一是作为研究基础的对象文本，如作品集之类；二是作为研究参考的前人成果，如论文与论著。参考书目能体现研究者的学术视野，决定研究的深度与广度。

最后谈谈论文的撰写。论文的撰写过程就是选择恰当的理论与方法、使用合适的材料论证观点的过程。撰写之前，应当熟读材料，充分理解材料的含义，分析材料本身可能代表的立场与观点。论文的结论无疑是主观的，代表作者本人的主张与看法。但论述的过程应当是客观的，要充分尊重材料本身的思想，不可为了迎合自己的观点而曲解材料，也不可对与自己观点相左的材料视而不见。真正有说服力的观点应当是大量阅读材料之后水到渠成自然流露出来的，不该先入为主地产生某个结论，再去寻求材料的印证。在撰写的过程中，一般会使用某些理论与方法，在材料无法取得突破的情况下，新理论与新方法的使用也可能得出令人耳目一新的结论。但无论何种理论与方法，都只是论述过程中的手段与工具，它们存在的价值与意义便是帮助作者通过分析材料得出观点。观点才是论文的灵魂，如果一篇论文留给读者的印象只有作者使用过的理论与方法，而不是作者的思想与主张，那比买椟还珠还

新编中文工具书

要荒诞。切忌为了显摆而堆砌新名词，大玩概念与术语，人云亦云，作者一知半解，读者一头雾水。论文完稿之后，还有许多技术层面的东西要完善，比如要字斟句酌，切忌词不达意或产生歧义；要芟除冗词，可有可无的语句一律不要，学术论文不比中学作文，没人会规定"八百字以上"；要理性严谨，不要感情用事，学术论文不比抒情散文，即便是自己喜欢的人与事，表述时也要保持客观冷静，风格可以俏皮，但用词仍需理性；要言出有据，除了常识性的东西，凡所引用他人话语，必须注明材料来源，这既是对他人成果的尊重，也是对自己观点的支持，这一点尤其重要。

　　总体而言，江满琳同学这篇论文在上述各方面都表现优秀。首先是对材料的解读与使用比较准确、到位，尤其是研究综述的撰写可圈可点。研究综述是对前人成果的分析判断，据此可知已有的研究基础及未来的研究空间。不少同学撰写研究综述时仅仅罗列前人的研究成果，而缺少自己的分析判断，以至于使其失去了应有的作用。江满琳同学在回顾二十世纪关于"白蛇传说"的研究成果时，不但简要地叙述了别人做了什么，还指出了别人留下哪些空白，而这正是自己将要解决的问题。其次是理论与方法使用比较得当。不难看出，江满琳同学在论文中使用了多种理论与方法，尤其是第四部分，明显借鉴了文化人类学的理论。作者受李碧华《青蛇》对白蛇与青蛇感情定位的启发，进而联想到方成培《雷峰塔传奇》中白蛇与青蛇的人物设定与文化人类学中"双性同体"思维的契合，于是运用文化人类学的某些理论来解读"白蛇传说"。可贵的是，本文不但在理论的选择上比较自然贴切，在使用过程中也较少生搬硬套之感，作为本科生，这一点颇为不易。再次，本文表述流畅，表达准确，基本上没有病句，也没有产生歧义之处，显示了较为扎实的语言功底。最后是文献征引比较规范，绝大多数引文都详细注明了来源，且信息非常全面。当然这方面也有值得商榷的地方，比如《太平广记》与《西湖佳话》两书可以使用更为通用的版本，前者有中华书局版，后者有上海古籍版。